이적과 영성으로 이야기하는

마 가 복 음

길동무 저

케노시스영성원

Κένωσις Spiritual House

저자 소개

감리교신학대학교 신학과 졸업
감리교신학대학교 대학원 졸업
케노시스영성원 원장
감리교회 목사

이적과 영성으로 이야기하는

마 가 복 음

길동무 저

케노시스영성원
Κένωσις Spiritual House

이적과 영성으로 이야기하는

마 가 복 음

초판인쇄 | 2020년 2월 1일
펴낸 곳 | 케노시스 영성원
경기도 군포시 둔대로 11번길 15
0502-111-1937 010-3311-1937
Homepage www.kenosis.or.kr
Email kenosis@hanmail.net

등록번호
ISBN 979-11-87682-08-0 03230
printed in korea

값 20,000원

CONTENTS

제 3 부 〈 제자 훈련/이방인 선교 〉

3

4 부 〈 예루살렘으로 가는 길 〉

4

5 부 〈 예루살렘 사역 〉

5

제 6 부 〈 예수님의 부활 〉

6

〈 그림차례 〉

머리글

"마가복음은 왜 또 있을까?"

복음서에 대한 아무런 이해 없이 마태복음을 읽고 이어서 마가복음을 읽다 보면 누구나 드는 생각이다. 왜냐하면 마가복음의 95%이상(662절중 609절)이 마태복음에 거의 그대로 들어있기 때문이다. 복음서 연구의 역사를 돌아보면 이런 이유로 마가복음은 오랫동안 마태복음의 축소판 정도로 여겨지며 푸대접받았다.

그런데 1800년대 이후 마가복음에 대한 평가가 전혀 달라지기 시작했다. 복음서가 쓰인 과정을 추적하는 역사비평의 결과 마가복음이 복음서 중에서 제일 먼저 쓰였을 뿐만 아니라 마태복음과 누가복음의 기초가 되었다는 놀라운 사실이 밝혀졌기 때문이다. 그 이후 마가복음은 복음서 중에서 가장 중요하게 평가받게 되었다.

마가복음의 내용에는 어떤 특징이 있을까?

가장 짧고(16장) 간결하다는 것 이외에 중요하게 평가받을만한 것이 또 없을까? 이에 대한 대답은 보는 이와 보는 각도에 따라 다르므로 질문 자체가 애매하기는 하지만 본서에서는 이렇게 말하려고 한다.

마가복음은 오늘 우리에게 꼭 필요하며, 가장 중요한 것을 말하고 있다.

그 이유는 오늘 우리가 처한 상황과 마가복음에서 말하려는 의도가 서로 부합하기 때문이다. 인류가 살았던 각 시대는 그 나름의 당면 과제들을 가지고 있었다. 그런데 오늘 우리에게는 자칫 '인류의 멸종'에 이를 수 있는 심각한 위기가 닥쳐와 있다. 이 위기는 인간이 자초했다. 서양의 르네상스 이후 급격히 발달한 과학 문명에 대한 과신과 남용으로 말미암아 인간 삶의 터전인 생태계가 심각하게 손상을 입고 있기 때문이다. 이 분야의 전문가들은 이미 인류의 멸종은 시작되었으며, 이제 돌이킬 방법이 없다고 이구동성으로 경고하고 있다.

이에 대하여 심각한 위기의식을 가지고 전 인류가 한마음이 되어 대책을 마련해도 이미 늦었는데, 그런데 그런 노력을 기대한다는 것은 요원한 노릇이다. 지구 온난화로 인한 자연환경의 훼손은 하루가 다르게 심각해지고 있는데, 이에 대한 대책은 기대하기 어려운 것이 오늘 우리가 당면한 가장 심각한 문제이다. 이 노릇을 어찌해야 하나?

그런데 마가복음은 이에 대하여 하나의 통찰력과 해결 방법을 제시해 준다. 이를 요약하면 다음과 같다.

❶❶ 이적의 복음

마가복음의 주요 특징은 '이적의 복음'이다. 전체 16장 중에서 절반에 해당하는 8장까지의 주요 내용은 예수님께서 행하신 20여 가지의 초자연적인 이적의 이야기들이다. 마가복음에 의하면 이 땅에서 복음을 선포하고 하나님 나라를 실현하는 일은 하나님께서 함께 하시는 이적을 통해서만 가능하다고 말하고 있다. 이런 사실은 마가복음의 끝부분에서 부활하신 주님이 제자들에게 당부하시는 마지막 말씀에서도 잘 드러난다.

> (막16:17) 믿는 자들에게는 이런 표적이 따르리니 곧 그들이 내 이름으로 귀신을 쫓아내며 새 방언을 말하며 18 뱀을 집어 올리며 무슨 독을 마실지라도 해를 받지 아니하며 병든 사람에게 손을 얹은즉 나으리라 … 20 제자들이 나가 두루 전파할새 주께서 함께 역사하사 그 따르는 표적으로 말씀을 확실히 증언하시니라

마가복음의 이런 이적의 이야기가 오늘 우리가 당면한 문제와 무슨 관련이 있을까? 우리가 당면한 생태계 파괴 문제뿐만 아니라 하나님 나라를 선포하는 복음사역은 인간의 힘만으로는 불가능하다. 하나님의 초자연적인 개입이 반드시 필요하다. 중세기에 대한 반발

로 시작된 르네상스 이후 등장한 현대의 과학 문명은 하나님과 신앙을 배제한 인간주의 운동이 만들어냈다. 인간의 이성과 도덕성, 과학기술을 통하여 이 땅에 인간의 지상낙원을 시도했지만 완전히 실패하고 말았다. 인간주의 운동이 전염병과 기근 퇴치, 인권 개선 등에서 공헌한 부분도 크지만 대량살상무기와 생태계 파괴라는 돌이킬 수 없는 부산물을 만들어 놓았다. 이제 인간의 힘만으로는 이 문제를 해결할 수 없다. 오직 하나님의 초자연적인 도우심으로만 가능하다.

그런데 마가복음의 이적 이야기 중에는 자연환경을 변화시키는 내용도 들어있을 뿐만 아니라, 마지막 결론에서 이 초자연적인 도우심을 약속하고 또 이적을 사용하도록 적극 권하고 있다. 이런 측면에서 마가복음은 오늘 우리에게 가장 중요한 말씀이 될 수 있다. 그러면 하나님의 초자연적인 도우심을 어떻게 이끌어 낼 수 있는가? 그 방법은 무엇일까?

❷ 계약의 관점

하나님께서 초자연적인 이적을 베푸시는 대상은 계약공동체이며, 계약공동체가 계약 조건들을 실천에 옮길 때 하나님께서는 이적으로 함께하셔서 계약공동체가 하는 일을 실현시키신다. 마가복음에 기록된 여러 이적의 이야기들은 이를 말하고 있다. 창조주이시며 역사의 주관자이신 하나님께서는 당신과 계약을 맺은 공동체를 통해서 일하신다. 구약과 신약성경은 두 계약의 책이며, 이 계약신앙이 성경의 핵심이다. 그런데 우리 교회는 불행하게도 계약의 관점을 잃어버리고 예수님의 대속 관점에서만 성경과 신앙을 해석했다. 구약성경뿐만 아니라 신약성경, 특히 복음서를 계약의 관점에서 다시 발견해야 한다.[1)]

---

1) 졸저 「마태복음」은 계약의 관점에서 해석했으며, 마가에 이어 누가, 요한도 같은 관점에세 해석할 예정이다.

❸ 수난의 복음

이적의 이야기에 이어 마가복음의 나머지 절반은 예수님의 수난을 다루고 있다. 수난에 대한 전통적인 시각은 구속사였다. 예수님께서 인류의 죄를 십자가에서 대속하셨으며, 그 은혜로 인간에게 구원이 주어진다는 해석이 구속사 관점이다. 그런데 이를 계약사로 보면 예수님의 죽으심은 전혀 다르게 보인다. 옛계약공동체인 이스라엘의 실패로 계약이 파기되어 인간이 구원받을 길 자체가 차단되고 말았다. 그런데 하나님께서는 인간에게 다시 한번 계약맺을 기회를 주시기 위하여 계약을 파기한 죄를 대신 짊어지시고 십자가에서 죽으셨으며, 그 결과 새계약공동체인 교회가 탄생했고, 교회를 통해서 구원받을 길이 열렸다.

하나님께서 계약공동체로 하여금 계약을 실천할 수 있도록 도우시는 방법이 초자연적인 기적이다. 구약성경과 신약성경에 들어있는 수많은 기적의 이야기들이 하나같이 계약 체결 및 계약 실천과 관련 있는 이유는 여기에 있다. 신구약 성경의 책 이름 자체가 '계약'을 뜻하고 있으며, 계약이 성경의 핵심이다. 성경 해석은 계약의 관점에서 해석해야 한다.

❹ 과제

그런데 불행하게도 지난 서양기독교 역사는 '계약사'를 잃어버리고 '구속사' 관점으로만 해석했다. 이제 새로운 시대를 맞은 지금 우리가 해야 할 가장 큰 과제 중 하나는 본래 성경의 관점인 계약사로 돌아가서 성경과 신앙을 다시 해석하는 일이다. 서양기독교는 언제부터 길을 잘못 들어섰을까?

오류를 바로잡기 위해서는 원인을 알아야 한다. 이에 본서는 마가복음 본문의 각 부분을 해석하면서 초기교부들의 본문 해석을 먼저 다루었다. 대부분 원문 그대로를 옮겼지만 경우에 따라서는 압축해서 실어 놓았다. 그 이유는 초기교부들로부터 첫 단추가 잘못 꿰어졌음을 확인하면서 다시 해석하기 위함이다.

❺ 영성의 이야기

본문을 해석하는 방법은 본문의 내용을 계약과 영성 경험을 기초로 '이야기하기'(story telling)를 하려고 했다. 그 이유는 성경이 본래 이이기꾼들에 의해 전달된 구전 이야기이기도 하지만 최근의 성서 해석학이 문학비평이기 때문이다. 문학비평은 현재 상태로 기록된 본문을 중요하게 여기며 다양하게 문학적인 해석을 시도하는데 그 중에서 '이야기 신학'(narrative theology)의 방법을 활용하여 마가복음 본문을 하나의 이야기로 구성하고자 했다.

의도와 생각은 이와 같았지만 현실은 별개의 문제였다. 주제 자체가 필자가 감당하기에는 너무 큰 주제이고, 이를 다룰만한 그릇이 되지 못하기 때문이다. 단지 안타까운 마음, 견딜 수 없는 마음, 포기되지 않는 마음 때문에 써 보려고 바둥거렸을 뿐이다. 허점과 미비한 부분이 많이 있음에도 불구하고 부끄러운 마음으로 내놓고자 한다.

이 책이 나오기까지 많은 관심을 가지고 세미나 등에 참여해주신 분들과 교정과 기도 등에 큰 수고를 아끼지 않으신 분들에게 진심으로 감사를 드린다. 이들 때문에 이만큼이나마 가능했다.

2020년 2월 1일,

길동무

제1부 : 만물의 근원인 복음(Ἀρχὴ)

물음 1~8 (1:1~13)

물음 01 창조, 계약, 구속 서로 어떤 관계일까?

성경이 말하려는 핵심은 무엇일까?
성경에서 말하는 구원은 어떤 것일까?
왜 예수님을 통해서만 구원받을 수 있을까?

잘 아는 것 같지만 대답이 쉽지 않은 질문들이다. 이에 대하여 창조와 계약과 구속(救贖)의 상호 관계를 통하여 간략히 설명하고자 한다.

1. 창조

성경은 하나님께서 세상을 만드시는 이야기로 시작하고 있다. 하나님께서는 말씀으로 먼저 빛을 만드신 후 하늘과 땅, 바다와 육지 등을 비롯하여 만물을 만드시면서 각각의 위치와 자리를 정해 주셨다. 이로 인하여 우주 만물에는 질서와 조화가 깃들게 되었다. 만물의 질서와 조화를 다른 말로 하면 자연을 지배하는 법(法)이다. 만물은 하나님께서 만드신 법질서에 따라 각각 존재 양식을 가지게 되었다.

만물을 만드신 다음에 마지막으로 사람을 만드셨다. 사람을 나중에 만드신 이유는 사람이 살아갈 환경이 필요했기 때문이다. 사람은 하나님의 모양과 형상을 따라 만드셨는데, 이를 위해 직접 흙으로 육체를 빚으시고 코에 생기를 불어 넣으셨다. 최초의 인간을 '아담'(אָדָם)이라고 했는데 '사람'을 뜻한다. 즉 아담은 고유명사이자 보통명사이며, 흙에서 나왔다는 뜻이다.

하나님께서는 아담에게 동물들의 이름을 짓게 하시고, 하나님을 대신해서 만물을 관리하고 다스리게 하셨다. 인간과 자연환경의 관계에서 자연환경은 인간을 위해서 만들어졌고 인간의 지배를 받게 되어있다. 이것이 본래의 창조 질서이다.

하나님께서는 사람 즉 아담을 에덴동산이라는 낙원에 살게 하셨는데, 그 동산 한가운데 선악과(善惡果)라는 과일나무를 만드시고 선악과만은 먹지 말라고 하셨다. 선악과는 문자 그대로 선과 악의 열매이며, 사람이 에덴동산에서 살아가면서 지켜야 할 법도를 말한다. 본능에 따라 살아가는 다른 피조물과는 달리 사람에게는 악을 멀리하며 선을 행해야 할 법, 즉 윤리와 도덕이 주어진 것이다. 선악과를 먹지 말라는 뜻은 사람에게 주어진 법을 지키라는 뜻이다.

그런데 아담(사람)은 선악과를 먹음으로써, 즉 지켜야 할 도리와 법을 지키지 않음으로 낙원에서 쫓겨나 온갖 고생을 하며 살다 죽은 후 다시 흙으로 돌아가게 되었다.

이상은 성경의 첫 책인 창세기 1~3장의 이야기를 간추린 것이다. 이 이야기는 계약과 어떤 관련이 있을까?

2. 계약

'계약'(베리트 ברית 디아데케 διαθήκη)이라는 용어는 쌍방 관계의 용어이다.[2] 창조주와 피조물의 관계, 그리고 구약과 신약성경은 계약이라는 용어로 설명해야 그 의미가 명확해지는데 이를 세분하여 간략히 설명하고자 한다.[3]

---

2) 베리트(ברית)는 '쪼개다' 라는 뜻인데 계약을 체결할 때 짐승을 쪼개 놓고 그 사이에서 계약을 체결했는데, 계약을 어기면 짐승처럼 쪼개어 죽임을 당한다는 뜻을 담고 있다.

3) 아이히로트(Walther Eichrodt 1890~1878)은 계약의 관점에서 구약신학을 전개했다. 그의 대표적인 저서인 「구약성서 신학」 Theologie des Alten Testaments (2권, 1933~35)은 구약성서신학의 새로운 지평을 연 책으로 평가를 받고 있다. 그는 이 책을 3부로 나누어 1부에서는 하나님과 그의 백성, 2부는 하나님과 세계, 3부는 하나님과 인

❶ 세상과의 계약

창조 이야기에 의하면 하나님께서 세상 만물을 지으실 때 그들에게 존재의 법을 주시고 그 법대로 살게 하셨다. 따라서 하나님과 세상의 모든 피조물은 서로 계약 관계이다. 하나님도 창조의 법을 지키실 뿐만 아니라 법 자체이시다. 자유의지가 없는 피조물은 선택의 여지가 없으므로 본능에 의해 주어진 법대로 존재한다. 이들과 창조주와의 계약 관계는 비인격적이며 일방적인 계약이다. 인격과 자유의지가 없는 피조물은 본능에 따라 존재하기 때문에 계약 파기란 있을 수가 없다.

❷ 사람과의 계약

그러나 사람의 경우는 다르다. 하나님께서는 사람을 하나님의 모양과 형상대로 만드시고 자유의지와 인격을 주셨다. 따라서 하나님과 사람의 관계는 특별한 관계이며, 인간에게만 주어진 선악과는 이런 특별한 계약 관계를 말해준다. 사람에게는 인격과 선택의 자유가 주어져 있으므로 하나님과 사람의 계약은 서로 계약 조건을 이행해야 하는 쌍방 계약이다.

계약 파기

그런데 아담이 선악과를 먹음으로 인해 계약이 파기되었다. 인격에 기초한 쌍방 계약은 어느 한쪽이 계약을 어기면 당연히 파기되게 마련이다. 계약을 파기한 아담은 에덴동산에서 쫓겨났으며 모진 고생을 하다 죽어갈 운명에 처해 졌다.

아담의 계약 파기는 자연에도 영향을 주어 땅은 저주를 받았다. 아담의 계약 파기가 자연환경에 영향을 준 이유는 자연환경이 본래 인간을 위하여 만들어졌고 아담은 동물의 이름을 짓고 또 관리하는

간 등 세 측면에서 계약을 다루고 있다.

등 창조에 일정 부분 동참했기 때문이다. 창조 질서와 계약에 의하면 인간은 단순히 피조물이 아니라 창조의 동역자이고 피조물을 관리해야 할 하나님의 대리자이다. 그런데 계약 파기로 인하여 사람은 죄의 지배를 받는 죄인으로 전락했으며, 또 자연환경을 바르게 관리하는 것이 아니라 반대로 자연의 지배를 받거나 파괴하다가 흙이 되어 자연으로 돌아가게 되었다.

형벌

계약을 파기한 사람에게 주어진 형벌은 구체적으로 무엇일까? 이렇게 기록되어 있다.

> 아담에게 이르시되 … 땅은 너로 말미암아 저주를 받고 **너는 네 평생에 수고하여야 그 소산을 먹으리라 땅이 네게 가시덤불과 엉겅퀴를 낼 것이라** … 네가 흙으로 돌아갈 때까지 **얼굴에 땀을 흘려야 먹을 것을 먹으리니** 네가 그것에서 취함을 입었음이라(창3:17~19)

사람에게 주어진 가장 큰 형벌은 양식을 얻기 위한 수고였다. 그 이유는 땅이 저주를 받아 이제는 더 이상 양식을 내어주지 않았기 때문이다. 육체는 양식을 매일 먹어야만 하는데 이제 땅은 가시덤불과 엉겅퀴를 내며 양식을 주지 않아서 땀을 흘리며 땅에서 일을 해야 먹고 살 수밖에 없었다. 그러면 이런 형벌 이전에는 양식을 어떻게 얻었을까?

> 하나님이 이르시되 **내가 온 지면의 씨 맺는 모든 채소와 씨 가진 열매 맺는 모든 나무를 너희에게 주노니 너희의 먹을 거리가 되리라**(창1:29)

이 말씀은 사람을 만드신 후에 주신 말씀인데 타락 이전에는 여러 가지 곡식과 열매, 채소 등이 늘 먹거리로 주어져 있어 아무 때나 어디에서든지 먹고 싶은 것을 마음대로 먹을 수 있었다. 그런데 에덴동산에서 쫓겨난 이후에는 이런 자연적인 먹거리가 사라지고 땀을 흘려 일해야 겨우 먹거리를 구할 수 있었다.

자연환경의 여러 문제에 시달리며 살아가다가 흙으로 돌아가야 하는 인간의 불행을 지켜보시던 하나님께서는 사람을 이런 불행에서 구해내실 계획을 세우셨다. 그 방법이 무엇일까?

구원의 방법과 계약 실천

아담이 계약을 지키지 않아 계약이 파기되어 불행이 왔으므로 그 불행을 근원적으로 해결하는 방법은 계약을 회복시키는 길뿐이다. 다른 방법은 있을 수 없다. 인간의 구원과 계약 준수는 뗄 수 없는 관계이다. 따라서 그 어떤 경우에도 계약 실천을 제외하고 구원을 운운하는 것은 이치에 맞지 않다. 그런데 계약을 회복시키기 위해서는 계약으로 돌아가서 계약을 다시 지켜야만 한다.

계약의 실현성

하지만 계약을 통해서만 구원을 받을 수 있다고 할 때 다음과 같은 의문이 생긴다.

첫째, 하나님께서는 인간이 계약을 지키지 못할 것을 다 아시면서 왜 계약을 맺으셨는가?

흔히 이런 질문을 한다. 미리 다 아시는 하나님께서 아담이 선악과를 먹을 것을 알면서 왜 만들어 놓으셨을까? 누구나 물을 수 있는 질문이다. 이 질문에 대답하려면 먼저 하나님의 인격에 대하여 기본적인 이해가 있어야 한다. 하나님은 우리 인간과 비슷한 수준이 아니라 완전하신 분이시다. 그 완전성 중의 하나가 인격이다. 완전하신 하나님의 인격은 어떤 것일까? 하나님의 완전성은 그 존재의 본성에서만이 아니라 다른 인격체인 사람과의 관계에서도 완전하시다. 불완전한 인격을 지닌 인간은 약속을 완전하게 지킬 수 없다. 아무리 지키려고 해도 지킬 수 없는 상황이 생기 기 때문이다. 따라서 상대방을 완전하게 신뢰할 수 없다. 서로가 불완전하기 때문이다.

하지만 완전한 인격이신 하나님은 사람을 완전하게 신뢰하신다.

따라서 아담과 계약을 맺으실 때 선악과를 먹을 것을 하나님께서 미리 아셨다는 말은 하나님에게는 성립되지 않는다. 그런 생각은 불완전한 인격을 지닌 사람의 의심에서 나오는 생각일 뿐이다. 하나님께서는 지금도 모든 사람을 완전하게 믿으시며 누구도 결코 의심하지 않으신다.

예수님과 가룟 유다와의 관계도 마찬가지이다. "유다가 배반할 것을 아시면서 왜 제자로 삼으셨는가?"라는 물음은 성립되지 않는다. 배반할 가능성은 유다만이 아니라 자유의지를 가진 인간 모두에게 동일하게 있다. 그런데 하나님께서는 인간에게서 실패하고 배반할 가능성이 아닌 완전해질 가능성만을 보신다. 비록 유다가 잘못된 길을 선택했을 때에도 끝까지 신뢰하시며, 안타까워하시며 마지막 순간까지 호소하고, 기다리시며, 믿으셨다. 유다만이 아니라 베드로도 그렇게 대하셨다. 하나님께서는 모든 인간을 이렇게 대해 주신다.

하나님의 인격은 본성에서만이 아니라 사람과의 관계에서도 완전하셔서 인간의 인격을 완전히 믿으시기 때문에 인간과 계약을 맺으신다. 그리고 끝까지 인격으로 대해주신다. 완전하신 하나님에게는 의심이란 있을 수 없다.

둘째, 불완전한 인간이 완전하신 하나님과 쌍방 계약을 맺는 것이 가능한가?

자유의지와 인격이 없는 동식물과는 쌍방 계약을 맺을 수 없다. 하나님의 법에 따라 주어진 본능대로 사는 일방 계약이 있을 뿐이다. 그러나 하나님의 형상대로, 즉 자유의지와 인격을 지닌 인간과의 관계는 쌍방 관계가 된다. 선택할 수 있는 자유의지와 인격이 있다는 말은 동시에 책임이 있다는 뜻이다. 따라서 해야 할 도리는 반드시 지켜야 한다. 인격적인 관계에서 지키지 않고도 없었던 일로 할 수는 없으며 또 대신해 줄 수도 없다. 자기 일은 자신이 해야 한다. 인격체 사이의 관계는 곧 쌍방 관계이며, 관계의 유지는 곧 계약 실천에 있다. 따라서 하나님과 인간의 관계는 쌍방 계약 관계이다.

셋째, 타락 이전의 아담도 지키지 못한 계약을 죄의 지배를 받는 우리가 어떻게 지킬 수 있는가?

하나님께서는 사람을 누구보다 잘 아신다. 완전하신 하나님께서 불완전한 인간에게 지키지 못할 조건을 요구하지 않으신다. 지킬 수 있는 것을 지키라고 하신다. 아담의 불순종 이후 비록 인간의 인격과 도덕성이 크게 손상되었지만 아직 자유의지와 합리적인 판단력이 어느 정도 남아있기 때문에 실천 가능한 범위에서 요구하신다. 모세에게 사명을 주실 때에 "네가 가진 것이 무엇이냐?"라고 물으셨으며, 모세가 가지고 있던 양치는 지팡이를 가지고 시작하게 하셨다. 후일 이스라엘에 주신 계약법도 마음만 먹으면 지킬 수 있는 조항들이었다. 하나님께서는 사람에게 할 수 있는 정도까지만 요구하신다. 그러면 사람이 한 일로 계약의 목적이 완성될 수 있는가? 전혀 아니다. 그러면 어떻게 되는가?

그 나머지는 다 하나님 몫이다. 인간이 할 수 없는 부분은 하나님께서 책임지고 완성시키신다. 따라서 하나님께서 인간과 맺어주시는 쌍방 계약은 결국 은총의 계약이다. 사람에게 할 수 있는데 까지를 요구하시고 나머지는 다 하나님께서 하시기 때문이다. 오병이어의 이야기를 보면 사람이 한 일은 가진 것의 전부인 보리떡 다섯 개, 물고기 두 마리를 드리는 것이었고, 예수님께서 축사하신 다음에 시키시는 대로 사람들에게 나누어 주었을 뿐이다. 그 나머지는 예수님께서 남자만 오천 명 이상의 사람들이 먹고도 열두 바구니에 남게 하셨다. 성경에 등장하는 초자연적인 기적의 이야기들은 하나님께서 계약을 지키시는 이야기들이다. 성경의 초자연적인 이야기들은 다 계약과 관련이 있다.

하나님과 인간의 계약이 쌍방 관계이지만 인간에게 지킬 수 있는 데까지만 요구하실 뿐만 아니라 또 지킬 수 있도록 도와주시기 때문에 사실상 은총으로 맺어진 계약이다.

❸ 시내산 계약

하나님께서 인간과 계약을 체결하심으로써 인간을 구원하신다. 그런데 누구와 어떻게 계약을 체결해야 하나? 계약이 잘 지켜질 수 있는 가장 현실적인 방법은 무엇일까?

한 사람의 선택

계약 대상이 갖추어야 할 우선적인 조건은 그 계약 정신에 동의할 뿐만 아니라 기꺼이 실천하기를 원하는 사람이어야 한다. 하나님께서는 그런 사람을 찾으시기로 하셨다. 계약 정신은 이기적인 욕심을 버리고 모든 사람이 같이 잘 살게 하려는 마음이다. 성경에서는 이런 선을 실천하려는 사람을 가리켜 '의인'이라고 한다.

세상 사람들을 지켜보시던 하나님께서는 드디어 한 사람을 찾으셨다. 그 사람이 누구일까? 아브라함이다. 그래서 아브라함을 '믿음의 조상, 복의 근원'이라고 한다. 아브라함에게 "너와 네 후손을 통하여 모든 민족이 복을 받으리라."(창12:3)라고 말씀하신 이유는 그가 모든 사람이 복 받고 행복하게 살기를 바랐기 때문이며, '네 후손을 통하여'라고 하신 이유는 아브라함의 그 큰 뜻을 그 후손들이 이어받았기 때문이다.[4)]

그 후손과 계약 체결

아브라함의 후손인 이스라엘 사람들은 애굽에서 400년간 종살이를 하고 있었는데, 하나님께서는 약속대로 이스라엘을 해방시킨 후

4) 창조의 이야기와 선악과, 아브라함, 이삭, 야곱, 요셉 등에 대해서는 졸저 「창세기」에서 상세하게 설명했다.

시내산에서 그들과 세상 구원을 위한 계약을 체결하시며 계약법을 주셨다. 하나님께서는 그들에게 가나안에 들어가서 신분, 지위, 빈부의 격차가 없는 이상적인 나라를 만들라고 당부하셨다.

보여주는 선교

계약공동체가 할 일은 무슨 특별한 어떤 것을 하라는 것이 아니라 가나안에서 공동체원끼리 서로 도우며 이상적인 삶을 살기만 하면 된다. 그러면 무슨 일이 일어나는가? 주변에 있는 다른 민족과 나라들이 보고 따라 배울 수밖에 없다. 지극히 단순한 방법이다.

이같이 하나님께서 이스라엘과 계약을 맺으심으로써 아담의 불순종으로 파기된 계약이 다시 회복되고 이 땅에 하나님 나라의 모형을 실현할 수 있는 길이 열렸다. 이스라엘과 하나님이 시내산에서 맺은 계약을 옛계약이라고 하며, 구약성경은 옛계약공동체의 이야기이다.

❹ 계약 실현 방법

하나님과 인간이 맺은 계약은 인격과 자유의지에 기초한 쌍방계약이다. 성경은 계약의 책인데 계약 실천은 무엇을 어떻게 하는 것일까?

계약공동체

하나님께서 사람과 맺으신 계약의 대상은 개인이 아니라 공동체다. 그 이유는 계약공동체가 이상적인 나라를 만들어 세상에 보여주는 방법이 가장 현실적이기 때문이다. 따라서 사람이 실천해야 할 계약법의 특징과 실천 방법은 이상적인 나라를 만드는 데에 있다. 구약의 율법서는 이를 위한 법이다. 계약공동체의 실천 범위는 일차적으로 계약공동체 내에 국한된다. 세상 모든 사람을 향해서 이상적인 윤리를 실천한다는 것은 불가능하기 때문이다.

계약공동체가 만들어야 할 나라는 신분, 지위, 빈부의 격차가 없는 공평한 나라인데, 이런 나라를 성경에서는 '거룩한 나라'라고 한다. 구약의 율법은 이를 위한 계약법인데, 십계명을 비롯한 안식일, 안식년, 희년 등은 이런 거룩한 나라를 만들기 위한 법이다. 계약공동체 신앙의 특징은 특별히 구별된 성전에서 제사와 화려한 종교의식으로 하나님을 섬기는 데 있지 않고, 계약법을 똑바로 배우고 가르쳐서 공동체의 모든 사람들이 골고루 행복하게 잘살게 하는 데에 있다. 예수님께서 말씀하신 이웃사랑은 계약공동체 내에서 실천해야 할 계약법의 실천을 말한다.

계약공동체가 해야 할 일은 이런 거룩한 하나님 나라의 모형을 만들어 세상에 보여주어 세상으로 구원받게 하는 '보여주는 선교'이다.

하나님

하나님께서는 계약을 맺은 공동체가 이 땅에서 하나님 나라의 모형을 만들도록 구체적으로 도우신다. 우선 계약공동체가 계약을 실천하여 하나님 나라의 모형을 만들 수 있도록 땅을 주신다. 옛계약공동체인 이스라엘에는 가나안을 주셨고, 새계약공동체인 교회에는 로마제국을 주셨다. 그러나 계약공동체가 이 땅에서 사람의 힘만으로 하나님 나라의 모형을 만드는 것은 불가능하다. 이런 사실을 잘 아시는 하나님께서는 필요할 때 초자연적인 방법으로 도우셔서 계약공동체에는 용기와 힘을 주시며, 세상 사람들에게는 살아계신 하나님께서 계약공동체와 함께하심을 알려 주신다.

계약과 경제정의

구약의 계약법인 율법서의 중심은 안식년과 희년의 실천이다. 예수님께서는 희년(주님의 은혜의 해)을 실현하러 오셨고(눅4:18~19), 복음의 대상은 가난한 자들이며(마11:5, 눅7:22), 예루살렘에서 교회가 시작되면서 경제 공유를 실천으로 옮기는 등 새계약에서도 경제 문제가 핵심이다. 계약법에서 경제 문제가 중심인 이유는 창세기에서 아담이 계약을 어겨 에덴동산에서 쫓겨날 때 받은 형벌과 관련이 있다. 아담에게 주어진 형벌은 먹거리 자력 해결이었으며,[5] 그 결과 경제 문제가 인간이 해결하기 가장 어려운 문제가 되었다. 이런 이유로 계약 회복을 시도하는 계약공동체에서는 먹거리 문제 해결이 일차적인 과제가 된다. 주기도문에서도 일용할 양식의 해결이 가장 중요한 기도이며, 구약 예언자들의 화두인 "공의가 강같이 흐르게 하라!"의 공의는 경제정의를 말한다.

경제 문제 해결은 개인과 가정, 사회와 국가에서 기본이지만 해결하기 가장 어려운 문제이며, 인류 역사의 과제이다. 공동체에서 계약법 실천과 경제정의 실현은 뗄 수 없는 관계이며, 가장 중요한 과제다. 국가도 해결하기 어렵고 역사의 과제인 경제정의를 어떻게 실현해야 하나?

계약과 초자연

경제정의 실현은 사람의 힘만으로는 불가능하다는 것을 하나님께서 더 잘 아시기 때문에 하나님께서는 계약공동체와 함께하시며, 필요한 경우에는 초자연을 동원하셔서 그 일이 반드시 되게 하신다. 성경에 기록된 초자연의 이야기 모두가 계약 체결이나 계약 실천과 관련된 이유는 여기에 있다. 자연을 대상으로 하는 기적 이야기는 하나님께서 계약공동체로 하여금 계약을 실천해서 세상을 구원하도록 도우시는 구체적인 방법이다.

구약에는 이스라엘 민족이 애굽에서 탈출하여 계약의 땅인 가나

---

5) 아담에게 이르시되 … 땅은 너로 말미암아 저주를 받고 너는 **네 평생에 수고하여야 그 소산을 먹으리라** 땅이 네게 가시덤불과 엉겅퀴를 낼 것이라 … **네가 흙으로 돌아갈 때까지 얼굴에 땀을 흘려야 먹을 것을 먹으리니** 네가 그것에서 취함을 입었음이라(창 3:17~19)

안에 들어가는 과정에 많은 기적의 이야기들이 있다. 그다음에는 계약대로 살도록 이끌어가는 사사와 선지자들의 활동에 기적의 사건들이 집중되어 있다. 신약에는 새로운 계약을 체결하시는 예수님의 활동과 예루살렘에서 교회가 탄생하여 로마제국으로 확산되는 과정에 많은 기적의 이야기들이 있다.

근대 이후 역사비평에서는 성경의 이적 이야기들을 신화로 취급하였고, 또 사실성보다는 비유처럼 그 의미에 초점을 맞추어 해석하고 있다. 현대에 이르러 성경 해석에서 가장 큰 논란의 대상은 늘 기적의 문제였다. 그런데 계약의 입장에서 보면 전혀 다르게 보인다. 성경의 초자연적인 사건들은 계약이 실현되도록 도우시는 하나님의 손길이다.

계약과 자연환경

자연환경은 본래 인간을 위하여 먼저 만들어졌으며, 아담이 관리했지만 아담이 계약을 어기므로 인간은 자연환경에 대한 통제력을 잃어버리고, 반대로 자연환경의 지배를 받게 되고 말았다. 그런데 이제 사람이 계약을 잘 지키면 본래의 질서가 회복되어 자연환경이 인간에게 적합한 환경으로 바뀌어질 수 있다. 예언자들은 동풍(더운 바람), 기근, 가뭄, 메뚜기, 황충 등을 하나님의 징계라고 했다. 또 예수님께서 폭풍과 풍랑이는 바다 등 자연환경을 다스리는 이적을 보여주신 이야기들도 계약의 맥락에서 보아야 명확하게 이해된다. 자연환경과 인간은 다 같이 하나님과 계약 관계에 있기 때문에 인간이 계약을 충실히 지키면 인간과 자연환경이 서로 공존하는 길이 열려질 수 있다.

❺ 옛계약(구약) 파기

옛계약 공동체인 이스라엘은 가나안에 정착한 후 왕정기에 이르러 계약을 저버리고 말았다. 그 결과 BC 586년 나라가 멸망하고 포로로 끌려가 다시 노예로 전락했다. 그러나 신명기 예언자들의 헌신으로 유대인들[6]이 회개하고 다시 율법(계약법)을 지키려고 하자 하나님께서는 다시 한번 기회를 주셔서 BC 538년 귀환할 수 있었다. 그러나 귀환한 유대인들은 계약을 지키려고 했으나 안타깝게도 잘못된 방법으로 지켜 또 계약이 파기될 지경에 이르고 말았다. 포로기 이전의 왕정기에는 계약법을 소홀히 여기며 지키지 않다가 계약이 파기되었지만, 포루기 이후에는 계약을 철저히 지키려고 하다가 잘못 지켜서 계약이 파기되었다. 오늘 우리는 유대인의 시행착오에서 무엇이 문제였는지를 배워야 한다.

계약법을 잘못 이해하여 잘못 지키던 유대인들이 결국 돌이키지 않음으로 인해 AD 70년에 옛계약은 파기되고 말았다. 유대인은 다시 로마제국에 나라가 멸망 당하고 저항하던 사람들은 포로로 잡혀갔으며, 나머지는 쫓겨나 전 세계로 흩어지고 말았다.

이스라엘(유대인)의 실패는 이스라엘만의 문제가 아니라 이스라엘을 통한 세상 구원의 실패였다. 아담의 불순종과 이스라엘의 불순종으로 말미암아 계약은 완전히 파기되었으며, 이제는 세상이 구원받을 길이 사라지고 말았다. 하나님께서 세상을 구원하시는 방법은 계약이다. 왜냐하면 본래 하나님께서 세상을 만드신 관계가 계약 관계이기 때문이다. 따라서 계약이 아니고서는 구원이 성립될 수 없다.

아담의 불순종(계약 파기)을 해결하기 위하여 아브라함의 후손 이스라엘과 맺었던 계약이 수포로 돌아감으로써 더 이상 계약을 추진할 수 없게 되었고, 동시에 세상 구원의 길이 사라졌다. 이 문제를 어떻게 풀어야 하나?

---

6) 솔로몬 이후 이스라엘은 북왕국 이스라엘과 남왕국 유다로 분열되었는데, 북 이스라엘은 BC 721년 앗수르에 멸망 당했고, 남유다는 BC 586년 바벨론에 멸망 당한 후 포로로 끌려갔다. 그 이후 바벨론 포로에서 귀환한 이스라엘 사람들을 유다인(유대인)이라 부른다.

3. 예수님의 구속(救贖)

예수님의 구원 사역을 이해하려면 앞에서 설명한 구원과 계약의 관계를 먼저 이해해야 한다. 다시 말하지만 구원은 곧 계약 조건의 실천이며, 구원과 계약은 뗄 수 없는 관계이기 때문이다.

계약공동체인 이스라엘과 맺으셨던 계약이 이스라엘의 불순종으로 말미암아 폐기되어 인간이 구원받을 길이 사라져 더 이상 추진할 수 없게 되고 말았다. 그러자 이제 하나님께서 하실 수 있는 마지막 수단을 사용하셨다. 그 마지막 방법이 무엇일까?

❶ 인간으로 오심(成肉身)

계약의 한 축이던 하나님께서는 인간이 지키지 못한 계약 파기의 책임을 떠안으시고 계약 파기의 댓가인 죽음을 대신 죽기로 하셨다. 달리는 방법이 없기 때문이다. 이를 위해서는 하나님께서 인간의 죽음을 죽으셔야 하므로 먼저 인간으로 오셔서 인간과 똑같은 삶을 사셨다. 하나님께서 인간으로 태어나시는 방법이 동정녀에게 성령으로 잉태되어 탄생하시는 것이었다. 성령잉태와 동정녀탄생이 사도신경에 들어가 있는 이유는 이 교리가 인간의 구원과 직접 관련이 있기 때문이다. 이런 이유로 성경에서는 인간의 구원을 위하여 하나님께서 인간으로 태어나셨다고 말한다. 그분이 예수님이시다.

❷ 십자가의 대속(代贖)

하나님이시면서 인간으로 오신 예수님께서는 인간이 계약을 지키지 못한 죄를 위하여 대신 죽으시되 가장 고통스러운 죽음, 지옥의 형벌을 대신하는 죽음을 죽으셨다. 그 죽음이 십자가 형벌이었다. 십자가형은 로마제국에서 반역자를 가장 참혹하게 죽이는 방법이었다. 예수님께서는 십자가에서 인간이 계약을 지키지 못한 죄의 댓가를 대신 치르셨다. 예수님의 십자가 대속은 옛계약공동체가 지키지 못한 '계약을 파기한 죄'를 대신 받으심을 말한다. 예수님께서 십자가에서 대신 죽으심으로 계약과 상관없이 개인의 죄들이 다 용서되고 구원이 완성된다는 뜻이 아니다. 이 부분에서 오해하지 말아야 한다.

❸ 새로운 계약의 길

예수님의 십자가 대속으로 말미암아 파기된 계약을 다시 체결할 길이 열렸다. 이에 대해서는 예수님께서 성만찬 예식사에서 분명하게 말씀하셨다. 요한복음에는 성만찬 예식사가 제자들의 발을 씻기시는 이야기로 대신 되어있으며, 공관복음에 기록된 본문을 보면 다음과 같다.

> 이것은 죄 사함을 얻게 하려고 많은 사람을 위하여 흘리는 바 **나의 피 곧 언약의 피니라**(마26:28)
>
> 이것은 많은 사람을 위하여 흘리는 **나의 피 곧 언약의 피니라**(막14:24)
>
> 이 잔은 **내 피로 세우는 새 언약이니** 곧 너희를 위하여 붓는 것이라(눅22:20)

십자가를 앞두고 예수님은 대속의 죽으심이 계약 체결을 위한 피라고 하셨다. 누가복음의 기록과 같이 예수님의 대속의 죽으심으로 새로운 계약이 가능해졌으며, 예수님은 새로운 계약을 체결하기 위하여 피를 흘리셨다. 이스라엘과 맺은 옛계약이 파기되어 더 이상 구원받을 길이 없어졌는데, 이제 예수님의 대신 죽으심으로 새로운 계약, 즉 구원의 길이 열렸다. 계약과 상관없이 구원의 길이 열린 것이 아니다. 이 부분을 오해하지 말아야 한다.

❹ 죄 사함의 방법

마태복음의 "죄 사함을 얻게 하려고 많은 사람을 위하여 흘리는 바"라는 구절은 십자가로 말미암아 개인의 죄가 무조건 용서받는다는 뜻이 아니라 이제 계약을 지킴으로 죄 용서함을 받을 길이 열려졌다는 뜻이다. 복음서 어디에도 십자가를 통해서 직접 죄 사함을 받는다고 말씀하신 구절이 단 한 곳도 없는 이유는 여기에 있다. 세례 요한은 예수님께서 사역을 시작하기도 전에 '죄 사함을 받게 하는 회개의 세례'를 주었다.[7] 요한이 시작한 세례는 회개하고 새로운 계약공동체의 일원이 되는 의식이다. 예수님께서 말씀하신 죄 사함과 관련된 말씀을 열거해보면 다음과 같다.

> 우리가 우리에게 죄 지은 자를 사하여 준 것 같이 우리 죄를 사하여 주시옵고(마6:12)
>
> 너희가 사람의 잘못을 용서하면 너희 하늘 아버지께서도 너희 잘못을 용서하시려니와 너희가 사람의 잘못을 용서하지 아니하면 너희 아버지께서도 너희 잘못을 용서하지 아니하시리라(마6:14~15)
>
> 진실로 너희에게 이르노니 무엇이든지 너희가 땅에서 매면 하늘에서도 매일 것이요 무엇이든지 땅에서 풀면 하늘에서도 풀리리라(마18:18)
>
> 서서 기도할 때에 아무에게나 혐의가 있거든 용서하라 그리하여야 하늘에 계신 너희 아버지도 너희 허물을 사하여 주시리라 하셨더라(막11:25)
>
> 비판치 말라 그리하면 너희가 비판을 받지 않을 것이요 정죄하지 말라 그리하면 너희가 정죄를 받지 않을 것이요 용서하라 그리하면 너희가 용서를 받을 것이요(눅6:37)
>
> 너희는 스스로 조심하라 만일 네 형제가 죄를 범하거든 경계하고 회개하거든 용서하라 만일 하루 일곱번이라도 네게 죄를 얻고 일곱번 네게 돌아와 내가 회개하노라 하거든 너는 용서하라(눅17:3~4)
>
> 너희가 누구의 죄든지 사하면 사하여질 것이요 누구의 죄든지 그대로 두면 그대로 있으리라(요20:23)

예수님께서 언급하신 죄 사함의 방법은 모두가 사람들과의 관계를 통한 용서다. 다시 말하면 계약공동체에서 사람들과의 관계와 죄의 용서는 직접 관련이 있다. 왜냐하면 사람이 짓는 죄의 대부분은 사람에게 지은 죄이기 때문이다. 사람에게 먼저 용서하고 용서받지 않으면서 하나님께만 용서를 받는다면 이는 모순이다. 다시 말하건대, 복음서에는 예수님의 십자가를 통하여 죄 사함을 받는다는 말씀이 단 한 구절도 없다는 사실을 명심해야 한다. 우리 기독교는 그동

7) 세례 요한이 광야에 이르러 죄 사함을 받게 하는 회개의 세례를 전파하니(막1:4, 눅3:3)

안 이 부분에서 큰 착오를 빚었다.

❺ 구원의 방법

한 율법사가 예수님을 찾아와서 "내가 무엇을 하여야 영생을 얻으리이까?"라고 물었다. 이 질문은 중요하기에 세 복음서(마19:16~26, 막10:17~27, 눅18:18~30)에서 상세하게 기록해 놓고 있는데 예수님께서는 무어라고 대답하셨는가?

> 네가 생명에 들어가려면 계명들을 지키라 이르되 어느 계명이오니이까 예수님께서 이르시되 살인하지 말라, 간음하지 말라, 도둑질하지 말라, 거짓 증언 하지 말라, 네 부모를 공경하라, 네 이웃을 네 자신과 같이 사랑하라 하신 것이니라(마19:18~19)

예수님께서는 영생에 이르는 길은 십계명 즉 계약의 말씀을 지키는 데에 있다고 하셨다. 영생을 얻는 방법에 대해서는 더 이상 논란의 여지가 없을 만큼 명확하게 말씀하셨다. 그런데 왜 그동안 우리는 이에 대하여 침묵했을까? 기독교 역사 2천 년의 가장 큰 수수께끼는 여기에 있다. 이에 대하여 무어라고 대답해야 하나?

4. 구속사와 계약사

구속사와 계약사의 관계는 대단히 중요하며, 또 기독교 역사에서 가장 큰 오류를 빚은 부분이므로 이를 다시 정리해보면 다음과 같다.

❶ 구속사(救贖史)

기독교 구원론의 기초는 예수님의 십자가구속 사건이었으며, 구속사를 중심으로 성경과 역사의 전반을 해석했다. 구속사로 성경을 보면서 구약성경의 사건들과 말씀들을 예수님에 대한 예표나 예언으로 해석했다. 즉 구약성경은 오실 예수님에 대한 예언과 언약의 책이며, 예수님의 오심과 십자가의 죽으심으로 구약의 모든 예표와 예언은 성취되고 구원은 완성되었다고 보고 있다.

구속사에서는 예수님께서 우리 모두의 죄와 형벌을 대신 짊어지시고 십자가에서 죽으셨다는 사실을 믿음으로 받아들이면 누구에게나 구원은 이미 주어졌으며, 이 믿음으로 세상을 살다가 죽은 다음 천국에 가게 된다. 십자가를 통해서 값없이 주시는 은혜로 사죄(赦罪)와 구원이 주어지며, 어떤 행위로 구원을 받는 게 아니라고 한다.

교회는 이미 구원받은 사람들이 모인 친교와 선교 공동체이며, 교회가 해야 할 지상과제는 온 세상으로 나가 사람들에게 예수님을 영접시키는 영혼 구원을 위한 선교와 이웃을 사랑하는 사랑의 실천이다. 이 세상은 죄로 말미암아 심판받을 멸망의 대상이다. 구속사에 기초한 이런 세계관 때문에 교회가 아무리 많아져도 세상은 변화되지 않았다. 세상의 변화는 고사하고 중세기독교 시대는 암흑기가 되었고 기독교 국가에서 계몽주의가 등장하는 모순이 벌어졌다. 역사의 교훈을 똑똑히 살펴보아야 한다.

구속사에서 보면 인간은 아담의 범죄로 말미암아 원죄를 지녔기 때문에 십자가를 통한 사죄와 구원의 대상이다. 또 하나님은 인간을 무한히 사랑하셔서 구원하시기 위하여 예수님을 통해 한없는 용서의 은총을 베푸시고 죽음 이후에 천국으로 인도하셔서 영원한 삶과 복락을 누리게 하신다. 인간은 하나님에게 용서와 구원과 사랑의 대상에 불과하다.

그런데 계약사에서 보면 어떻게 보일까?

❷ 계약사(契約史)

앞에서 이미 본 바와 같이 계약사에서 보면 기독교 신학과 구원론이 전혀 다르게 보인다.

하나님의 창조 자체가 계약 체결이었고, 아담의 타락은 계약 위반이며, 하나님께서 죄의 지배 가운데 있는 인간을 구원하시는 방법은 계약을 지킬 기회를 주시는 것이었다. 구약성경의 아브라함과 그 후손 이스라엘의 이야기는 하나님께서 그들에게 계약을 지킬 기회를 주시고 그들을 통해서 세상을 구원하시는 이야기이다.

복음서에 의하면 예수님께서는 계약을 위반하여 파기 직전에 이른 이스라엘에 마지막으로 경고하셨다. 그러나 이스라엘이 받아들이지 않아 그들은 버림받고 인류 구원의 길이 사라지고 말았다. 이에 예수님께서는 계약 위반의 형벌을 대신 받으시고 죽으심으로써 새로운 계약 체결의 길을 열어 놓으셨다. 그리고 예수님의 대속으로 말미암아 새로운 계약공동체인 교회가 탄생되었다. 이제 교회를 통하여 계약을 지키는 사람들에게 구원이 주어진다.

교회가 할 일은 이스라엘이 실패한 하나님의 나라를 이 땅에 실현하기 위하여 최선을 다하는 것이다. 이 큰 일을 위하여 교인들은 누구나 자기를 부인하고 자기 십자가를 지고 죽기까지 예수님을 따라가야 한다. 사도들을 비롯한 초기 교인들은 복음을 위하여 순교의 길을 가거나 순교적인 삶을 살았다. 그 결과 AD 313년 로마제국이 계약 실천의 땅으로 주어졌다.

교회는 이 땅에 하나님 나라를 실현하기 위한 계약공동체이며, 하나님을 대신하여 역사와 세상을 이끌어가야 할 하나님의 대행 기관이다. "진실로 너희에게 이르노니 무엇이든지 너희가 땅에서 매면 하늘에서도 매일 것이요 무엇이든지 땅에서 풀면 하늘에서도 풀리리라."(마18:18) 는 예수님의 말씀은 이런 뜻이다. 하나님은 교회를 통해서, 교회의 기도를 통해서 세상과 역사를 이끌어 가신다.

구속사에서 인간은 단순히 구원과 사죄와 사랑의 대상에 불과하다. 그러나 계약사에서 보면 인간은 역사와 세계를 이끌어가는 하나님의 대행자이며 이 세상을 유업으로 이어받을 하나님의 아들과 딸이다.

❸ 계약사와 구속사의 관계

계약사는 예수님의 구속사를 배제하지 않는다. 단지 계약사 속에서 구속사를 해석할 뿐이다. 예수님의 구속사가 없으면 새계약이 불가능하기 때문에 대속의 사건은 가장 중요하다. 구속사 자체가 문제가 아니라 계약 실천과 상관없이 예수님의 십자가 대속으로 용서받아 구원에 이른다고 해석하는, 계약이 배제된 구속사가 문제일 뿐이다.

회심 경험과 계약사

구속사의 핵심에는 회심의 경험이 들어있다. 이 경험을 통해서 사죄의 경험과 구원의 확신이 주어진다. 계약사에서도 이 경험은 대단히 중요하다. 왜냐하면 이 경험을 통해서 비로소 계약공동체에 들어와서 계약을 실천할 수 있다. 이 경험없이 구원공동체가 형성된다면 신앙공동체가 아니라 사회운동 공동체로 흘러가게 된다.

지난 교회사에서 빚은 오류의 근본 원인은 계약이 배제된 구속사에 있었다. 이제 이것을 바로잡는 것이 우리의 시급한 과제다.

5. 창조와 계약과 구원의 원리

창조주 하나님과 모든 피조물의 관계는 계약 관계이며, 계약은 모든 피조물의 존재 원리이자 창조의 원리이다. 자연 만물에 들어있는 질서와 조화는 만물에 들어있는 존재 양식의 법 때문이며, 이 법이 곧 계약법이다. 계약이 파기되면 피조물은 존재할 수 없다. 죄는 계약이 파기된 상태를 말한다. 이런 계약 파기의 죄는 자유의지를 지닌 인격체만 지을 수 있다. 인간이 피조물 중에서 최상위에 있는 이유는 자유의지와 인격 때문이다. 그런데 아담(사람)이 죄를 지으므로 계약이 파기되고 죄의 지배를 받으며 멸망에 이르게 되었다.

이런 인간이 구원을 받으려면 계약으로 돌아가서 계약을 지키는 길 뿐이다. 하나님께서 세상을 구원하기 위하여 먼저 이스라엘과 계약을 맺을 기회를 주셨으나 그들이 계약을 파기하여 인간이 구원받을 길이 사라지고 말았다. 이 문제를 해결하기 위하여 하나님께서 인간으로 오셔서 계약을 파기한 죄를 짊어지고 대신 죽으심으로 이제 마지막으로 계약이 한 번 더 체결되어 구원받을 길이 열렸다. 예수님으로만 구원받는다는 말씀은 예수님으로 말미암아 새로운 계약 체결이 가능해졌다는 뜻이다.

구원의 법은 곧 계약 실천이며 계약 실천과 구원은 뗄 수 없다. 계약은 창조의 원리이자 만물의 존재원리며 구원의 원리이다. 따라서 계약 실천을 제외하고 구원을 말하면 창조의 원리와 어긋나며 모순이다.

물음 02 복음서의 순서, 서로 어떤 연관성이 있을까?

성경은 인간 역사에서 수천 년 동안 수십 명의 사람들에 의해 기록되었는데 왜 성경을 하나님의 말씀이라고 할까? 이에 대하여 기독교에서는 하나님께서 기록자에게 영감을 주셨기 때문이라고 설명한다. 이 영감설(靈感說)은 현대의 역사비평[8]이 등장하기 이전에는 이론(異論)의 여지가 없었으며, 지금도 기독교 정통신앙에서는 그대로 받아들여지고 있다. 성경의 기록 과정에 하나님께서 영감으로 개입하셨다면 정경화(定經化)[9] 과정에도 영감이 작용했다고 인정해야

8) 성경이 쓰여진 역사적인 과정을 연구하는 학문

9) 쓰여진 여러 문서중에서 경전으로 결정하는 작업. 구약성경은 대략 2세기 중엽에 유대인들에 의해 결정되었고, 신약성경은 동방교회에서는 367년 알렉산드리아의 교부 아타나시우스(Athanasius)때에, 그리고 서방교회에서는 405년 로마교황 이노센스

한다.

신약의 복음서는 수십여 권이 기록되었지만[10] 우여곡절 끝에 마태복음, 마가복음, 누가복음, 요한복음 등 네 권만 성경으로 인정되었다. 그러면 복음서의 배열 순서에도 어떤 의미를 부여할 수 있을까? 마태복음을 맨 먼저 배열한 이유는 정경화 당시에는 마태복음이 가장 먼저 기록되었다고 생각했기 때문이며, 마가복음은 마태복음의 축소판이라고 보아서 그 다음에 놓았다. 요한복음이 맨 뒤에 놓인 이유는 가장 늦게 쓰여지기도 했거니와 공관복음서와는 판이하게 내용이 다르기 때문이었다. 역사를 이끌어가시는 하나님께서는 비명시적인 섭리를 통해 자연스럽게 하나님의 뜻을 실현시키신다. 복음서가 현재의 순서대로 배열되는 과정에도 하나님의 섭리를 인정한다면 그 배열에 담겨있는 의미를 물어볼 필요가 있다. 네 복음서의 핵심을 간추리면서 그 의미를 물어보면 다음과 같다.

1. 마태복음 – 계약의 복음서

마태복음은 유대인을 대상으로 쓰였다고 알려졌다. 따라서 마태복음은 옛계약의 대상들에게 쓰였기 때문에 계약의 관점에서 보아야 그 핵심이 명확하게 파악된다. 구약과 신약성경을 해석할 때 계약의 시각은 가장 중요하다. 성경은 계약의 책이며, 구약(옛계약)과 신약(새계약)을 중심으로 이야기와 그 역사가 전개된다. 구약(옛계

(Innozenz) 1세 때 결정되었다.

10) 외경(外經)으로 남아있는 복음서는 다음과 같다. 「나사렛인들의 복음서」(*The Gospel of the Nazaraeans*), 「에비온 복음서」(*The Gospel of the Ebionites*), 「히브리인의 복음서」(*The Gospel of the Hebrews*), 「이집트인의 복음서」(*The Gospel of the Egyptians*), 「베드로 복음서」(*The Gospel of Peter*), 「진리의 복음서」(*The Gospel of Truth*), 「도마 복음서」(*The Gospel of Thomas*), 「빌립 복음서」(*The Gospel of Philip*), 「마가의 비밀복음서」(*The Secret Gospel of Mark*), 「니고데모 복음서」(*The Gospel of Nicodemus*), 「야고보의 원복음서」(*Protevangelium of James*), 「유다 복음서」(*The Gospel of Judas*), 「마리아의 복음서」(*The Gospel of Mary*), 「도마의 유아복음서」(*The Infancy Gospel of Thomas*)

약)은 하나님께서 이스라엘과 시내산에서 맺으신 계약이다. 계약 조건은 이스라엘 공동체의 모든 구성원이 신분과 지위, 빈부의 격차없이 행복하게 살면서, 이 땅에 하나님 나라의 모형을 만들어 모든 사람들이 이스라엘을 보고 구원받게 하려는 것이었다. 그러나 이스라엘이 계약의 땅인 가나안에 입주한 후 다윗과 솔로몬에 이르러 성전을 지은 후 그 계약을 지키지 않아 나라가 분열되었다가 계약이 파기되어 앗수르와 바벨론에 멸망 당하고 포로로 끌려갔다. 예언자들의 각고의 노력으로 포로 현장에서 가까스로 회개하자 하나님께서 다시 기회를 주셔서 본국으로 돌아왔으나 결국 또 계약에서 빗나가 AD 70년 로마제국에 다시 멸망 당하고 말았다. 나라의 멸망은 계약 파기의 증거였다.

마태복음은 이런 유대인들을 향해 그들이 계약을 지키지 않아 다시 파기되었으며, 이제 예수님으로 말미암아 새로운 계약이 체결되었음을 설명하고 있다. 마태복음에는 예수님의 설교가 다섯 편으로 편집되어 있다. 이는 구약성경의 모세오경을 염두에 두면서, 예수님의 설교는 모세오경의 재해석이자 새계약법이라는 의미이다. 이런 이유로 첫 설교에서 예수님께서는 "나는 너희에게 이르노니"라는 형식으로 구약의 계약법을 다시 해석하셨다. 따라서 마태복음의 다섯 편의 설교는 새로운 계약법인 셈이다. 마태복음을 비롯한 복음서의 주제가 하나님 나라라는 데에는 대부분의 학자들이 동의한다. 그러나 불행하게도 그 하나님 나라는 하늘에 있으며, 죽은 다음에 간다고 해석되어 왔다.

그런데 마태복음을 다시 해석해보면 하나님 나라는 내세에서가 아니라 지금 여기서 계약공동체인 교회를 통해서 실현되는 나라이다.[11] 세례 요한과 예수님께서 "회개하라 천국이 가까이 왔다."라고 선언한 말씀은 옛계약이 폐기되고 새로운 계약을 통하여 지금 여

11) 졸저 「마태복음」은 계약의 관점에서 이렇게 해석했다.

기서 하나님 나라가 시작되고 있다는 뜻이다. 그러나 그 나라는 이 땅에서 사람에 의해 시작되지만 사람에 의해 완성되지는 않으며, 하나님의 초자연적인 개입에 의해 완성된다. 그때를 성경에서는 종말이라고 하는데, 종말은 이 세상의 파멸이 아니라 이 땅에 하나님 나라가 세워지는 것을 방해하는 악한 세력의 종말을 말하며, 그때에 계약공동체를 통해 시작된 하나님 나라는 완성에 이르게 된다.

마태복음은 옛계약의 폐지로 인한 이스라엘의 멸망을 다루면서 예수님으로 말미암은 새로운 계약공동체인 교회의 등장을 선언하고 있다.[12)]

2. 마가복음 – 이적의 복음서

마가복음은 일명 '이적의 복음서'라고 한다. 그 이유는 전체 16장 중 8장까지는 예수님께서 행하신 20여 가지의 이적을 중심으로 기록되었기 때문이고, 9장 이후에는 수난사로 이어진다. 마가복음에서는 왜 예수님의 행적을 이적 중심으로 기록했는지에 대하여 많은 연구가 진행되었고, 또 다양한 의견들이 제시되었다. 그런데 그 의미를 마태복음의 연장 선상에서 생각해 보면 단순하게 이해된다.

마태복음의 주제인 계약공동체가 지상에서 시도하는 하나님 나라의 실현은 사람의 힘만으로는 불가능하며 하나님의 초자연적인 개입이 있어야만 가능한데, 마태복음 다음의 책인 마가복음의 이적은 이것을 말하고 있다. 죄악이 지배하는 이 땅에서 하나님 나라의 실현은 하나님의 초자연적인 도움없이는 불가능하다. 서양의 계몽주의 이후 현대에 이르러 하나님을 배제하고 혁명과 과학기술로 지상천국을 시도했으나 결국 실패하고 말았다. 현대문명이 많은 혜택을 주었지만 연이은 세계대전과 대량살상무기, 빈부격차 등의 문제를 해결하지 못했을 뿐만 아니라 자연환경을 파괴하여 인류의 생존이

12) 이에 대해서는 졸저 「마태복음」에서 상세하게 설명했다.

심각한 위기를 맞고 있다.

마가복음은 전반부의 이적 이야기에 이어 나머지 절반은 예수님의 수난사로 채워져 있다. 그동안 예수님의 십자가는 인간의 죄를 용서하기 위한 대속의 죽으심으로 해석했다. 그런데 복음서 순서에 따른 이야기의 연결 과정으로 보면 다르게 해석된다. 마가복음 전반부의 예수님의 이적 이야기가 하나님의 초자연적인 도우심과 개입이라면, 후반부의 예수님께서 가시는 십자가의 길은 이제 계약공동체가 이 땅에 하나님 나라를 실현하기 위하여 걸어가야 할 길이다. 이 땅에서 하나님 나라라는 가장 큰 가치를 실현하려면 계약공동체는 자기 십자가를 지고 예수님을 따라가야만 한다. 이제 십자가는 예수님에게만 해당 사항이 아니라 계약공동체 모든 구성원이 따르고 가야 할 길이다. 가장 큰 가치의 실현을 위해서는 가장 귀한 생명을 바쳐야만 한다. “누구든지 나를 따라오려거든 자기를 부인하고 자기 십자가를 지고 나를 따를 것이니라.”(막8:34)라는 말씀은 이를 말한다.

마가복음을 마태복음과의 관계와 배열 순서에서 보면 이런 해석이 가능해진다. 인간의 방법으로 시도했던 지상천국 운동이 수포로 돌아가고 인류의 멸종이 거론되는 이 시점에서 마가복음은 우리에게 중요한 의미를 줄 수 있다. 필자가 마태복음에 이어 마가복음을 쓰는 이유는 여기에 있다.

3. 누가복음 - 경제의 복음서

마가복음 뒤에 나오는 누가복음에서는 경제 문제를 가장 중요하게 다루고 있다. 누가복음에 의하면 예수님께서 이 세상에 오신 목적은 경제정의의 대명사인 희년(禧年)을 실현하시기 위함이었다. 그러므로 다음과 같이 선언하셨다.

> 주님의 성령이 내게 임하셨으니 이는 가난한 자에게 복음을 전하게 하

> 시려고 내게 기름을 부으시고 나를 보내사 포로 된 자에게 자유를, 눈 먼 자에게 다시 보게 함을 전파하며 눌린 자를 자유롭게 하고 주의 은혜의 해(희년)를 전파하게 하려 하심이라(눅4:18~19)

이런 이유로 누가복음에는 부자와 나사로, 두 아들(탕자), 불의한 청지기 등 경제와 관련된 비유와 말씀들이 많다. 누가복음에서 중요하게 다루는 경제 문제는 복음서의 배열에서는 어떤 의미를 지닐까?

마태복음에서는 계약공동체가 이 땅에서 실현해야 할 하나님 나라를 다루고 있고, 마가복음에서는 그 나라의 실현은 하나님의 초자연적인 이적의 개입과 공동체원들이 이 일을 위해 생명을 내놓고 십자가의 길을 갈 때 실현된다고 말하고 있다. 그런데 이제 누가복음에서는 이 땅에 실현될 하나님 나라의 중심에는 경제 문제 해결 즉 희년의 성취가 있다고 말한다. 지나간 인류 역사의 경험에 의하면 경제정의의 실현이 여전히 가장 어려운 과제로 남아있다. 현대에 이르러 신분과 인권의 문제는 어느 정도 해결되었지만 경제정의의 실현은 날이 갈수록 더 요원해지고 있다. 그런데 누가복음에서는 경제정의의 실현을 하나님 나라의 핵심으로 다루면서 그 실현은 오직 신앙의 차원 즉 계약공동체에서만 가능하다고 말한다. 이런 측면에서 마태복음과 마가복음 다음에 놓인 누가복음의 위치는 대단히 중요하다.

4. 요한복음 - **진리의 복음서**

요한복음을 이해하려면 구약의 신명기(申命記)[13]를 먼저 이해할 필요가 있다. 40년 광야생활의 경험을 기초로 하는 신명기는 모세의 세 편의 설교이다. 신명기는 이스라엘 사람들이 애굽의 종살이에서 탈출하여 시내산에서 하나님과 계약을 맺을 때 받은 출애굽기의

---

13) 신명기(申命記, 히브리어 데바림 דְּבָרִים, 그리스어 데우테로노미온 Δευτερονόμιον)은 '설교'로 보는 것이 본래의 뜻에 가장 가깝다.

계약법전(20:22~23:33)과, 성막 봉헌식 말씀으로 주어진 레위기의 성결법전(17~26장)에 대한 모세의 재해석인데, 모세는 신명기에서 가나안을 향하는 이스라엘 사람들에게 지금 자기가 다시 해석해주는 말씀대로 살아야 한다고 누누이 강조한다. 즉 가나안에 입주한 후에, 출애굽기와 레위기와 민수기에 있는 말씀이 아니라 모세가 신명기에서 다시 해석해준 말씀대로 살아야 한다는 뜻이다. 이런 사실은 출애굽기에 기록된 십계명(20:1~17)과 신명기(5:6~21)의 십계명을 비교해보면 모세의 재해석이 잘 드러나는데, 4계명과 5계명에서 많은 차이가 있다. 모세는 시내산과 광야에서 출애굽 세대와 맺었던 계약의 말씀을 40년 뒤에 광야세대들에게 다시 해석해주면서, 자신이 다시 해석해준 말씀대로 살아야 함을 반복해서 강조하고 있다.

이런 측면에서 볼 때 요한복음은 신약의 신명기에 해당된다. 사도들 중 가장 늦게까지 살았던 요한은 바울서신과 복음서들이 다 쓰여진 후 사도시대를 마감하는 시점에서 1세기의 신앙을 총정리하며 교회가 나아갈 방향을 제시하고 있다. 요한복음은 공관복음에 대한 재해석이기 때문에 공관복음과 많은 차이가 난다. 따라서 오늘 우리가 복음서를 해석할 때에는 이런 배열과 요한복음의 재해석을 염두에 두어야 한다.

요한복음에 의하면 예수님은 하나님과 동일한 분(독생자)이며, 우주의 원리이자 법(말씀 λογος)이시고 진리이다. 성령의 역할은 이 진리를 깨닫게 하시며 또 믿게 하시는 진리의 영이시다. 요한복음에 의하면 예수님을 그리스도라고 고백하는 믿음에서 더 나아가 하나님 자신이시며, 만물의 근원과 원리, 우주적인 진리로 깨달아야 한다. 성령은 이를 도와주시는 분(보혜사)이시다. 부활하신 주님을 만난 도마는 "나의 주님이시요, 나의 하나님이시니이다."라고 고백했다. 요한복음에서는 계약법을 가능하게 하신 예수님이 곧 우주의 원리이자 근본이고 진리이며, 성령은 계약법을 올바로 깨달아 실천하게 하시는 분이시다. 예수님은 이를 가능하게 하시려고 이 땅에 오셨던 하나님이시다.

5. 사도행전 - 경제공동체 탄생의 복음서

사도행전은 본래 누가복음과 한 책이었으므로 복음서의 한 부분으로 보아야 한다. 이런 이유로 누가복음과 사도행전을 합쳐서 누가행전이라고 부른다. 누가복음에서는 계약공동체인 교회가 지상에서 하나님 나라를 실현하는 방법이 희년 실천이라고 했는데, 누가복음 후편인 사도행전에서는 그 희년이 교회를 통해서 어떻게 실천되어 확산되고 있는가를 보여주고 있다.

최초의 교회인 예루살렘 교회에서는 교인들이 삼천 명, 오천 명이 회심한 후 사도들의 가르침을 따라 서로 떡(양식)을 나누어 먹으며 재산 공유를 실천으로 옮겼다. 예루살렘 교회의 이런 전통은 그 후 박해시대에도 계속 이어져 교회에 나오는 사람들은 재산을 공유하며 순교의 길을 갔다.

6. 율법서와 복음서

구약성경의 시작에 모세오경이라 불리는 다섯권(창세기, 출애굽기, 레위기, 민수기, 신명기)의 옛계약법이 있다면 신약성경에는 복음서 다섯권(마태복음, 마가복음, 누가복음, 요한복음, 사도행전)의 새계약법이 있다. 구약성경과 신약성경에 이와 같이 율법서와 복음서가 배열된 것은 결코 우연이 아니다. 하나님의 섭리와 영감으로 인정해야 한다.

이상에서 간략히 복음서의 배열 순서에 들어있는 그 의미를 살펴보았다. 역사의 현장에서 여러 가지 사건들이 얽히면서 자연스럽게 복음서가 선택되고 또 순서가 정해졌는데, 그 배열에 들어있는 의미를 살펴볼 때 이는 결코 우연이라고 할 수 없다. 성경 본문의 한 구절구절의 치밀한 해석도 중요하지만 그 역사적인 정황과 흐름 속에 들어있는 전체적인 의미도 놓치지 말아야 한다. 전체를 먼저 알아야 부분의 의미를 정확하게 파악할 수 있다.

물음 03 마가복음, 어떤 성경일까?

마가복음은 복음서 중에서 가장 짧지만 대단히 중요하고 독특한 내용을 담고 있다. 본문 설명으로 들어가기 전에 마가복음의 특징을 간략히 살펴보면 다음과 같다.

1. 오랫동안 마태복음에 가려져 있었다.

마태복음을 읽고 나서 마가복음을 읽으면 대부분의 내용이 중복되어 있어 마치 마태복음을 축소시켜 놓은 것처럼 느낄 수 있다. 마태복음에는 마가복음서의 대부분(662절 중 609절, 95%)이 들어있으며, 누가복음에는 65%(662절중 357절)가 들어있다. 또 교회사에서는 마태복음이 먼저 쓰였으며 마가복음은 마태복음의 요약이라고 생각해서 마가복음서를 중요하게 여기지 않았다.[14] 초기교부들이 복음서를 중요하게 여겨 복음서 주석서를 썼지만 마가복음 전체를 다룬 주석서는 쓰지 않고 있다가 5세기에 가서야 안디옥의 빅토르(Victor of Anthoch)가 처음으로 마가복음 주석서를 썼다.

---

14) 어거스틴은 마가복음은 마태복음의 축소판이며, 누가복음은 마태복음의 보충이라고 했으며, 그의 이런 견해는 그 이후 마가복음 이해에 많은 영향을 주었다. "Concerning the Agreement of the Evangelists." i.2(4), 랄프 마르틴, 「마가복음」, p. 51에서 재인용.

그런데 복음서에 대한 역사비평이 등장하여 마가복음이 제일 먼저 쓰였을 뿐만 아니라 마가복음을 기초로 마태복음과 누가복음이 쓰였다는 사실이 밝혀지면서[15] 마가복음이 복음서 중에서 가장 중요하게 평가되고 있으며, 대부분 이를 인정하고 있다. 마가는 예수님의 직계 제자가 아닌데 어떻게 마가가 기록한 복음서가 사도인 마태가 기록한 복음서와 누가복음의 기초가 되었는지 의문이다. 이에 대한 대답은 마가복음 저자에 대한 초기 전승에서 말해준다. 유세비우스의 글에 의하면 사도요한의 제자였고 히에라폴리스 교회의 감독이었던 파피아스(Papias, 60~130년)는 다음과 같이 말했다.[16]

> 베드로의 통역관이었던 마가는 예수님께서 말씀하시거나 행하신 것들을 순서대로는 아닐지라도 정확하게 기록했다. 그는 예수님의 말씀을 직접 듣거나 예수님과 동행하지는 않았다. 그러나 그는 후에 베드로를 따라 다녔다. 베드로는 그에게 필요한 것을 가르쳤지만 주님의 말씀을 해석하려고 하지는 않았다. 그래서 마가는 그가 기억하고 있는 것을 토대로 일관된 요점을 정확히 기록했다. 그의 관심사는 자신이 들은 것을 한 마디도 빠뜨리지 않고 또 거짓으로 기록하지 않는 것이었다.

이 전승의 신빙성에 대하여 의문을 제시하는 학자들도 많이 있지만 유세비우스의 기록은 왜 마가복음이 마태복음이나 누가복음의 기초가 되었는지 잘 설명해준다. 마가복음을 기록한 사람은 마가이지만 그 내용은 전적으로 베드로의 설교였으므로 마가복음은 사실상 베드로 복음서인 셈이다. 이런 이유로 마태와 누가는 복음서를 기록할 때 마가복음을 기초로 했으며, 초기교회에서도 마가복음을 성경으로 받아들였다. 이런 전승은 저스틴(Justinus), 이레니우스(Irenaeus), 알렉산드리아의 클레멘트(Clement of Alexandria), 오리겐(Origenes) 등의 글들에서도 발견된다.

15) 라크만(K. Lachmann)이 1835년 마가복음 우선설을 주장하고, 홀츠만(H. J. Holtzm-ann)이 1863년 마가 가설을 주장하면서 마가복음에 대한 새로운 평가가 시작되었다.

16) 파피아스의 글은 남아있지 않고 교회사가 유세비우스가 쓴 「교회사」, 3.39.14~15의 '파피아스 단편'에 들어있다.

2. '복음'에 초점을 맞추었다.

'복음'이라는 용어는 바울이 먼저 사용했다. 그러나 예수님의 생애와 사역을 복음의 관점에서 해석하고 복음서를 쓴 것은 마가가 처음이어서 마가는 복음의 창시자라는 평가를 받고 있다. 마가복음의 첫 구절에서부터 복음(εὐαγγέλιον)으로 시작하고 있는데, 복음의 의미가 예수님이 그리스도이시며 하나님의 아들이라고 설명하고 있다.[17] 마가복음은 복음의 시각으로 기록된 최초의 복음서이다.

3. 이적을 중심으로 기록했다.

마가복음은 흔히 '이적의 복음서'라고 한다. 그 이유는 마가복음에는 예수님의 설교가 별로 없는 대신 이적의 이야기들을 많이 싣고 있기 때문이다. 16장으로 구성된 마가복음 전반부(1~8장)의 대부분은 20여 가지의 이적 이야기로 채워져 있다.[18] 이적과 관련된 기록의 분량은 마가복음 전체의 1/3에 해당되며, 이적의 대상은 자연, 축사, 질병치유 등 모든 분야가 해당된다. 마가복음이 이적을 중요시하고 있다는 사실은 '마가의 요약'(1:32~39, 3:7~12, 6:53~56)이라고 알려진 구절에서도 잘 나타난다.[19]

---

17) Ἀρχὴ τοῦ εὐαγγελίου Ἰησοῦ Χριστοῦ υἱοῦ θεου.

18) 주요 이적은 다음과 같다. 가버나움의 귀신축출(1:21~28). 시몬의 장모 치유(1:29~31). 문둥병자 치유(1:40~45). 중풍병자 치유(2:1~12). 손 마른자 치유(3:1~6). 광풍 바다 다스리심(4:35~41). 거라사 귀신축사(5:1~20). 혈루병 여인 치유(5:25~34). 야이로의 딸 살리심(5:22~24, 35~43). 오병이어(6:30~44). 물 위 걸으심(6:45~52). 수로보니게 여인의 딸 치유(7:24~30). 귀먹은 벙어리 치유(7:31~37). 사천명을 먹이심(8: 1~10). 벳세다 맹인치유(8: 22~26). 간질병 소년 치유(9:14~29). 맹인 바디매오 치유(10:46~51). 무화과나무를 저주하여 말림(ll:12~14, 20~25)

19) 마가복음에서는 예수님께서 하시는 일을 세 번이나 반복해서 요약하고 있어서 학자들이 이를 '마가의 요약'이라고 하는데, 이적과 관련이 있다.
저물어 해 질 때에 모든 병자와 귀신 들린 자를 예수께 데려오니 온 동네가 그 문 앞에 모였더라 예수님께서 각종 병이 든 많은 사람을 고치시며 많은 귀신을 내쫓으시되 귀신이 자기를 알므로 그 말하는 것을 허락하지 아니하시니라 새벽 아직도 밝기 전에 예수님께서 일어나 나가 한적한 곳으로 가사 거기서 기도하시더니 시몬과 및 그와 함께 있는 마가복음은 왜 이처럼 이적에 대하여 많은 관심을 가지고 기록해 놓았을까? 이에 대해서는 예수님께서 메시야이며 하나님의 아들이라는 사실을 입증하기 위함이라는 견해와, 박해시대에 고난당하는 교인들에게 소망을 주기 위함이라는 주장들이 있다. 그러나 계약의 입장에서 해석하면 이 땅에 하나님 나라를 실현하는 복음사역은 하나님의 직접적인 개입이 아니고서는 불가능하기 때문에 마가복음에서는 이적을 중요하게 다루고 있다. 이런 사실을 잘 아시는 예수님께서는 제자들에게 하나님 나라를 선포하도록 보내실 때에 귀신을 쫓아내며 온갖 병자를 고치는 능력을 주어 보내셨다.(마10:7~8, 막6:7, 눅9:1~2)

4. 수난을 중심으로 기록했다.

마가복음은 예수님의 부활에 대해서는 16장에서 짧게 기록한 반면 후반부(9장 이후) 거의 대부분을 예수님의 수난에 대하여 자세하게 기록하고 있다. 이런 이유로 마가복음을 '확대된 서론을 지닌 수난설화'(passion narratives with extended introductions)라고 했다.[20] 전통적으로 기독교 신학은 구속사의 관점에서 예수님의 십

자들이 예수의 뒤를 따라가 만나서 이르되 모든 사람이 주를 찾나이다 이르시되 우리가 다른 가까운 마을들로 가자 거기서도 전도하리니 내가 이를 위하여 왔노라 하시고 이에 온 갈릴리에 다니시며 그들의 여러 회당에서 전도하시고 또 귀신들을 내쫓으시더라(1:32~39)

예수님께서 제자들과 함께 바다로 물러가시니 갈릴리에서 큰 무리가 따르며 유대와 예루살렘과 이두매와 요단 강 건너편과 또 두로와 시돈 근처에서 많은 무리가 그가 하신 큰 일을 듣고 나아오는지라 예수님께서 무리가 에워싸 미는 것을 피하기 위하여 작은 배를 대기하도록 제자들에게 명하셨으니 이는 많은 사람을 고치셨으므로 병으로 고생하는 자들이 예수를 만지고자 하여 몰려왔음이더라 더러운 귀신들도 어느 때든지 예수를 보면 그 앞에 엎드려 부르짖어 이르되 당신은 하나님의 아들이니이다 하니 예수님께서 자기를 나타내지 말라고 많이 경고하시니라(3:7~12)

건너가 게네사렛 땅에 이르러 대고 배에서 내리니 사람들이 곧 예수신 줄을 알고 그 온 지방으로 달려 돌아 다니며 예수님께서 어디 계시다는 말을 듣는 대로 병든 자를 침상째로 메고 나아오니 아무 데나 예수님께서 들어가시는 지방이나 도시나 마을에서 병자를 시장에 두고 예수께 그의 옷 가에라도 손을 대게 하시기를 간구하니 손을 대는 자는 다 성함을 얻으니라(6:53~56)

자가와 대속을 중시하기 때문에 이런 평가가 가능했다. 그런데 근래에 이르러서는 마가복음이 쓰인 배경이 박해시대이기 때문에 순교의 길을 가는 사람들을 위로하고 격려하기 위하여 수난을 중요하게 다루고 있다고 해석하는 경향이 주류를 이루고 있다.

그런데 영성과 계약의 시각에서 보면 예수님의 수난이 다르게 보인다. 이 땅에 하나님 나라의 모형을 세우는 일은 가장 큰 과제이며 절대명령인데 이를 위해서는 가장 귀한 생명까지도 아끼지 않는 희생이 있어야 한다. 새계약을 체결하러 오신 예수님께서는 이런 길을 앞서가시면서 누구든지 나를 따르고자 하는 자는 자기 십자가를 지고 나를 따르라고 하셨다. 세상을 구원한 십자가의 길은 예수님만 가셔야 할 길이 아니라 이 땅에 하나님 나라를 실현하여 세상을 구원하려는 사람들 모두가 가야 할 길이다.

제일 먼저 쓰인 것으로 밝혀진 마가복음은 가장 큰 비중을 차지하여 다른 복음서의 기초가 되었고 또 초기부터 성경으로 인정되었다. 이런 마가복음은 오늘 우리에게도 다른 복음서에서는 찾아볼 수 없는 중요한 의미를 줄 수 있다.

물음 04 마가복음의 사도들, 어떤 모습일까?

다른 복음서와 비교해볼 때 마가복음에 그려진 사도들의 모습은 독특해서 마가복음 연구에서 주요 주제 중의 하나이다. 마가복음은 사도들의 긍정적인 면과 부정적인 양면을 동시에 다루고 있는데, 부정적인 면이 더 부각되어 있다.

---

20) Martin Kãhler, The So-called Historical Jesus and the Historic, Biblical Chrtst, trans. by Carl E. Braaten (Philadelphia. Fortress Press, 1964), p.80.

1. 긍정적인 면

제자들은 예수님의 부르심을 받고 즉시 모든 것을 버리고 예수님을 따라나섰으며(1:16~20), 예수님의 사역에 동참할 자로 선택받고 예수님을 대신하여 활동했으며(3:13~19, 6:7~13), 예수님으로부터 특별한 교육과 훈련을 받으면서 예수님을 따라 예루살렘까지 갔다. 그런데 그런 그들에게도 많은 문제가 있었다. 그 문제의 실상은 어떠했을까?

2. 부정적인 면

사도들은 도무지 예수님의 뜻을 헤아리지도, 또 말씀을 깨닫지도 못하고(4:13, 6:52, 8:14~21, 9:6), 도무지 믿음이 없으며(4:40, 9:19), 베드로는 예수님으로부터 경고와 책망을 받았다.(8:30~33) 사도 중 유다는 예수님을 배반했고(14:10~11, 43~49) 베드로는 예수님을 모른다고 세 번이나 부인했으며(14:66~72), 다른 사도들은 예수님께서 체포되실 때에는 모두 도망하고 말았으며(14:50), 다른 사람들이 치르는 예수님의 장례식에는 나타나지도 않았다(15:42~47). 이런 사도들의 모습은 같은 내용을 다루는 다른 복음서의 병행본문과 비교해보면 마가복음에서 사도들의 부정적인 면이 훨씬 더 부각되어 있다.

❶ 박해시대의 산물

마가복음에서는 '사도'와 '제자'라는 용어가 같은 의미로 사용되고 있는데, 이들은 예수님의 말씀을 깨닫지 못했을 뿐만 아니라 예수님을 오해하다가 결국 예수님을 배반하고 말았다.[21] 제자들의 이런 모습에 대하여 마가복음이 쓰인 시기가 박해의 시대였기 때문에

---

21) 사도들의 이런 부정적인 면을 세 단계로 해석하며 집중적으로 부각시킨 이는 J. Weeden이다. Mark Traditoins in Conflict, Philadelphia:Fortress Press, 1971)

수난당하는 이들을 위로하고 소망을 주기 위함이라는 해석이 있는가 하면 베드로 공동체와 마가 공동체의 갈등 관계에서 비롯되었다고 해석하기도 한다.

마가복음에 그려진 사도들의 이런 부정적인 모습들을 영성의 시각에서 보면 어떻게 보일까?

❷ 영성의 고백

영성(靈性)은 '하나님 경험에서 얻어진 자기 성찰'이라고 할 수 있다. 이런 영성의 시각에서 보면 마가복음에 나타난 부정적인 사도상은 사도들의 자기 성찰에 의한 자화상이다. 영성의 길에서 하나님은 인간의 내면을 비추어주는 거울과 같은데, 하나님께로 가까이 나아가면 갈수록 자기 내면의 감추어진 추한 모습들이 드러나서 자신에 대하여 긍정할 수 없게 된다. 이런 이유로 영성의 길은 자기부정의 길이다. 예수님을 직접 따르고 또 사역의 현장에서 성령의 직접적인 인도함을 받았던 베드로를 비롯한 사도들은 자기 자신들에 대하여 절대부정을 하고 있다. 복음서에 수록된 사도들의 이야기는 자기부정의 고백을 기초로 한다. 설교에서도 자기를 긍정하는 이야기는 반감을 사거나 거리감을 느끼게 하지만 자기부정의 설교는 사람들의 공감을 이끌어내며 회개하도록 유도한다. 부정적인 모습들이 누구에게나 있기 때문이다. 마가복음은 베드로의 자기부정의 고백을 기초로 하기 때문에 사도들의 부정적인 면이 집중적으로 부각되어 있다.

이런 사실은 다른 복음서에 그려진 베드로의 모습과 비교해보면 명확해진다. 마태가 저자라고 알려진 마태복음에서 마태는 자기 자신을 세리로 기록한 반면(9:10, 10:3) 베드로는 수제자이며(10:1), 예수님에 대하여 잘 깨닫고 있는 모범생으로 그리고 있다(16:16~19). 또 요한복음에 의하면 예수님께서 체포되실 때 베드로는 혼자 칼을 들고 끝까지 맞서고 있으며(18:10) 다른 제자들은 도망갔어도 베드로는 예수님을 따라 가야바 법정까지 갔다(마26:58, 눅22:54, 요18:15). 마태 역시 자신을 부정하고 있기에 자신이 세리였음을 기록해 놓았다.

영성의 측면에서 보면 마가복음을 비롯한 복음서는 영성과 복음에 충실한 책이어서 제자들의 부정적인 모습들이 그대로 드러나 있다.

3. 마가복음의 제자상과 교회사의 발자취

복음서 중에서도 제자들을 부정적으로 그리고 있는 마가복음의 제자상은 오늘 우리에게 무엇을 말해주는가? 예수님의 뜻과 말씀을 제대로 이해하지 못하고 오해하는 제자들의 모습은 오늘 우리 기독교인의 모습이다. 마가복음에서 예수님이 하나님의 아들이셨다는 것을 깨닫고 있는 사람은 제자들이 아니라 예수님의 사형을 집행하던 로마인 백부장이었다.(막15:39). 어쩌면 오늘날도 교회를 거부하고 있는 반기독교인들이 오히려 성경과 하나님을 더 바르게 알고 있을 수도 있다.

닮은 꼴

기독교가 걸어온 발자취를 돌이켜보면 어떤 모습인가? 모든 것을 버리고 예수님을 따라나서는 결단을 내리고 따라다니기는 했으나 깨닫지 못하고 오해하고 배반했던 마가복음에 그려진 제자상과 너무나 흡사하다. 박해시대를 맞아서도 오히려 교인들의 숫자는 급증했다. 순교시대를 끝낸 313년의 밀란칙령 이후에는 생명과 재산을 포기하는 수도사들의 행렬이 줄을 이었으며, 마침내 교회는 로마제국의 국교가 되었고, 유럽 전체가 기독교 국가가 되었다. 그런데 그 다음이 문제였다. 기독교 국가가 된 이후에 백성들의 삶은 더 피폐해져서 회교에게 복음의 중심지들이 삽시간에 넘어갔고, 교회가 다스리던 중세 1천 년은 암흑기로 평가받았다. 기독교 국가에서 기독교에 반발하는 계몽주의와 인문주의가 등장하고 혁명을 통하여 세상이 변화되었다. 교회는 역사의 전면에서 물러나서 내세를 지향하는 영혼 구원과 선교에 관심을 기울이며 겨우 명맥을 유지했다. 그런데 이제는 영혼을 구원하려는 선교마저 한계에 봉착하여 교회는 사양길을 걷고 있다.

이런 사실을 어떻게 받아들여야 할까? 하나님을 창조주와 역사의 주관자로 믿고 있는 교회가 무엇을 어떻게 해서 역사 속에서 이런 오류에 빠졌을까? 교회가 처음부터 길을 잘못 들었기 때문이다. 왜 길을 잘못 들었을까? 예수님의 행적과 말씀이 들어있는 복음서에 대한 해석에 문제가 있었기 때문이다.

본서에서는 초기교부들의 복음서 해석을 살펴보면서 어디서 어떻게 교회 흐름의 첫 단추가 잘못 맞춰졌는지 짚어 보고자 한다. 교회사의 새길을 개척한 초기교부들은 어떤 사람들이었을까?.

물음 05 교부(教父), 그들은 누구인가?

교회사를 읽어내려가다 보면 교부(教父)라고 불리는 사람들을 만난다. 당시 로마제국에서는 스승을 아버지라고 불렀기 때문에 교회에서 가르치는 역할을 맡은 지도자들을 자연스럽게 교부, 즉 교회에서 가르치는 스승이라고 부른 데서 생겨난 이름이다. 교부시대는 사도들의 제자들인 속사도(屬使徒)에서 시작되는데, 로마교회의 감독이었던 클레멘트(Clement of Rome, 92~102 재위)에서 다마스쿠스의 요한(John of Damascus 650~750)까지의 시기를 말한다.

교부들은 로마제국의 문화권에 따라 크게 동방과 서방의 교부들로 나뉜다. 동방 교부들은 헬라철학과 헬라문화에 익숙한 사람들이었으므로 헬라적인 시각을 가진 사람들이었다. 서방은 로마의 라틴 문화권이어서 라틴어를 사용했지만 헬라문화의 영향 때문에 헬라어로 저술했다. 그러나 어거스틴(354~430)부터는 라틴어로 신학을 전개했다. 시리아 쪽의 동방 교부들 중에는 헬라문화보다는 유대교의 전통을 따르며 아람어로 신학을 전개한 이들도 있었다. 초기의 신학적인 활동과 교리논쟁 등은 주로 헬라문화권의 교부들에게서 시작되었기 때문에 동방 교부들이 신학에 가장 큰 영향을 끼쳤다.

1. 교부들, 왜 중요한가?

사도들은 예수님을 목격하고 따르며 성경을 기록한 사람들이고, 속사도 교부들을 비롯한 초기교부들은 사도시대에 기록된 성경을 처음으로 해석한 사람들이었다. 초기교부들이 중요한 이유는 이들이 성경 해석과 기독교 신학의 첫 길을 내어서 2천 년 교회사의 방향이 이들에게서 결정되었기 때문이다. 이들의 성경 해석과 교리 정립이 후일 기독교 전통과 정통신앙으로 이어졌다.

교부들의 주요 역할은 첫째, 사도들의 전통 계승이었다. 사도들은 예수님의 행적과 말씀을 전달해주는 사람들이었고, 사도들의 제자들인 속사도들은 사도들의 전통을 이어가는 역할을 했다. 그 이후의 교부들이 그 전승을 이어갔다. 둘째, 교회를 옹호하는 역할을 했다. 특히 박해시대의 교부들은 교회에 대한 오해를 변증하고 기독교의 정당성을 주장하는 역할을 했기 때문에 호교론자, 변증가 등으로 불린다. 셋째, 박해의 위기를 극복했을 뿐만 아니라 기독교가 로마 제국의 국교로 받아들여지는 과정에서 중추적인 역할을 했다. 이 부분에 대해서는 교부들의 역할을 아무리 높게 평가해도 결코 지나치지 않을 것이다. 당시의 정황을 돌이켜볼 때 기독교가 살아남았다는 것 자체가 역사적인 기적이다. 오히려 박해시대에 교인들이 급증했고, 교회는 당시 사회를 바른 방향으로 이끄는 역할을 해서 박해받던 교회가 로마제국의 국교로 받아들여졌다. 이는 전적으로 교부들의 공헌이다. 넷째, 정통신앙을 수호했다. 당시 로마제국에는 온갖 미신들과 신비종교, 영지주의와 같은 혼탁한 사상들이 창궐했고 또 교회 내에서는 이들의 영향을 받은 이단들이 속출했는데, 교부들은 이런 환경에서 바른 신앙을 제시하고 신약성경을 결정하는 정경화(定經化) 작업을 했으며, 삼위일체론, 기독론, 속죄론 등의 주요 교리를 만들어냈다.

박해시대의 교회 지도자들은 제국 차원의 박해 위기를 기회로 활용했으며, 더 나아가 교회가 로마제국의 국교가 되게 했다. 이들은 어떤 사람들이었기에 이런 기적을 가능하게 했을까?

2. 교부들, 어떤 사람들이었을까?

당시의 교인들 중에는 가난하고 무지하며 노예 출신들이 많이 있었지만 교회의 지도자인 교부들 중 거의 대부분은 상류 출신이며 최고의 교육을 받은 지식인들이었다. 이 시기에 만나는 감독이나 장로, 집사 등의 직분은 모두 성직자들을 말하는데 교부들이 이런 직분을 맡았다. 이들의 출신과 성장 과정 등을 살펴보면 대부분 비기독교인 상류 가정에서 태어나 어렸을 때부터 최고의 학문 수련을 받은 사람들이었다. 초기교부들 상당수는 기독교 가정의 배경을 가지고 있지 않았으나 기독교의 영향을 받아 후일 개종한 사람들이다. 그런데 이들이 어떻게 박해시대에 기독교인이 되었고 또 지도자가 되어 순교의 길을 갔을까?

이들을 개종시킨 것은 교인들의 삶이었다. 최상류 출신으로 학문을 연마하여 로마에서 재판관으로 있으면서 기독교인들을 재판하다가 그들의 영향으로 기독교로 개종한 교부들도 있었다. 박해시대에 최상류 출신의 지식인이었던 교부들은 교인들의 삶을 보고 개종하여 교회의 지도자가 되었을 뿐만 아니라 순교의 길을 마다하지 않았다. 이는 당시 교인들의 신앙이 어떠했는지 잘 보여주는 사례다. 당시 교인들이 어떤 삶을 살았기에 이런 일이 가능했을까?

하나님 나라의 윤리를 실천하는 삶 때문이었다. 그들은 하나님 나라를 이 땅에 실현하기 위하여 생명을 아끼지 않았으며, 누구도 자기 재산을 자기 것으로 여기지 않고 교인들과 공유했다. 박해시대의 교회는 이 땅에 하나님 나라를 실현하는 이런 삶을 당연하게 여겼다. 기독교가 로마제국의 국교가 된 것은 교인들의 이런 삶 때문이었다.

3. 교부들의 한계는 무엇이었을까?

그런데 이런 교부들에게도 한계는 있었다. 무엇이었을까? 성경 해석이었다. 안타깝게도 성경 해석에서 핵심을 보지 못했으며 방향을 상실했다. 교부들의 성경 해석을 살펴보면서 이들의 문제점을 발견하고 이를 거울삼아 오늘 우리의 모습을 비춰보고 앞으로 나아갈 길을 모색한다면 큰 도움이 될 것이다. 그러나 여러 교부들이 남긴 수많은 문서에서 성경 해석의 면면을 살펴보는 것은 대단히 어렵고 또 방대한 작업이어서 엄두를 내기 어렵다. 그런데 근래에 「교부들의 성경주해」(*The Ancient Christian Commentary on Scripture*)가 발간되어 이를 가능하게 했다.[22)]

교부들의 성경 해석 중에서 마가복음을 선택한 이유는 마가복음의 사도상과 교회사의 발자취가 너무 비슷하기 때문이다. 이에 대해

---

22) 교부들의 성경 해석을 살펴본다는 것은 대단히 방대하여 접근하기가 어려운 작업이다. 그런데 미국의 드류신학교가 중심이 되어 전세계의 석학들과 디지털 전문가들이 동원되어 교부들의 많은 문헌을 전산화하여 구약과 신약성경의 구절에 대한 2세기부터 8세기 교부들의 해석을 일목요연하게 정리하여 출간해 놓았다. 29권으로 출간된 *The Ancient Christian Commentary on Scripture* , Inter Varsity Press, 가 그 책이다. 이 책은 한국교부학연구소에서 「교부들의 성경주해」라는 이름으로 번역해놓았다. 이 책 때문에 본서에서 교부들이 성경과 예수님을 어떻게 이해했는지를 접근할 수 있었다. 지면을 빌어서 이 책을 출간한 분들에게 경의를 표하는 바이며, 바라기는 고대뿐만 아니라 중세와 종교개혁기, 더 나아가 현대의 주요 신학자들의 성경 해석에까지 이런 작업이 확대되었으면 한다.

서는 이미 앞에서 언급한 바와 같다. 마가복음에 의하면 사도들이 모든 것을 버리고 주님을 따르기는 했으나 예수님에 대하여 무지하고 오해하여 결국 배반하고 말았다. 마찬가지로 교부들은 최상류 출신이면서 생명을 내놓고 복음을 받아들이기는 했지만 성경에 대하여 무지하고 오해하여 잘못된 전통을 만들어 놓았고, 그 결과 후일 교회가 세상으로부터 버림받고 말았다. 교회가 지배하던 시대가 암흑기로 평가받고, 기독교 국가에서 계몽주의가 등장했으며, 지금 교회가 세상으로부터 외면당하고 있다는 것은 무언가 심각한 문제가 있다는 증거다. 그 원인 추적은 쉽지 않은 일이지만 마가복음에 대한 교부들의 해석을 통해 기독교 역사의 첫 단추가 어떻게 왜 잘못 끼워졌는지를 살펴보며, 새로운 길을 모색하고자 한다.

이를 위해서 관련 본문에 대한 교부들의 해석을 먼저 살펴보고 이어서 본문을 오늘의 입장에서 재해석하여 비교해 보는 방법을 선택했다. 교부들의 해석을 있는 그대로를 다 실으면 너무 분량이 많으므로 선별하거나 압축, 요약했다.

물음 06

마가복음 첫 구절, 무엇을 말하고 있는가?

본문 : 〈 1:1 〉

1 하나님의 아들 예수 그리스도의 복음의 시작(이라)

교부들은 마가복음의 첫 구절을 어떻게 해석했을까?

1. 교부들의 해석

마가가 '예수 그리스도의 복음의 시작'이라고 말한 것처럼 복음은 구원된 모든 지체의 머리이신 그리스도의 것이다.(Origenes 185~254) 주님께서는 우리 안에 길을 내시고자 하신다. 그들을 따라 우리 마음 안에 들어오셔서 당신의 길을 만드시려는 것이다. 주님의 길은 우리 마음 안에 마련되어야 한다. 올곧은 생활 방식으로 우리 안에 주님의 길을 마련하자.(Origenes) 마가는 주님의 탄생이나 유아기나 어린 시절에 관하여 아무것도 말하지 않고 여기 곧 요한의 설교로 복음을 시작한다.(Augustinus 354~430)[23]

2. 교부들의 해석에 대한 평가

교부들 중에서 마가복음 1:1절을 따로 해석한 이는 없다. 오리겐은 '복음의 시작'이라는 구절을 복음을 받아들일 마음의 준비로 해석했다. 어거스틴은 마가복음에는 예수님의 탄생이나 유아기에 대한 설명없이 세례 요한의 이야기로 시작한다고 말한 후 1:1절에 대한 아무런 언급없이 세례 요한에 대한 해석으로 넘어간다.

본문에 대하여 교부들의 해석이 없으므로 평가하기가 어렵다. 교부들은 성경 본문에 대하여 주로 문자적인 해석과 알레고리의 해석을 하기 때문에 마가복음 1장 1절에 대해서는 어떤 해석을 할 필요를 느끼지 못했던 듯하다. 오리겐이 복음의 시작이라는 단어에 대하여 복음을 받아들일 준비라고 해석한 이유도 여기에 있다고 보여진다.

3. 본문 재해석

오늘의 입장에서 마가복음의 첫 구절은 어떻게 해석해야 할까?

❶ 마가복음 전체의 제목이다.

1 하나님의 아들 예수 그리스도의 복음의 시작(이라)

---

23) *The Ancient Christian Commentary on Scripture*, Mark, pp. 1~10. 이하에서는 본서를 ACCS 로 표기한다

원문의 마가복음 1:1절(Ἀρχὴ τοῦ εὐαγγελίου Ἰησοῦ χριστοῦ τοῦ θεοῦ)에는 동사가 없다. 영문의 여러 번역에는 동사가 없으며, 한글 성경에서도 공동번역은 동사없이 "하느님의 아들 예수 그리스도에 관한 복음의 시작."이라고 번역을 했다. 따라서 현재의 마가복음 1:1절은 마가복음의 첫 구절이 아니라 마가복음 전체의 제목이라고 보아야 한다.[24] 그렇다면 마가복음의 제목인 1:1절은 무슨 뜻일까?

❷ 예수님은 하나님의 아들이시다.

복음서에서 예수님은 단순히 특별했던 사람들 중의 한 분이 아니라 하나님의 아들이라고 말하는데, 가장 먼저 쓰인 복음서인 마가복음 제목에서 이를 분명하게 밝히고 있다. 또 예수님께서 세례를 받으실 때와 변화산에서 변모하셨을 때 하늘에서 동일하게 "이는 내 사랑하는 아들이라."(막1:11, 9:7, 마3:17, 17:5, 눅9:35)는 음성이 들려왔다. 마가복음은 결국 예수님께서 하나님의 아들이라는 사실을 선포하는 데에 가장 큰 비중을 두고 있다고 할 수 있다.

❸ 예수님은 그리스도이시다.

기독교(그리스도교)는 예수님을 그리스도로 믿기 때문에 붙여진 이름이다. 예수님 당시에 유대인들은 오랫동안 정치적인 그리스도(메시야)를 기다리고 있었지만 기독교에서 믿고 있는 신앙적인 그리스도와는 그 내용이 너무 달랐다. 예수님 당시 유대인들 중에는 예수님이 자신들이 기다리던 정치적인 메시야라고 생각하는 사람들이 대부분이었다. 마가복음을 비롯한 복음서에서 예수님은 유대인들이 생각하는 그런 메시야가 아니라는 사실을 강조하고 있다.

사실 복음서를 이해하는데 있어 이 부분은 가장 중요하다고 해도

---

24) 김득중, 「복음서 연구」, 동연, 2019, pp.23~25.

과언이 아니다. 마가복음에 의하면 예수님의 제자들도 초기에는 예수님께서 유대인들이 기다리던 정치적인 메시야라고 생각하다가 예수님의 수난과 부활을 경험하면서 비로소 메시야에 대한 이해가 바뀌고 있다. 오늘날에도 예수님을 그리스도로 믿더라도 어떤 그리스도로 믿느냐가 중요하다. 오늘 우리가 믿고 있는 메시야신앙에는 유대적이면서 헬라적인 요소들이 많이 혼합되어 있기 때문이다. 마가복음을 비롯한 복음서에서 말하는 메시야를 바르게 이해하기 위해서는 반드시 계약과 영성의 시각에서 보아야 한다. 이 문제는 중요하기 때문에 앞으로 관련 본문에서 계속 반복해서 살펴보고자 한다.

❹ 마가는 '복음'을 말하고 있다.

마가복음은 '복음'에 초점이 맞추어진 책이다. 복음서가 쓰일 당시에 '복음'(유앙겔리온 εὐαγγέλιον) 은 황제의 생일이나 대관식, 승전보 등 제국 차원의 기쁜 소식을 의미했다.[25] 그런데 마가는 예수님은 그리스도이시며 하나님의 아들이시라는 믿음이 진정한 복음이라고 했다. 또 로마제국에서는 황제를 '주님'(κύριος)이라고 신격화시켰는데 교회는 이를 거부하고 오직 예수님만을 '주님'이라고 해서 로마제국 차원의 박해를 초래했다.

기독교는 복음을 어떻게 해석했을까? 정통 구속사 신앙에서는 예수님께서 십자가에서 대신 죽으신 대속(代贖)을 믿고 구원에 이르는 것을 복음이라고 한다. 그런데 정작 **복음서에는 예수님의 십자가를 통한 사죄와 구원을 언급하고 있는 구절이 단 한 구절도 없다**. 세례 요한은 죄 사함의 세례를 주었고(막1:4, 눅3:3), 예수님께서 십자가의 길을 가시기 전에 이미 구원을 선언한 경우가 수차례 있으며(마8:10~12, 눅19:8~9), 영생에 이르는 길을 묻는 젊은이에게 십계명을 지키는 것이 구원의 길이라고 말씀하셨다(마19:16~19, 막

25) 말을 타고 다니며 이런 소식을 전하는 전령관을 케룩스(khvrux)라 하고 전한 내용을 케류그마(khvrujgma)라고 한다.

10:17~19, 눅18:18~20). 그리고 성만찬 식사에서 예수님께서 흘리실 피는 새로운 계약의 피라고 말씀하셨다.[26)]

왜 영생에 이르는 길이 십계명 실천일까? 십계명은 계약법이며, 계약법을 지키는 것이 구원의 길이기 때문이다. 성만찬에서 포도주를 주시며 말씀하신 예수님의 피는 죄 사함을 얻게 하기 위한 계약의 피라고 분명하게 말씀하셨다. 예수님의 죽으심과 십자가의 피는 유대인의 계약 위반으로 말미암아 파기된 옛계약을 대신할 새로운 계약을 맺기 위한 피였다. 십자가의 피에서 직접 사죄의 은총이 주어지는 것이 아니라 십자가로 말미암아 맺어진 새로운 계약을 지킴으로써 사죄와 구원이 주어진다. 구약, 신약 등 성경의 이름은 계약을 말한다. 구약은 시내산에서 이스라엘이 하나님과 맺은 옛계약이며, 신약은 예수님으로 말미암아 체결된 새계약을 말한다. 구원은 계약의 대상들이 계약법을 지킬 때 주어진다. 계약법 실천과 구원은 뗄 수 없는 관계다.

그러면 왜 바울은 율법으로는 구원을 받지 못하고 복음(믿음)으로 구원받는다(갈2:16, 롬3:20~28)고 말하는가? 이런 구절들에서 바울이 말하는 율법은 시내산 계약법이 아니라 유대인들이 바벨론에서 귀환한 후에 알렉산더의 헬라문화 확산에 대처하기 위하여 만든 안식일, 정결례, 할례 등의 규정인 유대교 율법을 말한다. 바울이 구원과 관련하여 말하는 율법은 대부분 유대교 율법이다. 유대인들은 안식일의 금지규정, 시체와 이방인들과 부정한 것들과 접촉하지 말라는 정결규정, 식사할 때 손을 씻으라는 식사 규정 등 유대교 율법의 조항들을 지키면 의인(義人), 즉 구원에 이른다고 믿었다. 이에 바울은 그런 유대교 율법을 지키는 행위로는 구원받을 수 없다고 말했다.

---

26) 이것은 죄 사함을 얻게 하려고 많은 사람을 위하여 흘리는 바 나의 피 곧 <u>언약의 피</u>니라(마26:28)
이것은 많은 사람을 위하여 흘리는 나의 피 곧 <u>언약의 피</u>니라(막14:24)
이 잔은 내 피로 세우는 <u>새 언약이</u>니 곧 너희를 위하여 붓는 것이라(눅22:20)

그런데 교회에서 바울의 갈라디아서나 로마서를 인용하여 구원을 말할 때 유대교 율법과 시내산 율법을 구별하지 않고 율법으로는 구원받지 못한다고 말한다. 두 율법을 구분하지 않고 해석하면 예수님의 말씀과 바울의 해석이 서로 반대가 될 수도 있다. 기독교 정통 신학의 십자가 구속사 구원론은 성경에 대한 기본적인 해석에서 치명적인 오류와 모순을 범하고 있다.

❺ 복음은 계약법의 완성이다.

예수님께서는 율법(계약법)과 선지자를 완성시키러 오셨으며(마 5:17), 또 희년을 성취하러 오셨다고(눅4:18~19) 분명하게 선포하셨다. 왜 예수님께서는 율법의 완성과 희년의 성취를 말씀하실까? 이 말씀을 이해하기 위해서는 구약성경과 이스라엘 역사에 대한 기본적인 이해가 필요하다.

애굽에서 노예로 살다가 탈출하여 시내산에서 하나님과 계약을 맺은 이스라엘의 사명은 가나안에 들어가서 희년을 실천하는 삶, 즉 신분, 지위, 빈부의 차이가 없는 나라를 만들어 세상에서 하나님 나라의 모형을 보여주는 데에 있었다. 그런데 이스라엘이 왕정기에 이르러 이 계약을 위반하자 예언자들은 계약 실천을 촉구했으며, 계약을 계속 위반하면 계약이 파기되어 나라가 멸망하고 다시 노예로 전락한다고 예고했다. 그러나 이스라엘은 이를 계속 외면하다가 결국 예언자들의 예고대로 되고 말았다. 포로기를 맞아 신명기 예언자들의 도움으로 계약법 실천 운동을 벌이자 하나님께서는 그들에게 다시 한번 계약으로 돌아갈 기회를 주셔서 이스라엘은 귀환하여 '유다'라는 나라를 재건했다. 이때부터 '유대인', '유대교'라는 이름이 등장했다. 그런데 귀환 이후 헬라화 물결에 맞서기 위하여 실천 조항을 만들어 지키면서 유대교 신앙을 지키는 데에는 성공했지만 그 이후 계약법 정신이 사라져서 다시 계약이 파기될 위기에 직면했다.

복음서와 바울서신을 이해하려면 반드시 이런 배경에 대한 선이해가 필요하다. 예수님께서 유대인들에게 성전 파괴를 예고하신 것은 계약 파기를 뜻하며, 예수님께서 십자가의 길을 가신 것은 이제 옛계약을 파기하고 예수님의 피로 새로운 계약을 맺으시기 위함이었다. 이는 성만찬 식사에서 하신 말씀이다. 예수님께서 십자가에서 흘리신 피로 구원을 받는다는 말은 예수님의 피로 말미암아 파기된 옛계약 대신 새로운 계약이 맺어졌기 때문에 이제는 새로운 계약으로 말미암아 구원에 이르는 길이 열렸다는 뜻이다. 새로운 계약법이 새로운 구원의 길이다. 그런데 이런 계약법에 대해서는 아무런 언급이 없고, 계약법을 지키지 않아도 예수님의 피로 죄 사함 받고, 영혼이 구원받아 죽은 후에 천국 간다는 십자가 구속사 일변도의 해석은 모순이며 성서에 전혀 근거가 없다. 우리는 빨리 이런 오류에서 벗어나야 한다. 예수님께서는 성경을 가르치는 서기관과 바리새인들의 오류에 대하여 일곱 번 반복해서 저주를 선언하시면서[27)]“뱀들아 독사의 새끼들아, 너희가 어찌 지옥의 판결을 피하겠느냐!”(마 23:13~33)라고 무서운 책망을 하셨다는 사실을 명심해야 한다. 구속사를 계약사 속에서 해석해야 오류를 범하지 않는다.

“회개하라, 천국이 가까이 왔느니라!”라는 세례 요한의 설교를 예수님께서 반복하신 이유는 옛계약공동체인 이스라엘이 실패했기 때문에 이제 새계약공동체인 교회를 통해 이 땅에 하나님 나라를 실현하시겠다는 말씀이다. 교회는 지금 여기서 하나님 나라를 삶으로 보여주는 공동체이다. 신분과 지위, 빈부의 격차가 없는 거룩한 나라를 삶으로 보여주어 세상 모든 사람들이 그 나라를 보고 구원에 이르게 해야 한다. 교회가 시작한 하나님 나라 운동은 종말에 하나

27) 개정개역에는 마태23:14이 없어서 저주가 여섯 번이지만, 고대 사본에는 14절이 들어있어서 일곱 번이 된다. (14절) 화 있을진저 외식하는 서기관들과 바리새인들이여 너희는 과부의 집을 삼켜버리고 남에게 보이려고 길게 기도하는 도다 그러므로 무서운 심판을 받으리라

님의 직접 개입으로 말미암아 완성된다.

계약법의 완성, 이것이 복음서에서 말하는 복음이다.

❻ 아르케(Ἀρχὴ)라는 단어로 시작하고 있다.

마가복음과 요한복음은 동일하게 Ἀρχὴ(아르케)라는 단어로 시작한다. 우리 성경에서는 '시작'(태초)이라고 번역했다. 그런데 이 단어는 헬라 문화권에서는 가장 중요한 철학적인 물음의 대상인데 '근본', '근원', '원리' 등의 의미로 쓰인다. 잘 알려진 바와 같이 탈레스를 비롯한 헬라의 자연철학자들은 만물의 근본원리(Ἀρχὴ)를 물, 불, 공기 등으로 생각했다. 인문철학자인 소크라테스와 플라톤은 근본 원리가 이데아의 세계에 있다고 했지만, 아리스토텔레스는 반대로 현상 세계의 개체 속에 들어있다고 했다. 헬라인들이 추구한 아르케는 철학적인 아르케였다.

그런데 마가복음에서는 종교적인 아르케를 말하고 있다. 예수님을 하나님의 아들과 그리스도로 믿는 복음이 아르케, 곧 만물의 근원이며 원리라고 했다. 왜 그럴까? 복음이 지향하는바, 즉 이 땅에서 신분과 지위, 빈부의 격차가 없는 하나님 나라의 모형을 실천하는 삶이 지상 최고의 가치이며 더 큰 것은 없기 때문이다. 마가복음은 철학적인 관념(플라톤 철학)이나 철학적인 논리(아리스토텔레스 철학) 대신에 하나님 나라의 삶을 실천하는 신앙적인 삶이 곧 만물의 근본이요 원리라고 말하고 있다. 헬라문화는 철학 문화이며 철학으로 근본을 찾았지만, 성경의 헤브라이즘은 종교 문화이기 때문에 신앙(종교)으로 근본을 말하는데, 복음이 곧 근본이다. 마가복음은 첫 구절에서 이런 종교적인 근원을 선포하고 있다.

이에 대하여 요한복음에서는 인간이 되신 예수님이 곧 로고스(λόγος_말씀)이며 아르케라고 말하고 있다. 헬라의 철학자 헤라클레이토스가 언급한 로고스는 만물의 원리와 이성을 뜻한다. 로고스 사상에 대해서는 헬라파 유대인 철학자 필로(Philo BC25~AD45?)의 영향이 컸다. 그는 알렉산드리아 출신으로 유대교 변증가로 활동하면서 플라톤 철학의 입장에서 로고스 사상을 전개했으며, 기독교 교부들에게도 많은 영향을 주어 로고스 기독론을 전개하게 했다.[28]

당시에는 헬라문화에 익숙한 사람들을 헬라인이라고 했는데, 사도들은 이들에게 선교하면서 헬라인들이 가장 중요한 관심을 가지고 찾고 있는 만물의 근원이 바로 예수님이라고 해석했다. 이런 사실은 마태복음의 첫 구절에서도 찾아볼 수 있다. 마태복음 1:1절(Βίβλος γενέσεως Ἰησοῦ Χριστοῦ υἱοῦ Δαυὶδ υἱοῦ Ἀβραάμ)에도 동사가 없으므로 이 구절 역시 마태복음 전체의 제목이라고 할 수 있다. 이 구절을 마태복음의 제목으로 볼 때, 비블로스 게내세오스(Βίβλος γενέσεως)를 '족보'로 번역하는 것은 마태복음 전체와 전혀 뜻이 맞지 않는다. '아브라함과 다윗의 자손 예수 그리스도의 창조(근원, 근본)의 책'이라고 보아야 앞뒤가 연결된다.[29]

사도들이 예수님을 만물의 근원으로 생각했다는 사실은 12사도들의 제자들인 속사도들도 예수님을 로고스라고 보며 로고스 기독론을 전개했다는 사실에서도 명확해진다.[30] 후일 오랜 교리논쟁을 거쳐 양성기독론으로 확정되기 이전의 속사도들과 교부들은 주로 로고스 기독론을 전개했다. 속사도 교부들이 예수님을 로고스로 이해한 데에는 요한복음의 역할이 컸다. 요한복음은 예수님을 만물의

28) 로고스 기독론(Logos Christology)은 선재하시는 그리스도를 로고스(만물의 근원)로 이해하는데, 기독론 발전사에서 초기의 형태에 속하며 중요한 비중을 차지한다. 이를 전개시킨 대표적인 교부는 동방의 저스틴(Justinu, 약 100~165)과 서방의 터툴리안(Tertullianus 155~225)이다. 김동건, 「그리스도론의 역사」, 대한기독교서회, 2018, pp. 75~90

29) 「복음서 연구」, pp. 32~42 참조.

30) 예수님을 로고스로 해석하는 기독론은 초기의 속사도교부이면서 가장 중요하게 평가되는 이그나티우스(Ignatius 35?~108)에게서도 발견된다. 그는 하나님께서 구속의 경륜을 이루시기 위하여 로고스를 세상에 보내셨는데 그분이 예수님이라고 했다. 김광채, 「교부열전」 상, 정은문화사, 2002, p.70.

근원인 로고스이실 뿐만 아니라, 길이요 진리요 생명으로, 성령은 이런 진리를 깨닫게 하는 영으로 말하고 있다.

복음서는 예수님에 대하여 만물의 근원과 원리라는 우주적인 고백을 하면서 예수님께서 하신 일들을 증언하고 있다. 그런데 지금 나에게 예수님은 누구이신가? 나는 지금 예수님을 어떻게 이해하며, 어떻게 믿으며, 어떻게 살고 있는가? 나는 지금 어떤 그리스도를 고백하고 있는가? 예수님을 그리스도로 고백하는 것과 하나님의 아들로 고백하는 것은 무엇이 어떻게 다른가?

마가복음은 오늘 우리에게 예수님에 대한 정체성을 다시 물으며 다시 정리하도록 요구한다.

물음 07 요한의 세례, 무엇을 말하고 있을까?

본문 : 〈 1:2~11 〉

2 선지자 이사야의 글에 보라 내가 내 사자를 네 앞에 보내노니 그가 네
길을 준비하리라 3 광야에 외치는 자의 소리가 있어 이르되 너희는 주
의 길을 준비하라 그의 오실 길을 곧게 하라 기록된 것과 같이 4 세례
요한이 광야에 이르러 죄 사함을 받게 하는 회개의 세례를 전파하니 5
온 유대 지방과 예루살렘 사람이 다 나아가 자기 죄를 자복하고 요단
강에서 그에게 세례를 받더라 6 요한은 낙타털 옷을 입고 허리에 가죽
띠를 띠고 메뚜기와 석청을 먹더라

7 그가 전파하여 이르되 나보다 능력 많으신 이가 내 뒤에 오시나니 나
는 굽혀 그의 신발끈을 풀기도 감당하지 못하겠노라 8 나는 너희에게
물로 세례를 베풀었거니와 그는 너희에게 성령으로 세례를 베푸시리라

9 그 때에 예수님께서 갈릴리 나사렛으로부터 와서 요단 강에서 요한에
게 세례를 받으시고 10 곧 물에서 올라오실새 하늘이 갈라짐과 성령이
비둘기 같이 자기에게 내려오심을 보시더니 11 하늘로부터 소리가 나

기를 너는 내 사랑하는 아들이라 내가 너를 기뻐하노라 하시니라

교부들의 성경주해를 보면 복음서에 특별한 관심을 기울이고 있음을 알 수 있다. 「교부들의 성경주해」(The Ancient Christian Commentary on Scripture)에 따르면 마태복음과 요한복음 주해는 300쪽 이상의 책 두 권 분량이다. 그러나 마가복음 주해는 245쪽에 불과하여 마태나 요한의 1/3, 누가의 1/2에도 미치지 못한다. 마가복음에는 왜 이렇게 관심이 없었을까? 교부들은 마가복음을 마태복음의 축소판 정도로 생각했기 때문이다. 본서에서는 교부들의 복음서 이해를 좀 더 세밀하게 파악하기 위하여 필요한 경우 다른 복음서의 병행본문에 대한 교부들의 해석을 같이 참고하고자 한다.

1. 교부들의 해석

복음에는 시작과 연속성과 끝이 있다. 세례 요한이 구약의 표(typus)라는 점에서는 구약성경 전체가 복음의 시작이지만, 그가 신약과 구약을 연결한다는 점에서는 복음의 시작은 구약성경의 마지막 부분이기도 하다. … 그런데 어떻게 이단들이 구약과 신약 두 성경을 서로 다른 두 하나님의 것이라고 여길 수 있는지 놀라울 뿐이다.(Origenes) 세례로 구약이 끝나고 신약이 시작된다. 이는 신약의 선구자가 세례 요한이었다는 사실에서 드러난다.(Cyril of Jerusalem 335~386) 요한은 거룩한 삶을 살았기에 그의 세례도 유효하다. 비록 인간에 지나지 않았지만 의로운 사람이 베푼 의로운 세례이기 때문이다. 그는 심판자이신 분을 앞서가면서 자기 손가락으로 그분을 가리키며 "광야에 외치는 자의 소리가 있어 이르되 너희는 주의 길을 준비하라. 그의 오실 길을 곧게 하라."는 예언자의 말씀을 성취하기에 합당한 특별은총을 받은 사람이다.(Augustinus) 소리와 외침은 함께 간다. 소리는 믿음을 선포하고 외침은 회개를 부른다. 소리는 위로를 주고 외침은 위험을 알린다. 소리는

자비의 표징을 주고 외침은 심판을 예고한다.(Maximus of Turin 380~467)

회개의 세례는 장차 그리스도께서 받게 될 죄의 용서와 성화를 위한 준비이며, 이것이 요한이 주님의 길을 예비한다는 의미다.(Ter-tullian 155~225, Chrysostom 344~407)

모세가 물려준 세례는 다양한 죄의 차이를 인정하고 모든 죄에 용서의 은총이 주어지지 않아서 다양한 제사가 요구되었고, 엄격한 정화규정에 따른 절차가 필요했다. 그러나 요한의 세례는 죄를 구별하지 않았고 다양한 제사를 요구하지도 않았으며, 누구든지 자기 죄를 고백하기만 하면 아무리 죄가 크고 무겁다 하여도 하느님과 그리스도의 은총에 곧바로 나아갈 수 있다.(Basil 329~379)[31] 예수님께서 베푸시는 성령 세례는 죄를 사하기 위하여 주시는 은총이다. 복음서의 하나님 나라는 믿음으로 의롭게 되고 성령으로 거룩해지는 것이며, 이런 하나님 나라가 우리에게 임한다.(Cyril of Alexan-dria 376~444)[32]

요한은 예수님을 양날 검보다 더 예리한 도끼로 묘사하는데, 이 도끼는 믿지 않는 유대인들을 찍어내어 그들 선조들의 영광에서 떼어낼 도끼이며, 나무뿌리는 아브라함을 비롯한 신앙의 선조들을 말하는데 그들에게서 나온 쓸모없는 가지들은 잘려나간다.(Cyril of Alexandria 380~444)

성도들의 영혼은 계시의 신비를 받아들이기 위하여 순수하게 불로 세례를 받는다. 성령이 처음으로 제자들에게 불의 혀같이 임하여 그들의 영혼이 세례를 받고 완전해졌다. 또 오는 모든 세대에는 불로 세례를 받을 것이다.(Theodore of Heraclea ?~319)[33] 예수님

31) ACCS, pp. 9~10.

32) ACCS, Mathew 1a, p. 39

33) 위의 책, p .47.

의 세례는 두 번째 탄생이며, 예수님께서 세례를 받으심으로 물이 거룩하게 되어 그 이후 예수님의 이름으로 세례를 받는 사람들이 깨끗함을 얻는다.(Maximus of Turin)[34] 성령이 비둘기같이 임하고, 하늘로부터 들려온 "너는 내 사랑하는 아들이라. 내가 너를 기뻐하노라."라는 음성은 보이지 않는 하나님이 아들 안에 계시다는 것을 말한다.(Ambrosius 340~397)[35]

2. 교부들의 해석에 대한 평가

교부들은 세례 요한에 대해서는 비교적 많은 관심을 기울였다.[36] 교부들이 요한을 해석하면서 구약과 신약의 연결을 강조한 이유는 당시의 이단인 마르시온(Marcion, 85~160) 등이 구약을 성경으로 인정하지 않았기 때문이었다.[37] 세례 요한이 구약과 신약을 연결한다는 것을 입증하기 위하여 세례 요한은 구약의 말라기(3:1)와 이사야(38:10~20)의 예언에 따라 주님의 길을 예비하고 있다고 해석했다.

초기의 교부들 대부분은 예수님께서 받으신 세례를 해석할 때 예수님의 무죄함에 초점을 맞추면서 인간을 위한 세례로 해석했다. 세례 요한의 세례를 예수님을 통한 속죄의 준비 과정으로 보았으며, 예수님께서 세례를 받으심으로 말미암아 속죄의 은총이 주어진다고 했다. 구속사적인 시각에서 세례 요한의 사역과 예수님의 세례를 해석했다.

그들의 성경 해석은 주로 문자적인 해석에 치중하고 있으며, 문자로 해석하기 어려운 부분은 알레고리(allegory 寓意, 諷喩)로 해

34) ACCS, Luck, pp. 66~67.

35) 위의 책, p. 68.

36) ACCS, Matthew 1a, pp. 336~48. Mark, pp.1~10. Luck, pp. 57~64.

37) ACCS, Mark, p. 2..

석한다. 교부들은 구약성경과 계약법에 대한 이해가 거의 없었다. 교부들이 헬라철학과 문화에 익숙한 이방인이고 구약에 대하여 깊이 있게 배울 기회가 없었기 때문이라고 할 수 있다. 그러나 교부 중에는 유대인이거나 시리아 동부의 메소포타미아 지방 출신들도 있었다. 이 지역에는 유대인 기독교인들이 있었으며, 이들은 히브리어 구약성경을 사용했고 언어도 헬라어가 아닌 아람어를 사용했다. 그럼에도 불구하고 이들 역시 구약에 대한 이해가 헬라 출신 교부들과 별반 차이가 없었다.

세례 요한과 예수님의 세례받으심에 대한 교부들의 해석을 보면 안타깝게도 성경과 예수님에 대한 해석의 첫 단추를 잘못 끼워 놓았음을 알 수 있다. 왜 이런 비극이 빚어졌을까?

❶ 잘못 끼워진 첫 단추

교부들은 구약과 신약의 연속성을 중요시하였다. 그래서 복음서에서 예언의 성취라고 말하는 구절을 중요하게 여기며 그것을 문자적으로 해석하여 구약과 신약의 연결고리를 찾았다. 세례 요한이 주님의 오실 길을 예비한 죄 사함의 세례를 예수님께서 십자가에서 대속하실 사건에 대한 준비과정으로 해석했다. 이는 초기교부들에게서 이미 복음서를 구속사적인 관점에서 해석하기 시작했음을 알 수 있다.

복음서 해석의 첫 단추는 계약사로 끼워야 했다. 이에 대해서는 앞에서 이미 언급한 바 있다. 구약과 신약의 연결고리는 예언의 성취보다는 계약의 연속성으로 보아야 한다. 구약성경에서 이스라엘이 하나님과 맺은 계약은 이스라엘을 통해서 세상을 구원하시려는 계약이었다. 이스라엘 공동체의 실패는 그들만의 문제가 아니라 온 세상 구원의 실패에 해당된다. 한번 파기된 계약 체결을 없던 일로 하고 다시 시작할 수는 없다. 구약의 '계약'(베리트 ברית)이라는 용어는 '쪼개다'라는 의미이다. 실제로 계약을 체결할 때는 짐승을 잡아 둘로 나누어 놓고 그 사이를 지나갔다. 계약을 어기면 쪼개진 짐승과 같이 죽임을 당한다는 의미다. 이스라엘과 하나님이 계약을 맺을 때에도 양의 피를 뿌렸다. 이스라엘의 실패로 말미암아 이스라엘은 물론이고 세상 구원이 수포로 돌아가서, 이제 더 이상 돌이킬 방법이 없게 되었다.

이런 절망적인 상황에서 하나님께서는 인간에게 구원의 길을 열어놓으시기 위하여 마지막 비상수단을 쓰셨다. 계약공동체인 이스라엘이 실패한 책임을 하나님께서 떠안으시고 대신 형벌을 받으신 것이다. 그 방법이 성육신과 십자가의 죽음이다. 하나님께서 친히 동일한 인간으로 오셔서 첫계약 실패의 책임을 떠안으시고 대신 죽으셨다. 이를 대속(代贖)이라고 하는데, 예수님께서 대신 죽으신 죄는 옛계약공동체가 계약법을 지키지 않은 죄이다. 예수님께서 십자가에서 해결하신 죄는 우선적으로 계약법과 관련된 죄이다. 무엇보다도 먼저 바르게 이해해야 할 것은 **예수님의 대신 죽으심으로 새로운 계약 체결의 길이 열렸다**는 점이다. 앞에서도 언급한 바와 같이 이런 이유로 예수님께서 제자들과 마지막 식사 시간에 포도주를 주시면서 새로운 계약을 위한 피라고 분명하게 말씀하셨다.

이제 인간이 해야 할 일은 예수님으로 말미암아 체결된 새로운 계약에 참여하여 그 계약을 지킴으로써 구원받는 것이다. 그러나 인간이 자력으로 계약법을 다 지킬 수 없다. 이제 예수님에게 고백해야 할 죄는 무엇보다도 계약법을 지키지 못하는 죄이다. 이 죄를 고백하면 예수님께서는 그 죄를 용서하시면서 동시에 계약법을 지키도록 도와주신다. 예수님께서 우리 모두의 죄를 대신 짊어지셨으며, 또 십자가에서 사죄의 은총이 주어진다는 것은 이런 뜻이며, 계약의 입장에서 보아야 그 핵심이 이해된다.

구원은 계약 조건을 지킴으로써 받는 것이지 계약을 지키지 않아도 무조건 은총으로 받는 것이 아니다. 예수님으로만 구원을 받는다는 말은 예수님으로 말미암아 새로운 계약이 체결되고, 그 계약 조건을 지킴으로써 구원의 길이 열렸다는 뜻이다. 계약을 지키지 않아도 죄를 고백하기만 하면 무조건 용서받고 구원에 이른다고 말하는 것은 상식과 이치에도 맞지 않는 모순이며, 예수님의 죽으심을 헛되게 하는 신성모독에 해당된다. 예수님께서 아무런 조건을 달지 않으시고 파기된 옛계약의 책임을 지시고 십자가에서 대신 죽으신 무조건적인 은총으로 말미암아 새로운 계약 체결의 길이 열렸다고 해석해야 이치에 맞는다.

기독교 신학은 복음서도 오해했지만 바울서신도 오해했다. 바울은 안식일법, 정결례법 등 유대교 율법 조항을 지켜서 의로운 사람(義人)이 되어 구원에 이른다는 유대인들을 향해서 그런 유대교 율법 조항과 그 형식을 지키는 행위로는 의인(義人)이 될 수 없다고 말했다. 타락한 인간은 하나님 앞에서 행위로는 의인(義人)이 될 수 없으며, 용서로 의롭다함을 얻은 의인(義認)이 있을 뿐인데, 의롭다함을 얻는 은총은 예수님의 십자가를 믿는 믿음에서 온다고 했다. 이 말은 예수님의 십자가로 말미암아 새로운 계약이 체결되어 구원에 이르는 길이 열렸으며, 죄의 지배에서 벗어나 계약을 지킬 수 있도록 도와주신다는 뜻이다.

아리스토텔레스는 논리학을 모든 학문의 기초로 여겼는데, 모든 학문에는 비모순의 법칙이 적용되기 때문이다. 이는 백번 맞는 말이다. 어떤 주장을 할 때는 논리에 맞아야 한다. 계약법을 제외한 십자가 신학과 구속사 신학은 그 자체가 모순이며, 모순은 진리일 수가 없다. 이런 모순을 진리라고 우기며, 이성으로 이해되지 않으니 믿음으로 받아들이라는 억지 강요는 진리와 복음에 대한 모욕이며 진리이신 하나님에 대한 정면 도전이다.

안타깝게도 초기교부들이 성경을 해석한 글 어디를 살펴보아도 새로운 계약을 통한 옛계약과의 연속성을 말하는 구절을 찾아볼 길이 없다. 하나님과 맺은 계약의 내용은 단순하다. 계약공동체가 이 땅에서 신분, 지위, 빈부의 격차가 없는, 즉 희년이 실현되는 행복한 삶을 살기만 하면 된다. 계약법대로 살면 그 공동체는 이 세상에서 가장 이상적인 삶을 살게 된다. 하나님을 섬기는 계약공동체가 이 세상에서 가장 이상적인 삶을 살고 있으면, 다른 이들이 보고 계약공동체를 따라 배우게 마련이다. 이보다 더 좋은 방법은 없다. 선교를 따로 할 필요없이 삶으로 보여주면 된다. 보여주는 선교가 계약법의 선교 방식이다.

성경의 계약은 하나님과 계약공동체가 맺은 쌍방간의 계약인데, 인간인 계약공동체에게는 계약법대로 살려고 최선의 노력을 다해야 할 의무가 있고, 하나님에게는 그 공동체를 도우셔서 이 세상에서 이상적인 삶, 즉 하나님 나라가 실현되는 삶을 살도록 반드시 도우셔야 할 책임이 있다. 이 도우심을 임마누엘이라 하는데, 성경에는 하나님께서 계약공동체와 반드시 함께하시겠다는 약속이 수없이 반복되고 있다. 성경에 기록된 초자연적인 이야기가 모두 계약과 관련된 이유는 그것들이 곧 계약공동체를 향한 하나님의 약속을 확인시키는 사건이기 때문이다.

성경의 구원 방식은 개인구원이 아니라 계약공동체 구원이다. 개인구원이냐 사회구원이냐라는 사회복음 운동(social gospel movement)[38]의 물음은 질문이 잘못되었다. 성경에서 말하는 구원은 개인구원이나 사회구원이 아니라 계약공동체를 통한 세상구원이다. 개인이 변화되고 세상을 변화시켜 세상을 구원해야 한다는 성화론도 방법과 방향을 잘못 짚은 것이다. 중세기에는 수도를 통하여 성화된 사람들이 지천(至賤)이었고, 프란시스 운동과 같이 사회를

38) 1870~1920년경 미국에서 일어난 종교적인 사회개혁 운동이며, 노동과 여성인권 개선 등에 많은 공헌을 했다.

성화시키려는 운동들이 계속되었지만 세상은 성화는 고사하고 더 깊은 타락의 구덩이로 빠져들고 말았다. 지난 역사에서 교훈을 찾아야 한다.

복음서의 첫 책 마태복음은 전적으로 계약의 시각에서 쓰인 책이다.[39] 예수님께서는 제자들에게 계약과 그 실천을 가르치셨고 사도들은 예루살렘에 세워진 교회에서 이를 가르쳐 실천에 옮기게 했다. 예루살렘의 첫 교인들이 사도들의 가르침에 따라 양식을 나누어 먹으며, 재산을 공유했다.(행2:42~46, 4:42~37) 그 이후 교회에서 이런 전통은 박해시대 내내 계속 이어졌다. 교부들이 마태복음에 많은 관심을 가지고 연구하고 해석했으나 그들의 마태복음 해석에서도 계약의 관점은 찾아볼 수 없다. 사도행전의 해석에서도 마찬가지이다. 교부들은 사도행전의 재산 공유 사건에 대하여(행2:42~46, 4:32~37) 지대한 관심을 가지고 연구하며 설교했다. 특히 어거스틴은 사도행전의 이 본문을 대단히 중요하게 생각하여 50여 회 이상 인용했다. 그런데 그는 사도행전의 재산 공유를 기독교인이 해야 할 사랑의 실천이라고 해석했으며, 대부분의 교부들도 어거스틴과 비슷하게 보거나 무소유와 재물에 대한 초연함을 강조했다.[40] 계약에 대한 이해가 전무한 까닭이었다.

이 부분은 교회사에서 가장 중요한 시기로서 구속사와 계약사의 갈림길에 서 있었다. 그런데 이런 계약사 전통은 이제 사라지고 구속사 전통으로 대체되고 말았다. 이로써 천국은 죽음 이후의 문제가 되었고 이 세상과는 직접 관련이 없어졌을 뿐만 아니라 이 세상은 심판과 파멸의 대상이 되고 말았다. 그 결과 교회가 다스리던 중세기는 역사로부터 암흑기로 평가받는 시대가 되었으며, 결국 기독교는 타도의 대상이 되었고 인간의 힘으로 이 땅에 천국을 실현하려는

39) 졸저 「마태복음」은 구속사와 계약사를 비교하면서 계약의 입장에서 해석을 했다.

40) ACCS, Acts, pp. 37~38, 55~58.

운동이 일어났다.

기독교 신학의 첫 단추를 끼운 초기교부들에게서 계약의 관점이 사라진 이유는 무엇일까?

❷ 첫 단추를 잘못 끼운 이유

그 원인을 찾아내기는 쉽지 않다. 당시의 정황을 돌이켜 볼 때 다음과 같은 추정이 가능할 것이다.

첫째, 당연지사(當然之事)였다.

예루살렘 교회에서 시작된 재산 공유 운동은 전통으로 뿌리내려 당시 교인들에게 생명과 재산의 포기는 특별한 일이 아니라 당연한 일이었다. 박해시대에 그런 결단이 없는 사람들은 교회에 나올 엄두조차 내지 못했다. 그럼에도 불구하고 교인들이 급증했다는 것은 지금으로서는 도무지 믿기 어려운 일이지만 사실이었다. 이런 놀라운 삶의 능력 때문에 후일 교회는 로마제국의 종교가 될 수 있었다. 이런 실천의 삶이 있었는데 왜 계약신앙이 실종되었을까?

둘째, 계약신학으로 정리할 필요성을 느끼지 못했다.

박해 기간 내내 계약 정신을 실천하는 삶이 당연해진 결과 이를 어떤 신학이나 교리로 정리할 어떤 필요성을 느끼지 못했다. 그 결과 박해가 끝난 후에는 재산을 공유하는 삶은 개인적으로 실천해야 할 사랑의 대상이 되었다. 특히 사도행전의 재산 공유 사건을 중요하게 여기며 많은 관심을 기울였던 어거스틴은 이를 기독교인이 실천해야 할 사랑의 덕목으로 정리해서 많은 영향을 주었다. 그 이후 계약신학은 더 이상 설 자리를 잃고 말았다.

셋째, 회심 체험의 감격이 너무 크게 다가왔다.

교회의 지도자들 중 대부분은 기독교 가정 출신이 아니라 중도에 개종했는데, 이들에게는 회심의 경험이 큰 영향을 주었다. 사죄의 확신이 동반되는 회심의 경험을 기초로 구원론을 전개했고 또 많은 사람들의 공감을 얻었다. 그 결과 율법과 예언서를 예수님에 대한 예언과 예표, 약속으로 보았으며, 예수님에게서 구원이 완성되었다는 구속사 중심의 구원론이 대세를 이루게 되었다.

아마도 기독교 신학이 구속사 중심으로 흐르게 된 데에는 회심의 경험이 준 영향이 가장 컸다고 할 수 있을 것이다.

넷째, 박해에 대처해야 했다.

교회는 시작 초기부터 박해에 직면했다. 최초의 박해는 예루살렘에서 교회가 출범한 직후인 30년대 중반부터 유대인들에 의해 시작되었다. 교회 박해에 앞장섰다가 개종한 사도바울은 누구보다도 유대인을 잘 알기에 그의 주요 역할은 유대인들에 대한 신학적인 대처였다. 바울신학은 유대교에서 기독교를 재해석해내는 데에 초점이 맞추어져 있다. 60년대에 접어들면서는 로마제국으로부터 박해를 받기 시작했다. 네로황제 치하에서는 로마시에 대한 화재의 누명 때문에 박해가 시작되었으나, 80년대를 지나면서는 황제숭배 문제로 종교적이며 정치적인 박해가 로마제국 차원에서 시작되었고 교회는 생사의 기로에 놓여 있었다. 사실 이런 상황에서 교회의 지도자들은 박해에 대처하여 교회의 명맥을 이어가는 것 이외에 다른 것에 관심을 기울일 여력이 없었다.

다섯째, 헬라철학과 문화에 대처해야 했다.

동방 교부들 대부분은 헬라문화권에서 헬라철학으로 교육을 받았다. 교부들 중 상당수는 헬라철학에 대하여 경계심을 가졌지만 더 많은 이들은 헬라철학에 대하여 호의적이었다. 그 결과 기독교 신학은 헬라철학의 기반 위에 세워지고 말았다. 특히 플라톤 철학은 실재(實在)는 이데아의 세계에 있으며 현상 세계는 이데아 세계의 그림자에 불과하다고 생각했다. 이와같이 이데아의 세계와 현상의 세계를 구분한 결과 이데아에 속하는 영과 정신을 중요시하고 현상의 세계에 속하는 육체와 물질을 악하게 여겼다. 헬라철학의 이런 이원론 사상의 영향으로 교회는 이 세상과 육체의 삶보다는 저 세상과 영적인 삶을 더 중요하게 생각하게 되었다. 이런 과정을 거치면서 이 세상에서 하나님 나라를 실현해야 한다는 계약정신은 서서히 사라지고 말았다.

여섯째, 오해와 이단에 대처해야 했다.

박해와 더불어 기독교에 대한 온갖 오해와 악소문들이 활개쳐서 교회의 지도자들은 이를 변호하는 데에 심혈을 기울여서 이 시기의 지도자들은 변증가로 불렸다. 또 로마제국과 헬라문화권에는 그리스신화에서 엿볼 수 있는 온갖 미신과 신비종교들이 있었는데, 그 영향으로 교회 내에서는 이단들이 속출했다. 특히 헬라문화의 영향을 받은 영지주의는 교회에 심각한 위협을 주어서 기독교의 본질을 위협할 정도로 심각했다. 교부들은 이런 문제에 대처해야 했다. 초대교회가 당면한 가장 큰 위기는 박해보다 영지주의를 비롯한 이단사상들이었다. 교부들은 이단에 대처하기 위하여 기독론, 삼위일체론, 속죄론 등 주요 교리를 만드는 데에 심혈을 기울여야 했다.

그런데 그 만드는 과정이 문제였다. 밀란칙령 이후 교리논쟁이 지나치게 격화되었으며, 서로 이단시하는 교리논쟁이 수백 년이나 지속되었다. 그 결과 빈대를 잡기 위해 초가집을 태우고 말았다. 교리로 인한 교회의 분열은 제국의 분열로 이어졌고, 중세기는 암흑기로 접어들었으며, 교회의 중심지에서 회교가 등장하여 기독교의 주요 지역들을 차지하는 결과를 초래했다.

일곱째, 구약과 계약의 전통이 사라졌다.

당시에는 범교회 차원에서 운영하는 신학교육 기관이 없었다. 한 지역에서 대표적인 역할을 하는 교회의 지도자를 감독이라고 불렀는데, 감독들이 휘하 교회의 지도자들을 교육하고 훈련시켰다. 교회 간의 교류로 말미암아 교회의 통일성이 어느 정도 유지되었지만 구약성경에 대한 심도있는 교육은 기대하기 어려웠다. 또 예수님과 복음에 초점을 맞춘 결과 구약과 율법을 등한시하게 되었다. 구약의 율법과 예언서는 예수님에 대한 예언과 약속이며, 예수님에게서 구약의 예언과 약속이 다 성취되었다고 생각했다. 그 결과 옛계약과 새계약에 대한 연결이 차단되어 계약신앙은 사라졌으며, 예수님의 십자가 사건에 대한 믿음으로 구원이 실현된다고 보는 구속사신앙이 정통신앙으로 뿌리내리게 되었다.

서양 정통 기독교신학의 근간은 구속사라고 할 수 있는데, 그 뿌리를 추적해보면 초기교부들로 거슬러 올라간다. 여기에서 첫 단추가 잘못 끼워졌다. 구속사보다 계약사가 더 큰 개념이며, 계약사 속에 구속사가 들어있다. 계약사 없는 구속사는 모순이며, 구속사는 계약사를 통해서 완성된다.

❸ 만시지탄(晩時之歎)

하나님께서 만드신 세상의 이치에는 위기(危機)와 기회(機會)가 있다. 위기는 혼자 오지 않고 기회와 같이 오며, 기회는 위기를 통해서 온다. 교회사를 돌이켜 보면 초기의 교회에 박해라고 하는 위기가 있었지만 그 위기는 곧 기회였다. 박해라는 위기 때문에 교인들은 생명과 재산을 포기하고 하나님 나라를 보여주는 삶을 살았다. 그런데 이런 삶은 위기를 기회로 바꾸어서 박해 기간에 오히려 교인이 급증했다. 가짜와 속임수가 판치는 세상 속에서 살아남는 길은 적절한 타협이 최선이라고 생각되지만 오히려 그 반대일 수도 있다. 참과 진짜만을 고집하는 것이 어리석어 보일 수 있지만 진짜는 진짜이기 때문에 통하게 마련이며, 이것이 곧 하나님의 지혜이며 위기를 기회로 바꾸어가는 방법이다. 초대교회가 그랬다. 진짜 신앙을 위해서 생명과 재산을 포기하는 거룩한 바보 교인들 때문에 교인들이 날로 늘어났고 세상을 바꾸었다.

경제정의를 실현하는 희년(禧年)의 실천은 가장 어려운 과제다. 그런데 초대교회는 시작부터 이를 실천으로 옮겨서 당연지사(當然之事)로 받아들였다. 그 결과 콘스탄틴 황제의 기독교 공인 이후 교회에는 로마제국을 다스릴 기회가 주어졌다. 박해는 종식되었지만 생명과 재산을 포기하는 수도원 운동이 불일듯이 번져나갔고, 이제 마음만 먹으면 제국 차원에서 희년을 실현할 수 있는 완벽한 기회가 주어졌다.

그런데 문제는 교회의 지도자들은 이런 기회를 활용할 준비가 되어있지 않았다. 바른 성경 해석과 역사적인 안목이 없다 보니 주어진 상황에 대한 이해가 따르지 않았고 무엇을 해야 할지 몰랐다. 참 신앙을 교리로 지켜야 한다는 짧은 생각에서 교리논쟁에만 열중했다. 삼위일체론과 기독론, 사도신경을 정립하는 논쟁에 수백 년을 허비했다. 참으로 안타까운 노릇이다. 이런 기회가 만들어지기까지 250여 년의 박해 기간에 수많은 사람들이 생명과 재산을 바쳤는데, 그들의 숭고한 신앙과 희생을 물거품으로 만들고 말았다. 이는 전적으로 그 시대의 교부들에게 책임이 있다.

예수님께서 당시 유대교 지도자인 서기관과 바리새인을 향하여 책망과 저주를 선언하신 이유는, 교회 지도자들의 잘못된 가르침은 절대 용서받을 수 없는 결과를 몰고 오기 때문이다. 그런데 예수님을 섬기는 교회 지도자들이 똑같은 오류에 빠져서 같은 결과를 가져오고 말았다.

❹ 자업자득(自業自得)

기회가 왔을 때 그 기회를 상실하면 위기를 불러들이게 된다. 교회에 주어진 천재일우(千載一遇)의 기회를 상실하자 기독교 신앙이

꽃피었던 지역에서 회교가 등장하여 삽시간에 교회의 터전을 휩쓸고 지나갔을 뿐만아니라 아프리카 북단과 서바나를 거쳐 로마의 턱밑까지 밀려들었고, 교회는 중심지를 잃고 북유럽으로 쫓겨나고 말았다. 회교가 삽시간에 휩쓴 이유는 교회가 제국을 지배한 이후 세금은 감면되지 않고 십일조를 비롯한 헌금 등 지출이 더 늘어나서 백성들의 경제적인 어려움이 날이 갈수록 가중되었기 때문이었다. 이런 교인들에게 사막에서 등장한 회교의 소박한 모습이 오히려 해방자처럼 느껴져 교인들이 앞장서서 회교를 받아들여 기독교의 중심지가 아무런 저항없이 한순간에 회교로 넘어가고 말았다. 이보다 더 어처구니없는 일이 또 있을 수 있을까? 이 시기를 무어라고 표현해야 할까? 이런 표현이 적절하리라.

<u>차려진 밥상을 찾아 먹지 못하고 밥사발에 얻어맞아 죽었다.</u>

그런데 더 안타까운 것은 교회사 어디를 읽어보아도 교회 지도자들의 이런 무지몽매(無知蒙昧)와 직무유기(職務遺棄)에 대한 올바른 해석을 찾아볼 수 없다는 사실이다. 계약의 시각에서 보아야 이런 사건들이 무엇이었는지 보이는데, 계약의 사관이 없으니 보일 리 없다. 구약에는 예언자들이 매 시대마다 계약의 사관으로 그 시대를 해석하며 왕과 제사장들을 질타하고 갈 길을 제시했으나, 교회사에서는 이런 사람들을 찾아볼 수가 없다. 르네상스 시대에 이르러 종교개혁자들이 등장했지만 그들에게서도 예언자들의 시각과 계약의 관점은 보이지 않았다.

교회사 책들은 사건과 인물, 사상들을 나열하는 수준에서 더 나아가 지난 역사와 성경의 핵심을 꿰뚫으며 사건과 사상과 인물들을 역사의 주관자이신 하나님의 입장에서 해석하고 갈 길을 제시해야 한다. 교회사의 범위를 교회 안의 사건에 국한시키지 말고 세상사와 교회사를 통합해서 보아야 한다. 기독교의 하나님은 교회 안에만 계시는 분이 아니라 세상사 모두를 총괄하시는 분이시기 때문이다.[41]

기회를 놓쳐버린 초대교회를 지나 중세기로 넘어가면 교회 지도자들이 한 일은 더 가관(可觀)이다. 교회의 수장은 교회의 황제라 칭하며 세속 정치에 탐닉했고, 중간 지도자인 주교들은 각 지방에서 영주와 더불어 최고의 귀족으로 군림했으며, 신앙을 중요시하는 사람들은 세상을 등지고 수도원에 틀어박혀 있으면서 고고한 삶을 추구하며 신학이라는 학문의 칼을 갈았다. 이 시기의 신학을 스콜라 신학이라 한다. '스콜라'(schola)는 영어 school(학교)의 어원인데 한가롭다는 뜻이다. 세상을 등진 수도사들은 한가롭게 세상일과는 전혀 상관없는 학문에 열중하며, 신학은 학문의 여왕이라고 스스로 만족하고 있어서 붙여진 이름이다.

이런 시대에 백성들은 어떻게 살았을까? 이 시기를 농노(農奴)사회라고 하는데, 노예가 따로 있는 게 아니라 농사짓는 모든 백성은 노예였다는 뜻이다. 노예로 전락한 교인들을 향하여 교회의 지도자들은 죽은 다음에 하늘에 있는 나라에 가면 가난과 신분 등 모든 문제가 해결된다고 다독였다. 성경과 하나님을 빙자하여 영혼 구원, 내세 천국을 말하는 이런 종류의 설교는 인류 역사에서 가장 악랄한 종교 사기극이며 범죄 행각이었다. 지금도 중세기와 비슷한 설교가 판을 치고 있다. 성경과 지난 역사에 대하여 무지하면 내가 지금 무슨 말을 하는지 모른다. 예수님께서 당시의 설교자인 서기관과 바리새인들을 향하여 "너희가 성경도 하나님도 모르는도다."라고 탄식하시며 저주를 선언하셨다. 예수님께서 오늘 우리 가운데 오신다면 오늘의 설교자들을 향하여 무어라 평가하실까? 설교자들 스스로가 자신에게 또 하나님에게 물어보라. 똑바로 듣는다면 이런 말씀이 들려오리라.

> 뱀들아 독사의 새끼들아 너희가 어떻게 지옥의 판결을 피하겠느냐(마23:33)

---

41) 졸저 「하비루의 길」과 「죄인의 길」에서는 미흡하지만 이런 시도를 했다.

중세기 비극의 절정은 십자군 전쟁이었다. 사분오열되어있던 유럽의 기독교 국가들은 회교가 장악하고 있는 성지를 탈환해야 한다는 명분으로 비로소 하나가 되었다. 명분은 성지탈환이었지만 실제는 정치적인 노림수였고, 가장 추악한 전쟁이었다. 십자군 전쟁(1095~1291)은 장장 200여년 동안 지속되었으며, 10여 차례에 걸친 회교도와의 전쟁에서 기독교는 완패하고 말았다. 그 이유는 당시 회교권이 기독교권보다 여러 가지 측면에서 앞서있었기 때문이다. 이 전쟁으로 회교의 앞선 학문과 문화들이 유입되어 서구 사회에는 상인 계층들이 부상하고 귀족층이 몰락하는 등 일대 변혁이 일어나 후일 인문주의가 등장하는 길을 열어놓았다.

십자군 전쟁의 와중에 수도원 내에서는 개혁운동들이 전개되었는데 프란시스(1182~1226)의 탁발수도회 운동이 그중 잘 알려져 있다. 그러나 탁발수도회의 사랑 실천 운동은 애초부터 성경과 시대의 흐름에 맞지 않았으며, 사회에 큰 영향을 끼치지 못했다. 프란시스가 널리 알려진 이유는 프란시스는 교황에 대해서 전혀 비판하지 않아 교황청에서 프란시스 운동을 크게 후원하며 성자로 추앙하고 널리 알렸기 때문이다. 성경의 핵심은 계약공동체가 이 땅에 하나님 나라의 모형을 만들어 보여주는 것이다. 그런데 중세교회에서는 이런 운동을 눈을 씻고 찾아보아도 찾을 길이 없다.

기독교 역사가 1500년 이상 된 유럽의 기독교 국가에서 기독교에 반발하는 인문주의(르네상스)가 등장하여 기독교 왕국은 결국 해체되고 말았다. 이는 계약파기에 해당되는 사건이었다. 기독교가 지배하던 동안에는 신분과 인권과 백성들의 가난 등의 문제에서 아무런 발전없이 퇴보하고 있었으나 인간주의가 등장한 이후에는 급속한 변화가 일어나 신분이 타파되고 인권이 개선되고 전염병과 기근이 사라지는 등 백성들의 삶의 질이 높아졌다. 반면에 기독교는 설자리가 그만큼 옹색해졌으며 겨우 명맥을 유지하기에 급급한 상태가 되고 말았다.

우리 기독교인들은 이런 현상을 무어라고 설명해야 하나? 아예 언급이 없다. 설명을 피하는 것일까, 못하는 것일까, 할 필요조차 느끼지 못하는 것일까, 관심이 없는 것일까, 아니면 문제의식이 없는 것일까? 죽은 다음에 가는 저세상의 천국에만 관심있고 불에 타 버릴 이 세상일에는 관심을 기울일 하등의 이유가 없다고 느끼고 있는 게 현주소다. 그러면서 살아있는 동안에 건강과 물질의 축복을 받아야 한다고 생각하는 이중적인 모순에 빠져 있다.

3. 본문 재해석

그러면 이제 마가복음의 본문으로 돌아가서 오늘의 입장에서 간략하게 그 의미를 살펴보고자 한다.

다른 복음서에 비하여 마가복음은 사건들이 빠르게 진행되며,[42)]이적 이외의 이야기들은 대부분 설명을 간결하게 한다. 이런 마가복음은 세례 요한의 이야기로 시작하고 있다. 왜 그럴까?

❶ 광야에서

> 3 광야에 외치는 자의 소리가 있어 이르되 너희는 주의 길을 준비하라 그의 오실 길을 곧게 하라 기록된 것과 같이

세례 요한은 설교를 광야에서 했다. 하나님의 말씀을 왜 성전이 아닌 광야에서 선포했을까? 이교 신앙은 거대한 신전을 짓고 온갖 보화로 신상을 만들어 놓고 음악과 촛불 등을 동원하여 성대한 제사의식으로 신을 섬겼다. 그런데 당시 유대교도 거대한 성전에서 성대한 제사의식으로 하나님을 섬겼다. 여호와를 섬기는 신앙이 이교도

42) '곧' (εὐθύς)이라는 단어가 마가복음에서는 42회나 사용되고 있는데 1장에서만 11회 사용되고 있다. 같은 단어가 마태에서는 7회, 누가에서는 1회만 사용되고 있다. 마가복음에서는 곧(εὐθύς)과 호흡을 맞추기 위하여 '그리고'(καὶ)라는 접속사가 자주 사용된다.

와 다를 바가 없어지자 계약법을 중요하게 여기는 예언자들은 이런 제사의식을 거부하며 성전을 헐어버리라고 했다. 예언자 정신을 이어받은 요한은 성전 대신 아예 메마른 광야를 설교 장소로 선택했다. 허허벌판 광야와 46년째 짓고 있는 예루살렘의 거대한 성전을 대비시키기 위함이었다.

❷ 낙타털 옷을 입고

> 6 요한은 낙타털 옷을 입고 허리에 가죽 띠를 띠고 메뚜기와 석청을 먹더라

이교 제사장들은 자신들의 특별한 권위를 내세우기 위하여 특별한 옷을 입었는데, 유대교에서도 제사장뿐만 아니라 설교자인 서기관과 바리새인들까지 구별된 옷을 입었다. 이에 요한은 제사장이나 설교자의 옷과는 완전히 동떨어진 낙타털 옷을 입고 등장하여 설교했다. 구약의 예언자들은 자신들의 설교를 사람들에게 각인시키기 위하여 독특한 표징(Prophetic Performance)을 사용했다. 예레미야는 나라가 멸망하고 포로로 끌려가리라는 것을 몸으로 보여주기 위하여 벌거벗고 멍에를 목에 메고 예루살렘 거리를 활보하며 설교했다. 그런데 이제 세례 요한은 광야의 사람들이 입는 짐승 가죽을 몸에 두르고 메뚜기와 석청을 먹으며 광야에서 하나님의 말씀을 선포했다.

복음서에서 세례 요한의 이런 독특한 차림새와 행동을 기록해 놓은 이유는 아무 생각없이 그냥 사실적인 묘사를 하려는 게 아니라 이것을 통하여 무엇인가를 특별히 말하고자 하는 의도가 있다. 이를 읽어내야 한다. 성경의 기록 방식은 산문(散文)이 아니라 운문(韻文)이기에 은폐(隱蔽), 함축(含蓄), 암시(暗示)의 표현법을 사용한다. 이는 오랫동안 구전에서 형성된 독특한 문학양식이다.

❸ 죄 사함의 세례

4 세례 요한이 광야에 이르러 **죄 사함을 받게 하는 회개의 세례**를 전파하니

마가복음의 시작은 세례 요한이 등장하여 예수님께서 오실 길을 예비하며 세례를 주는 이야기인데, 그마저도 다른 복음서에 비하여 대단히 간략하게 다루고 있다. 마가복음은 왜 세례 요한의 이야기로 시작할까? 세례가 왜 예수님께서 오실 길을 준비하는 것일까?

구약의 율법서에는 속죄 제사를 통해서 죄를 용서받는 방법이 들어있다. 그런데 세례 요한에 이르러 구약의 제사제도가 폐지되고 **죄 사함의 세례**로 대체되었다. 세례 요한은 종교의식인 제사를 마음의 회개로 대체했는데 이는 인류 종교사에서 획을 긋는 일이었다. 예수님께서 여자가 낳은 자 중에 요한이 가장 큰 자라고 높이 평가하신 이유는 여기에 있다. 모세는 신명기에서 출애굽기와 레위기의 제사 제도를 절기(유월절과 초막절 등) 제도로 대체했으나 다윗과 솔로몬이 성전을 지음으로써 제사 제도가 본격적으로 재현되고 말았다. 이에 신명기 전통에 서 있었던 예언자들은 하나님께서는 제사를 요구한 적이 없으셨다며 제사 제도를 폐지해야 한다고 한 목소리로 말했고, 계속 제사를 드리면 하나님께서 강포한 나라를 보내서 성전을 파괴시키리라고 경고했다.

그러나 이스라엘은 이를 끝까지 무시하다가 결국 예고대로 나라가 망하고 성전이 파괴되었다. 그리고 포로가 되어 제사를 드릴 수 없게 된 다음에 가서야 제사를 포기하고 회당에서 말씀을 공부하는 예배를 드렸다. 그러나 귀환 이후 서서히 제사가 부활하였으며 예수님 당시에는 절기인 유월절 행사조차도 제사 중심이 되고 말았다. 예수님께서 예루살렘에 올라가셔서 한 첫 번째 사역은 제사드리기 위해 준비해놓은 양과 비둘기를 내쫓고 유월절 기간 내내 말씀을 가

르치신 일이었다. 예언자 전통에 서 있던 세례 요한은 제사의 한계와 폐해를 잘 알고 있었기에 사역을 시작하면서 아예 제사 제도를 폐지하고 죄 사함과 회개의 세례로 대체했다.

세례 요한의 세례는 새로운 계약공동체의 일원이 되는 의식이다. 세례를 죄 사함과 연결시킨 이유는 마음으로부터 뉘우치는 회개와 더불어, 세례를 통해서 죄가 지배하는 삶을 청산하고 이제는 성령의 지배를 받는 새로운 계약공동체의 삶이 시작되기 때문이다. 예수님께서 세례를 받으셨다는 것은 예수님께서 요한이 시작한 새로운 속죄제도, 즉 새계약공동체의 일원이 되는 의식을 인정하셨다는 뜻이다. 예수님께서 세례 요한의 등장을 기다리셨다가 사역을 시작하신 이유는 요한이 세례를 통해 새로운 계약공동체를 위한 준비를 했기 때문이다.

❹ 성령 강림

> 10 곧 물에서 올라오실새 하늘이 갈라짐과 성령이 비둘기 같이 자기에게 내려오심을 보시더니

예수님께서 세례를 받으시고 올라오시자 하늘 문이 열리고 성령이 임했다. 무슨 뜻일까? 요한이 시작하고 예수님께서 참여하신 새로운 속죄제도인 세례에 대한 하늘로부터의 인정이다. 하나님께서 이제 이 제도에 성령으로 임하여 함께하시고 이 제도를 통해서 하나님의 뜻을 실현하시겠다는 뜻이다.

❺ 하나님의 아들

> 11 하늘로부터 소리가 나기를 너는 내 사랑하는 아들이라 내가 너를 기뻐하노라 하시니라

하늘에서는 예수님께서 하나님의 아들이시라는 음성이 들려왔다. 왜 이런 음성이 들려왔을까? 몇 가지로 그 이유를 생각해 볼 수 있다.

먼저, 하나님의 아들이란 하나님과 동일하다는 뜻이다. 마가복음에서는 예수님께서 하나님의 아들되심을 중요하게 다루고 있다. 제자들은 여러 기적들과 예수님의 수난과 죽으심, 부활에 대한 경험을 통해 비로소 예수님께서 하나님의 아들이심을 깨닫게 된다.

다음에는, 예수님을 믿는 사람들이 하나님의 자녀가 되는 길이 열렸다는 뜻이다. 예수님께서는 당신 자신은 사람의 아들(人子)이라고 하셨고, 예수님 주변에 모인 사람들은 하나님의 자녀라고 하셨다.

마지막으로, 예수님께서 하나님의 아들로서 이 세상에서 하나님의 일을 대신하셨듯이, 이제 예수님을 믿는 사람들은 하나님의 자녀가 되어 예수님을 대신해야 한다는 뜻이다.

하나님께서는 계약공동체를 통하여 당신의 뜻을 실현하신다. 새계약공동체인 교회는 지금 여기서 하나님을 대신하는 대행기관이다.

물음 08 예수님의 40일 금식과 시험, 무엇을 말할까?

본문 : 〈 1:12~13 〉

12 성령이 곧 예수를 광야로 몰아내신지라 13 광야에서 사십 일을 계시면서 사탄에게 시험을 받으시며 들짐승과 함께 계시니 천사들이 수종들더라

마가복음에는 시험받으시는 내용이 없으므로 마태나 누가의 해석을 보면, 교부들은 예수님의 광야시험에 대하여 상당히 많은 분량을 해석했는데 간추리면 다음과 같다.

1. 교부들의 해석

세례를 통해 죄 사함을 받은 다음에는 늘 깨어 단식하고 기도하며 성령의 열매를 맺어야 함을 우리에게 가르쳐주시기 위하여 예수님께서 몸소 본을 보여주셨다.(Bede 672~735)[43] 첫째 아담은 낙원에서 광야로 쫓겨났고 둘째 아담이신 예수님은 광야에서 낙원으로 돌아오셨다.(Ambrosius) 첫째 아담은 세 가지 유혹인 탐식, 헛된 야망, 탐욕에 굴복했지만 예수님께서는 이기셨다.(Gregory the Great) 사탄이 기적을 요구했지만 예수님께서는 사람에게 유익이 될 때에만 기적을 일으키신다.(Origenes) 시험에 실패한 마귀는 다음의 기회를 노리며 물러갔다. 유대인들을 통한 유혹, 유다를 통한 배반, 십자가 처형 등의 유혹이 계속되었지만 예수님께서는 이 모든 유혹을 이기셨다.(Augustinus)[44]

2. 교부들의 해석에 대한 평가

교부들은 본문에 대하여 문자적인 해석을 하면서 도덕적인 의미를 말해주고 있다. 마귀의 세 가지 시험에 들어있는 의미에 대해서는 전혀 접근되고 있지 않다. 그런데 오늘날에도 마귀가 시험한 내용의 해석에 대해서는 크게 달라지지 않고 있다. 관점이 동일하기 때문이다.

3. 본문 재해석

마가복음에는 예수님께서 세례를 받으시자마자 성령의 인도함을 받아 광야로 가셔서 40일 동안 사탄에게 시험받으신 이야기를 간략하게 기록하고 있다.

---

43) ACCS, Mark, p. 16.

44) ACCS, Mathew 1a, pp. 55~64. Luck, pp. 71~76.

12 성령이 곧 예수를 광야로 몰아내신지라 13 광야에서 사십 일을 계
시면서 사탄에게 시험을 받으시며 들짐승과 함께 계시니 천사들이 수종
들더라

이 이야기는 예수님의 사역을 이해하는 데에 대단히 중요하다. 본문을 비롯한 복음서와 예수님의 사역을 이해하기 위해서는 신구약 중간기(제2 성전기)에 대한 이해가 필요하다.

❶ 메시야신앙

유대인들이 바벨론에서 귀환하여 나라를 재건한 이후에 생겨나는 주요 신학적인 주제 중의 하나가 '메시야신앙'이다. BC 721년 북이스라엘이 앗수르에 멸망하고, BC 586년에 남유다가 바벨론에 멸망한 이후 수백 여년 동안 강대국의 식민지배에 시달리던 유대인들은 포로기를 통하여 제사 신앙에서 율법 신앙으로 거듭나고 또 기적적인 방법으로 귀환을 경험하면서 독특한 메시야신앙이 생겨나기 시작했다. 그들은 하나님께서 초인적인 메시야를 보내셔서 자신들을 해방시킬 뿐만 아니라 반대로 세계를 지배하게 하시리라고 생각하며 메시야를 기다리고 있었다. 그들은 수백 년 동안 메시야를 기다리면서 그가 왔을 때 행사할 초자연적인 능력들을 구체적으로 예상해 놓았다. 예수님께서 오실 당시에는 메시야 기다림의 신앙이 절정에 도달해 있었다.

❷ 유대교 메시야와 기독교 메시야

복음서에 보면 유대교의 지도자들이 예수님을 찾아와서 하늘로부터 오는 표적을 보여달라고 수차례 요구하는 장면이 나오는데, 이는 그들이 기대하는 유대교 메시야의 표적을 보여달라는 요청이었다. (마16:1, 막8:11, 눅11:16) 이에 대하여 예수님께서는 "악하고 음란한 세대가 표적을 구하나 요나의 표적 밖에는 보여 줄 표적이 없느니라."라고 단호하게 거부하셨다. 예수님께서는 유대인이 기대하

는 그런 메시야가 아니셨다. 예수님은 옛계약을 폐하시고 새로운 계약을 실현하기 위하여 십자가의 길을 가시는 새계약의 메시야였다. 복음서에는 유대인의 메시야와 기독교의 메시야가 나온다. 둘 다 '메시야'라는 동일한 명칭을 사용하고 있지만 내용은 전혀 다르다. 앞에서 설명한 바와 같이 바울서신을 이해하려면 유대교 율법과 시내산 율법이 구별되어야 하듯이, 복음서를 이해하려면 유대교 메시야와 기독교 메시야에 대한 구별된 이해가 반드시 필요하다. 그런데 기독교 역사에서는 지금까지 이 둘이 명확하게 구분되지 않고 혼합 사용되고 있다.

❸ 유대교의 메시야가 되어라

마가복음에는 시험의 내용이 나오지 않으므로 마태복음에서 마귀가 시험한 내용을 옮겨보고자 한다.

> (마4:3)시험하는 자가 예수께 나아와서 이르되 네가 만일 하나님의 아들이어든 명하여 이 돌들로 떡덩이가 되게 하라
>
> (마4:6)이르되 네가 만일 하나님의 아들이어든 뛰어내리라 기록되었으되 그가 너를 위하여 그의 사자들을 명하시리니 그들이 손으로 너를 받들어 발이 돌에 부딪치지 않게 하리로다 하였느니라
>
> (마4:8) 마귀가 또 그를 데리고 지극히 높은 산으로 가서 천하 만국과 그 영광을 보여 (마4:9) 이르되 만일 내게 엎드려 경배하면 이 모든 것을 네게 주리라

유대인의 메시야신앙에 대한 기본적인 이해가 있어야 마귀가 예수님에게 요구하는 세 가지의 기적이 무엇인지 비로소 이해하게 된다. 마귀는 예수님에게 유대인들이 기대하는 유대인의 메시야가 되라고 유혹했다.[45] 초자연적인 방법으로 먹는 문제를 해결하고, 성벽을 무너뜨리며, 온 세상을 지배하는 황제로 등극하라는 마귀의 세 가지 유혹은 바로 유대인들이 기대하던 메시야 사상의 핵심이었다. 당시 유대교의 정통신앙인 메시야신앙은 결국 마귀의 신앙인 셈이

45) 이에 대해서는 졸저 「마태복음」과 「요한계시록」의 관련 부분에서 자세하게 설명했다..

었다.

❹ 정통신앙의 한계

마귀의 가장 무서운 무기는 속임수이다. 마귀는 간교한 방법으로 정통교리를 장악하여 참 신앙을 이단으로 몰고 간다. 구약 왕정기의 제사장들이 그랬고, 예수님 당시의 유대교가 그랬고, 종교개혁 당시의 로마 가톨릭이 그랬다. 오늘의 가톨릭과 개신교의 정통신앙은 어떨까? 또 똑같은 마귀의 함정에 빠져 있다. 개신교 정통교리 중 금과옥조로 여기는 '구속사 중심의 십자가 신학'이 마귀에게 지배받는 정통신앙일 수도 있다면 이를 인정할 개신교 정통주의자들이 과연 몇 명이나 될까? 어떻게 정통신앙이 마귀에게 지배받는 일이 일어날까?

정통신앙이 처음부터 마귀에게 지배받는 게 아니라 시간이 지나면서 마귀의 지배를 받게 된다. 유대교의 정통교리인 인과응보, 안식일 교리 등은 유대인을 포로기와 헬라문화의 위기에서 건져낸 위대한 신앙의 산물이었다. 그런데 점차 다른 환경이 되면서 문제가 생기기 시작했다. 교리는 매 세대마다 다시 해석되어야 한다. 새로운 시대가 되었음에도 재해석을 거부하고 예전의 교리를 문자대로 고수하려고 한다면 서서히 마귀의 교리로 전락한다. 예전 교리의 폐지가 아니라 재해석이다. 폐지와 재해석은 전혀 다른데, 정통주의자들은 재해석을 폐지로 이해하며 거부한다. 지나간 역사에서 교훈을 얻지 못하면 역사의 오류는 계속 반복된다.

메시야로서 사역하실 예수님께서 직접 맞닥뜨려야 할 가장 큰 적은 사탄의 지배를 받고있는 유대교 정통신앙이었다. 이런 이유로 세례를 받으신 예수님은 곧 성령의 인도하심을 받아 유대교 정통신앙을 지배하는 마귀와 정면으로 대결하여 뿌리부터 뽑으셔야 했다. 예수님께서 광야에서 대결하신 이유 중의 하나는 당시 유대인들은 마귀가 사나운 들짐승이 우글거리는 광야에 산다고 생각했기 때문이다.

마귀가 모든 시험을 다 한 후에 얼마 동안 떠나니라(눅4:13)

예수님에게 패배한 마귀는 잠시 떠났다. 그러나 마귀의 특징 중의 하나가 집착이어서 결코 포기를 모른다. 마귀는 예수님의 사역 현장에서 유대교 정통신앙의 이름으로 유대교 지도자들을 통해서 공격하다가 예수님을 십자가에서 돌아가시게 했다. 그러나 예수님의 죽으심은 끝이 아니라 새로운 계약이 실현되는 시작이었다. 마귀와 유대교 정통주의자들은 스스로 자기 함정에 빠진 셈이다.

마가복음에 의하면 예수님께서는 세례 요한의 등장을 기다리셨다가 세례를 받으신 후, 성령의 인도하심을 받아 광야에서 마귀를 굴복시키심으로써 복음사역을 위한 준비를 마치셨다. 이제 마가복음에서는 예수님의 사역이 어떻게 전개되고 있을까?

제2부 : 갈릴리 사역

물음9~27 (1:14~7:23)

갈릴리 사역

물음 09

복음 선포, 무슨 일을 하는 것일까?

본문 : 〈 1:14~20 〉

14 요한이 잡힌 후 예수님께서 갈릴리에 오셔서 하나님의 복음을 전파하
여 15 이르시되 때가 찼고 하나님의 나라가 가까이 왔으니 회개하고
복음을 믿으라 하시더라

16 갈릴리 해변으로 지나가시다가 시몬과 그 형제 안드레가 바다에 그물
던지는 것을 보시니 그들은 어부라 17 예수님께서 이르시되 나를 따라
오라 내가 너희로 사람을 낚는 어부가 되게 하리라 하시니 18 곧 그물
을 버려 두고 따르니라

19 조금 더 가시다가 세베대의 아들 야고보와 그 형제 요한을 보시니 그
들도 배에 있어 그물을 깁는데 20 곧 부르시니 그 아버지 세베대를 품
꾼들과 함께 배에 버려 두고 예수를 따라가니라

1. 교부들의 해석

회개하고 복음을 믿으라. 율법을 믿지 말고 복음을 믿으라. 율법을 지나 복음으로 나아가라.(Hieronymus 347~419) 하나님께서는 가장 단순하고 평범한 사람들을 당신 계획의 일꾼으로 삼는 것이 더 낫다고 여기셨다.(Origenes) 세상의 눈으로 볼 때 배움이 없는 사람이 민족의 스승이 된다는 것은 어림도 없는 일이다. 하나님께서는 도무지 가망없어 보이는 방식으로 일을 하신다.(Eusebius) 주님을 따르기 위해서라면 직업이나 생계 등 아무리 소중한 것이라도 다 버려야 한다. 제자들이 배와 부모를 버렸고, 어떤 이는 아버지의 장례까지 남에게 맡겼다. 주님의 제자들은 "이것이 없으면 살아갈 방도가 없다."라고 말하는 사람은 아무도 없었다.(Tertullian) 제자들은 영의 아버지를 따르고자 육의 아버지를 버렸다. 그러나 이것은 아버

지를 버린 것이 아니라 찾은 것이다.(Hieronymus) 제자들은 생계가 달려있는 배마저 버렸다. 이처럼 참으로 그리스도를 따르기를 열망하는 사람들은 이승의 삶에 묶여있는 것은 무엇이든지 관심을 가지지 말아야 한다. 주님의 명령에 어긋난다면 부모나 가족에 대한 애착마저 버려야 한다.(Basil)[46]

2. 교부들의 해석에 대한 평가

교부들은 본문에 대하여 지극히 단순하고 문자적인 해석을 했다. 이런 해석은 당시의 상황을 그대로 반영하는데, 박해시대에 교회에 나가려면 생명과 재산, 직업 등 모든 것을 버려야만 했다. 성경을 해석하고 설교하는 사람들은 몸소 이런 실천을 한 사람들이었다. 당시에 이보다 더 위대한 해석은 없었을 것이다. 방향만 바른 방향으로 이끈다면 하나님과 성경에 대하여 단순하게 이해하고 단순하게 실천하는 단순한 신앙보다 더 이상적인 것은 없다고 생각한다. 초대교회 교인들의 이런 단순한 신앙 때문에 교인들이 급속히 증가했고 로마제국의 국교가 될 수 있었다.

그런데 성경을 해석하고 설교하는 사람은 단순한 해석과 실천에만 머물러 있으면 방향을 상실하고 이어서 핵심을 놓치고 반대 방향으로 가게 된다. 유대교의 주요 교리들이 그 당시에는 중요한 역할을 했지만 나중에는 본질과 어긋나는 방향으로 간 교훈을 잊지 말아야 한다. 먼저 성경의 전체와 흐름, 핵심을 정확히 보고 난 다음에 단순 명료하게 가르쳐야 한다. 이것이 가능해지려면 다음의 요소가 필수적이다.

❶ 본문의 배경과 역사적인 흐름을 반드시 알아야 한다.

성경은 오랜 동안 독특한 문화권에서 기록되었다. 본문의 내용이

46) ACCS, Mark, pp. 17~19.

기록 당시의 상황에서 어떤 의미를 가지며 왜 그런 말을 했는지에 대한 이해가 없으면 전혀 다른 해석이 되는 경우가 허다하다. 예수님께서 광야에서 마귀에게 세 가지 시험을 받으신 내용에 대한 해석이 그 예이다. 당시의 메시야 사상에 대한 기본적인 이해가 없으면 그 핵심을 파악할 수 없다. 동시에 성경은 수천 년 동안 여러 사람의 손을 거쳐서 기록되었다. 다양한 상황에서 다양한 방식으로 기록되었음에도 그 안에는 공통으로 흐르고 있는 중요한 주제가 있다. 이 흐름에 맞추어서 본문을 해석해야 한다.

❷ 성경의 본문에서 말하는 수준의 영성 경험이 있어야 한다.

성경이 영감으로 기록되었다고 인정한다면 그 성경을 해석할 때도 영감으로 해석하려고 해야 한다. 신학자와 설교자가 성경을 해석할 때 필요한 영성의 경험은 회심 수준으로는 어림도 없다. 성경의 기록자들은 하나님과 영성으로 일치되는 경험을 한 사람들이다. 성경에서 말하는 영성은 최고 수준이며, 해석에서도 이 수준의 영성 경험에서 비롯되는 영감이 있어야 한다. 문제는 이런 경험이 쉽지 않다는 데에 있다. 이를 해결하는 현실적인 방법은 영성 경험의 중요성을 인식하고 간접적으로 영성 경험의 세계를 이해하는 것이다. 간접 경험만이라도 갖추면 기본적인 오류에서는 벗어날 수 있다.

이를 무시하면 알레고리 수준의 '영적인 해석'을 하던가 아니면 '철학적 해석'에 기운다. 현대신학은 현대철학의 영향을 받은 철학적 신학에서 벗어나지 못하고 있다. 철학을 무시하지 말고 알아야 하지만 신학을 전개할 때는 영성적인 신학이어야 한다. 헬라철학에 익숙했던 교부들은 나름대로 하나님을 경험했지만 영성신학까지 나가지 못하고 헬라철학적 신학을 전개했다. 오늘의 과제는 다시 원점으로 돌아가서 영성에 기초한 신학 체계를 세우는 것이다.

❸ 신앙의 해석이 창조의 원리와 일치되어야 한다.

근대 이후 자연과학과 인문학은 분리되어 서로 각자의 길을 갔다. 그러다 근래에 이르러 통섭이라는 용어가 등장했다. 과학과 인문학과 신학은 사물의 원리와 이치에서는 서로 만날 수밖에 없다. 왜냐하면 하나님께서 창조하신 이 세상은 하나의 같은 원리와 이치에 지배받기 때문이다. 사물의 원리와 이치까지 깨우치기가 쉽지 않을 수 있다고 생각되지만 어려서부터 이런 교육을 받는다면 누구나 어렵지 않게 터득할 수 있다. 구약성경의 신명기에서 아이들에게 교육을 강조하는 이유가 여기에 있다. 성경을 통해서 사물의 원리와 이치까지 터득하고 나면 신앙과 관련된 것들을 단순하고 쉽게 해석하게 된다. 만물의 원리와 이치는 지극히 단순하다. 하나님의 속성 중의 하나는 단순함이기 때문이다. 성경을 해석하려면 우주관, 신앙관, 역사관, 처세관 등이 서로 일치해야 한다.

특히 성경을 가르치는 사람은 이런 것들에 대하여 알고 있어야 핵심과 흐름에서 벗어나지 않는다. 그런데 초대 교부들의 한계는 바로 여기에 있었다. 성경 본문에 대한 기본적인 배경과 흐름의 역사에 대한 이해가 없었으며, 성경 해석이 사물의 기본적인 원리와 이치에서 벗어났다. 그 결과 첫 단추를 잘못 끼우고 말았다.

근현대에 이르러 배경 지식은 많이 보완되었지만 다른 부분에서는 아직도 많은 오류가 남아있다. 오늘 우리가 해결해야 할 과제다.

3. 본문 재해석

본문에 대하여 오늘 우리는 어떻게 해석해야 할까?

❶ 요한이 잡힌 후

14 요한이 잡힌 후

예수님의 사역은 세례 요한과 직접 관련이 있다. 요한은 예수님의 길을 예비하기 위하여 계약법과 선지자들의 전통 위에서 속죄 제사 대신 죄 사함의 회개인 세례를 도입했다. 이스라엘의 예언자들은 다윗과 솔로몬이 성전을 지어놓고 드리는 제사의식에 대하여 늘 질타하며 제사를 폐지하라고 요구했는데, 요한은 이런 요구에서 더 나아가 성전을 거부하고 제사를 폐지했다. 그 방법이 성전이 아닌 광야에서, 제사가 아닌 세례를 준 것이다. 이에 대하여 유대인들은 어떤 반응을 보였을까? 반응은 양극으로 나뉘었다.

제사장과 서기관(바리새인)과 장로, 정통주의자들은 당연히 거부반응을 보였다. 이들은 요한이 베푸는 세례에 참여하지 않았다.(막 11:31) 자신들이 지키고 있는 정통신앙을 정면으로 부인한다고 생각했기 때문이다. 그러나 백성 일반의 반응은 전혀 달랐다. 그들은 폭발적인 반응을 보이며 전국 각지에서 모여들었을 뿐만 아니라 아예 세례 요한이 메시야일 수도 있다고 생각했다. 왜 그렇게 생각했을까? 백성들은 성전과 제사 중심의 신앙생활과 서기관들의 정통신앙이 얼마나 자신들을 얽매며 힘들게 하는지를 몸으로 느끼고 있었기 때문이다. 백성들은 세례 요한이 광야에서 메뚜기와 석청을 먹으며 낙타털 옷을 입고 있는 모습에서 공감대를 느꼈으며, 정치와 종교지도자들을 직설적으로 질타하는 요한의 사자후(獅子吼)를 들으며 하늘의 음성이라고 받아들였다.

세례 요한의 설교에 영향받고 세례받은 사람들은 세례 요한이 메시야라고 생각하며 그를 따랐다. 요한이 백성들에게 메시야로 주목받고 있으면 예수님께서 사역하실 수 없었다. 요한은 자신이 메시야가 아니며 그분의 신발끈을 매어드리기에도 부족하다고 힘주어 말했지만 아무 소용없었고, 그럴수록 백성들은 더 모여들었다. 이에 요한은 예수님에게 길을 비켜드리기 위하여 특별한 방법을 선택했다. 그가 체포되어 감옥으로 가는 길이 그것이었다. 이는 백성들에게 자신은 그들이 기다리던 메시야가 아님을 확인시켜주는 가장 효과적인 방법이었기 때문이다. 요한은 자신이 어떤 역할을 어디까지

해야 하는지 잘 알고 있었다. 여자가 낳은 자 중 가장 큰 자가 보여준 면모 중 하나다.

'요한이 잡힌 후'는 이를 말한다.

❷ 갈릴리에서

14 예수님께서 갈릴리에 오셔서

왜 예수님은 갈릴리에서 사역을 시작하셨을까?47) 그 이유는 단순하다. 예수님께서는 새로운 계약을 맺으러 오셨는데, 그 계약의 대상들이 갈릴리 지역에 살고 있었기 때문이다. 당시 이스라엘은 유대, 사마리아, 갈릴리 등 세 지방으로 나뉘는데, 갈릴리 지역은 유대교 지도자들에게 죄인의 땅으로 취급받고 있었다. 유대인들은 유대교 율법을 지키지 않거나 지킬 수 없는 사람들을 죄인으로 낙인찍었는데, 유대교 율법을 지키기 위해서는 하루 세 번 기도하고(9시, 12시, 15시), 일주일에 두 번 금식하며, 여인들은 바깥 출입을 하지 말아야 했으며, 길거리에서 남자와 이야기를 나누면 이혼의 사유가 되었다. 하지만 남녀가 뒤섞여서 하루종일 노동하는 사람들이 어떻게 이런 규정들을 지킬 수 있겠는가? 따라서 건강하고 출세한 부자들만 의인이 될 수 있었다.

자칭 의인들은, 가난하고 병들고 불구자가 된 사람들은 율법을 제대로 지키지 않아 하나님으로부터 징계를 받은 증거라고 했다. 갈릴리의 땅과 배와 양의 주인들은 대부분 유다 지방에 사는 부자들이었기 때문에, 어부와 농부, 목동들이 대부분인 갈릴리는 가난하게 살 수밖에 없었다. 따라서 갈릴리 사람들은 곧 죄인이라는 말과 다르지 않았다. 예수님께서 죄인들을 구원하러 오셨다는 말은 예수님께서 죄인들의 문제를 현실적으로 해결하고 이들과 새로운 계약을

---

47) 이에 대해서는 졸저 「죄인의 길」, 54쪽 이하와 「마태복음」, 112쪽 이하에서 자세하게 설명했다.

체결하러 오셨다는 말이다. 오늘 우리가 생각하는 윤리, 도덕적으로 문제가 있거나 원죄를 지닌 죄인이라는 개념과는 거리가 멀어도 한참 멀다.

이런 이유로 예수님께서는 갈릴리로 가셨다.

❸ 복음 전파

14 하나님의 복음을 전파하여

갈릴리 사람의 입장에서는 무엇이 기쁜 소식일까? 자신들은 율법을 지키지 않았기 때문에 하나님께서 저주하여 버린 죄인들이 아니라 하나님께서 귀하게 여기시는 하나님의 자녀들이란 말씀과, 자기 땅에서 농사짓고 자기 배로 고기 잡고, 자기 양을 기르며 살아가는 세상, 이보다 더 기쁜 소식이 있을까? 성경에서 말하는 복음은 현실의 문제와 상관없는 영적인 무엇이 아니라 이 땅에서 하늘나라의 모형을 만들어 현실의 문제를 근본적으로 해결하는 살아있는 능력이다. 누가복음은 예수님께서는 경제적인 문제들을 구조적으로 해결하기 위하여 희년을 실현하러 오셨다고 선포한다.(눅4:18~19) 성경에서 말하는 '복음'이라는 의미를 알기 위하여 어려운 원어 풀이나 현학적인 설명이 필요하지 않다. 누구나 그냥 몸과 마음으로 느끼고 알 수 있는 말씀이어야 한다. 성경이 살아계신 하나님의 말씀이라면 그 말씀은 인간의 현실을 변화시키는 능력이어야 한다. 그래야 진정한 복음이다. 복음은 문자 그대로 기쁜 소식이다.

❹ 때가 찼고

15 이르시되 때가 찼고

계약의 관점에서 보면 이 말씀 또한 단순하다. 죄인을 대량생산해내는 유대교인과는 더 이상 계약이 유지될 수 없는 단계에 이르러 파기될 수밖에 없으며, 이제 새로운 계약의 대상들과 새계약을 맺을 때가 되었다는 뜻이다.

❺ 임박한 하나님 나라

15 하나님의 나라가 가까이 왔으니

하나님과 맺는 계약의 조건은 이 땅에 하나님 나라의 모형을 만드는 사역이다. 그런데 유대인들이 이를 저버리고 말았다. 이에 하나님께서는 옛계약을 폐지하시고 새로운 계약공동체와 계약을 맺어 이 땅에 하나님 나라를 실현하시기 위하여 예수님을 보내셨다. 이제 예수님으로 말미암아 이 땅에 하나님 나라가 실현될 날이 가까이 왔다.

'때가 찼고 하나님 나라가 가까이 왔으니'를 자칫 세상 종말이 가까이 왔다라고 생각하는 경향이 있는데 전혀 그런 뜻이 아니다. 옛계약이 파기되고 새계약을 통해 이 땅에 하나님 나라가 실현될 때가 가까이 왔다는 뜻이다.

❻ 회개하고 복음을 믿으라

15 회개하고 복음을 믿으라 하시더라

성경에서 말하는 죄는 계약법 실천과 관련이 있다. 계약법 실천과 하나님 나라 실현을 방해하는 것은 물론이고 계약에 동참하고서 무관심하거나 방관하는 자세도 용납되지 않는다. 하나님 나라 실현은 지상 최고의 가치이며 계약공동체에게 주어진 공동의 사명이기 때문이다. 지금 여기서 말하는 회개는 계약에 참여한 사람에게 해당되며, 회개하고 돌이키지 않으면 계약이 파기된다는 경고이다. 계약이 유지되려면 계약법을 지켜서 복음이 이 땅에 실현되도록 적극 협력해야 한다.

기독교인이 아무리 많아도, 기독교가 국교가 되어도 세상이 변하지 않는 이유는 그 신앙과 신학에 세상을 변화시킬 내용이 없기 때문이다. 기존의 구속사 신앙에는 세상을 변화시킬 신학이 없다. 신앙생활 이전에 기독교신학 자체에 문제가 있기 때문이다. 마가복음의 관련 본문에서 현재 우리의 신앙에 대하여 조목조목 짚어 볼 필요가 있다.

❼ 저희 중심을 보시고

> 16 갈릴리 해변으로 지나가시다가 시몬과 그 형제 안드레가 바다에 그
> 물 던지는 것을 보시니 그들은 어부라 17 예수님께서 이르시되 나를
> 따라오라 내가 너희로 사람을 낚는 어부가 되게 하리라 하시니 18 곧
> 그물을 버려 두고 따르니라
>
> 19 조금 더 가시다가 세베대의 아들 야고보와 그 형제 요한을 보시니
> 그들도 배에 있어 그물을 깁는데 20 곧 부르시니 그 아버지 세베대를
> 품꾼들과 함께 배에 버려 두고 예수를 따라가니라

본문에는 예수님께서 베드로와 안드레, 야고보와 요한 등을 부르시는 이야기가 나온다. 예수님께서 제자들을 부르신 기준은 무엇일까? 갈릴리의 어부여서일까? 가난하고 무지해서일까? 착하고 믿음이 좋아서일까? 하나님께서 보신다는 중심이란 도대체 무엇일까?

계약법에서 보면 그 이유는 지극히 단순하다. 이 땅에 계약법이 실현되는 세상, 즉 하나님 나라의 모형이 만들어지기를 간절히 사모하는 사람, 그 일을 위해서라면 언제든지 생명까지도 내어놓을 수 있는 사람, 삶의 목적과 존재 이유가 복음인 사람, 이런 사람들을 찾으셨다. 그런데 그런 사람은 주로 갈릴리에 있었다. 갈릴리의 땅과 배, 양을 가지고 있는 예루살렘의 부자들은 대부분 자신들이 가진 기득권을 지키기에 급급한 사람들이기 때문에 예수님의 제자가 되기 어려웠다. 하나님은 무지하고 단순하기 때문에 부르시는 게 아니라 무지하고 경험이 없어도 그 존재 이유가 하나님 나라 실현인 사람을 부르신다. 하나님께서 지식인과 무식인, 부자와 빈자를 구별하실 리 없다. 하나님께서 보시는 중심은 평소에 그 마음속에 품고 있는 꿈과 간절한 염원과 그것을 이루기 위한 헌신의 자세다. 지금도 하나님께서는 이런 사람을 찾고 계시는데, 그런데 그런 사람이 없어서 고민이시다.

예수님의 제자들이 부르심을 받고 그 자리에서 배와 그물, 가족

을 버리고 따라나선 이유는 그 마음속에 이미 하나님 나라를 위하여 모든 것을 희생할 준비가 되어있었기 때문이었다. 중심을 보시는 주님께서는 복음을 위하여 준비된 사람을 부르시고 그들을 통해 일하신다. 그리고 그들은 복음을 위하여 기꺼이 순교의 길을 갔다.

제자들뿐만 아니라 박해시대에 교인들이 된 사람들도 다 이런 사람들이었다. 세상에는 이기적인 사람들만 있는 게 아니다. 세상이 타락한 것 같아도 이만큼 유지되는 이유는 하나님 나라를 위하여 준비된 사람들이 도처에 있기 때문이다. 단지 그들이 드러나지 않았을 뿐이다. 그런데 박해시대에 교회가 등장하자 이들은 주저하지 않고 교회로 몰려들었다. 교회는 이 땅에 하나님 나라를 실현하려는 사람들이 모이는 곳이어야 한다. 행위와 상관없이 믿음으로 구원받는다며 교회 문턱을 낮춰야 사람들이 부담없이 몰려올 것 같지만 정반대다. 문턱이 낮은 교회에는 기복 신앙을 좋아하는 이들이 잠시 설치지만 세상의 손가락질을 받다가 사라지게 되어있다. 이는 오늘날 교회의 모습이며 역사의 교훈이다.

물음 10 예수님의 첫 사역, 무엇이었을까?

본문 : 〈 1:21~28 〉

21 그들이 가버나움에 들어가니라 예수님께서 곧 안식일에 회당에 들어
가 가르치시매 22 뭇 사람이 그의 교훈에 놀라니 이는 그가 가르치시
는 것이 권위 있는 자와 같고 서기관들과 같지 아니함일러라 23 마침
그들의 회당에 더러운 귀신 들린 사람이 있어 소리 질러 이르되 24 나
사렛 예수여 우리가 당신과 무슨 상관이 있나이까 우리를 멸하러 왔나
이까 나는 당신이 누구인 줄 아노니 하나님의 거룩한 자니이다
25 예수님께서 꾸짖어 이르시되 잠잠하고 그 사람에게서 나오라 하시니

26 더러운 귀신이 그 사람에게 경련을 일으키고 큰 소리를 지르며 나
오는지라 27 다 놀라 서로 물어 이르되 이는 어찜이냐 권위 있는 새
교훈이로다 더러운 귀신들에게 명한즉 순종하는도다 하더라
28 예수의 소문이 곧 온 갈릴리 사방에 퍼지더라

1. 교부들의 해석

악마로 말미암아 세상에 죽음이 들어왔으므로 구원의 약은 악마를 물리치는데 먼저 적용되어야 한다.(Bede) 마귀도 예수님을 알아 보았지만 사랑이 없으므로 아무런 의미가 없다.(Ambrosius, Chrysost-om) 베드로의 고백과 마귀의 고백이 같지만 베드로는 사랑으로 고백했기 때문에 주님을 위하여 목숨을 버리겠다고 했고 마귀는 "당신이 우리와 무슨 상관이 있나이까?"라고 두려움으로 말을 했다. 우리에게는 믿음과 사랑이 같이 있지만 마귀의 믿음에는 사랑이 없다.(Augustinus) 마귀도 진리를 말하지만 마귀는 우리를 속이기 위하여 진리를 미끼로 사용한다.(Euthymius 378~473) 악마의 말에도 진리가 있지만 주님께서는 진리가 더러운 입에서 나오는 것을 원하지 않으셔서 막으셨다.(Athanasius 296~373) 악마는 혀로 하와를 속였기 때문에 그 혀를 놀리지 못하도록 저주하셨다.(Bede)[48]

2. 교부들의 해석에 대한 평가

본문에 대해서는 어거스틴을 비롯한 교부들이 비교적 많은 해석을 했는데, 주로 예수님의 첫 사역이 마귀와의 충돌이라는 것과, 마귀가 예수님을 알아본 것을 어떻게 해석해야 하는가에 초점이 맞추어져 있다. 그러나 교부들은 단순하게 문자대로 해석하고 있다. 마귀도 예수님이 그리스도라는 진리를 말하고 있지만 단지 사랑이 없이 두려움으로 말할 뿐이고 또 진리를 이용하기 위해 말할 뿐이라고 한다. 거짓의 아비인 마귀가 한 말이 과연 진리일까? 본문에서 말하

48) 위의 책, pp. 19~22.

고자 하는 의도와, 본문의 행간에 들어있는 상황적인 의미에는 전혀 접근되지 않고 있다.

3. 본문 재해석

❶ 가버나움

21 그들이 가버나움에 들어가니라

예수님께서 갈릴리에서 활동하실 때 주로 머무신 곳은 가버나움이었다. 가버나움은 지리적으로도 중요한 요충지였고 지방 도시로서는 큰 편에 속했다. 그러나 예수님께서 가버나움을 주요 활동 무대로 삼으신 이유는 현실적인 필요 때문이었다. 예수님께서는 3년 남짓 동안 활동하셨는데, 짧은 시간에 최대한 많은 사람들에게 효과적으로 복음을 전하시려면 예수님에 대한 소문을 듣고 일정한 곳으로 사람들이 몰려오게 해야 했다. 또 많은 사람이 들을 수 있도록 육성으로 장시간 설교를 하시려면 지형이 원형극장처럼 되어있어야 했는데, 가버나움의 바닷가에 그런 조건이 갖추어져 있었다. 예수님께서는 원형극장처럼 생긴 바닷가 지형에 수만 명의 사람들을 모아놓고 해풍을 이용해 맨 뒤에 있는 사람들도 설교를 들을 수 있게 하셨다.

성경의 이야기들은 대부분 현실적인 이유와 관련이 있다.

❷ 안식일에 회당에서

21 예수님께서 곧 안식일에 회당에 들어가 가르치시니

마가복음에 의하면 예수님은 첫 사역을 안식일에 가버나움의 회당에서 시작하셨다.

유대교에서 회당은 중요한 비중을 차지한다. 모세는 출애굽 이후 광야에서 성막을 만들어 놓고 이스라엘 사람들을 성막 사면에 배치하여 계약법(율법)을 40년간 가르쳤다. 이스라엘이 가나안에 들어가기 직전 모세는 율법을 다시 해석해주었는데 그것이 신명기(申命

記)이다. 모세는 신명기에서 성막과 제사 등을 제거하고 대신 지방 성소를 중심으로 계약법을 가르쳐 지키며, 성막(성전)과 제사 대신 유월절과 초막절 등의 절기를 지키게 했다. 이스라엘은 계약법이 들어있는 법궤를 앞세워 가나안으로 입주한 이후 성막이나 제사 중심의 신앙생활이 아닌 계약법을 가르치고 배우며 실천하는 신앙을 정착시켰다.

그런데 다윗에 이르러 방치되어 있던 법궤를 예루살렘으로 옮기고 성전지을 준비에 박차를 가했고 솔로몬에 이르러 성전을 지어놓고 성전과 제사 중심의 신앙으로 변질시켰다. 이에 선지자들은 성전과 제사 중심의 신앙은 이교신앙과 다를 바 없으므로 폐지하고 계약법으로 돌아가야 한다고 촉구했다. 이를 무시하던 이스라엘은 결국 선지자들의 예고대로 앗수르와 바벨론에 의해 성전이 파괴되고 포로로 끌려갔다.

포로지에서 이스라엘 사람들은 선지자들의 도움을 받아 다시 신앙생활을 시작했다. 성전과 제사를 포기하고 모여서 계약법을 공부하는 집을 지었는데, 그것이 곧 회당이다. 회당은 전적으로 교육 기관이었다. 평소에도 교육의 장소로 쓰였고, 안식일이면 모두 모여 하나님께 기도하며 계약법을 읽고 해석하는 예배를 드렸다. 음악 등 종교의식에 해당되는 것들은 전혀 없었다. 그 이후 유대인들은 남자 10명이 사는 곳에는 회당을 지어놓고 계약법을 공부하는 교육중심의 신앙생활을 이어갔다. 예수님 당시에 유대인들이 있는 곳이 비록 해외일지라도 회당이 있었다. 회당에는 회당장이 있었지만 그는 설교를 전담하지 않고 참석자 누구나 성경을 해석할 수 있도록 했다. 회당은 모인 사람들 모두가 서로 율법에 대하여 질문하고 토론할 수 있도록 작은 규모로 지었다.

이런 이유로 예수님은 안식일에 회당에서 사역을 시작하실 수 있었다.

❸ 가르치심

21 예수님께서 곧 안식일에 회당에 들어가 **가르치시매**

그런데 이것만으로는 설명이 부족하다. 복음서에 보면 "예수님께서 저희 생각을 아시고"라는 구절이 나오는데, 이는 예수님께서는 미리 내다보며 사역하셨다는 뜻이다. 예수님께서는 그날 회당에 가면 무슨 일이 어떻게 일어나리라는 것을 미리 알고 가셨다. 이런 것들을 어떻게 아느냐고 묻는다면 '영성의 해석'이라고 대답할 수 있다. 영성은 하나님에 대한 경험에 기초한다. 영성의 경험은 다양하게 일어나는데 그런 경험 중의 하나가 예언자들과 예수님께서 사역할 때의 상태인데, 그 상태에서는 모든 사람의 마음과 과거와 현재와 미래의 상황이 동시에 보이게 된다. 사람들이 예수님을 보고 "큰 선지자가 우리 가운데 일어나셨다."(눅7:16)라는 구절은 이런 상태를 말한다. 모든 사람의 마음과 과거와 현재, 미래의 상황이 보이는 상태를 경험하면 이런 구절들이 무엇을 말하는지 비로소 알게 된다.

성경을 영감으로 해석한다는 말이 무슨 특별한 계시로 신비하게 해석하는 것처럼 느껴지지만 실제 경험해 보면 성경의 이야기들에 상응하는 경험을 기초로 해석한다는 뜻이다. 필자가 이 책의 제목에 '영성으로 이야기하는'이라는 말을 붙인 이유는 영성의 경험을 바탕으로 하나님의 관점에서 당시 상황, 역사적인 흐름, 복음서 저자의 의도, 과거와 현재의 신학자들의 해석 등을 종합하여 한편의 이야기로 엮어나가는 시도를 하기 때문이다. 필자는 이를 문학비평의 '이야기 신학'(narrative theology)의 한 형태라고 생각한다.

예수님은 회당에 가시기 이전부터 그날 회당에 가면 무슨 일이 일어나리라는 것을 아셨고 또 무엇을 어떻게 해야 할지도 아셨다. 그날 회당예배에 참석하기 위해서가 아니라 그날 예배 순서에서 가르치는 일을 맡으시기 위하여 회당에 가셨다.

❹ 메시야의 비밀

26 더러운 귀신이 그 사람에게 경련을 일으키고 큰 소리를 지르며 나오는지라

예수님께서 회당에서 가르치시자 사람들은 예수님의 가르침에 놀랐는데, 당시의 성경 교사인 서기관들과는 달리 권위가 있었기 때문이었다. 당시의 랍비인 서기관들은 이전 시대 유명한 랍비들의 해석을 인용해가면서 조심스럽게 성경을 해석했다. 그런데 예수님은 이전 랍비들의 전통을 무시하고 새롭게 해석했는데 듣고 보니 너무 타당하게 느껴졌다. 또 예수님 말씀에는 새창조의 능력이 들어있어 말씀하시는 대로 병자가 낫고 귀신들이 쫓겨나갔다. 예수님에게는 말씀을 해석하는 권위와 말씀대로 이루어지는 권위가 동시에 있었다.

23 마침 그들의 회당에 더러운 귀신 들린 사람이 있어 소리 질러 이르되 24 … 나는 당신이 누구인 줄 아노니 하나님의 거룩한 자니이다 25 예수님께서 꾸짖어 이르시되 잠잠하고 그 사람에게서 나오라 하시니

마침 회당에 있던 더러운 귀신들린 자가 예수님은 하나님의 거룩한 자라고 소리쳤다. 귀신이 예수님을 정확하게 알아보는 것도 놀랍지만, 예수님께서 당신을 알아보는 귀신을 꾸짖으셔서 그런 말을 못하게 하신 것은 더 의문이 든다. 예수님께서는 왜 귀신에게 말을 하지 말라 하시고 내쫓으셨을까? 이 본문뿐만 아니라 복음서에는 예수님께서 귀신에게는 물론 병자를 치료한 후와 또 제자들에게도 외부에 알리지 말라고 엄히 경고하시는 경우가 여러 번 나오는데 특히 마가복음에 그런 이야기가 여러 번 반복된다.(1:25, 34, 44, 3:12, 5:43, 7:36, 8:30, 9:9). 이를 '메시야의 비밀'이라고 하는데, 독일의 신학자 브레데(Wilhelm Wrede)에 의해 1901년 처음으로 제기되었다.[49]

---

49) W. Wrede, *Das Messiasgeheimnis in den Evangelien. Zugleich ein Beitrage zum Verständnis des Markusevangeliums*, 1901.

브레데는 마가복음에서 메시야의 비밀을 강조하는 이유를 이렇게 설명한다. 마가복음은 예수님의 사역을 이적 중심으로 기록하고 있는데, 그 이유는 "예수님께서 행하신 그런 초자연적인 기적이 사실이라면 아직 살아있던 그 당시의 많은 사람들이 왜 모르고 있는가?"라는 일반인들의 의구심이 있어서 이에 대답하기 위함이었다. 이에 대하여 마가는 예수님께서 초자연적인 일을 행하신 후에 비밀에 부치도록 입단속을 하셨기 때문에 널리 알려지지 않았다고 대답하기 위하여 메시야의 비밀에 해당되는 이야기들을 삽입했다. 브레데가 이런 '메시야의 비밀'이라는 가설을 주장한 이유는 마가복음에 기록된 이적의 이야기들은 실제로 예수님이 행하신 것이 아니라 마가가 지어낸 이야기에 불과하다는 것을 입증하기 위함이었다. 브레데의 이런 주장에 대하여 열띤 찬반논쟁이 벌어져서 메시야의 비밀은 마가복음의 주요 주제 중의 하나가 되었다. 여기서는 찬반논쟁의 과정이나 결과보다는 신학자들이 놓치고 있는 관점 하나를 지적하고자 한다.

❺ 마귀와의 대결

앞에서도 지적한 바와 같이 예수님께서 오셔서 메시야의 사역을 하실 때 가장 큰 장애물은 유대인의 메시야신앙이었다. 40일 금식하실 때 마귀의 시험은 예수님으로 하여금 유대인이 기대하는 메시야가 되라는 것이었고, 사역의 현장에서도 유대인들은 예수님이 자신들이 기다리던 다윗의 자손 메시야가 되어 로마를 대신하여 세계를 다스리는 황제가 되기를 기대했다. 유대인의 지도자들이 예수님을 찾아와 하늘의 표적을 보여달라고 한 이유는 여기에 있다. 예수님 당시 유대인의 메시야 대망은 절정에 이르러 있어서 어떤 영향력이 있는 사람이 등장하면 메시야가 아닐까하고 관심을 가지고 따라다녔다. 많은 사람들이 세례 요한을 메시야라고 생각하며 추종했던 이유도 여기에 있다.

이런 것들을 염두에 두면 귀신들린 사람이 외친 소리가 무슨 뜻인지 알게 된다. 귀신들이 예수님을 미리 알아보고 하나님의 거룩한 자, 메시야, 하나님의 아들 등으로 외치고 있는데, 이는 당시 유대인들에게 "이분은 우리가 기다리던 황제가 될 메시야다."라고 떠들어댄 것이다. 귀신들이 사용한 단어와 문장이 예수님에 대하여 진실을 말한 것같지만 그 의미는 정반대였다. 이에 대하여 예수님께서는 그런 말을 못하게 꾸짖으셨다. 복음서를 그 당시의 배경과 역사적인 흐름에서 읽어야 하는 이유는 여기에 있다.

복음서에는 두 메시야가 나오고 있다. 유대인이 기다리던 유대교의 메시야와 새로운 계약을 체결하기 위하여 십자가의 길을 가시는 기독교의 메시야이다. 메시야라는 용어는 같지만 그 의미는 정반대다. 마가복음에서는 베드로가 예수님을 그리스도라고 고백했을 때 예수님께서는 귀신을 꾸짖으실 때 쓰신 단어와 동일한 '에페티메센'(ἐπετίμησεν)을 사용하셨다.(막8:30) 왜 그럴까? 베드로가 아직도 예수님을 유대인의 메시야로 고백했기 때문에 꾸짖으시며 예수님을 유대인이 기다리던 그런 메시야로 말하지 말라고 입단속을 시키신 것이다.[50] 예수님께서 십자가의 길을 가셔야 한다고 하자 베드로는 절대 그럴 수 없다고 만류했다. 이에 예수님께서 "사탄아, 너는 내 뒤로 물러가라!"라고 동일한 단어로 꾸짖으신 이유도 여기에 있다.

신학자들이 메시야의 비밀을 가지고 열띤 논쟁을 벌이면서 왜 이 부분을 놓치고 있는지 의문이다. 바울서신을 해석할 때는 유대교 율법과 시내산 율법이 구별되어야 하는데 이 또한 무시되고 있다. 성

50) 이 부분에 대해서는 관련 본문을 다루는 〈물음32〉에서 상세하게 설명했다.

경을 계약과 영성의 시각에서 보지 않으면 이런 부분들을 놓치는 것 같다.

❻ 권위있는 새 교훈

> 22 뭇 사람이 그의 교훈에 놀라니 이는 그가 가르치시는 것이 권위 있는 자와 같고 서기관들과 같지 아니함일러라 27 다 놀라 서로 물어 이르되 이는 어찜이냐 권위 있는 새 교훈이로다 더러운 귀신들에게 명한즉 순종하는도다 하더라

예수님께서 가버나움 회당에서 가르치시자 사람들의 반응은 두 가지였다. 하나는 '서기관과 다르다'였고 다른 하나는 '권위있는 새 교훈'이라고 했다. 예수님 당시 종교지도자는 서기관(랍비)이었다. 대제사장이 있었지만 그는 정치인에 불과했다. 랍비들은 바벨론 포로 이후 회당과 더불어 등장했다. 성전이 파괴되어 제사의식이 사라지고 회당의 말씀 신앙이 정착되자 율법에 대한 중요성이 재발견되면서 율법을 가르치는 서기관들이 부각되었고 가장 존경받는 사람들이 되었다. 랍비가 되려면 어린 나이에 랍비의 집에서 숙식을 같이하며 수십 년의 수련 과정을 거쳐야 했다. 그들은 위대한 랍비들의 전승을 중요하게 여겨 그들의 견해를 인용하며 해석했다.

그런데 예수님께서는 그런 랍비 전승 대신 공중 나는 새, 들에 자라는 백합화 등 자연의 원리와 누구나 알 수 있는 당연한 이치와 상식을 기초로 설명했다. 그것뿐이 아니었다. 예수님의 말씀에는 귀신들이 쫓겨나가고 병자가 치료되는 등 하나님의 권세가 그대로 드러났다. 이에 사람들은 놀라면서 말했다. "예수님의 가르침은 서기관과는 전혀 차원이 다르다.", "예수님의 가르침에는 귀신이 순종한다.", "권위 있는 새 교훈이다."

❼ 첫 사역

마가복음에 의하면 예수님의 공식적인 첫 사역은 제자들을 데리고 안식일에 회당에 가셔서 권위있는 가르침을 통해 더러운 귀신을

쫓아내는 일이었다. 회당에 들어와 있던 귀신들린 사람은 더러운 귀신이 들린 당시 유대교의 실상이다. 귀신의 지배를 받는 유대교는 정치적인 메시야가 오기만 하면 그가 초자연적인 능력으로 모든 문제를 단번에 해결해준다고 믿으며 오매불망 기다리고 있었다. 신앙이 잘못되면 이 세상을 어떻게 바꿔보려는 생각을 포기하거나 아니면 이 세상은 멸망할 대상에 불과하다며 세상을 포기하는 '기다림'의 신앙으로 전락한다. 예수님은 유대교 회당을 장악하고 있는 이런 귀신을 쫓아내는 일이 무엇보다도 급선무라 여기시고 그 일부터 시작하셨다.

기독교 정통신앙에서 기다리는 재림예수님은 유대교의 메시야 사상과 무엇이 얼마나 다를까? 하나님 보시기에 오늘 우리는 어떤 모습일까? 교회당 안에는 더러운 귀신들린 사람들로 가득차 있지는 않을까? 정통신앙으로 무장한 내가 곧 귀신 들린 자는 아닐까? 예수님께서 지금 여기에 계신다면 우리 안에 들어와 있는 더러운 귀신부터 꾸짖으시며 내쫓지 않으실까? 그러면 우리는 어떤 반응을 보일까? 오히려 예수님이 귀신들렸다고 맞받아치지는 않을까? 지난날의 오류는 지금도 반복되고 있다.

당시 유대교 정통신앙의 중심지인 회당 안에서 드디어 유대인의 메시야가 왔다고 떠드는 귀신의 소리를 잠재우시는 예수님에 관한 소문은 삽시간에 펴져 나갔다. 이로써 더러운 마귀의 지배를 받는 유대교 정통신앙과 예수님의 정면 대결은 막이 올랐다.

물음 11 병자 치료, 축사, 무엇을 말하는가?

본문 : 〈 1:29~45 〉

29 회당에서 나와 곧 야고보와 요한과 함께 시몬과 안드레의 집에 들어
가시니 30 시몬의 장모가 열병으로 누워 있는지라 사람들이 곧 그 여
자에 대하여 예수님께 여짜온대 31 나아가사 그 손을 잡아 일으키시니
열병이 떠나고 여자가 그들에게 수종드니라

32 저물어 해 질 때에 모든 병자와 귀신 들린 자를 예수께 데려오니 33
온 동네가 그 문 앞에 모였더라 34 예수님께서 각종 병이 든 많은 사
람을 고치시며 많은 귀신을 내쫓으시되 귀신이 자기를 알므로 그 말하
는 것을 허락하지 아니하시니라 35 새벽 아직도 밝기 전에 예수님께서
일어나 나가 한적한 곳으로 가사 거기서 기도하시더니 36 시몬과 및
그와 함께 있는 자들이 예수의 뒤를 따라가 37 만나서 이르되 모든 사
람이 주를 찾나이다 38 이르시되 우리가 다른 가까운 마을들로 가자
거기서도 전도하리니 내가 이를 위하여 왔노라 하시고 39 이에 온 갈
릴리에 다니시며 그들의 여러 회당에서 전도하시고 또 귀신들을 내쫓
으시더라[51]

40 한 나병환자가 예수께 와서 꿇어 엎드려 간구하여 이르되 원하시면
저를 깨끗하게 하실 수 있나이다 41 예수님께서 불쌍히 여기사 손을
내밀어 그에게 대시며 이르시되 내가 원하노니 깨끗함을 받으라 하시
니 42 곧 나병이 그 사람에게서 떠나가고 깨끗하여진지라 43 곧 보내
시며 엄히 경고하사 44 이르시되 삼가 아무에게 아무 말도 하지 말고
가서 네 몸을 제사장에게 보이고 네가 깨끗하게 되었으니 모세가 명한
것을 드려 그들에게 입증하라 하셨더라 45 그러나 그 사람이 나가서
이 일을 많이 전파하여 널리 퍼지게 하니 그러므로 예수님께서 다시는

---

51) 밑줄 친 부분은 세 '마가의 요약'(1:32~39, 3:7~12, 6:53~56) 중 첫 번째에 해당되는 구절인데 모두가 병자를 고치는 사역이다.

드러나게 동네에 들어가지 못하시고 오직 바깥 한적한 곳에 계셨으나 사방에서 사람들이 그에게로 나아오더라

1. 교부들의 해석

병자들 치료에 대한 교부들의 해석은 지극히 단순하다. 예수님께서 최고의 의사이시기 때문에 손을 잡아주시거나 손을 대면 모든 병자들이 나았다고 해석한다. 예수님께서 기도에 힘쓰신 이유는 예수님에게 기도가 필요해서가 아니라 우리에게 늘 기도에 힘쓰는 사람의 기도가 이루어진다는 본을 보여주시기 위함이었다.(Origenes) 예수님께서 율법에 금한 나병환자를 만지신 이유는 외적인 부정이 전달되지 않는다는 것을 보여주심과 동시에 나병환자와 같은 사람을 업신여기지 말아야 함과 겸손에 대한 가르침이다.(Origenes), 예수님께서 나병환자에게 손을 대신 것은 예수님은 율법 위에 계시다는 것과 깨끗한 사람에게는 불결한 것이 없다는 것을 보여주시기 위함이다.(Chrysostom)[52]

2. 교부들의 해석에 대한 평가

본문에 대한 교부들의 해석은 단순하다는 것이 일반적인 특징이다. 교부들에게서 오늘 우리가 성경 해석하는 방식을 기대한다는 것은 무리일 수 있다. 그러나 구약으로부터 내려오는 계약과 역사적인 흐름에 대한 이해가 너무 없다는 것은 의외다. 유대인들의 전통과 구약성경의 내용만 충실하게 이해해도 어느 정도 파악이 가능했을 텐데 모든 것을 예수님의 구속사에 초점을 맞추고 문자와 알레고리로 해석하다 보니 더 이상 어떤 해석의 필요성을 느끼지 못했던 것 같다. 그 결과 병자 치유와 예수님의 사역의 핵심에 대하여 전혀 접근을 못하고 말았다.

---

52) ACCS, Mark, pp. 23~25.

3. 본문 재해석

❶ 회당과 시몬의 집

> 29 회당에서 나와 곧 야고보와 요한과 함께 시몬과 안드레의 집에 들어가시니

본문에서는 회당과 베드로의 집을 대비시키고 있다. 그리고 베드로의 집 문 앞에는 온 동네 사람들이 다 모여들었다. 무엇을 말하고 있는가? 가버나움은 갈릴리에서 꽤 큰 도시에 속해서 큰 회당과 세관이 있었다. 그런데 이제 베드로의 집이 새로운 회당이 되었다. 예수님께서 갈릴리에 머무시는 동안 베드로의 집은 예수님의 거처였고 회당 즉 최초의 교회였다.

❷ 수종드니라

> 30 시몬의 장모가 열병으로 누워 있는지라 사람들이 곧 그 여자에 대하여 예수님께 여짜온대 31 나아가사 그 손을 잡아 일으키시니 열병이 떠나고 여자가 그들에게 수종드니라

성경에서는 사도들의 가족사에 대하여 거의 침묵으로 일관하고 있다. 그런데 본문에서 베드로의 장모에 관한 이야기를 해주고 있어 베드로는 결혼했다는 것을 알 수 있다. 그런데 마가복음에서는 왜 베드로의 집에서 베드로 장모의 열병 고친 이야기를 하고 있을까? 또 베드로 장모의 열병은 어떤 병이었을까? 베드로의 장모가 낫자마자 수종(隨從)들었다는 이야기를 왜 기록하고 있을까?

베드로와 안드레, 야고보와 요한 등이 고기잡이를 하다가 예수님을 만난 후 배와 가족을 버리고 따라나섰다. 한 집안에서 젊은 두 아들이 어느날 갑자기 예수님을 따라나섰을 때 그 집안에는 무슨 일들이 일어났을까? 이에 대해서는 아무런 이야기가 없다. 그런데 지금 여기서 그 한 단면을 보게 된다.

베드로의 장모는 왜 사위의 집에 와서 열병을 앓고 있었을까? 그

열병은 어떤 병일까? 본문에 사용된 동사 퓌렛수사(πυρέσσουσα)는 '열이난다'는 동사 퓌렛소(πυρέσσω)의 현재분사형이므로 '열이 나 있는 상태'를 말한다. 이는 어떤 질병이라기보다 마음의 병 즉 화병(火病)이었을 가능성이 높다. 베드로의 장모는 왜 사위의 집에 와서 화병으로 누워있었을까?

딸을 가진 어미라면 누구나 화병이 날 만하다. 결혼한 젊은 사위가 어느날 갑자기 딸자식을 버리고 예수님을 따라나섰기 때문이다. 그런데 집을 나갔던 사위가 이번에는 예수님과 제자 일행 즉 떼거리를 몰고 와서 그 뒤치다꺼리를 하라고 하니 이런 소식을 들은 베드로의 장모 심정이 오죽했겠는가? 상황을 파악하러 왔던 그녀는 화병이 나서 몸져눕고 말았다. 본문에서 "사람들이 곧 그 여자에 대하여 예수님께 여짜온대"라는 구절은 당시의 이런 상황을 말해준다. 베드로는 무어라 할 말이 없고, 이 상황을 잘 아는 다른 제자들이 예수님에게 자초지종을 말씀드렸다.

이에 예수님께서는 베드로의 장모를 직접 만나셨다. 집 나간 사위 때문에 열불이 나서 누워있던 베드로의 장모는 예수님을 직접 만나 말씀을 들으면서 열병이 씻은 듯이 떠나버리고 말았다. "이런 분이라면 사위만이 아니라 나와 내 딸도 같이 따라 나서야겠다." 베드로의 장모는 예수님께서 내미시는 손을 덥석 잡았다. 그리고 벌떡 일어나서 딸을 데리고 예수님과 일행을 위하여 식사 준비를 서둘렀다. 이로써 베드로의 집은 예수님께서 갈릴리에 머무시는 동안 거처와 교회가 되었고 베드로의 장모는 딸과 더불어 기꺼이 섬김으로 예수님을 따랐다.

성경에 기록된 단어 하나, 구절 하나에는 많은 상황과 이야기들이 들어있다. 은폐, 함축, 암시된 말씀들을 기록을 토대로 가능한 한 사실에 근접하도록 재구성하는 것이 성경 해석자와 설교자가 할 일이다.

❸ 저물어 해 질 때에

32 저물어 해 질 때에 모든 병자와 귀신 들린 자를 예수께 데려오니
33 온 동네가 그 문 앞에 모였더라

예수님의 소문이 퍼져 나가자 그날 많은 사람들이 병자와 귀신들린 사람들을 예수님께 데리고 왔는데 하필 왜 어두워진 후에 데리고 왔을까? 유대교의 안식일 규정 때문이다. 유대교에서는 안식일을 금요일 저녁부터 토요일 저녁 해 질 때까지 지켰는데, 안식일에는 대략 2천 규빗(약1~1,5km) 이상을 가거나 병자를 고치지 못하게 했다. 그런 이유로 예수님의 소문을 들은 사람들은 해가 진 후에서야 예수님께로 올 수 있었다. 예수님께서는 밤 늦게까지 그들을 치료하시며 말씀을 전하시다가 새벽에 혼자 기도하러 나가셨다. 무슨 기도를 하셨을까?

유대교는 가난하고 병든 사람을 불쌍히 여기며 해결해주기보다는 그들이 율법을 지키지 않아 그렇게 살고 있다고 정죄하고 있었다. 이런 유대교와 그 유대교에 시달리는 사람들의 문제를 어떻게 해야 하나? 예수님께서는 마귀가 정통이라는 이름으로 장악하고 있는 유대교의 문제를 해결하러 오셨고 이를 위해 기도하셨다. 그렇다면 예수님께서 더러운 귀신에게 지배당하는 유대교를 고치시는 방법은 무엇이었을까?

❹ 마가의 요약

34 예수님께서 각종 병이 든 많은 사람을 고치시며 많은 귀신을 내쫓
으시되 귀신이 자기를 알므로 그 말하는 것을 허락하지 아니하시니라
39 이에 온 갈릴리에 다니시며 그들의 여러 회당에서 전도하시고 또
귀신들을 내쫓으시더라

본문의 32~39절은 3:7~12, 6:53~56절과 더불어 '마가의 요약'이라 부른다. 마가의 요약이라고 부르는 이유는 이 구절들이 마가복음 전체를 요약하고 있기 때문이다.

> 예수님께서 제자들과 함께 바다로 물러가시니 갈릴리에서 큰 무리가 따르며 유대와 예루살렘과 이두매와 요단 강 건너편과 또 두로와 시돈 근처에서 많은 무리가 그가 하신 큰 일을 듣고 나아오는지라 예수님께서 무리가 에워싸 미는 것을 피하기 위하여 작은 배를 대기하도록 제자들에게 명하셨으니 이는 많은 사람을 고치셨으므로 병으로 고생하는 자들이 예수를 만지고자 하여 몰려왔음이더라 더러운 귀신들도 어느 때든지 예수를 보면 그 앞에 엎드려 부르짖어 이르되 당신은 하나님의 아들이니이다 하니 예수님께서 자기를 나타내지 말라고 많이 경고하시니라(3:7~12)
>
> 건너가 게네사렛 땅에 이르러 대고 배에서 내리니 사람들이 곧 예수신 줄을 알고 그 온 지방으로 달려 돌아 다니며 예수님께서 어디 계시다는 말을 듣는 대로 병든 자를 침상째로 메고 나아오니 아무 데나 예수님께서 들어가시는 지방이나 도시나 마을에서 병자를 시장에 두고 예수께 그의 옷 가에라도 손을 대게 하시기를 간구하니 손을 대는 자는 다 성함을 얻으니라(6:53~56)

마가의 요약 내용을 보면 예수님 주변에 온갖 병든 자들과 귀신들린 자들이 몰려와서 치유되는 일을 세 번이나 반복하고 있다.[53] 마가의 요약은 마가복음이 이적 중심으로 기록되었음을 말하고 있는데, 그 이유는 무엇일까? 많은 연구의 결과들은 대략 다음과 같다.

첫째, 수난의 이야기를 위한 긴 서론이라고 한다.

전통적인 해석인데, 예수님 수난의 이야기가 중요해서 수난사화를 중심으로 마가복음을 기록했으며, 그 이전은 수난사화를 말하기 위한 서론에 불과하다고 했다. 그런데 마가복음 전체 분량의 1/3에 해당하는 이적의 이야기가 왜 서론으로 필요했는지 설명하기 곤란하다.

둘째, 영웅신화(aretalogy)라고 한다.

복음서가 기록될 당시 그리스-로마지역에는 여러 기적을 행하는

---

53) 마가복음에서는 세 번이 특별한 의미를 가진다. 세 번의 수난예고(8:31; 9:31; 10:33~34), 베드로의 세 번 부인(14:68,70,71), 예수님에 대한 세 견해(8:28), 잠든 제자 세 번 찾으심(14:32~42), 빌라도의 세 심문(15:9, 12, 14)

종교 창시자들의 초인간적인 전기가 많이 있었는데, 복음서 기자들도 이런 아레탈로지 기법으로 예수님의 생애를 그려놓았다고 보는 주장이며, 많은 학자들이 공감하고 있다. 그런데 복음서에 기록된 예수님에 관한 이야기가 지어낸 영웅신화 중의 하나에 불과할까? 그런 신화를 듣고 박해의 시대에 생명과 재산을 포기하고 예수님을 따르는 사람들이 급증했으며, 세상이 뒤바뀔 수 있었을까? 아레탈로지 기법으로 기록된 다른 종교의 교주를 따르는 곳에서도 이런 일이 일어났는가? 전혀 아닐뿐만 아니라 다 사라지고 흔적도 없다. 이런 현상은 어떻게 설명해야 하나?

셋째, 박해당하는 사람들에 대한 위로라고 한다.

마가복음은 박해시대에 쓰였는데 박해받는 사람들에게 예수님의 초자연적인 사역의 이야기를 통하여 어떤 위로와 소망을 주기 위함이라고 한다. 이런 주장은 개연성이 짙어서 근래에 가장 많은 설득력을 얻고 있다.

넷째, 비유처럼 해석한다.

이적의 이야기에 대하여 사실 여부는 묻지 말고 그 이야기가 가지고 있는 의미에 관심을 가진다. 이적의 의미를 묻는 이 방법에서는 이적의 이야기가 일종의 비유처럼 해석된다. 이 해석에서는 이적의 역사성을 사실상 배제하고 있는데. 이적에 대한 새로운 해석으로 각광받고 있다.

이상에 살펴본 것은 마가복음의 이적에 대한 학자들의 주요 해석을 요약한 것이다. 그런데 예수님의 이적을 계약과 영성의 관점에서 보면 어떻게 보일까?

❺ 치유와 고발장

34 예수님께서 각종 병이 든 많은 사람을 고치시며 많은 귀신을 내쫓으시되 귀신이 자기를 알므로 그 말하는 것을 허락하지 아니하시니라

39 이에 온 갈릴리에 다니시며 그들의 여러 회당에서 전도하시고 또 귀신들을 내쫓으시더라

예수님께는 병자, 불구자, 귀신들린 사람 등이 수만여 명씩 몰려들자 바닷가에 배를 띄워놓고 배 위에서 해풍을 등지고 말씀을 하셔야 했다. 예수님 주변에 몰려들어 아우성치는 이런 사람들은 곧 계약을 위반한 유대교의 실상을 그대로 반영하고 있었다. 더러운 귀신들린 유대교는 백성들의 이런 절박한 문제에는 아무런 연민도 없이 정죄만을 일삼고 있었다. 그런 군중들에게 예수님에 관한 소문은 복음 그 자체여서 이스라엘 전국은 물론이고 외국에서도 사람들이 몰려왔다.

예수님께서는 계약을 저버린 유대교, 더러운 귀신에 지배받는 유대교를 고치시기 위하여 서기관과는 전혀 다른 권세있는 말씀과 더불어 백성들이 당하고 있는 육체적인 질병과 장애, 정신적인 질환을 하늘의 능력으로 치료하셨다. 사람들에게서 더러운 귀신을 내쫓는 사역은 유대교를 지배하는 귀신을 쫓아내시는 사역이었다. 예수님을 볼 때마다 "하나님의 아들"이라고 떠들어대는 더러운 귀신들의 입을 틀어막으시는 책망은 그릇된 메시야신앙에 빠져있는 유대교에 대한 책망이었다. 예수님의 사역은 갈 곳 없는 죄인들에게는 치유의 복음이었고, 정통주의자들에게는 경고이자 고발장이있다.

❻ 잘못된 정결례

40 한 나병환자가 예수께 와서 꿇어 엎드려 간구하여 이르되 원하시면 저를 깨끗하게 하실 수 있나이다 41 예수님께서 불쌍히 여기사 손을 내밀어 그에게 대시며 이르시되 내가 원하노니 깨끗함을 받으라 하시니
42 곧 나병이 그 사람에게서 떠나가고 깨끗하여진지라

예수님을 찾아오는 온갖 병자들 가운데에는 나병환자도 있었다. 유대교에서 나병환자는 특별히 큰 죄를 지어서 하나님께 저주받아 살아있는 동안 살이 썩어 들어간다고 했다. 하나님께서 저주한 자이므로 나병환자를 만나면 저주를 퍼붓고 돌로 쳐야 한다고 가르쳤고,

나병환자는 돌에 얻어맞으면서 "나는 부정하다." "나는 부정하다." 라고 반복해서 외쳐야 했다. 따라서 나병환자들은 사람들을 만나면 멀리 피해야 했다. 나병환자는 저주받은 더러운 죄인의 대명사였으며 어느 누구도 그를 불쌍히 여기지 않았다. 그런 나병환자가 예수님의 소문을 듣고 찾아오자 예수님은 그를 불쌍히 여기시며 어루만져 주셨다. 나병환자를 불쌍히 여기며 손을 대신 것은 유대교의 정결례가 부정하다는 선언이며, 나병환자의 치유는 유대교에 대한 심판의 예고였다.

예수님의 치유사역은 병든 유대교에 대한 도전이며, 계약 파기의 경고였다.

❼ 마귀의 포위망

43 곧 보내시며 엄히 경고하사 44 이르시되 삼가 아무에게 아무 말도 하지 말고 가서 네 몸을 제사장에게 보이고 네가 깨끗하게 되었으니 모세가 명한 것을 드려 그들에게 입증하라 하셨더라 45 그러나 그 사람이 나가서 이 일을 많이 전파하여 널리 퍼지게 하니 그러므로 예수님께서 다시는 드러나게 동네에 들어가지 못하시고 오직 바깥 한적한 곳에 계셨으나 사방에서 사람들이 그에게로 나아오더라

귀신들이 예수님을 알아보고 떠드는 말들을 못하게 하셨던 것처럼 예수님께서는 나병환자를 치료하신 후 그에게 예수님께서 치료해주셨다는 말을 하지 말라고 엄하게 경고하셨지만 그 사람은 오히려 이런 사실을 더 널리 알리고 다녔다. 나병환자의 입장에서는 자신이 예수님으로 말미암아 치료받은 사실을 숨기고 있기가 어려웠을 것이다. 그런데 본문에서는 나병환자가 떠들고 다니자 예수님께서는 가버나움의 집에 계실 수 없어 한적한 곳으로 피하여 가셨다고 한다. 왜 그럴까?

나병환자가 치료되는 놀라운 기적을 본 사람들은 예수님께서 자신들이 기다리던 그 메시야라고 생각하고 가버나움으로 몰려왔기 때문이다. 예수님께서 가장 경계하신 것은 사람들에게 유대인의 메

시야라고 오해받는 것이었고, 마귀는 이 부분을 집중적으로 물고 늘어졌다. 그러나 백성들은 물론이고 제자들에게도 이런 경각심은 전혀 없었기 때문에 예수님의 이적을 보면서 자신들이 기다리던 메시야를 만났다고 열광했다. 이적을 중심으로 기록한 마가복음에서 '메시야의 비밀'이 다른 복음서보다 부각된 이유는 여기에 있다. 군중들은 자신들도 모른 채 마귀의 계략에 이용당했다.

❽ 메시야의 증거

> 38 이르시되 우리가 다른 가까운 마을들로 가자 거기서도 전도하리니 내가 이를 위하여 왔노라 하시고 39 이에 온 갈릴리에 다니시며 그들의 여러 회당에서 전도하시고 또 귀신들을 내쫓으시더라

유대인의 메시야로 오해를 받으시면서 왜 병자 고치는 이적을 행하셨을까?

첫째, 진정한 메시야의 증거이다.

감옥에 갇혀있는 동안 예수님의 소문을 들은 세례 요한은 의구심이 들어 제자들을 보내어 예수님이 메시야이신지 확인하려고 했다. (마11:2~6, 눅7:18~25) 이에 예수님께서는 "맹인이 보며 못 걷는 사람이 걸으며 나병환자가 깨끗함을 받으며 못 듣는 자가 들으며 죽은 자가 살아나며 가난한 자에게 복음이 전파된다 하라."(마11:5) 라고 말씀하셨다. 이 말씀은 구약의 예언서(사35:5~6)에 기록된 메시야의 증거였다. 왜 병자들을 치료하는 게 메시야의 증거일까? 육체의 질병과 장애는 굶주림과 더불어 인간을 불행하게 하는 가장 큰 문제이기 때문이다. 진정한 메시야 그리고 성경에서 말하는 하나님 나라는 죄의 문제뿐만 아니라 이 땅에서 인간을 불행하게 하는 문제들의 해결과 직접 관련이 있다.

둘째, 하나님 나라를 이 땅에 실현하기 위함이다.

계약공동체를 통해서 이 땅에서 하나님 나라를 실현하는 일은 인

간의 힘만으로는 불가능하다. 인간의 힘이 미치지 못하는 문제들에는 하나님께서 도우셔서 가능하게 하시는데, 필요한 경우 초자연을 동원하신다. 이 땅에서 시작한 하나님 나라는 인간에 의해 완성되지 않는다. 종국에 가서 하나님의 초자연적인 재창조로 완성된다.

셋째, 유대교에 대한 경고였다.

앞에서도 누차 언급한 바와 같이 예수님께서 병자들과 불구자들을 치료하시는 사건은 유대교의 정통신앙과 정면으로 위배되는데, 이는 곧 유대교의 교리와 신앙이 잘못되었음을 지적하며 시정을 요구하시는 경고였다. 그러나 유대인들은 예수님의 이런 경고를 이단의 증거로 받아들였다.

간결함이 특징인 마가복음 1장에는 이상과 같이 많은 이야기들이 함축되어 있다.

물음 12 죄 사함의 권세, 누구에게 있는가?

본문 : 〈 2:1~13 〉

1 수일 후에 예수님께서 다시 가버나움에 들어가시니 집에 계시다는 소
문이 들린지라 2 많은 사람이 모여서 문 앞까지도 들어설 자리가 없게
되었는데 예수님께서 그들에게 도를 말씀하시더니 3 사람들이 한 중풍
병자를 네 사람에게 메워 가지고 예수께로 올새

4 무리들 때문에 예수께 데려갈 수 없으므로 그 계신 곳의 지붕을 뜯어
구멍을 내고 중풍병자가 누운 상을 달아 내리니 5 예수님께서 그들의
믿음을 보시고 중풍병자에게 이르시되 작은 자야 네 죄 사함을 받았느
니라 하시니 6 어떤 서기관들이 거기 앉아서 마음에 생각하기를 7 이
사람이 어찌 이렇게 말하는가 신성 모독이로다 오직 하나님 한 분 외
에는 누가 능히 죄를 사하겠느냐 8 그들이 속으로 이렇게 생각하는 줄

을 예수님께서 곧 중심에 아시고 이르시되 어찌하여 이것을 마음에 생
각하느냐 9 중풍병자에게 네 죄 사함을 받았느니라 하는 말과 일어나
네 상을 가지고 걸어가라 하는 말 중에서 어느 것이 쉽겠느냐 10 그러
나 인자가 땅에서 죄를 사하는 권세가 있는 줄을 너희로 알게 하려 하
노라 하시고 중풍병자에게 말씀하시되 11 내가 네게 이르노니 일어나
네 상을 가지고 집으로 가라 하시니

12 그가 일어나 곧 상을 가지고 모든 사람 앞에서 나가거늘 그들이 다
놀라 하나님께 영광을 돌리며 이르되 우리가 이런 일을 도무지 보지
못하였다 하더라 13 예수님께서 다시 바닷가에 나가시매 큰 무리가 나
왔거늘 예수님께서 그들을 가르치시니라

1. 교부들의 해석

사죄의 사역은 독자적인 권능이나 권한이 아니라 하나님의 구원 행위이다.(Ambrose) 예수님께서 죄를 용서하신다면 그분은 참으로 하나님이시다. 하나님 이외에는 죄를 용서하실 수가 없기 때문이다.(Irenaeus) 예수님께서는 사죄의 권능을 오직 당신 자신의 권위로 행하셨다.(Chrysostom)[54]

2. 교부들의 해석에 대한 평가

중풍병자를 치료하는 이야기의 초점은 죄 사함의 권세가 누구에게 있는가 하는 문제다. 서기관들은 죄 사함의 권세가 하나님에게만 있다고 생각했다. 그런데 예수님은 죄 사함의 권세가 인자(人子)에게도 있다는 것을 확인시키시기 위하여 중풍병자에게 일어나 침상을 들고 걸어가라고 말씀하자 그대로 되었다. 이는 인자에게 죄 사함의 권세가 있다는 증거였다.

교부들은 죄 사함의 권세가 예수님에게만 있다고 해석했다. 예수님은 곧 하나님이시기 때문이다. 기독교에서는 예수님의 십자가 대속사건을 통해서만 죄 용서함을 받는다고 못 박고 있다. 그런데 복음서에는 죄 사함의 권세가 누구에게 있다고 말하고 있는가?

---

54) ACCS, Mark, pp. 26~27.

3. 본문 재해석

본문은 죄사함의 문제에 대하여 대단히 중요한 사실을 말하고 있다. 십자가 구속사와 전혀 다르게 말하고 있으므로 집중을 필요로 한다.

❶ 사람들에게 주어진 죄사함의 권세

본문의 이야기는 공관복음에서 모두 중요하게 다루고 있으므로 병행본문을 비교 분석할 필요가 있다. 마태복음 9:8에는 다음과 같이 기록되어 있는데, 원문 분석이 필요하다.

> 무리가 보고 두려워하며 이런 권능을 **사람(들)에게** 주신 하나님께 영광을 돌리니라(마9:8)
>
> ἰδόντες δὲ οἱ ὄχλοι **ἐφοβήθησαν** καὶ ἐδόξασαν τὸν θεὸν τὸν δόντα ἐξουσίαν τοιαύτην **τοις ἀνθρώποις**.

이 본문에는 놀라운 말씀이 들어있다. 중풍병자가 일어나 침상을 들고 가는 모습을 본 사람들이 왜 **두려워했을까**(ἐφοβήθησαν)? 이런 권능(죄 사함의 권세를 가지고 중풍병자를 일어나 걸어가게 하는 권능)을 **사람들에게**(τοῖς ἀνθρώποις) 주셨기 때문이다. 마태의 본문에서는 죄 사함의 권세가 예수님만이 아니라 모든 사람들에게도 주어져서 사람들이 놀랐을 뿐만 아니라 두려워하며 하나님께 영광을 돌렸다고 기록되어 있다. 한글성경을 번역할 때 새번역은 원문 그대로 복수인 '사람들에게'라고 했다. 영어성경은 복수로 번역되어 있다. 마태복음의 원문에 의하면 죄 사함의 권세가 **사람들에게** 주어져 있다.

이미 앞에서도 언급했는데, 중요하므로 반복하자면, 복음서에는 의외로 죄 사함의 권세가 사람들에게 주어져 있다는 구절들이 많이 있다.

> 우리가 우리에게 죄 지은 자를 사하여 준 것 같이 우리 죄를 사하여 주

> 시옵고(마6:12)
>
> 너희가 사람의 잘못을 용서하면 너희 하늘 아버지께서도 너희 잘못을 용서하시려니와 너희가 사람의 잘못을 용서하지 아니하면 너희 아버지께서도 너희 잘못을 용서하지 아니하시리라(마6:14~15)
>
> 내가 천국 열쇠를 네게 주리니 네가 땅에서 무엇이든지 매면 하늘에서도 매일 것이요 네가 땅에서 무엇이든지 풀면 하늘에서도 풀리리라 (마16:19)
>
> 서서 기도할 때에 아무에게나 혐의가 있거든 용서하라 그리하여야 하늘에 계신 너희 아버지도 너희 허물을 사하여 주시리라 하셨더라(막11:25)
>
> 비판치 말라 그리하면 너희가 비판을 받지 않을 것이요 정죄하지 말라 그리하면 너희가 정죄를 받지 않을 것이요 용서하라 그리하면 너희가 용서를 받을 것이요(눅6:37)
>
> 너희는 스스로 조심하라 만일 네 형제가 죄를 범하거든 경고하고 회개하거든 용서하라 만일 하루 일곱번이라도 네게 죄를 얻고 일곱번 네게 돌아와 내가 회개하노라 하거든 너는 용서하라(눅17:3~4)
>
> 너희가 누구의 죄든지 사하면 사하여질 것이요 누구의 죄든지 그대로 두면 그대로 있으리라(요20:23)

죄 사함의 권세가 왜 사람들에게도 주어져 있을까?

이치는 단순하다. 우리가 지은 죄의 대부분은 사람들에게 짓는다. 그렇다면 누구에게 용서를 받아야 하는가? 피해 입힌 사람을 무시하고 하나님에게만 용서를 받는다면 어떻게 될까? 모순이다. 피해 입힌 사람에게 먼저 용서받고 그 다음으로 하나님께 용서받아야 한다. 또 하나님께 용서받기 위해서는 나에게 죄지은 자를 먼저 용서해 주어야 한다. 예수님의 설교 중에는 일만 달란트 빚진 자의 비유(마18:23~35)와 같이 이런 사죄의 말씀이 많이 있다.

❷ 복음서는 십자가를 통한 사죄(赦罪)를 말하지 않는다.

성경에는 예수님의 피로 죄 사함을 받는다는 구절이 많을 것 같다. 그런데 놀라운 것은 복음서에는 예수님의 십자가를 통해서 죄 사함을 받는다는 구절이 단 한 구절도 없다는 사실이다. 우리는 성경의 어떤 말씀을 근거로 십자가를 통한 죄 사함과 구원을 말하고 있는가? 예수님께서 십자가에서 흘리신 피는 무엇을 위한 피였는가?

❸ 새계약을 위한 피흘리심

성만찬에서 말씀하신 피는 계약을 맺기 위한 피였다.

> 이것은 죄 사함을 얻게 하려고 많은 사람을 위하여 흘리는 바 **나의 피 곧 언약의 피니라**(마26:28)
>
> 이것은 많은 사람을 위하여 흘리는 **나의 피 곧 언약의 피니라**(막14:24)
>
> 이 잔은 **내 피로 세우는 새 언약이니** 곧 너희를 위하여 붓는 것이라(눅22:20)

성만찬 예식사의 말씀에 의하면 죄 사함은 십자가를 통해서 직접 주어지지 않고 언약을 통해서 주어진다. 예수님께서 십자가에서 죽으신 것은 폐기된 옛계약을 대신할 새계약을 맺기 위함이었다. 계약 실천과 상관없이 사죄가 주어지는 게 아니라 예수님의 대신 죽으심으로 말미암아 새계약이 가능해졌기 때문에 예수님의 피로 죄 사함을 얻는 것이다. 사도바울이 말하는 십자가의 대속도 이런 시각에서 해석되어야 한다. 예수님의 피로 맺어진 새계약을 배제하고 십자가를 통해서 직접 용서받고 구원에 이른다고 말하면 이는 복음서와 십자가 사건을 부정하는 결과에 이른다.

❹ 십자가 이전의 구원

예수님께서는 십자가를 지시기 이전에 이미 여러 명에게 구원받았다고 선포하셨다.

> 예수님께서 들으시고 놀랍게 여겨 따르는 자들에게 이르시되 내가 진실로 너희에게 이르노니 이스라엘 중 아무에게서도 이(백부장)만한 믿음을 보지 못하였노라 또 너희에게 이르노니 동서로부터 많은 사람이 이르러 **아브라함과 이삭과 야곱과 함께** 천국에 앉으려니와 그 나라의 본 자손들은 바깥 어두운 데 쫓겨나 거기서 울며 이를 갈게 되리라(마8:10~12)
>
> 베드로가 여짜오되 보옵소서 우리가 우리의 것을 다 버리고 주를 따랐나이다 이르시되 내가 진실로 너희에게 이르노니 하나님의 나라를 위하

> 여 집이나 아내나 형제나 부모나 자녀를 버린 자는 현세에 여러 배를 받고 내세에 영생을 받지 못할 자가 없느니라 하시니라(눅18:28~30)
>
> 삭개오가 서서 주께 여짜오되 주여 보시옵소서 내 소유의 절반을 가난한 자들에게 주겠사오며 만일 누구의 것을 속여 빼앗은 일이 있으면 네 갑절이나 갚겠나이다 예수님께서 이르시되 오늘 구원이 이 집에 이르렀으니 이 사람도 **아브라함의 자손임이로다**(눅19:8~9)

대표적인 사람이 하인의 병을 고치기 위하여 찾아왔던 로마인 백부장과 여리고의 세리장 삭개오인데, 이들은 계약법 정신을 실천한 사람들이며, 이런 실천으로 구원을 받았다.

❺ 계약사와 구속사

하나님께서 세상을 구원하시는 방법은 계약이었다. 이런 이유로 아브라함의 후손과 시내산에서 계약을 체결하시고 그들로 하여금 계약의 땅인 가나안에서 계약대로 살면서 하나님 나라의 모형을 만들어 세상 사람들에게 보여주어 모든 사람이 구원에 이르게 하도록 당부하셨다. 그러나 이스라엘은 이를 거역하여 결국 계약이 파기되고 말았다. 계약이 수포로 돌아갔으니 세상을 구원할 방법이 더 이상 없었다. 이에 하나님께서는 마지막 방법을 사용하셨는데, 직접 인간으로 오셔서 1차 계약이 수포로 돌아간 책임을 직접 담당하여 십자가에서 대신 죽으시고 새로운 계약 체결의 길을 열어 놓으셨다. 예수님의 십자가의 대속은 옛계약이 실패한 책임을 대신 감당하시는 대속이었다. 이 대속으로 말미암아 새로운 계약의 길이 열렸다. 예수님께서는 성만찬 예식사에서 새계약을 위하여 흘리는 피라고 분명하게 말씀하셨다.

예수님을 통한 새계약 체결로 말미암아 사죄의 길이 열렸는데 그 방법은 새로운 계약을 지키는 삶이다. 사람들에게 죄 사함의 권세가 있는 이유는 여기에 있다. 계약의 삶을 살아가면서 서로 용서하고 용서받아야 하나님으로부터 용서받을 수 있다. 예물(예배)을 드리다가 누군가에게 원망들을 만한 일이 생각나면 먼저 가서 화해하고 와야 한다는 말씀은 이런 뜻이다. 피해 입힌 사람에게 용서받지 않고 십자가의 대속으로 용서받겠다고 말하는 것은 모순이며 십자가에 대한 모독이다. 십자가 신학과 구속사는 계약사 속에서 이해되어야 한다.

❻ 잘못 끼워진 첫 단추

그런데 초기교부들의 글을 읽어보면 안타깝게도 계약사에 대한 이해가 전혀 없음을 발견하게 된다. 계약에 대한 이해없이 십자가 신학을 전개하여 예수님에게만 죄 사함의 권세가 있다고 해석했다. 죄 사함의 권세는 하나님에게만 있는데, 예수님은 하나님과 동일하므로 예수님에게만 죄 사함의 권세가 있다고 단순하게 생각한 것이다. 그런데 이렇게 생각한 첫 단추가 기독교 신학의 가장 큰 오류였고 비극을 불러왔다. 첫 단추가 계약사와 상관없는 구속사로만 끼워진 결과 그 이후는 어느 누구도 이에 대하여 달리 생각할 여지가 없었으며, 이런 전통은 지금까지 이어지고 있다. 안타까운 일이지만 이에 대한 책임은 전적으로 초기의 교부들에게 있다.

오늘 우리의 가장 큰 과제는 처음부터 잘못된 서구 이천 년 기독교 신학을 바로잡는 것인데 그 중심에는 구속사 신학(십자가 신학)이 들어있다.

❼ 본문 재구성

본문은 대단히 중요하므로 내용을 다시 이야기로 구성해보고자 한다.

> 1 수일 후에 예수님께서 다시 가버나움에 들어가시니 집에 계시다는 소문이 들린지라 2 많은 사람이 모여서 문 앞까지도 들어설 자리가 없게 되었는데 예수님께서 그들에게 도를 말씀하시더니

귀신을 내쫓고 나병환자를 치료하시면서 엄하게 입단속을 시키셨으나 오히려 소문은 증폭되어 사람들이 예수님을 유대인의 메시야

로 오해하여 예수님은 한적한 곳으로 잠시 피해 계셔야 했다. 며칠 뒤에 예수님께서는 다시 가버나움으로 돌아오셨다. 가버나움에는 수많은 사람들이 예수님을 기다리고 있다가 예수님 주변으로 모여들었는데, 이번에는 군중을 데리고 바닷가로 가지 않으시고 집으로 가셨다.

그러자 예수님이 계신 집 주변에는 사람들이 구름떼처럼 모여들어 진을 쳤다. 왜 예수님께서는 바닷가로 가지 않고 집에 계셨을까? 예수님께서는 극적인 장면을 연출할 특별한 손님을 기다리고 계셨다.

지붕을 뜯는 사람을 기다리시니

드디어 그들이 왔다. 그들은 예수님의 소문을 듣고 중풍병자를 데리고 먼 길을 걸어왔으나 사람들이 너무 많아 예수님께 가까이 가기가 어려웠다. 마냥 기다릴 수 없다고 판단한 그들은 환자를 예수님이 계신 집의 지붕으로 데리고 올라가 지붕을 뜯고 달아 내렸다.

> 3 사람들이 한 중풍병자를 네 사람에게 메워 가지고 예수께로 올새 4 무리들 때문에 예수께 데려갈 수 없으므로 그 계신 곳의 지붕을 뜯어 구멍을 내고 중풍병자가 누운 상을 달아 내리니

사람마다 특징이 있고 생각이 다르기에 어떤 일에 대처하는 방법도 다를 수 있다. 그렇지만 어떻게 이런 기상천외한 생각을 할 수 있었는지 놀라울 뿐이다. 이런 무지막지한 행동을 예수님은 어떻게 평가하셨을까?

늦게 와서 순서를 기다리지 않고 남의 지붕을 막무가내로 뜯어 구멍을 내고 환자를 달아 내리는 사람들, 도대체 그들은 어떤 사람들이었을까? 중풍병자를 어떻게 하든지 고쳐야겠다는 일념으로 침상을 들고 먼 길을 오는 수고를 마다하지 않았던 사람들, 와서도 한가하게 순서를 기다릴 마음의 여유가 없어 환자를 들고 지붕으로 올라가 남의 집 지붕을 뜯는 사람들, 이들은 집주인의 반대를 개의치

않았고 중풍병자를 고칠 수만 있다면 무슨 일이라도 할 사람들이었다. 아마도 이들은 그전에도 이 환자를 고치기 위하여 온갖 방법을 다 하다가 여기까지 왔을 것이다. 이들은 중풍병자와 어떤 각별한 사연이 있었던 듯하다. 하인이거나 돈을 받고 온 사람들이라면 이렇게 하지 못한다. 아마도 중풍병자에게 평생 갚아도 갚지 못할 어떤 큰 은덕을 입은 사람들이었을 가능성이 높다. 어떤 근거로 이런 말을 하는가?

5 예수님께서 **그들의 믿음을 보시고** 중풍병자에게 이르시되

'그들의 믿음을 보시고'라는 독특한 구절이 그것을 말해준다. 예수님께서 병자를 고치실 때는 대부분 환자 자신의 믿음이나 간절한 마음을 보셨다. 그런데 이번에는 환자가 아니라 데리고 온 사람들의 믿음을 보셨다. 이들의 어떤 믿음을 본 것일까? 여기까지 온 병자들은 예수님께서 모든 병자를 치료하실 수 있다는 것을 소문으로 듣고 믿었기에 왔다. 그런 믿음이 없는 사람들은 아무도 없었다. 그런데 중풍병자를 데리고 온 이들에게는 어떤 믿음이 있었다는 것일까? 왜 예수님께서는 이들이 이런 행동을 하도록 집에서 기다리셨을까? 왜 이들이 예수님에게는 특별한 손님이었을까?

간절한 마음, 안타까운 마음, 견딜 수 없는 마음, 포기되지 않는 마음

예수님께서는 이들의 이런 마음을 보셨다. 하나님께서는 하나님 나라에 대하여 이런 마음 가진 자를 찾고 계신다.

모여있던 수많은 사람들의 관심이 이 극적인 장면에 대하여 예수님께서 무슨 말씀을 하실지에 집중되었다. 그런데 예수님께서는 전혀 의외의 말씀을 하셨다.

5 중풍병자에게 이르시되 작은 자야 네 죄 사함을 받았느니라 하시니

"네 죄가 용서받았느니라!" 누구도 예상하지 못한 이 말씀을 왜,

누구에게 하셨을까?

예수님이 방에 앉아 계시자 서로 예수님 주변 가까이 앉으려고 아우성을 쳤을 것이다. 어떤 사람들이 앉았을까? 누가 이런 질서를 통제했을까? 당연히 제자들이다. 제자들은 누구를 예수님 주변에 앉혔을까? 갈릴리의 각 마을과 유대와 예루살렘에서 온 바리새인과 율법교사들이 앉았다고 기록되어 있다.(눅5:17) 예수님에 관한 소문을 들은 예루살렘의 랍비들은 대표자를 보내 확인하게 했으며, 갈릴리의 서기관들은 이들을 안내하고 와서 예수님이 유대인의 메시야가 맞는지 확인하기 위하여 예수님의 일거수일투족을 예의주시하고 있었다. 이런 사실을 잘 아시는 예수님께서는 이들을 염두에 두고 중풍병자를 향하여 "네 죄가 사함을 받았느니라."라고 하셨다.

신성 모독이로다

왜 예수님께서는 이렇게 말씀하셨을까? 서기관들이 중풍병자를 향하여 가진 마음을 잘 아시기 때문이다. 이들은 중풍병자를 보면서 "저 사람은 무슨 큰 죄를 지어서 저런 중병에 걸려있을까?"라고 생각했다. 왜냐하면 서기관들의 역할은 모든 병자와 재앙을 당하는 사람들에게 왜 그런 징계가 왔는지 구체적으로 지적해주는 게 그들이 늘 하는 일이었기 때문이다. 본문에서 예수님께서 중풍병자를 데리고 온 그들의 믿음을 보셨다고 기록한 것은 바리새인들의 이런 정죄하는 마음과 대비시키기 위함이다. 지금 여기에는 중풍병자에 대한 정반대의 두 마음이 준비되어 있었다.

그들의 간절한 마음, 안타까운 마음, 견딜 수 없는 마음, 포기되지 않는 마음

서기관의 저 사람이 지은 큰 죄는 도대체 무엇일까라고 정죄하는 마음

예수님께서는 이 두 마음을 서로 극적으로 만나게 하기 위하여

이런 특별한 자리를 기다리셨다. 그리고 말씀하셨다.

> 네 죄 사함을 받았느니라

그러자 예상대로 서기관들은 신성모독이라며 수군거렸다. 서기관의 입장에서 보면 예수님의 말씀은 도무지 용납될 수 없었다. 사죄는 하나님에게만 속한 특별한 권한인데, 사람이 감히 어떻게 죄를 용서한다고 말할 수 있단 말인가?

> 6 어떤 서기관들이 거기 앉아서 마음에 생각하기를 7 이 사람이 어찌 이렇게 말하는가 신성 모독이로다 오직 하나님 한 분 외에는 누가 능히 죄를 사하겠느냐

이런 그들을 향해서 예수님께서는 더 충격적인 말씀을 하셨다.

> 10 그러나 인자(人子)가 땅에서 죄를 사하는 권세가 있는 줄을 너희로 알게 하려 하노라 하시고

앞에서도 이미 설명한 바와 같이 예수님께서는 가장 예민한 문제인 죄 사함의 권세가 하나님에게만 있는 게 아니라 사람들에게도 있다고 말씀하셨다. 예수님께서 사용하신 '사람의 아들'(人子)이라는 칭호에 대해서는 많은 연구가 있었다. 예수님께서는 이 칭호를 예수님 자신을 지칭하는 고유명사로 사용하셨다. 그러나 간혹 사람들 모두를 지칭하는 일반명사로도 사용하셨다.

> 또 이르시되 안식일이 사람을 위하여 있는 것이요 사람이 안식일을 위하여 있는 것이 아니니 이러므로 인자는 안식일에도 주인이니라(막 2:27~28)

이 경우의 '인자'는 예수님만을 말한다고 보기 어렵다. 안식일은 예수님만을 위해서 있는 게 아니기 때문이다. 마찬가지로 본문에서의 인자는 예수님만이 아니라 모든 사람이 해당된다고 할 수 있다. 마태복음 9:8에서는 죄 사함의 권세가 사람들에게 주어졌다고 명확하게 말하기 때문이다. 예수님을 지켜보던, 예루살렘을 대표해서 온 서기관들은 죄 사함의 권세가 모든 사람들에게 주어졌다는 말에 아연실색하지 않을 수 없었다. 그런 그들을 향해 무슨 말씀을 하셨을까?

10 …중풍병자에게 말씀하시되 11 내가 네게 이르노니 일어나 **네 상을 가지고 집으로 가라** 하시니 12 그가 일어나 곧 상을 가지고 모든 사람 앞에서 나가거늘 그들이 다 놀라 하나님께 영광을 돌리며 이르되 우리가 이런 일을 도무지 보지 못하였다 하더라

죄 사함의 권세가 누구에게 있느냐의 문제는 토론만으로 결론내기 어렵다. 가장 간단한 방법은 결과로 보여주면 된다. 이에 예수님께서는 죄 사함의 권세가 하늘이 아닌 땅에서, 하나님에게만이 아니라 인자(사람들)에게도 있음을 확인시키기 위하여 중풍병자에게 침상을 직접 들고 집으로 가라고 말씀하셨다. 침상을 들고 집으로 돌아가는 중풍병자의 모습은 두 가지 측면에서 유대교의 오류를 보여주고 있는 확인서였다.

- 질병이 죄의 징계라는 인과응보교리의 오류다.
- 죄 사함의 권세가 하나님에게만 있다는 사죄 교리의 오류다.

두려워하며 이런 권능을 **사람(들)에게** 주신 하나님께 영광을 돌리니라 (마9:8)

이를 지켜보던 사람들은 놀라움을 넘어서서 두려움을 느꼈다. 죄 사함의 권세가 사람들에게도 있다는 이야기는 듣지도, 보지도, 생각하지도 못했을 뿐만 아니라 너무 놀랍기 때문이다. 그런데 침상을 들고가는 중풍병자의 모습을 보니 반박할 근거가 없어 하나님께 영광을 돌리지 않을 수 없었다.

13 예수님께서 **다시 바닷가에 나가시매** 큰 무리가 나왔거늘 예수님께서 그들을 가르치시니라

이 구절은 무엇을 암시하는가? 중풍병자를 돌려보내신 후에 예수님께서는 다시 바닷가로 나가셨다. 집에서는 수많은 사람들을 감당할 수 없기 때문이다. 더불어 지금까지 집에 계셨던 이유를 설명해주는 암시 구절이다. 왜 지금까지 집에 계셨는가?

예루살렘에서 내려온 대표자들 앞에서 중풍병자를 데리고 지붕으

로 올라가 지붕을 뜯고 달아내리는 기막힌 장면을 연출할 사람들, 그들을 기다리셨다. 예수님께서는 항상 주어진 상황을 가장 극적으로 사용하시면서 최대의 효과를 거두는 방식으로 사역하셨다. 하나님께서는 지금도 사람의 기대와 예상을 뛰어넘는 그런 하나님의 방식으로 하나님의 일을 하신다.

물음 13 하나님 나라를 위하여 준비된 자, 어떤 사람일까?

본문 : 〈 2:14~22 〉

14 또 지나가시다가 알패오의 아들 레위가 세관에 앉아 있는 것을 보시
고 그에게 이르시되 나를 따르라 하시니 일어나 따르니라 15 그의 집
에 앉아 잡수실 때에 많은 세리와 죄인들이 예수와 그의 제자들과 함
께 앉았으니 이는 그러한 사람들이 많이 있어서 예수를 따름이러라 16
바리새인의 서기관들이 예수님께서 죄인 및 세리들과 함께 잡수시는
것을 보고 그의 제자들에게 이르되 어찌하여 세리 및 죄인들과 함께
먹는가 17 예수님께서 들으시고 그들에게 이르시되 건강한 자에게는
의사가 쓸 데 없고 병든 자에게라야 쓸 데 있느니라 나는 의인을 부르
러 온 것이 아니요 죄인을 부르러 왔노라 하시니라

18 요한의 제자들과 바리새인들이 금식하고 있는지라 사람들이 예수께
와서 말하되 요한의 제자들과 바리새인의 제자들은 금식하는데 어찌하
여 당신의 제자들은 금식하지 아니하나이까 19 예수님께서 그들에게
이르시되 혼인 집 손님들이 신랑과 함께 있을 때에 금식할 수 있느냐
신랑과 함께 있을 동안에는 금식할 수 없느니라 20 그러나 신랑을 빼
앗길 날이 이르리니 그 날에는 금식할 것이니라 21 생베 조각을 낡은
옷에 붙이는 자가 없나니 만일 그렇게 하면 기운 새 것이 낡은 그것을
당기어 해어짐이 더하게 되느니라 22 새 포도주를 낡은 가죽 부대에
넣는 자가 없나니 만일 그렇게 하면 새 포도주가 부대를 터뜨려 포도
주와 부대를 버리게 되리라 오직 새 포도주는 새 부대에 넣느니라 하
시니라

1. 교부들의 해석

예수님께서는 돈에 대한 탐욕에 가득찬 세리가 세관에 있는 것을 보고 부르셔서 '마태'라는 새로운 이름을 선물로 주셨다. "나를 따르라."는 예수님의 부르심은 발걸음으로가 아니라 삶의 방식으로 따르라는 말씀이다. 예수님께서는 보이지 않는 선물을 주시며 따르게 하신다.(Bede) 외과수술을 할 때 고통이 따르듯이 악에 지배받는 영혼을 회복할 때도 고통이 따른다.(Gregory Nazianzen) 건강한 자들에게는 의사가 필요없고 병든자에게 필요하며, 하나님께서 죄인을 사랑하시는 이유는 죄인인 채로 남겨두시기 위함이 아니다. 목수가 숲에서 나무를 베어낼 때 무언가 만들기 위함이듯이 하나님께서는 앞으로 되어질 모습을 보시며 우리를 부르신다.(Augustin–us)

참된 단식은 악습을 멀리하는 것이다.(Basil) 예수님께서는 새계약의 새 제자들에게 새로운 형태의 기도를 제정해 주셨다. 할례는 바뀌었고, 예언은 실현되었으며, 신앙은 완성되었다. 복음에서 주어지는 하나님의 은혜로 모든 육적인 것들이 영적인 것들로 변화되었다.(Tertullian)[55]

2. 교부들의 해석에 대한 평가

본문에 대한 교부들의 해석은 단순하며 동시에 본문에서 말하려는 의도에는 접근을 못하고 있다.

3. 본문 재해석

하나님께서는 사람을 통해서 일하시기 때문에 하나님의 일을 대신할 만한 사람을 부르신다. 그런데 부르시는 기준이 도대체 무엇일

55) ACCS, Mark, pp. 27~33.

까? 외모를 보지 않고 중심을 보신다는데 그 중심이 또한 무엇일까? 마태를 부르시는 이야기 속에 그 대답이 들어있다.

❶ 세리 마태

> 14 또 지나가시다가 알패오의 아들 레위가 세관에 앉아 있는 것을 보시고 그에게 이르시되 나를 따르라 하시니 일어나 따르니라

마태와 레위는 동일인인데(마10:3), 그는 어떤 사람이었을까? 누가의 병행 본문을 보면 다음과 같이 기록되어 있다.

> 그 후에 예수님께서 나가사 레위라 하는 세리가 세관에 앉아 있는 것을 보시고 나를 따르라 하시니 그가 모든 것을 버리고 일어나 따르니라 **레위가 예수를 위하여 자기 집에서 큰 잔치를 하니** 세리와 다른 사람이 많이 함께 앉아 있는지라(눅5:27~29)

마태는 예수님의 부르심을 받자마자 모든 것을 버리고 따랐을 뿐만 아니라 예수님을 모시고 집에서 큰 잔치를 벌였다. 어떻게 부르심을 받자마자 즉시 따랐으며, 왜 큰 잔치를 벌였을까? 마태는 예수님을 따른다는 것이 무엇인지 잘 알고 있었다. 가진 재산 전부를 하나님 나라를 위하여 써야 하며, 모든 것을 포기하고 그 나라를 위하여 생명을 내어놓아야 했다. 그런데 마태는 이를 부담스럽게 여기지 않고 오히려 자신이 그런 일에 부름받았다는 것이 너무 기쁜 나머지 친구들을 불러놓고 큰 잔치를 벌였다.

비슷한 이야기가 누가복음(19:1~10)에도 나오고 있다. 예루살렘으로 올라가는 길에 여리고에서 세리장 삭개오의 집에서 묵어가셨는데, 삭개오는 예수님께서 자기 집에 머무시는 것이 너무 기뻐서 자기 재산의 절반을 가난한 자들에게 나누어주고 나머지 절반은 더 부과한 세금에 대하여 4배로 보상하겠다고 고백했다. 이에 예수님께서는 "오늘 구원이 이 집에 이르렀으니 이 사람도 아브라함의 자손임이로다. 인자가 온 것은 잃어버린 자를 찾아 구원하려 함이니라."라고 말씀하셨다. 삭개오는 누가복음에서 제시하는 참 신앙의

표본이다.

하나님께서는 이런 사람을 불러 쓰신다. 그 사람이 어부가 되었든 세리가 되었든 가리지 않으신다. 가버나움은 큰 도시였기에 세관이 있었다. 예수님께서 우연히 세관을 지나가시다가 마태를 보신 것이 아니라 마태의 중심을 미리 보시고 그를 부르시기 위하여 세관으로 가셨다. 예수님께서 죄인을 부르러 오셨다거나 길 잃은 양을 찾으로 오셨다는 말씀은 이를 말한다. 마태는 예수님에 관한 소문을 들으면서 자신도 그런 귀한 일에 동참하고 싶었지만 직업이 세리여서 참여할 수 없다고 생각하며 포기하고 있었다. 그런데 예수님께서 찾아오셔서 부르시자 이보다 더 기쁜 일은 없다고 생각하며 큰 잔치를 벌인 후에 따라나섰다. 어부였던 제자들도 마찬가지였다.

하나님 나라를 이 땅에 실현하는 일에 목말라 있는 사람, 그 일을 위해서라면 모든 것을 희생할 각오가 되어있는 사람, 이 땅에 공의가 강같이 흐르게 하는 일이 존재 이유가 되어있는 사람, 이런 사람들이 하나님 나라를 위하여 준비된 사람들이며, 지금도 그런 사람을 찾아오신다. 구약의 예언자들, 신약의 사도들은 이런 사람들이었다. 이런 마음이 하나님께서 보시는 중심이다. 지식인과 무식인, 부자와 빈자, 높은 자와 낮은 자, 남자와 여자 등의 외모를 가리지 않으신다. 사람의 기준으로 보기에 이들은 미흡해 보인다. 그러나 하나님께서는 이런 미흡해 보이는 사람을 통하여 갖추어진 사람들이 하지 못하는 일을 하게 하신다. 하나님께서 일하시는 방식의 특징이다.

❷ 서기관과 바리새인

> 16 바리새인의 서기관들이 예수님께서 죄인 및 세리들과 함께 잡수시는 것을 보고 그의 제자들에게 이르되 어찌하여 세리 및 죄인들과 함께 먹는가 17 예수님께서 들으시고 그들에게 이르시되 건강한 자에게는 의사가 쓸 데 없고 병든 자에게라야 쓸 데 있느니라 나는 의인을 부르러 온 것이 아니요 죄인을 부르러 왔노라 하시니라

이에 비하여 서기관과 바리새인은 어떤 사람들일까? 겉으로 보기에, 사람의 기준으로 보기에, 그들은 다 갖추어진 사람들이었다. 많은 교육과 신학 훈련을 받은 사람들, 이스라엘의 최고 지도자들, 당연히 하나님께서는 이들을 통해서 일하시리라고 생각된다.

그런데 그들의 마음속에는 하나님 나라 실현에 대한 간절한 목마름이 없었다. 정통신앙과 전통과 관습 유지, 종교적 권위와 기존 체제 유지 등에 관심이 있을 뿐이다. 이들 눈에 예수님은 그들의 체제에 위협이 되는 인물이었으며, 눈에 거슬리는 것들이 너무 많았다. 왜 죄인들과 식사를 하는가? 왜 금식하지 않는가? 왜 식사할 때 손을 씻지 않는가? 왜 안식일에 병자를 고치는가? 그들의 눈에는 이런 것들이 크게 거슬리고 트집거리여서 예수님은 경계의 대상이었다. 예나 지금이나 하나님 나라 운동에 방해되는 사람들은 이런 사람들이다. 이런 사람들을 향해 예수님께서는 무어라 말씀하셨을까?

❸ 새 술은 새 부대에

22 새 포도주를 낡은 가죽 부대에 넣는 자가 없나니 만일 그렇게 하면 새 포도주가 부대를 터뜨려 포도주와 부대를 버리게 되리라 오직 새 포도주는 새 부대에 넣느니라 하시니라

오늘 우리는 대전환기에 살고 있다. 서양에서 동양으로 중심축이 이전하며 동서양 융합이 일어나는 시대, 자연과학과 인문학이 통합되는 시대, 인공지능이 산업현장과 실생활에 투입되는 자동화시대, 전세계를 파멸로 몰고 갈 대량살상무기가 산재해 있는 시대, 환경오염으로 인류의 생존이 위협받는 시대, 예측을 불허하는 4차산업 시대 … 이런 시대에 적응하려면 문자 그대로 패러다임(paradigm)[56]을 바꿔야 한다.

그런데 예수님께서는 이미 2천 년 전에 새 술을 새 부대에 담으

56) 한 시대의 사람들의 견해나 사고를 근본적으로 규정하고 있는 인식 체계

라고 말씀하셨다. 당시의 유대교 체제에는 새계약법을 담을 수 없었기 때문이다. 마찬가지로 지난 2천 년을 지탱해온 서양기독교 체계에는 새계약법을 담을 수 없다. 개혁을 많이 말하는데 부분적인 종교개혁 정도로는 해결될 수 없다. 서양기독교 신학의 틀 자체를 바꿔야 한다. 이를 가능하게 하려면 새로운 관점이 있어야 하는데, 어떻게 그런 관점의 전환이 가능할까?

동양의 입장에서 영성과 계약으로 보는 관점이 새 술을 새 부대에 담는 변혁을 가능하게 한다.

준비하라! 새 술을 새 부대에 담을 때가 되었느니라!

물음 14 안식일인가, 사람인가?

본문 : 〈 2:23~28 〉

23 안식일에 예수님께서 밀밭 사이로 지나가실새 그의 제자들이 길을 열
며 이삭을 자르니 24 바리새인들이 예수께 말하되 보시오 저들이 어찌
하여 안식일에 하지 못할 일을 하나이까

25 예수님께서 이르시되 다윗이 자기와 및 함께 한 자들이 먹을 것이 없
어 시장할 때에 한 일을 읽지 못하였느냐 26 그가 아비아달 대제사장
때에 하나님의 전에 들어가서 제사장 외에는 먹어서는 안 되는 진설병
을 먹고 함께 한 자들에게도 주지 아니하였느냐 27 또 이르시되 안식
일이 사람을 위하여 있는 것이요 사람이 안식일을 위하여 있는 것이
아니니 28 이러므로 인자는 안식일에도 주인이니라

1. 교부들의 해석

예수님께서 육신없이 음식을 드셨다는 것이 있을 수 없는 일이듯이, 영혼이 없이 배고픔을 느끼셨다는 것도 불가능하다.(Augustinus)

한 주일은 칠 일로 이루어져 있다. 엿새는 노동을 위해서, 하루는 기도와 휴식과 죄씻음을 위해서 주어져 있다. 엿새 동안 세상일로 죄에 빠져 지냈다면 주님의 날에는 하나님과 화해할 수 있다.(Unk-nown Greek) 안식일의 주인이 참 하나님이신 것처럼 그분은 참으로 인간이시다.(Novatian)[57]

2. 교부들의 해석에 대한 평가

교부들의 지극히 단순한 문자대로의 해석은 실천을 촉구하는 장점이 있지만, 성경의 본 뜻을 파악하지 못하는 단점도 있다.

3. 본문 재해석

복음서에 보면 유대인들과 예수님께서 안식일 법 때문에 논쟁을 벌이는 경우가 여러 번 나오고 있다. 왜 안식일문제가 논쟁의 초점이 되고 있을까?

❶ 안식일법의 명암(明暗)

> 23 안식일에 예수님께서 밀밭 사이로 지나가실새 그의 제자들이 길을 열며 이삭을 자르니 24 바리새인들이 예수께 말하되 보시오 저들이 어찌하여 안식일에 하지 못할 일을 하나이까

마케도니아에서 그리스를 통일한 알렉산더는 20세의 나이에, 헬라문화로 세상을 개화하자는 야심찬 계획을 가지고 동방원정길에 나섰는데, 10여 년 만에 인도 접경까지 이르는 대제국을 건설했다. 제국도 단시간에 건설했지만 헬라문화의 확산도 단시간에 이루어졌다. 20세에 불과한 청년이 어떻게 그 짧은 시간에 세계사를 바꾸는 일을 했는지 놀라울 뿐이다. 위대한 정신은 그 정신을 실현할만한 위대한 방법을 가능하게 한다는 사실을 알렉산더는 역사 속에서 입증했다.

57) ACCS, Mark, p. 34.

알렉산더는 이 두 가지를 가능하게 할만한 위대한 정신과 방법을 갖춘 후에 군사들에게 정신교육과 군사훈련을 시켰다. 이어서 전문가를 동원하여 헬라문화를 확산시킬 치밀한 연구를 했다. 그 방법으로 알렉산더는 정복한 각 지역에 경기장과 극장을 짓고 주말마다 경기를 하고 연극을 상연했다. 그 파장은 상상을 초월하여 순식간에 메소포타미아와 이집트문화를 집어삼키고 헬레니즘시대를 열었다.

귀환 이후 수많은 위기를 겪으면서 겨우 명맥을 유지하고 있던 유대교는 문자 그대로 바람 앞의 등불 신세였다. 그런데 알렉산더의 기적 못지않은 문화적인 기적이 일어났다. 유대교가 멀쩡히 살아남아 그 이후 헬레니즘을 능가하는 헤브라이즘의 기초를 놓았으며, 기독교를 가능하게 했다. 당시 유대인들의 공헌은 아무리 높이 평가해도 지나치지 않다. 그런데 헬레니즘에 흡수되지 않게 만든 일등공신은 '안식일법'이었다. 당시 랍비들은 율법의 안식일법에 기초하여 안식일에 지켜야 할 39가지 조항을 만들어 지극히 배타적인 방법으로 대처했다. 안식일법 때문에 유대교는 살아남을 수 있었다.

그런데 수백여 년의 시간이 지나는 동안 안식일법은 정통신앙으로 화석화되어 그 위력을 발휘하고 있었지만 본래 안식일법이 가지고 있었던 정신은 사라지고 말았다. 인과응보교리, 안식일법, 할례법, 정결례법 등은 유대교를 지켜준 일등 공신들이었지만 시간이 지나가면서 이제는 유대교를 파멸시키는 독소조항들이 되고 말았다. 신앙의 유산들이 매 시대 마다 새로 해석되지 않으면 이런 오류가 반복된다. 정통신앙과 그 전통은 중요하지만 이를 고수하는 정통주의는 그 본질을 말살시킨다. 매년 술을 담글 때마다 새 부대에 담아야 하듯이 매 세대마다 정통교리와 신앙전통은 다시 해석되어야 한다. 그렇지 않으면 죽이는 독이 되어 마귀에게 이용당한다.

❷ 안식일인가? 사람인가?

27 또 이르시되 안식일이 사람을 위하여 있는 것이요 사람이 안식일을
위하여 있는 것이 아니니 28 이러므로 인자는 안식일에도 주인이니라

유대인들은 안식일을 철저히 지키기 위하여 구체적인 실천 조항을 만들었다. 초기에는 안식일에 극장이나 경기장에 가지 말라는 규정들이 생겼으나 시간이 지나면서 점점 그 조항이 늘어났다. 본문에 의하면 안식일에 밀이삭을 손으로 비벼먹는 것도 노동에 해당되므로 하지 말아야 했다. 유대인들을 지금도 안식일 조항을 계속 추가하고 있는데, 안식일에는 전기 스위치나 엘리베이터 버튼도 눌러서는 안 된다고 규정해 놓고 그것들을 지키고 있다. 도무지 믿기지 않는 사실이다.

이런 과정을 거치면서 안식일법은 본래의 의미를 상실하고 사람이 안식일을 위해서 존재하는 형국이 되고 말았다. 이에 예수님께서는 안식일이 사람을 위하여 있는 것이며 사람이 안식일의 주인이라고 하셨다. 모든 것을 버리고 예수님을 따른다는 말이 자칫 사람이 신앙을 위해서 존재한다고 오해할 수 있다.

안식일법은 본래 가정을 지키기 위하여 만들어진 법이다. 예수님을 따르는 것은 가정을 지키는 최상의 방법이다. 왜냐하면 예수님을 따른다는 것은 이 땅에 하나님 나라라는 최고의 가치를 실현하는 것이며, 이 땅에 하나님 나라가 실현될 때 세상의 모든 가정이 진정으로 행복해질 수 있기 때문이다. 이는 마치 나라가 존재해야 각 가정이 지켜지기 때문에 젊은이들이 나라를 지키기 위하여 가정을 떠나 군대에 가야 하는 이치와 같다. 군대나 국가가 가정보다 더 중요하다는 뜻이 아니라, 나라가 정상으로 유지되어야 가정이 평안할 수 있기 때문에 국가가 우선이라는 뜻이다.

그 어떤 경우에도 인간의 삶에서 가정보다 더 중요한 것은 있을

수 없다. 사람은 가정에서 태어나고 부모에게 오랫동안 양육과 교육을 받으며 성장하기 때문이다. 젊은이들이 이런 가정생활을 포기하고 군대에 가는 이유는 가정을 지키기 위함이다. 마찬가지로 예수님을 따르는 것을 가정일보다 더 중요하게 여기는 이유는 그것이 가정을 지키는 가장 확실한 방법이기 때문이다.

마귀는 하나님과 신앙이 더 중요하다는 명분으로 가정을 파괴시키며, 인간이 신앙을 위해서 존재하도록 부추긴다.

물음 15 예수님과 유대교, 왜 정면 충돌했을까?

본문 : 〈 3:1~12 〉

1 예수님께서 다시 회당에 들어가시니 한쪽 손 마른 사람이 거기 있는지
라 2 사람들이 예수를 고발하려 하여 안식일에 그 사람을 고치시는가
주시하고 있거늘 3 예수님께서 손 마른 사람에게 이르시되 한 가운데
에 일어서라 하시고 4 그들에게 이르시되 안식일에 선을 행하는 것과
악을 행하는 것, 생명을 구하는 것과 죽이는 것, 어느 것이 옳으냐 하
시니 그들이 잠잠하거늘 5 그들의 마음이 완악함을 탄식하사 노하심으
로 그들을 둘러 보시고 그 사람에게 이르시되 네 손을 내밀라 하시니
내밀매 그 손이 회복되었더라 6 바리새인들이 나가서 곧 헤롯당과 함
께 어떻게 하여 예수를 죽일까 의논하니라

7 예수님께서 제자들과 함께 바다로 물러가시니 갈릴리에서 큰 무리가
따르며 8 유대와 예루살렘과 이두매와 요단 강 건너편과 또 두로와 시
돈 근처에서 많은 무리가 그가 하신 큰 일을 듣고 나아오는지라 9 예
수님께서 무리가 에워싸 미는 것을 피하기 위하여 작은 배를 대기하도
록 제자들에게 명하셨으니 10 이는 많은 사람을 고치셨으므로 병으로
고생하는 자들이 예수를 만지고자 하여 몰려왔음이더라 11 더러운 귀
신들도 어느 때든지 예수를 보면 그 앞에 엎드려 부르짖어 이르되 당
신은 하나님의 아들이니이다 하니 12 예수님께서 자기를 나타내지 말
라고 많이 경고하시니라[58]

1. 교부들의 해석

예수님께서 손 마른 사람의 오른손을 치료해주시는 것은 더 이상 그 손으로 구걸하지 않고 자기 힘으로 살게 하신 것이다. 또 예수님께서는 안식일에 일을 한다는 비판을 잠재우시기 위하여 그 사람에게 손을 대지 않으시고 말씀만으로 치료하셨다.(Athanasius) 예수님의 분노는 선에 대한 사랑과 거룩한 덕행에서 나온 것이기에 유대인의 완고함에 대하여 분노하시고 슬퍼하셨다. 따라서 분노라고 해서 다 악덕은 아니다.(Augustinus) 예수님을 만지려고 많은 사람들이 몰려들었다. 예수님을 만지는 것은 손이 아니라 믿음으로 만져야 한다. 예수님을 채찍질하고 십자가에 못을 박은 사람들도 예수님을 만졌지만 그들은 예수님을 만지면서 그분을 잃어버렸다. 예수님을 하나님과 같은 주님이라고 믿는다면 그분이 아버지께로 올라가시는 바로 그때 그분을 만진 것이 된다.(Augustinus)[59]

2. 교부들의 해석에 대한 평가

교부들의 본문 해석은 단순한 해석의 극치를 보여주고 있다. 교부들이 예수님 당시의 유대교와 역사적인 정황에 대하여 아무런 이해가 없다는 것이 놀라울 뿐이다. 배경에 대한 전무하니 알레고리, 문자 이상의 해석이 될 수가 없었다.

3. 본문 재해석

1 예수님께서 다시 회당에 들어가시니 한쪽 손 마른 사람이 거기 있는지라 2 사람들이 예수를 고발하려 하여 안식일에 그 사람을 고치시는가 주시하고 있거늘

마가복음에 의하면 예수님은 첫 사역을 회당에서 시작하셨다. 그

58) 밑줄친 부분은 두 번째 마가의 요약.

59) ACCS, Mark. pp. 35~38.

런데 예수님께서 회당을 찾으실 때는 유대교 당국자들과 늘 충돌이 일어났다. 마침 회당에 한 손이 불구자가 된 사람이 있었는데, 예수님께서 병자들을 치료하신다는 소문을 들은 서기관과 바리새인 등은 안식일에도 이 사람을 치료하시는지 지켜보고 있었다. 당시의 안식일법에 의하면 생명에 지장이 있는 경우에도 응급조치만 하라고 했으며, 그 외에는 안식일에 병자를 고칠 수 없다고 했다.

❶ 자명성과 당위성

> 3 예수님께서 손 마른 사람에게 이르시되 한 가운데에 일어서라 하시고 4 그들에게 이르시되 안식일에 선을 행하는 것과 악을 행하는 것, 생명을 구하는 것과 죽이는 것, 어느 것이 옳으냐 하시니 그들이 잠잠하거늘 5 그들의 마음이 완악함을 탄식하사 노하심으로 그들을 둘러 보시고 그 사람에게 이르시되 네 손을 내밀라 하시니 내밀매 그 손이 회복되었더라

그런 유대인의 마음을 잘 헤아리고 계시던 예수님께서는 그 불구자를 한 가운데 세워놓고 물으셨다. 안식일에 선을 행하는 것과 악을 행하는 것, 생명을 살리는 것과 죽이는 것 중 어느 것이 옳으냐? 예수님의 방법은 자명한 이치로 물으셔서 누구나 그 자리에서 무엇이 옳고 그른지 알게 하시는 방법이었다. 안식일에 일을 해야 하느냐 하지 말아야 하느냐가 아니라 무슨 일을 해야 하느냐로 물으셨다. 예수님의 말씀에 의하면 안식일은 일을 하지 않는 날이 아니라 선을 행해야 하는 날이었고 이는 더 물을 필요없이 당연한 이치였다. 하나님께서 안식일을 정해놓으신 이유가 사람을 위해서인데, 안식일에 선을 행하는 것을 죄라고 한다면 이는 모순이기 때문이다. 안식일에 일을 해서는 안된다고만 생각하던 유대인들은 예수님의 자명한 질문과 당연한 이치에 할 말이 없어 뭐라고 대답하지 못했다.

예수님께서 성경을 해석하시는 기본적인 원리는 누구나 알 수 있는 자명성(自明性)과 당위성(當爲性)이었다.

❷ 완악함과 작당(作黨)

6 바리새인들이 나가서 곧 헤롯당과 함께 어떻게 하여 예수를 죽일까 의논하니라

이런 유대인들을 향하여 예수님은 크게 진노하셨다. 왜 분노하시는가? 그들의 마음속에는 병자와 불구자를 향해 불쌍히 여기는 마음은 전혀 없고 정죄하는 마음만 있었기 때문이다. 히브리인의 복음서에 의하면 손 마른 사람은 본래 석공이었는데, 손을 다쳐 일할 수 없게 되어 구걸해야 했다고 한다. 이런 사람의 경우 서기관들은 그가 무언가 하나님께 죄를 지어 이런 징계를 받았다라고 정죄했다. 종교와 신앙의 중심은 불쌍히 여기는 마음인데 유대교 지도자들에게는 병든자, 불구자, 가난한 자, 온갖 환난을 당한 자들에 대하여 불쌍히 여기는 마음은 눈꼽 만큼도 없었을 뿐만 아니라 오히려 하나님의 이름으로 그들을 정죄하며 죄인으로 취급했다. 이들이야말로 예수님 보시기에는 신성모독이어서 그들의 잘못된 신앙에 대하여 크게 진노하신 것이다.

종교지도자들이 잘못 알고 잘못 가르치는 죄는 결코 용서받을 수 없으며, 그 어떤 변명도 용납되지 않는다. 성경을 가르치려면 먼저 자신이 가르치는 것이 옳고 그른지 확인해야 한다. 내려온 전통을 따르며 배운대로 가르친다는 것은 변명의 사유가 되지 않는다. 끊임없이 묻고 다각도에서 검토하고 또 기도로 영감을 구하며 확인해야 한다. 그리고 경험으로 확인한 것만, 확인한 만큼만 말해야 한다. 경험은 직접경험과 교육을 통한 간접경험이 가능하다. 간접경험을 어떻게 인정하며, 직접경험과 동일시할 수 있을까? 자명성과 당위성, 비모순의 법칙으로 확인하면 된다.

예수님께서 자명한 이치와 당위성으로 확인시켜 주었음에도 불구하고 서기관들은 헤롯당과 작당하여 예수님을 죽일 방도를 찾기 시

작했다. 예나 지금이나 교권에 젖어있는 자들은 결코 돌이키지 않는다. 정통신앙의 유산이 자명한 이치보다 더 크게 느껴지기 때문이다. 또 자신들의 종교적인 권익이 침해받는다고 생각하면 가차없이 제거할 생각부터 하며, 그것이 하나님의 뜻이라는 정통신앙의 논리로 무장한다.

❸ 해변에서

> 7 예수님께서 제자들과 함께 바다로 물러가시니 갈릴리에서 큰 무리가
> 따르며 8 유대와 예루살렘과 이두매와 요단 강 건너편과 또 두로와 시
> 돈 근처에서 많은 무리가 그가 하신 큰 일을 듣고 나아오는지라 9 예
> 수님께서 무리가 에워싸 미는 것을 피하기 위하여 작은 배를 대기하도
> 록 제자들에게 명하셨으니 10 이는 많은 사람을 고치셨으므로 병으로
> 고생하는 자들이 예수를 만지고자 하여 몰려왔음이더라

본문은 마가복음의 세 요약(1:32~39, 3:7~12, 6:53~56) 중에서 두 번째의 요약이다.

말씀을 가르치고 배우는 회당에서 더 이상의 기대를 할 수 없게 되신 예수님께서는 회당을 포기하고 갈릴리 바닷가로 나가셨다. 예수님께서 해변에 계시자 천지사방에서 사람들이 몰려들었다. 갈릴리, 유대, 예루살렘, 이두매, 요단 강 건너편, 두로와 시돈…, 온 이스라엘 경내는 물론 해외까지 소문이 퍼져 나갔고 큰 무리가 몰려와서 인산인해를 이뤘다. 예수님께서는 모인 사람들이 예수님의 육성을 다 들을 수 있도록 지형지물을 이용하시기 위하여 바다 위에 배를 띄워놓고 바다에서 불어오는 해풍을 등지고 말씀하셨다.

마가복음에서는 회당과 해변이 대조를 이루고 있다. 예수님께서는 해변에서 "공중 나는 새를 보아라!", "들에 자라는 백합화를 보아라!"라고 말씀하셨다. 무엇을 말하는가? 자명성과 당위성이 예수님께서 사용하신 방법이다. 이에 반하여 서기관들은 아무개 권위자의 말을 인용하며 말을 했다. 그들은 권위자의 이름에 의지하지 않고는 아무 말도 하지 못했다.

❹ 입단속

11 더러운 귀신들도 어느 때든지 예수를 보면 그 앞에 엎드려 부르짖
어 이르되 당신은 하나님의 아들이니이다 하니 12 예수님께서 자기를
나타내지 말라고 많이 경고하시니라

그러나 해변에도 마귀는 파고들었다. 귀신들린 자들의 입을 통하여 "당신은 하나님의 아들이니이다."라고 합창하듯이 떠들어대게 했다. 맞는 말을 한 것처럼 느껴지는데, 이는 마귀의 가장 큰 속임수였다. 예수님의 가장 큰 적은 유대인들이 기대하는 그런 메시야가 되라는 유혹이었다. 단순한 군중들은 이를 알아차리지 못하기 때문에 마귀는 수시로 군중들을 현혹했다. 이에 예수님은 그런 말을 하지 못하도록 입단속 시켜야 했다.

회당에서는 서기관들이 정통신앙이라는 이름으로, 해변에서는 군중들이 예수님이야말로 자신들이 기대하는 메시야라는 외침으로, 마귀는 끝까지 공격을 멈추지 않았다.

물음 16 열두 사도, 왜 중요할까?

본문 : 〈 3:13~19 〉

13 산에 오르사 자기가 원하는 자들을 부르시니 나아온지라 14 이에 열
둘을 세우셨으니 이는 자기와 함께 있게 하시고 또 보내사 전도도 하
며 15 귀신을 내쫓는 권능도 가지게 하려 하심이러라

16 이 열둘을 세우셨으니 시몬에게는 베드로란 이름을 더하셨고 17 또
세베대의 아들 야고보와 야고보의 형제 요한이니 이 둘에게는 보아너
게 곧 우레의 아들이란 이름을 더하셨으며 18 또 안드레와 빌립과 바
돌로매와 마태와 도마와 알패오의 아들 야고보와 및 다대오와 가나안
인 시몬이며 19 또 가룟 유다니 이는 예수를 판 자더라

1. 교부들의 해석

교부들은 사도들을 비롯한 성경의 인물들에게 주어진 새로운 이름에 많은 관심을 가지고 해석하고 있다. 신앙이 성장함에 따라 아브람은 아브라함으로(창17:5), 시몬은 베드로로, 사울은 바울로 이름이 바뀌었다. 그러나 영원불변하신 하나님께서는 늘 동일한 이름만 있으신데 그 이름은 "나는 나다."이다.(Origenes)

주님께서는 야고보와 요한을 '천둥의 아들'이라고 하셨다. 그 이유는 예수님께서는 구약에서 아브람에게 아브라함, 사래에게 사라, 야곱에게 이스라엘이라는 새로운 이름을 주신 바로 그 하나님이라는 것을 보여주시기 위함이었다.(Chrysostom) 천둥은 복음 선포를 말한다. 하늘의 천둥이 모든 인간의 능력을 뛰어넘듯이 하늘에서 유래하는 복음은 인간의 힘이나 계획이 아니라 하나님의 권능으로 온 세상에 울려 퍼진다.(Eusebius) 마태에게 이름이 둘이 있었다는 것은 중요하다. 세리였던 마태가 레위로 불리는 것은 세리들과 죄인들도 구원받을 수 있다는 더 큰 확신을 그들에게 심어주신 것이다.(Bede)[60)]

2. 교부들의 해석에 대한 평가

교부들은 사도들에게 새로운 이름이 주어지는 것을 구약의 사례와 연결시키면서 해석한다. 다른 병행본문의 경우에도 비슷하게 해석하고 있다. 이는 신앙은 곧 변화여야 한다는 데에 중점을 두기 때문이라고 보여진다. 구속사신앙에서는 구원의 방법인 믿음과, 믿음 이후의 성화에 지대한 관심을 가진다. 이런 신앙의 대상은 개인이다. 그러나 계약신앙에서는 공동체와 공동체가 이 땅에서 실현하여 보여주어야 할 하나님 나라의 실현이 중요해진다. 그런데 교부들에

---

60) ACCS. Mark. pp. 39~40)

게서는 안타깝게도 후자의 개념을 찾아볼 수 없다. 이것이 바로 교회사의 비극이다.

3. 본문 재해석

13 산에 오르사 자기가 원하는 자들을 부르시니 나아온지라 14 이에 열둘을 세우셨으니

복음서에서는 예수님께서 열두 사도를 세우는 이야기를 대단히 중요하게 다루고 있다.(마10:2~9, 눅6:12~16, 행1:13) 예수님께서는 열두 사도를 선택하기 위하여 산에서 밤을 새워 기도하신 후 그 산에서 제자들을 선택하셨다.(눅6:12) 열두 사도를 세우는 일이 왜 이렇게 중요할까? 본문에서는 간단하게 예수님과 함께하며 전도와 치유사역에 동참하기 위함이라고 설명하고 있다. 그런데 계약사의 입장에서 보면 사도들의 역할이 왜 중요한지가 명확해진다.

❶ 12사도

16 이 열둘을 세우셨으니 시몬에게는 베드로란 이름을 더하셨고 17 또 세베대의 아들 야고보와 야고보의 형제 요한이니 이 둘에게는 보아너게 곧 우레의 아들이란 이름을 더하셨으며 18 또 안드레와 빌립과 바돌로매와 마태와 도마와 알패오의 아들 야고보와 및 다대오와 가나안인 시몬이며 19 또 가룟 유다니 이는 예수를 판 자더라

사도들을 열둘을 세우신 이유는 구약의 지파와 관련이 있다. 구약의 지파는 계약공동체의 조직이다. 구약의 지파는 레위지파를 합하면 13 지파가 되는데, 레위인들에게는 땅을 기업으로 주지 않았다. 그들은 각 지파의 네 곳에 흩어져 살면서 지방 성소와 도피성을 운영하며 교사의 역할을 해야 했다. 구약의 지파 제도는 교육 중심의 제도였고, 제사장과 레위인들은 각 지파의 48개 지방 성소에서 교사의 역할을 해야 했다. 그런데 바벨론 포로기를 거치면서 제사장의 역할이 축소되고, 율법을 연구하고 가르치는 랍비들이 등장해서 제사장들이 가르치던 기능을 대신했다.

이에 예수님께서는 제사장들이 주로 하던 제사 제도를 폐지하시고 제사장과 랍비의 역할을 사도들이 하도록 새로운 계약공동체를 위한 제도를 만드셨다. 이런 새 제도의 특징은 제사와 의식의 비중을 최소화시키고 교육의 기능을 강화하는 데 있다. 예수님께서 제자들과 제사드리셨다는 기록은 없고 제자들과 군중들을 가르치셨다는 이야기가 복음서의 대부분인 이유는 여기에 있다.

❷ 새계약공동체 훈련

이런 이유로 사역의 초기에 제자들을 부르셨고 사역의 초기부터 그들과 숙식을 같이하며 동행하셨다. 그 이유는 예수님의 사역 자체가 곧 교육과 훈련이었기 때문이었다. 또 사역의 말기에는 특별히 시간을 만드셔서 제자들을 집중교육하셨다. 교육의 초점은 제자들을 통하여 새로운 계약공동체를 만드는 데에 있었다. 예수님의 복음 선교는 지금 우리가 하는 복음 선교와는 그 성격이 전혀 달랐다. 새로운 계약공동체를 만들어 운영하는 활동이었다.

이런 사실은 여러 이야기에서 찾아 볼 수 있다. 제자들이 예수님을 따를 때에 왜 모든 것을 버리고 따랐을까? 예수님의 요청이 없었는데도 그랬을까? 예수님을 따르는 기본적인 자세였기 때문이다. 영생의 방법을 묻는 부자 청년에게 모든 재산을 팔아 가난한 자들에게 나누어 주고 예수님을 따르라고 요청했으며, 삭개오는 자신을 찾아오신 예수님에게, 재산의 절반을 가난한 자들에게 나누어주고 나머지 절반은 토색한 것을 변상하는데 쓰겠다고 먼저 말하고 있다. 이런 사실들은 예수님으로 말미암아 새로운 계약공동체의 실천 운동이 전개되었음을 말해준다.

사도들이 이런 훈련을 받았기 때문에 후일 예수님 사후에 예루살렘에서 교회가 시작되었을 때 교인들이 사도들의 가르침을 따라 재산을 공유했으며(행2:43~47, 4:32~37), 그 이후 초대교회에서는 교인들이 서로 재산을 공유하는 전통이 정착될 수 있었다. 예수님께서는 왜 이런 훈련을 시키셨을까?

누가복음에 의하면 예수님께서 오신 목적은 가난한 자들에게 복음을 전하여 희년을 실현하는 데에 있었으며(4:18~19), 마태복음에서는 이를 율법과 선지자를 완성시키러 오셨다고 기록했다.(5:17) 계약의 입장에서 보면 이런 기록들이 예수님의 말씀 중에서 가장 중요한 말씀이며, 이를 위해 사도들을 선택하여 교육과 훈련을 시키셨고, 그들로 하여금 경제정의가 실현되는 계약공동체인 교회를 세우는 일이 예수님의 사역에서 가장 중요하다고 생각된다. 그러나 구속사 위주로 보면 십자가에서 대신 죽으시는 대속의 사건이 예수님의 사역에서 가장 중요하기 때문에 이런 이야기들은 간과하거나 아니면 사랑을 실천하는 운동으로 보인다.

기독교 역사의 비극은 계약의 입장을 도외시하고 십자가 구속사 위주로만 본 데에 있다

❸ 대행자

14 이에 열둘을 세우셨으니 이는 자기와 함께 있게 하시고 또 보내사 전도도 하며 15 귀신을 내쫓는 권능도 가지게 하려 하심이러라

사도들은 모르고 있었지만 예수님께서는 사도들이 몇 년 후 예수님을 대신하는 중요한 역할을 해야 한다는 것을 잘 알고 계셨다. 이를 위하여 제자들을 선택하여 후일 예수님께서 하시는 일을 그대로 할 수 있게 하셨다.

마가복음에는 예수님의 제자들이 예수님에 대하여 제대로 깨닫지 못하고 있는 것처럼 기록되어 있지만 예수님 사후에 사도들은 예수님의 기대를 저버리지 않고 예수님의 대행자 역할을 훌륭하게 해내고 있음을 사도행전에서 발견하게 된다. 예수님의 제자 교육은 결코 실패가 아니었다. 사도들은 예수님 사후에 예수님께서 하시던 일들을 예루살렘에서 완벽하게 대행했을 뿐만 아니라 로마제국 전역으로

확산시키는 중요한 역할을 해내면서 기꺼이 순교의 길을 걸어갔다.

계약사에서 보면 계약공동체와 그 구성원인 인간은 하나님의 대행자이며, 이 세상에서 하나님을 대신하며 이 땅에 하나님 나라를 실현하여 세상에 보여주고, 모든 사람이 그런 삶을 살아서 구원에 이르게 해야 한다. 그러나 구속사에서 보면 인간은 용서와 사랑과 구원의 대상이며, 인간이 할 일은 하나님께 순종하며 하나님의 사랑을 실천하고 불신자들에게 예수님을 구세주로 영접시켜 사후에 천국에 가게 하는 영혼 구원 사역이 지상과제다.

계약사에서는 예수님을 영접하는 경험이 사후 천국 가는 구원 사건이 아니라 계약공동체의 일원이 되는 사건이어서 중요해진다. 따라서 계약사에서는 그리스도 구속사를 배제하지 않는다. 단지 계약사 속에서 구속사를 이해할 뿐이다. 그러나 구속사 속에서 계약사를 보면 계약사는 예수님에 대한 예표와 예언에 불과하며, 십자가에서 다 실현되었기 때문에 더 이상 어떤 것도 필요 없게 된다.

이제 구속사 위주에서 계약사 위주로 돌아가야 한다.

물음 17 정통신앙의 위험성, 어떤 것일까?

본문 : 〈 3:20~34 〉

22 예루살렘에서 내려온 서기관들은 그가 바알세불이 지폈다 하며 또 귀
신의 왕을 힘입어 귀신을 쫓아낸다 하니
23 예수님께서 그들을 불러다가 비유로 말씀하시되 사탄이 어찌 사탄을
쫓아낼 수 있느냐 24 또 만일 나라가 스스로 분쟁하면 그 나라가 설
수 없고 25 만일 집이 스스로 분쟁하면 그 집이 설 수 없고 26 만일
사탄이 자기를 거슬러 일어나 분쟁하면 설 수 없고 망하느니라 27 사
람이 먼저 강한 자를 결박하지 않고는 그 강한 자의 집에 들어가 세간

을 강탈하지 못하리니 결박한 후에야 그 집을 강탈하리라 28 내가 진
실로 너희에게 이르노니 사람의 모든 죄와 모든 모독하는 일은 사하심
을 얻되 29 누구든지 성령을 모독하는 자는 영원히 사하심을 얻지 못
하고 영원한 죄가 되느니라 하시니 30 이는 그들이 말하기를 더러운
귀신이 들렸다 함이러라

20 집에 들어가시니 무리가 다시 모이므로 식사할 겨를도 없는지라 21
예수의 친족들이 듣고 그를 붙들러 나오니 이는 그가 미쳤다 함일러라
31 그 때에 예수의 어머니와 동생들이 와서 밖에 서서 사람을 보내어
예수를 부르니 32 무리가 예수를 둘러 앉았다가 여짜오되 보소서 당신
의 어머니와 동생들과 누이들이 밖에서 찾나이다

33 대답하시되 누가 내 어머니이며 동생들이냐 하시고 34 둘러 앉은 자
들을 보시며 이르시되 내 어머니와 내 동생들을 보라(또는 형제들) 35
누구든지 하나님의 뜻대로 행하는 자가 내 형제요 자매요 어머니이니
라

본문의 내용은 예수님의 가족들과 서기관들의 반응 등 두 이야기인데 예수님의 가족들에 대한 이야기가 본문에서 첫 부분과 끝 부분으로 나뉘어져 있어서 편의상 20~21절을 30절 뒤로 이동하여 편집했다.

1. 교부들의 해석

사탄은 육신이나 육체적 감각을 이용하여 인간에게서 승리를 거두는데 육체나 감각을 직접 괴롭히거나 고통을 가하는 것이 아니라 육체의 의지 즉 탐욕을 지배하는 방식으로 인간을 지배한다.(Aug-ustinus) 사탄은 인간의 죄와 불경을 이용하여 인간을 포로로 잡아두었는데, 예수님께서 사탄에게서 털어낼 재산은 바로 이런 인간들, 특히 기독교인이 될 사람들이다. 예수님께서 사탄을 결박하셨다는 말씀은 사탄의 권세를 제한하여 장차 해방될 사람들을 미혹하거나 사로잡지 못하게 만드셨다는 뜻이다.(Augustinus) 예수님께서는 의로움과 힘으로 악마를 이기셨다. 악마에게 가장 불의하게 죽임을 당하셨기 때문에 의로움으로 악마를 이기셨고, 불멸의 힘이 아니라 죽음을 받아들이는 약함으로 십자가에 돌아가셨지만 부활하셔서

다시 죽지 않으시기 때문에 힘으로 이기신 것이다.(Augustinus) 부활하셨을 때 악마의 패배를 보는 것은 어렵지 않다. 그러나 예수님께서 십자가에서 돌아가셔서 패배한 것 같을 때 악마의 패배를 보는 것이 더 중요하다. 죄 때문에 죽음에 매여있던 사람들은 죄도 없으시면서 불의한 죽음의 형벌을 받으신 예수님의 의로움 덕분에 죽음에서 풀려났다.(Augustinus)

이성(말씀)에 참여하는 사람들은 이성에 따라 살기를 그만두는 순간 무지와 어리석음에 빠지지만 참회와 용서의 길이 열려있다. 그러나 성령에 참여하기에 합당하다고 여겨지던 사람이 배교하여 성령에게서 등을 돌릴 때, 이런 행위는 성령 모독에 해당된다.(Origen–es) 성령 안에 머무는 사람은 누구도 예수님을 저주하거나, 예수님께서 하나님의 아들이심을 부인하거나, 창조주 하나님을 거부하지 않는다. 성령을 거슬려 말하는 것은 현세나 내세에서 용서받지 못한다는 것을 잘 알기 때문이다. 이 모든 것을 지켜주시는 분은 성령이시다.(Novatianus)

예수님께서는 미친 사람 취급을 받으셨고, 친척들은 예수님을 붙들러 다녔고, 원수들은 예수님을 사마리아인이며 마귀들린 자라고 모욕했다.(Jerom) 마리아가 복된 이유는 예수님을 잉태했기 때문이 아니라 예수님을 그리스도로 받아들였기 때문이다.(Augustinus)[61]

2. 교부들의 해석에 대한 평가

어거스틴은 예수님께서 예화로 사용하신 강한 자를 결박하고 세간을 강탈한다는 말씀을 사실로 해석하여 예수님께서 마귀에게서 인간을 해방시키는 구원으로 해석했다. 오리겐 등은 성령 모독죄를 신앙을 저버리는 죄로 단순하게 해석하고 있는데, 이런 해석은 당시 교인들의 신앙생활의 한 단면을 그대로 반영하고 있다.

---

61) 위의 책, pp. 41~46.

3. 본문 재해석

본문에 등장하는 서기관들은 예루살렘에서 내려온 사람들이다. 즉 유대교 서기관의 전체 의견을 대변하는 사람들이다. 그들은 예수님의 사역을 예의주시하다가 예수님께서 하시는 병자 치유와 축사는 귀신들려서 하는 일이라고 결론냈고 그것을 지금 통고하고 있다. 이로써 예수님의 사역과 유대교의 정통신앙이 정면으로 충돌하여 이제는 돌아올 수 없는 강을 건너고 말았다. 유대교의 무엇이 문제였을까?

❶ 유대교 정통신앙

유대교의 정통신앙은 오랫동안 숱한 위기를 거치면서 만들어졌다. 나라의 멸망과 포로생활에서의 절망적인 상황을 이겨내고 이를 극복하는 극적인 귀환의 과정을 거치면서 인과응보교리가 정착되었다. 알렉산더의 헬라화 정책의 위기를 맞아 안식일법과 정결례법, 할례 등의 교리들이 또한 정통신앙으로 굳어졌다. 이들 교리들은 만들어질 당시의 입장에서 보면 인류 종교사에서 유례없을 만큼 위대한 역할을 했다. 그런 결과 때문에 유대인들에게 이런 교리들에 대한 신뢰감과 영향력은 가히 절대적이었다. 그런데 시간이 지나면서 이런 교리들의 장점은 화석화되었고 예수님 당시에는 사람을 죽이는 법이 되어 있었다. 화석화된 교리의 형식을 걷어내고 본래의 정신으로 돌아가야 하는데, 유대인들은 이를 거부했다.

유대인들이 거부한 이유는 어려서부터 정통신앙으로 세뇌를 당한 결과 정통신앙을 가감하지 않고 고수하는 것이 곧 신앙을 지키는 것이라는 고정관념에 젖어있었기 때문이다. 유대인들의 이런 배타성은 숱한 위기를 극복한 힘의 원천이기도 했다. 지금도 유대인들은 안식일에는 전기 차단기를 올리거나 엘리베이터의 버튼을 누르지 않으며, 안식일을 지키지 않는 이방인들이 만든 음식은 입에 대지 않을 만큼 배타적인 삶을 사는데, 한편에서는 이런 배타성이 오늘의 유대인을 지켜주는 힘이 되었다. 이런 유대인을 향하여 새 술은 새 부대에 담아야 한다고 말씀하셨지만 이들에게 이런 말씀이 귀에 들어올 리 없고 유대교의 정통신앙을 거부하는 것으로만 생각되었다.

❷ 두 하늘의 표적

22 예루살렘에서 내려온 서기관들은 그가 바알세불이 지폈다 하며 또 귀신의 왕을 힘입어 귀신을 쫓아낸다 하니

복음서에는 두 '하늘의 표적'이 나오고 있다. 예수님께서 보여주시는 하늘의 표적과 유대인들이 기대하는 하늘의 표적이다. 예수님께서 보여주시는 하늘의 표적은 예수님이 하나님의 아들이신 것을 확인시키며, 계약공동체를 통하여 이 땅에 하나님 나라를 실현하여 모든 사람들을 구원하기 위한 표적이며, 유대인들이 기대하는 하늘의 표적은 유대인들로 하여금 전 세계를 지배하게 할 초자연적인 기적이었다.

예수님께서는 이런 유대인들의 정통신앙을 깨뜨리기 위하여 귀신을 내쫓고 온갖 병자들을 고치는 일들을 통하여 예수님께서 하시는 말씀이 곧 하나님의 뜻이고 하나님의 말씀이라고 확증시켜주셨다. 그러나 하늘의 표적을 보여주시는 이런 특별한 방법도 그들에게는 소용없었다. 유대인들은 자기들이 기대하는 하늘의 표적을 구했으나(눅11:6) 기대대로 되지 않자 이제는 예수님께서 하시는 일들은 귀신의 왕 바알세불을 힘입은 것이라고 서기관들이 공식적인 결론을 냈다.

이런 유대인들을 보면 정통주의 신앙의 잘못된 고정관념이 얼마나 무서운가를 보게 된다.

❸ 성령 모독죄

> 28 내가 진실로 너희에게 이르노니 사람의 모든 죄와 모든 모독하는
> 일은 사하심을 얻되 29 누구든지 성령을 모독하는 자는 영원히 사하심
> 을 얻지 못하고 영원한 죄가 되느니라 하시니 30 이는 그들이 말하기
> 를 더러운 귀신이 들렸다 함이러라

어떤 경우에도 용서받을 수 없다고 말씀하시는 성령 모독죄를 오늘 우리는 어떻게 이해해야 할까? 어떤 죄가 성령 모독죄일까? 예수님께서 서기관들을 향해서 성령 모독죄라고 하신 이유는 예수님께서 하시는 일을 귀신의 왕 바알세불이 들려서 한다고 말했기 때문이다. 그들이 왜 예수님에게 귀신들렸다고 생각했는지는 이미 앞에서 말한 바와 같이 정통주의 때문이다. 정통신앙은 문제될 것이 없지만 정통신앙을 문자 그대로 고수하려는 정통주의는 신앙의 가장 큰 적이 될 수 있다. 정통주의에 빠지면 그것만이 옳고 다른 것은 다 잘못되었다고 생각하게 된다. 당시 서기관들은 그런 신앙을 가지고 있었다. 예수님께서 아무리 옳고 선한 일을 하셔도 그들의 눈에는 다 이단으로 보였다.

이제 성령 훼방죄가 무엇인지 명확해진다. 사람들을 정통주의자로 만들어 놓는 오류, 이것이 곧 성령 훼방죄가 된다. 예수님께서 이런 서기관과 바리새인들을 향하여 천국 문을 가로막고 저도 못 가고 남도 못 들어가게 한다며 저주를 퍼부으시는 이유는 여기에 있다. 계약의 종교에서 종교지도자가 잘못 가르치면 계약이 파기된다. 서기관들에게 선언하신 성령 모독죄는 무슨 죄목 중의 하나가 아니라 계약을 파기시키는 죄를 말한다. 따라서 이런 죄는 용서받을 길이 없다.

오늘의 정통 기독교의 모습은 어떠할까? 오늘 우리는 정통이라는 이름으로 유대교의 오류를 답습하고 있지는 않을까? 2천여 년을 지탱해온 정통신앙의 교리들을 고수하려는 태도는 자칫 성령 모독죄

일 수 있다. 교리의 수정과 재해석은 다르다. 수정은 본래의 정신을 훼손하는 변질일 수 있지만 재해석은 본래의 정신으로 돌아가서 오늘의 현실에 맞도록 다시 해석하는 것이다. 이런 역사적인 교훈을 돌이켜 보며 정통교리들을 다시 해석해야 한다. 그중에서도 가장 시급한 것은 구속사 일변도의 구원론과 십자가 신학 등에 대한 전면적인 재해석이다. 이를 소홀히 하면 성령 모독죄를 피할 수 없다.

예수님께서 말씀하신 '새 술을 새 부대에', '율법과 선지자들의 폐지가 아니라 완성'이 무엇을 말하는지 심각하게 받아들여야 한다.

❹ 예수님의 가족들

21 예수의 친족들이 듣고 그를 붙들러 나오니 이는 그가 미쳤다 함일러라 31 그 때에 예수의 어머니와 동생들이 와서 밖에 서서 사람을 보내어 예수를 부르니 32 무리가 예수를 둘러 앉았다가 여짜오되 보소서 당신의 어머니와 동생들과 누이들이 밖에서 찾나이다

군중들 사이에서 예수님의 인기가 높아져 가고 자신들의 입지가 좁아지자 유대인들은 이에 대응하기 위하여 예수님은 미쳤으며 사마리아인이라고 집중적으로 홍보했다.(요8:48) 귀신들렸다는 말과 미쳤다는 말은 같은 뜻이다. 예수님에 대한 유대인들의 이런 악소문은 예수님의 가족들에게 영향을 주어 그들도 예수님이 미쳤다고 생각하고 예수님을 강제로 데려가려고 찾아왔다. 가족들이 예수님을 찾아 왔을 때 사람들이 너무 많아 가까이 접근조차 할 수 없어 예수님께 연락을 했다.

33 대답하시되 누가 내 어머니이며 동생들이냐 하시고 34 둘러 앉은 자들을 보시며 이르시되 내 어머니와 내 동생들을 보라(또는 형제들) 35 누구든지 하나님의 뜻대로 행하는 자가 내 형제요 자매요 어머니이니라

이런 소문은 즉시 군중들에게 전달되었고 예수님의 반응을 지켜보고 있었다. 이에 예수님은 사람들을 둘러보시며 "내 어머니와 내 동생들을 보라. 누구든지 하나님의 뜻대로 행하는 자가 내 형제요

자매요 어머니이니라!"라고 하셨다. 더 이상의 이야기가 없지만 예수님의 사역을 지켜보던 가족들은 예수님에 대한 오해가 풀렸던 것 같다. 예수님의 동생 야고보는 후일 예루살렘 교회의 지도자가 되었고, 마리아도 예수님을 그리스도로 받아들였기 때문이다.

마가복음은 예수님의 가족들이 예수님을 미쳤다고 생각하여 데리러 왔다는 이야기를 바리새인들의 오해와 더불어 기록해 놓고 있다. 이는 당시에 예수님의 말씀들이 유대교에 얼마나 파격적이었으며, 예수님을 바로 이해하기가 얼마나 쉽지 않았는지를 그대로 보여주고 있다.

물음 18 씨 뿌림의 비유, 왜 중요할까?

본문 : 〈 4:1~34 〉

1 예수님께서 다시 바닷가에서 가르치시니 큰 무리가 모여들거늘 예수님
께서 바다에 떠 있는 배에 올라 앉으시고 온 무리는 바닷가 육지에 있
더라

2 이에 예수님께서 여러 가지를 비유로 가르치시니 그 가르치시는 중에
그들에게 이르시되 3 들으라 씨를 뿌리는 자가 뿌리러 나가서 4 뿌릴
새 더러는 길 가에 떨어지매 새들이 와서 먹어 버렸고 5 더러는 흙이
얕은 돌밭에 떨어지매 흙이 깊지 아니하므로 곧 싹이 나오나 6 해가
돋은 후에 타서 뿌리가 없으므로 말랐고 7 더러는 가시떨기에 떨어지
매 가시가 자라 기운을 막으므로 결실하지 못하였고 8 더러는 좋은 땅
에 떨어지매 자라 무성하여 결실하였으니 삼십 배나 육십 배나 백 배
가 되었느니라 하시고 9 또 이르시되 들을 귀 있는 자는 들으라 하시
니라

10 예수님께서 홀로 계실 때에 함께 한 사람들이 열두 제자와 더불어 그
비유들에 대하여 물으니 11 이르시되 하나님 나라의 비밀을 너희에게
는 주었으나 외인에게는 모든 것을 비유로 하나니 12 이는 그들로 보

기는 보아도 알지 못하며 듣기는 들어도 깨닫지 못하게 하여 돌이켜
죄 사함을 얻지 못하게 하려 함이라 하시고 13 또 이르시되 너희가 이
비유를 알지 못할진대 어떻게 모든 비유를 알겠느냐 14 뿌리는 자는
말씀을 뿌리는 것이라 15 말씀이 길 가에 뿌려졌다는 것은 이들을 가
리킴이니 곧 말씀을 들었을 때에 사탄이 즉시 와서 그들에게 뿌려진
말씀을 빼앗는 것이요 16 또 이와 같이 돌밭에 뿌려졌다는 것은 이들
을 가리킴이니 곧 말씀을 들을 때에 즉시 기쁨으로 받으나 17 그 속에
뿌리가 없어 잠깐 견디다가 말씀으로 인하여 환난이나 박해가 일어나
는 때에는 곧 넘어지는 자요 18 또 어떤 이는 가시떨기에 뿌려진 자니
이들은 말씀을 듣기는 하되 19 세상의 염려와 재물의 유혹과 기타 욕
심이 들어와 말씀을 막아 결실하지 못하게 되는 자요 20 좋은 땅에 뿌
려졌다는 것은 곧 말씀을 듣고 받아 삼십 배나 육십 배나 백 배의 결
실을 하는 자니라

21 또 그들에게 이르시되 사람이 등불을 가져오는 것은 말 아래에나 평
상 아래에 두려 함이냐 등경 위에 두려 함이 아니냐 22 드러내려 하지
않고는 숨긴 것이 없고 나타내려 하지 않고는 감추인 것이 없느니라
23 들을 귀 있는 자는 들으라

24 또 이르시되 너희가 무엇을 듣는가 스스로 삼가라 너희의 헤아리는
그 헤아림으로 너희가 헤아림을 받을 것이며 더 받으리니 25 있는 자
는 받을 것이요 없는 자는 그 있는 것까지도 빼앗기리라

26 또 이르시되 하나님의 나라는 사람이 씨를 땅에 뿌림과 같으니 27
그가 밤낮 자고 깨고 하는 중에 씨가 나서 자라되 어떻게 그리 되는지
를 알지 못하느니라 28 땅이 스스로 열매를 맺되 처음에는 싹이요 다
음에는 이삭이요 그 다음에는 이삭에 충실한 곡식이라 29 열매가 익으
면 곧 낫을 대나니 이는 추수 때가 이르렀음이라

30 또 이르시되 우리가 하나님의 나라를 어떻게 비교하며 또 무슨 비유
로 나타낼까 31 겨자씨 한 알과 같으니 땅에 심길 때에는 땅 위의 모
든 씨보다 작은 것이로되 32 심긴 후에는 자라서 모든 풀보다 커지며
큰 가지를 내나니 공중의 새들이 그 그늘에 깃들일 만큼 되느니라

33 예수님께서 이러한 많은 비유로 그들이 알아 들을 수 있는 대로 말씀
을 가르치시되 34 비유가 아니면 말씀하지 아니하시고 다만 혼자 계실
때에 그 제자들에게 모든 것을 해석하시더라

1. 교부들의 해석

복음서 저자들은 비유의 말씀에 대하여 자세하게 설명하지 않았다. 이를 다 풀이하려면 세상의 모든 책이라도 부족하기 때문이다.

비유는 살아계신 하나님의 영으로 마음에 새겨지기 때문에 깨끗한 마음이 비유를 잘 식별할 수 있다.(Origenes) 우리는 삶에서 부활을 경험한다. 낮과 밤은 우리에게 부활을 보여준다. 땅에 씨를 뿌리면 씨는 껍질이 벗겨지고 썩지만 하나님의 섭리는 그 씨앗을 다시 태어나게 하시고 한 알의 씨앗에서 많은 열매를 맺게 하신다.(Clement of Rone) 씨 뿌리는 사람이 씨앗을 밭에 골고루 뿌리듯이 주님께서도 부자와 빈자, 유식자와 무식자, 게으른 자와 부지런한 자, 대범한 사람과 소심한 사람을 구별하지 않으시고 모든 이에게 선물을 주신다. 영적인 질서에서는 돌밭이 기름진 땅이 될 수 있고, 길도 풍요로운 밭이 될 수 있으며, 가시덤불을 걷어내면 씨앗이 자라나 열매를 맺을 수 있다. 아무런 변화가 일어나지 않는다면 씨를 뿌린 분 탓이 아니라 변화되기를 거부하는 자들의 탓이다.(Ch-rysostom) 엉겅퀴는 부자들이고 가시나무는 여러 사업에 얽매여 있는 자들이다. 이들은 하나님의 종들이 행여나 그들에게 구걸할까봐 그들과 쉽게 어울리지 못한다. 맨발로 엉겅퀴 위를 걷기가 어렵듯이 이런 사람들은 하나님 나라에 들어가기가 어렵다.(Shepherd of Hermas) 그리스문화는 철학으로 주어진 길잡이였다. 이는 마치 비가 기름진 땅과 거름더미에 내리는 것처럼 하나님에 의해 주어진 간접적인 선물이라는 것은 확실하다. 잡초와 밀들이, 무화과 나무와 잡목들이 모두 비를 맞으며 같이 자라난다. 그러나 좋은 땅에 떨어지지 않은 것들은 시들어 죽어버린다. 어느 시대나 하나님의 말씀은 비와 같이 모두에게 똑같이 주어진다. 어떤 문화들은 바른 이해를 통해 진리의 말씀을 찾아냈다.(Clement of Alexandria)

하나님 나라는 잠을 자는 사이에 우리도 모르게 자라난다.(Ambr-osius) 타락 이후 역사 속에서 의로움은 네 단계를 거쳐 자라났다. 원초적이고 본성적인 두려움, 율법에 대한 인식, 복음 안에서 계시된 의로움, 성령의 성숙한 시대 등이 그것이다.(Tertullian).

겨자씨 나무는 세상 곳곳에 세워진 그리스도의 교회이다. 이 교회는 온 세상을 가득 채워 하늘의 새들, 곧 하나님의 천사들과 위대한 영혼들이 그 가지에 깃든다.(Athanasius) 겨자씨는 아주 평범하고 하찮다. 그러나 빻으면 그 힘을 드러난다. 순교자는 겨자씨이다. 믿음도 처음에는 단순하지만 역경으로 으깨어지면 그 힘을 발휘한다. 순교자들은 겨자씨이다. 그 순교의 감동은 온 세상 끝까지 퍼져나갔다. 주님도 겨자씨이다.(Ambrosius)[62]

2. 교부들의 해석에 대한 평가

씨 뿌림, 겨자씨 등의 비유에 대해서는 교부들이 많은 분량의 글을 남겨놓았다. 교인들에게 신앙을 북돋아 주는 설교에 이런 비유가 적합하기 때문으로 보인다. 그러나 안타깝게도 가장 중요한 핵심은 놓치고 있으며, 결과적으로 첫 단추를 잘못 끼우고 말았다.

3. 본문 재해석

분문을 해석하면서 물어야 할 첫 질문은 무엇일까? 바른 물음을 물어야 바른 답을 얻게 된다.

마가복음의 특징 중 하나는 다른 복음서에 비하여 예수님의 설교가 거의 없다는 점이다. 그런데 지금 보고 있는 4장의 씨 뿌림의 설교와 13장의 종말의 설교가 마가복음에 들어있다. 예수님의 많은 설교 중에서 왜 이 두 설교만을 실어 놓았을까? 본문을 해석하려면 이 물음이 가장 중요하다고 생각된다. 이 물음에 대하여 본문의 순서를 따라가며 접근해 보고자 한다.

회당에서 손 마른 사람을 고치는 문제로 충돌한 후 서기관과 바리새인들은 헤롯당과 작당하여 예수님을 죽일 모의를 하게 되었으며(막3:1~6), 그들이 예수님을 제거할 명분으로 찾아낸 것은 예수

---

62) 위의 책, pp. 46~59.

님의 사역이 귀신의 왕 바알세불이 들린 것이라는 공식적인 선언이었다. 이에 대하여 예수님께서는 어떻게 대처하셨을까? 이럴 때마다 예수님께서 사용하시는 독특한 방법이 있다.

❶ 해변에서

1 예수님께서 다시 바닷가에서 가르치시니 큰 무리가 모여들거늘 예수님께서 바다에 떠 있는 배에 올라 앉으시고 온 무리는 바닷가 육지에 있더라

유대교 서기관들은 예수님을 죽일 모의를 하고 또 귀신들렸다고 훼방했지만 군중들은 여기에 전혀 동요되지 않고 오히려 더 모여들어 수천, 수만의 인파를 이뤘다. 예수님께서 서기관들의 살해 모의를 무력화시키시는 방법은 이렇게 자발적으로 모여드는 대규모 군중을 활용하시는 방법이었다. 예수님의 목적은 단순히 병자들을 치료하는 데 있지 않고 그들에게 하나님의 말씀을 가르치는 데 있었다. 이런 이유로 해변의 지형 중 원형극장처럼 된 곳을 찾아 바닷가에 배를 띄워놓고 배 위에서 말씀하시면 예수님의 음성이 해풍을 타고 모든 사람이 들을 수 있도록 하셨다.

서기관들의 온갖 방해에도 불구하고 군중들이 예수님 주변에 계속 모여든 이유는 그들의 말이 터무니없는 비방에 불과하다는 것을 잘 알고 있었기 때문이다. 온 나라와 외국에서 사람들이 구름떼처럼 몰려와 예수님 주변에 진을 치고 가르치시는 말씀에 경청하며 예수님을 절대 지지하고 있으니 서기관들은 어떻게 해볼 방법이 없었다. 하나님께서 주로 사용하시는 방법은 초자연적인 방법이 아니라 이런 현실적인 방법이다. 초자연적인 방법은 특별한 경우에만 사용하신다. 군중들을 해변에 모아놓고 예수님께서는 무슨 말씀을 하셨을까?

❷ 씨 뿌림의 비유

2 이에 예수님께서 여러 가지를 비유로 가르치시니 그 가르치시는 중에 그들에게 이르시되 3 들으라 씨를 뿌리는 자가 뿌리러 나가서 4 뿌릴

새 더러는 길 가에 떨어지매 새들이 와서 먹어 버렸고 5 더러는 흙이
얕은 돌밭에 떨어지매 흙이 깊지 아니하므로 곧 싹이 나오나 6 해가
돋은 후에 타서 뿌리가 없으므로 말랐고 7 더러는 가시떨기에 떨어지매
가시가 자라 기운을 막으므로 결실하지 못하였고 8 더러는 좋은 땅에
떨어지매 자라 무성하여 결실하였으니 삼십 배나 육십 배나 백 배가 되
었느니라 하시고 9 또 이르시되 들을 귀 있는 자는 들으라 하시니라

유대 당국자들이 예수님을 죽이기 위한 수순을 밟으며 선전포고를 한 바로 그날(마13:1) 예수님께서는 군중들을 해변에 모아놓고 씨 뿌림의 비유로 설교하셨다.

유대교 랍비들도 율법을 가르치면서 비유를 많이 사용했다. 그런데 예수님의 비유는 그 소재가 씨 뿌림, 공중 나는 새, 들에 자라는 백합화, 길 잃은 양 등에서 보듯이 누구나 삶에서 직접 경험하여 잘 알고 있는 것들이다. 씨 뿌림의 비유는 특별히 설명이 필요없을 만큼 쉬운 내용이다. 밭이 다 똑같지 않고 좋고 나쁜 밭이 있으며, 좋은 밭에 떨어진 씨는 많은 결실을 맺고 길가나 돌밭에 떨어진 씨는 말라 죽는다는 것은 누구나 잘 알고 있다.

그런데 예수님께서는 이 말씀을 하신 후에 귀 있는 자는 들으라고 결론을 내셨다. 무엇을 깨달으라는 말씀일까?

이 설교를 들은 제자들은 어리둥절했다. 유대교 당국자들과 정면 충돌하여 대치하고 있는 분위기와는 전혀 어울리지 않는 말씀이라고 생각되었기 때문이다. 이에 제자들이 설교가 끝난 다음에 조용한 시간에 예수님을 찾아와서 진지하게 물었다.

도대체 무슨 말씀을 하신 것입니까?

❸ 동문서답(東問西答)?

예수님께서는 영문을 모르는 제자들에게 이렇게 말씀하셨다.

나라의 비밀을 너희에게는 주었으나 외인에게는 모든 것을 비유로 하나니 이는 그들로 보기는 보아도 알지 못하며 듣기는 들어도 깨닫지 못하게 하여 돌이켜 죄 사함을 얻지 못하게 하려 함이라(11~12)

이 말씀을 문자대로 하면 유대인들에게는 비밀에 붙여서 깨닫지 못하게 하시겠다는 뜻이 된다. 하나님께서는 유대인들이 깨닫지 못하도록 하실까? 그럴 리가 없다. 앞의 성령 모독죄에서 보았듯이 정통주의에 세뇌되면 아무리 옳은 소리를 해주어도 도무지 받아들이지 않기 때문에 하나님께서는 이를 안타깝게 여기신다는 독특한 표현이다. 각 문화권마다 독특한 표현법이 있다. 우리는 맵고 뜨거운 국물을 마시면서 "시원하다!"라고 말한다. 우리 문화를 모르는 외국인은 이해하기 어려울 것이다. 마찬가지로 성경에는 독특한 표현법들이 있다. 섣불리 문자대로 해석해놓고서 이러쿵저러쿵하며 어설픈 결론을 내지 말고 진지하게 무슨 뜻인지를 묻고 또 물어야 한다.

예수님의 씨 뿌림의 비유를 당시 해변에 모여있던 사람들은 어떻게 들었을까? 도무지 무슨 뜻인지 몰랐을까? 전혀 그렇지 않다. 왜냐하면 그곳에 모인 사람들은 예수님의 말씀을 듣기 위하여 한없이 먼 거리를 걸어서 온 사람들인데 그들에게 무슨 뜻인지도 모를 말씀을 하셨을 리가 없다. 모인 사람들이 잘 알아들을 수 있도록 아주 쉽게 농사짓는 비유를 통해 말씀하셨다. 그렇다면 농사짓는 비유로 무엇을 말씀하신 것일까? 병행본문 중에서 마가복음에만 나오는 다음의 구절에 그 답이 들어있다.

또 이르시되 하나님의 나라는 사람이 씨를 땅에 뿌림과 같으니(26).

예수님께서는 농사짓는 비유를 통해서 하나님 나라를 말씀하셨다. 고대에 일 년 농사는 생사의 문제였다. 봄에 씨를 잘못 뿌려 농사를 망치면 굶어 죽을 수밖에 없었다. 모든 농경사회에는 씨 뿌리는 절기에 제천행사를 하는 등 농사와 종교의식이 연결되어있는데, 이는 굶어 죽지 않으려는 간절한 염원의 표현이었다. 이런 사실을 잘 아는 당시의 사람들은 예수님의 비유를 들으며 무슨 생각이 들었을까? 비유에서 말씀하신대로 농사를 잘못 지으면 다 굶어 죽을 수

밖에 없다. 씨를 길가, 돌밭, 가시떨기에 뿌리는 농부는 아무도 없다. 고대에 낟알 한 알이 얼마나 귀한데, 더구나 귀한 씨앗을 그렇게 함부로 뿌리고 더러는 좋은 땅에 뿌리는 사람은 아무도 없다.

예수님께서는 천국은 마치 농사짓는 것과 같다고 하셨다. 이를 무슨 영적인 말씀으로 이해할 대상이 아니다. 농부가 농사지어 식구들을 굶기지 않고 먹고살게 해야 하듯이 천국을 운운하는 사람은 여호와를 하나님으로 믿는 계약공동체 내에서 굶주리는 사람이 없게 해야 한다. 율법에서 대제사장은 안식일마다 지파 숫자만큼 진설병을 만들어 하나님께 바쳐야 했는데, 이는 하나님께 공동체에서는 굶주리는 사람이 없다고 보고하라는 뜻이며, 또 진설되었던 떡은 대제사장이 먹어야 했는데, 이는 제사장의 역할은 백성들로 하여금 굶주리지 않게 하는 게 사명이라는 뜻이다. 구약의 계약법의 핵심은 안식년과 희년인데 이 법들은 공동체 내에서 먹고사는 문제를 해결하는 법이며, 예수님께서는 희년을 성취하시고(눅4:18~19), 율법(계약법)과 선지자를 완성하러 오셨다.(마5:17)

굶주림과 질병에 시달리고 있는 사람들에게 천국을 이야기할 때 무슨 말을 해야 하는가? 예수님께서는 천국은 죽은 다음이 아니라 이 땅에서 농부가 농사를 지어 식구들을 배불리 먹게 해주듯이 계약공동체를 이끌어가는 신앙의 지도자들은 공동체원들이 굶주리지 않을 대책을 찾아내는 것이 급선무라고 말씀하셨다. 해변에 모인 백성들은 예수님의 말씀을 이렇게 들었다.

그런데 예수님의 비유에서 더러는 길가에, 더러는 돌밭에, 더러는 가시덤불에, 더러는 옥토에 씨를 뿌리는 정신 나간 농부와 씨가 자랄 수 없는 길가, 돌밭, 가시덤불 같은 밭은 누구며 어떤 사람일까? 직접 언급은 없지만 정신 나간 농부는 서기관과 바리새인이며, 열매 맺지 못하는 밭은 정통 유대교인들이다. 이들은 백성들이 굶어 죽거나 말거나 상관하지 않으면서, 병들고 굶주리는 사람들은 그들의 죄 때문에 하나님으로부터 형벌을 받고 있다고 인과응보 교리로 정죄를 일삼고 있었다. 마태복음의 병행구절에서는 유대교 서기관과 기독교 서기관을 대비시키면서 결론을 내리는데, 예수님의 이런 의도가 더 명확해진다.

> 그러므로 천국의 제자된 서기관마다 마치 새것과 옛것을 그 곳간에서 내오는 집주인과 같으니라(마13:52)

❹ 최후 경고

> 9 또 이르시되 들을 귀 있는 자는 들으라 하시니라
>
> 23 들을 귀 있는 자는 들으라

이런 구절은 공관복음에서 여섯 번 나오는데 마가복음에서는 여기에서 두 번 나오고 있다. 누구나 알고 있는 씨 뿌리는 이야기에 왜 이런 경고의 말씀이 두 번이나 주어질까? 자명한 이치와 당위성을 가지고 아무리 이야기를 해도 서기관과 바리새인 등 정통 유대인들은 도무지 깨닫지 못하고 있기 때문이다.

내용이 어려워서가 아니라 내용을 보는 관점과 생각이 다르기 때문이다. 유대인들에게는 예수님께서 이야기하시는 하나님 나라의 개념이 없었다. 그들은 오로지 메시야가 와서 실현할 메시야 왕국에 관심이 있었을 뿐이다. 메시야가 오면 초인적인 능력을 발휘하여 로마제국을 멸망시키고 이스라엘로 하여금 로마를 대신하여 온 세상을 일천 년 동안 지배하게 하리라고 생각하며,[63] 예수님에게 그런 하늘의 표적을 요구하며 그런 메시야가 되어 달라고 요구했다. 마귀가 예수님에게 집중적으로 시험한 것도 바로 이 부분인데, 유대인의 메시야가 되어 이 땅에 메시야 왕국을 건설하라는 유혹이었다. 요한계시록에도 천년왕국이 언급되고 있지만(20:1~6) 유대인이 생각하

---

63) 유대인들은 메시야를 기다리며 많은 연구를 했는데, 그 흔적은 외경에 많이 남아있다. 바룩2서 40:3, 29:5~6, 73장, 에녹서 10:4~6, 21:1~10, 93:3~10, 슬라브어 에녹서 7:1, 에스드라4서 7:28~29, 희년기 5:10.

던 천년 메시야 왕국과는 그 개념이 전혀 다르다.[64] 이단들은 유대인의 천년 메시야 왕국의 개념으로 요한계시록을 해석하며 미혹하고 있다.

본문의 논점은 유대인의 메시야 왕국과 예수님의 하나님 나라 개념의 차이에서 비롯된다. 유대인들이 기대하던 메시야의 표적은 군사적이어서 초자연적인 능력으로 군량미를 해결하고, 성을 무너뜨리며, 적군을 궤멸시키고 온 세상을 무력으로 지배하는 황제가 되는 능력이었다. 유대인들은 이런 표적을 하늘의 표적이라 부르며 예수님에게 그런 표적을 보여달라고 요구했다.

이런 유대인들을 향하여 예수님께서는 **이 땅에 하나님 나라를 실현하는 메시야의 표적**을 보여주셨다. 그 표적은 죄인으로 낙인찍힌 병자와 불구자를 고치시며, 유대인의 메시야가 되라고 촉구하는 귀신을 내쫓으시고, 가난한 자들의 문제를 해결하시는 표적이었는데, 이에 대해서는 구약의 예언서에 명확히 예언되어 있었다.[65] 그러나 유대인들은 예수님께서 하시는 이런 일들은 전혀 관심이 없었을 뿐만 아니라 자기들의 기대와 다르다는 이유로 귀신들렸다고 적대시했다. 이런 자들을 향하여 예수님께서는 거듭 이렇게 말씀하셨다.

> 들을 귀 있는 자는 들으라

❺ 최후 통첩

계약의 입장에서 성경을 읽어 나갈 때 가장 무서운 말씀은 무엇일까? 다음의 말씀이다.

> 너희가 듣기는 들어도 깨닫지 못할 것이요 보기는 보아도 알지 못하리라 이 백성들의 마음이 완악하여져서 그 귀는 듣기에 둔하고 눈은 감았

---

64) 유대인의 메시야왕국에 대해서는 졸저 「요한계시록」, 384쪽 이하에서 다루었으며, 메시야왕국을 바로 이해하기 위해서는 이스라엘 역사와 신구약 중간기에 등장한 지혜문학과 묵시문학 등에 대한 이해가 있어야 한다. 이에 대해서는 「요한계시록 서문과 앞 부분 100페이지에서 상세하게 다루었음.

65) 이사야 35:1~10, 61:1~2.

> 으니 이는 눈으로 보고 귀로 듣고 마음으로 깨달아 돌이켜 내게 고침을 받을까 두려워함이라(마13:14~16 막4:12 참조)

이 말씀이 왜 무서운 말씀일까? 계약 파기를 선언하는 말씀이기 때문이다. 계약공동체에게는 계약 파기보다 더 무서운 말씀은 없다. 계약이 파기되면 무슨 일이 일어나는가? 위의 말씀은 이사야 6:9~10의 말씀인데 남유다와의 계약 파기를 선언하는 말씀이다. 그 결과 바벨론의 침략으로 수많은 사람들이 죽고 살아남은 사람들은 전쟁포로로 잡혀가서 강제 노역에 동원되었다. 계약 파기의 증거는 성전이 파괴되고 계약의 땅이 환수되며, 노예로 전락하는 것을 말한다. 성전 파괴와 국가 멸망은 같은 말이다. 예수님께서 이 말씀을 하신 것은 또 계약이 파기되어 다시 나라가 멸망하고 수많은 백성들이 죽거나 포로로 끌려가리라는 말씀이었다. 그 말씀대로 AD 70년에 이스라엘은 로마에 나라가 멸망 당하면서 많은 사람이 죽거나 포로로 끌려가서 로마의 원형경기장 콜로세움을 건설하는데 동원되었다. 나머지 백성들은 본토에서 쫓겨나 전 세계로 흩어져서 나라 없이 떠돌며 숱한 고난을 겪어야 했다.

교회사에 이런 시각을 적용한다면 중세 이후 유럽의 기독교 국가에서 계몽주의와 인간주의가 등장하여 기독교 왕국이 해체되고 유럽의 국가들이 신구교로 나뉘어 30년 전쟁을 치르며, 시민혁명과 공산혁명으로 수많은 사람들이 죽고 숙청당한 일들이 일어난 것은 계약 파기에 해당된다. 구약의 예언자들은 계약의 입장에서 이스라엘과 세계의 역사를 해석했다. 그런데 교회사에서는 예언자의 관점에서 역사와 성경을 해석하는 사람을 지금까지 만날 수가 없다. 이를 어떻게 설명해야 할까? 교회사에서 물어야 할 가장 큰 물음 중 하나다.

예수님께서 해변에서 설교하신 씨 뿌림의 비유에는 이런 무서운 심판의 말씀이 들어있지만, 유대교 지도자들은 예수님의 이런 경고를 전혀 알아듣지 못하고 있었다. 마가복음에 의하면 제자들도 아직 이런 말씀을 정확하게 이해하지 못하고 있어 이런 말씀을 하셨다.

> 또 이르시되 너희가 이 비유를 알지 못할진대 어떻게 모든 비유를 알겠느냐(13)

구약과 신약성경의 말씀들은 계약의 시각에서 읽어야 그 핵심과 흐름이 보인다. 그런데 교부들의 글을 읽어보면 어디에서도 계약의 입장에서 성경을 해석하는 것을 찾아볼 수 없다. 구약의 예언서들은 계약사의 입장에서 이스라엘 역사와 율법을 해석하고 있는데, 조금만 관심을 가졌다면 알 수 있었을 텐데, 어떻게 이런 해석에 대하여 그토록 무관심할 수 있었는지 의아할 뿐이다. 더 놀라운 것은 오늘도 이런 해석이 거의 전무하다는 사실이다.

❻ 두 설교의 공통점

이제 앞에서 던졌던 물음으로 돌아가고자 한다. 마가복음에는 씨뿌림의 비유와 종말의 설교 두 편만 들어있는 이유는 무엇일까? 그 이유는 4장과 13장이 다루고 있는 동일한 주제에서 찾아볼 수 있다.

> 보기는 보아도 알지 못하며 듣기는 들어도 깨닫지 못하게 하여 돌이켜 죄 사함을 얻지 못하게 하려 함이라(막4:12)
>
> 돌 하나도 돌 위에 남지 않고 다 무너뜨려지리라(막13:2)

두 말씀의 공통점은 계약 파기의 선언이다. 13장은 예루살렘에 올라가셔서 성전을 보며 성전 파괴, 즉 계약 파기를 선언하셨다. 4장의 말씀은 해변에서 군중들에게 계약 파기를 선포하시면서 동시에 새로운 계약에 대한 선언이다.

결국 마가복음의 두 설교는 계약 파기와 관련된 설교인 셈이다. 하나님 나라에 대한 새계약의 말씀은 지금 여기 이 세상에 뿌려지고 겨자씨처럼 자라나서 온 세상을 뒤덮게 될 것이며, 계약을 저버린 유대교는 심판을 받아 버림받으리라는 것이 마가복음에 실린 두 설교의 같은 주제이다.

물음 19 바람과 바다, 왜 순종하는가?

본문 : 〈 4:35~41 〉

35 그 날 저물 때에 제자들에게 이르시되 우리가 저편으로 건너가자 하
시니 36 그들이 무리를 떠나 예수를 배에 계신 그대로 모시고 가매 다
른 배들도 함께 하더니 37 큰 광풍이 일어나며 물결이 배에 부딪쳐 들
어와 배에 가득하게 되었더라

38 예수님께서는 고물에서 베개를 베고 주무시더니 제자들이 깨우며 이
르되 선생님이여 우리가 죽게 된 것을 돌보지 아니하시나이까 하니 39
예수님께서 깨어 바람을 꾸짖으시며 바다더러 이르시되 잠잠하라 고요
하라 하시니 바람이 그치고 아주 잔잔하여지더라

40 이에 제자들에게 이르시되 어찌하여 이렇게 무서워하느냐 너희가 어
찌 믿음이 없느냐 하시니 41 그들이 심히 두려워하여 서로 말하되 그
가 누구이기에 바람과 바다도 순종하는가 하였더라

1. 교부들의 해석

호수 저편으로 가자는 말씀은 지상에서 천상으로, 현재에서 미래로 건너가자는 말씀이다.(Peter Chrysologus 약380-450년) 믿음이라는 배 안에 많은 사람이 타고 예수님과 함께 가고 있다. 거룩한 교회라는 배 안에 많은 사람이 타고 거친 파도치는 세상을 헤쳐가고 있다. 주님께서는 거룩한 잠을 주무시는 것처럼 보이지만 우리의 인내와 참을성을 지켜보시며 죄인들의 회개와 돌이킴을 기대하고 계신다. 그러므로 끊임없는 기도로 그분에게 나아가야 한다.(Origenes) 주님께서 풍랑을 잔잔하게 하셨을 때 "바다가 소리를 지르며 손을 높이 들었나이다."(합3:10)라는 말씀이 이루어졌고, 바다가 고요해졌을 때 "그는 바다를 꾸짖어 그것을 말리시며"(나1:4)라는

말씀이 실현되었다.(Tertullian) 우리가 불법을 하면 폭풍이 일어난 것이며, 분노가 일어나면 풍랑에 휩싸인 것이다. 바람이 불고 파도가 높아져 배가 위험에 처하면 우리의 마음도 위험에 빠진다. 모욕을 당하여 복수하고 싶어지고 복수하면서 다른 사람의 불행을 즐겼다면 우리는 파선한 것이다. 이유는 그리스도께서 우리 안에서 주무시고 계시기 때문이다. 유혹이 생기고 마음이 흔들린다면 그리스도를 깨워야 한다. "그가 누구이기에 바람과 바다도 순종하는가?"라는 말씀을 늘 기억해야 한다.(Augustinus)[66]

2. 교부들의 해석에 대한 평가

교부들이 성경을 해석하는 주요 방법 중 하나가 알레고리해석인데, 본문에서 엿보게 된다. 오리겐은 배를 믿음과 교회로 해석했으며, 어거스틴은 풍랑과 파도를 마음의 풍랑과 파도로 해석했다. 교부들은 문자적인 해석과 알레고리 방식으로 의미를 묻는데에 치중하며 정작 성경에서 말하려는 핵심을 계속 놓치고 있다.

3. 본문 재해석

예수님께서 바람을 꾸짖으시고 파도치는 바다를 향하여 잔잔하라고 말씀하시자 바람과 바다가 순종했다는 이야기에 대해서는 문자적으로 사실이라고 해석하거나 아니면 그 의미를 묻는 해석으로 크게 양분된다. 이런 해석 이외에 달리 어떻게 해석하는 방법이 있을까? 이에 대하여 영성과 계약으로 해석해보고자 한다.

❶ 그날 저물 때에

35 그 날 저물 때에 제자들에게 이르시되 우리가 저편으로 건너가자 하시니 36 그들이 무리를 떠나 예수를 배에 계신 그대로 모시고 가매 다른 배들도 함께 하더니

---

66) ACCS, Mark, pp. 59~62.

마가복음에 의하면 이날은 매우 바쁜 하루였다. 예수님께서 밤을 새워 기도하신 후 열두 제자를 선택하고 집으로 돌아오시자, 예루살렘에서 내려온 서기관들은 예수님에게 귀신의 왕 바알세불이 들려 미쳤다고 공식적인 통고를 해서 이들과 정면으로 충돌했다. 예수님의 가족들도 예수님이 미쳤다는 소문을 듣고 예수님을 찾아왔다. 예수님께서는 이런 상황을 군중들을 바닷가에 모으시는 방법으로 대처하셨다. 수많은 군중이 운집하자 씨 뿌리는 비유로 설교하시면서 옛계약이 파기되고 새로운 계약이 시작되었음을 선언하셨다.

그리고 그날 저녁 무렵 예수님께서는 배를 타고 바다 건너편으로 가자고 하셨다. 예수님께서는 수많은 군중을 뒤로하고 왜 바다 저편으로 건너가셨을까? 예수님을 따르고 있는 수많은 사람들보다 더 중요한 것이 무엇이었을까?

❷ 예수님께서는 고물에서 주무시더니

38 예수님께서는 고물에서 베개를 베고 주무시더니

예수님께서 주무셨다는 기록은 여기에 유일하게 남아있다. 간밤에 밤을 새워 기도하셨고 하루종일 서기관과 군중들에게 시달리셔서 이날은 예수님께서 특별히 피곤하셨던 것 같다. 배가 풍랑을 맞아 가라앉을 지경인데도 예수님께서는 주무셨기 때문이다.

❸ 큰 광풍이 일어나며

37 큰 광풍이 일어나며 물결이 배에 부딪쳐 들어와 배에 가득하게 되었더라

복음서에는 갈릴리 바다에 대한 이야기가 많이 나온다. 갈릴리 바다는 길이가 23km, 가장 넓은 폭이 12km이고 총둘레가 51km이고 수심은 깊은 곳이 45m이다, 그런데 주변이 높은 산으로 둘러싸여 있고 해수면은 -212m나 되기 때문에 바람이 지나가는 통로여서 수시로 광풍이 불었다. 낮에는 기온이 40여 도로 뜨겁고 밤에는

5도로 낮아지기 때문에 기압의 차이로 밤에는 바람이 심하여 밤에 배를 띄우는 것은 대단히 위험했다.

이런 사실을 염두에 두면 예수님께서 타신 배가 거센 풍랑을 만났다는 것은 특별한 일이 아니라 언제라도 있을 수 있는 일이었음을 알 수 있다.

❹ 바람을 꾸짖으시며

> 38 예수님께서는 고물에서 베개를 베고 주무시더니 제자들이 깨우며
> 이르되 선생님이여 우리가 죽게 된 것을 돌보지 아니하시나이까 하니
> 39 예수님께서 깨어 바람을 꾸짖으시며 바다더러 이르시되 잠잠하라
> 고요하라 하시니 바람이 그치고 아주 잔잔하여지더라

예수님께서는 바람을 꾸짖으셨다.(ἐπετίμησεν) '꾸짖다'(ἐπιτιμάω)라는 단어는 마가복음에 9번이나 나오는데(1:25, 3:12, 4:39, 8:30, 32, 33, 9:25, 10:13, 48) 대부분 귀신과 질병을 내쫓을 때 사용하셨다. 그런데 본문에서는 풍랑을 일으키는 바람을 향하여 꾸짖으셨다. 자연현상인 풍랑이는 바다를 잔잔하게 하셨다는 이야기도 믿기 어려워 논란거리가 되는데, 바람을 꾸짖으셨다는 것은 도대체 어떻게 이해해야 하는가? 마가복음의 이런 기록을 보면 이는 결코 없었던 일을 후대에 어떤 필요 때문에 만들어낸 이야기라고는 보이지 않는다. 꾸며낸 이야기라면 이런 식으로 이야기를 만들어야 할 아무런 이유가 없기 때문이다.

성경에는 의외로 자연환경을 대상으로 하는 기적의 이야기들이 셀 수 없을 만큼 많다. 모세가 이스라엘 백성을 출애굽시키는 과정에는 하늘에서 우박과 불이 같이 내리며, 홍해바다가 갈라지고 반석에서 샘이 나는 등의 이야기가 가득차 있다. 가나안에 입주할 때는 요단 강물이 멈춰서고 여리고성이 지진으로 무너졌다. 사사들의 전쟁 이야기에는 폭우와 뇌성벽력, 지진 등이 동원되는 이야기가 널려 있으며, 엘리야와 엘리사의 이야기에는 비가 몇 년간 멈췄다가 내리

는 등 기상천외한 사건들이 많이 있다. 마가복음에 기록된 예수님의 이적은 20여 가지나 된다. 이런 이야기들을 어떻게 이해해야 하나?

초자연적인 기적과 계약

성경에 나오는 초자연적인 이야기들을 이해하기 위해서는 먼저 이런 기적들이 '계약'과 관련이 있다는 것을 알아야 한다. 모세와 관련된 기적들은 옛계약의 체결과 관련된 사건들이며, 사사들과 예언자들과 관련된 기적은 그 계약을 갱신하는 이야기들이다. 예수님과 관련된 기적들은 새로운 계약 체결을 위한 기적들이며, 사도행전의 사도들의 기적은 새로운 계약공동체가 정착되어가는 과정의 이야기들이다. 아브라함(창17:17, 18:10)과 마노아(삿13:3)와 사가랴(눅1:13)에게 천사를 통해 아들을 주시겠다고 약속하시는 말씀도 계약과 관련이 있다. 이들의 공통점은 노년이었지만 아들을 달라고 기도하지 않았다. 단지 계약정신이 이 땅에 실현되기를 바랐을 뿐이다. 그런데 하나님께서는 그들의 중심을 보시고 그들의 큰 정신을 이어갈 자식을 주셔서 대를 이어 그 뜻을 이어가게 하셨다.

성경의 기적들은 전부 계약 체결이나 계약공동체를 이끄는 지도자들의 활동과 관련이 있다. 따라서 성경의 기적들을 이해하려면 계약을 이해해야 한다. 성경은 본래 그 이름이 말해주듯이 두 계약의 책이기 때문에 계약의 관점에서 그 내용을 이해해야 하는데, 마찬가지로 성경에 기록되어 있는 기적의 이야기들도 계약에서 이해해야 한다.

그렇다면 성경의 기적들은 왜 계약과 관련이 있을까?

그 이유는 단순하다. 하나님께서는 계약공동체를 통하여 이 땅에 천국의 모형을 만들어 세상 모든 사람들이 그 모형을 보고 구원을 얻게 하시는데, 계약공동체가 사람들의 힘만으로는 그 일을 할 수 없기 때문이다. 하나님께서는 계약공동체에 함께하시며, 그 계약공동체가 하는 일이 하나님의 뜻임을 만천하에 공표하시고 또 구체적으로 계약공동체를 도우신다. 모세의 출애굽과 가나안 입주의 과정을 보면 이런 사실들이 잘 반영되어 있다. 계약의 관점이 아니고서는 이런 기적의 이야기들이 설명되지 않는다. 그런데 계약과 더불어 필요한 또 하나의 관점이 있다. 그것이 무엇일까?

영성의 관점이 그것이다. 영성의 관점이란 무엇인가? 신앙의 관점과 영성의 관점은 동일하다. 신앙은 곧 하나님에 대한 경험이다. 신앙은 하나님에 대한 경험에서 비롯되며 그 경험을 기초로 교리와 신학이 만들어진다. 이는 종교와 신앙에서 기본이며 상식이어서 설명할 필요조차 없다. 종교와 신앙에서 경험을 제거하면 그것은 이미 종교도 아니고 신앙도 아니며, 아무것도 아니다. 성경은 전적으로 신앙의 책이다. 다시 말하면 하나님 경험의 책이다. 이런 사실이 기적의 이야기들과 무슨 관련이 있는가?

철학과 과학과 신학

성경과 기독교 교리와 신학을 해석하려면 전적으로 신앙 경험 즉 영성으로 접근해야 한다. 작금의 기독교 신학의 문제는 신학을 영성이 아닌 이성과 이성에 기초한 철학으로 해석하는 데에 있다. 이성과 논리는 철학의 방법이지 신학의 방법이 아니다. 이성과 영성은 서로 다루는 분야와 차원이 다르다. 성경을 과학으로 재려는 것도 마찬가지로 어불성설이다. 과학은 가설과 실험을 기초로 하는데, 성경의 이야기들을 가설과 실험으로 잰다는 것은 전혀 상식에 맞지 않는다.

철학자와 과학자가 성경의 기적에 대하여 말하려면 먼저 종교적인 경험을 추구해야 한다. 하나님은 철학과 과학의 대상이 아니다. 불완전한 인간이 불완전한 이성적인 철학과 실험적인 과학으로 하나님을 말하려 한다는 것은 오만과 모순의 극치이다. 신학자도 마찬가지이다. 신학을 하려면 철학적인 신학을 시도하기 이전에 영성적인 신학을 시도해야 한다. 철학과 신학이 공유되는 부분이 많기는 하지만 방법과 대상은 전혀 다르다. 현대의 신학은 현대철학의 영향에서 벗어나지 못하고 철학의 아류에 머물고 있다. 기독교 신학이 살려면 철학과 과학의 시녀에서 하루빨리 벗어나야 한다.

영성의 자세

영성으로 종교와 신앙의 세계를 접하려면 먼저 빈 마음(tabula rasa)을 가지고 절대자 앞에 옷깃을 여미고 겸손한 자세로 서야 한다. 마음이 백지가 되지 않고서는 결코 영성의 문턱을 넘어서지 못한다. 먹물을 먹어서 뭘 좀 안다는 생각만큼 영성의 길에서 걸림돌은 없다. 완전히 빈 마음을 가지고 그분을 진지하게 찾으면 그분은 틀림없이, 지체하지 아니하고 만나주신다. 아무리 찾아도 그분을 만날 수 없다면 먼저 자신을 돌아보고 백지가 되어있지 않음을 알고 마음의 모든 것을 지워야 한다. 그래도 만나지지 않는다면 내 마음을 비우고 지우는 게 내 힘으로 되지 않음을 솔직하게 고백하며 그분의 도우심을 구해야 한다. 자신이 백지이며 아무것도 아니라는 고백이 영성의 길에서 넘어야 할 첫 문턱이다.

이 문턱을 넘어서면 비로소 자연과 초자연이 둘이 아니라 하나임을 경험으로 알게 된다. 하나님의 세계, 영성의 세계에서는 자연과 초자연이, 시간와 영원이, 직선과 곡선이, 내재와 초월이, 현실과 이상이, 세속과 성역이 둘이 아니라 하나임을 경험하게 된다. 불교의 용어로 말한다면 색(色)과 공(空)은 둘이 아니고 하나다.[67] 초자연이 현실에서는 이성과 과학으로 확인하기 어렵지만 영성의 세계에서는 전혀 아니다. 종교 자체가 초자연과 계시의 체계이다.

그런데 바람이 어째서 꾸짖음의 대상인가?

---

67) 반야심경의 핵심내용은 色不異空空不異色 色卽是空空卽是色이다.

인간을 괴롭히는 귀신은 꾸짖어 내쫓을 대상이지만 단순히 자연 현상인 바람을 꾸짖으셨다는 것을 어떻게 이해해야 할까? 이에 대해서는 〈물음1〉의 창조와 계약과 구속의 관계에서 이미 설명했다. 계약과 영성의 관점에서 보면 이 또한 지극히 단순한 이치이다.

창조주이시며 역사를 주관하시는 하나님께서 역사를 이끌어 가시는 방법은 계약공동체를 통해서이다. 성경에 의하면 계약공동체는 하나님을 대신하는 대행자이다. 하나님께서는 계약공동체의 기도를 들으시고 그 기도에 응답하시는 방식으로 세상을 이끌어 가신다. 구약 포로기 이전의 예언자들은 이스라엘이 계약을 지키지 않으므로 하나님께서 이스라엘을 징계하기 위하여 앗수르와 바벨론을 등장시키고 있다고 당시 세계사를 해석했다. 또 바벨론이 100년을 못 채우고 허무하게 멸망한 이유는 포로로 잡혀간 유대인들이 회개하고 계약법을 실천하려고 했기 때문이라고 했다. 예언자들이 계약공동체를 중심으로 세계역사를 해석하는 관점은 전적으로 계약의 사관이었다.

그런데 예언자들은 가뭄과 기근, 메뚜기, 태풍 등도 하나님께서 이스라엘의 계약 위반을 징계하기 위하여 쓰시는 도구라고 했다. 다시 말하면 자연재해 등도 계약과 관련있으며, 계약을 올바르게 지키면 자연재해도 계약공동체에 굴복한다는 뜻이다. 새로운 계약을 체결하시는 예수님께서 바람과 바다를 다스리신 것은 이를 계약공동체에 보여주시기 위함이었다. 따라서 바람과 바다라 할지라도 계약공동체에 해를 끼치면 귀신과 동일하게 꾸짖음의 대상이 된다.

❺ 계약 신앙의 믿음

> 40 이에 제자들에게 이르시되 어찌하여 이렇게 무서워하느냐 너희가 어찌 믿음이 없느냐 하시니

예수님께서는 바람과 바다를 꾸짖으신 후 풍랑을 무서워하던 제

자들에게 믿음이 없다고 책망하셨다. 예수님께서 제자들에게 요구하시는 믿음은 어떤 믿음일까? 앞에서 말한 계약에 기초한 믿음이다. 하나님께서는 계약공동체를 통하여 일하시며 계약공동체를 지켜주시기 때문에 자연 현상까지도 계약공동체를 해치지 못한다. 성경에서 말하는 믿음은 계약에 기초한 이런 믿음이며, 예수님께서는 제자들에게 이런 믿음을 요구하셨다. 하나님께서는 지금도 우리에게 동일한 믿음을 요구하신다.

계약신앙에 의하면 세계 역사와 자연 현상까지도 계약공동체를 중심으로 움직이게 되어있다.

❻ 영성 경험의 믿음

> 41 그들이 심히 두려워하여 서로 말하되 그가 누구이기에 바람과 바다도 순종하는가 하였더라

사도들은 아직 이런 믿음에 도달해 있지 못했다. 그 이유는 계약에 대한 충분한 이해가 없었기 때문이다. 신앙의 세계가 이성으로 다 이해되지는 않는다. 이해의 방법에는 이성과 경험이 있는데, 신앙에서는 이 둘이 다 유용하게 쓰인다. 이성으로 이해할 수 있는 부분은 최대한 이해해야 하지만 전부는 아니다. 하나님께서는 이성으로 이해되지 않는 부분을 경험으로 이해시키신다. 마가복음에 이적의 이야기가 주로 기록되어 있는 이유는 예수님께서는 이성으로 이해되지 않는 부분을 제자들에게 경험으로 이해시키시기 때문이다. 본문의 내용은 그 대표적인 예이다. 사도들은 경험으로 이렇게 고백하고 있다.

> 그가 누구이기에 바람과 바다도 순종하는가

사도들은 예수님의 부활을 경험하고 또 오순절의 성령을 경험하고서 비로소 온전한 이해에 이르게 되었다. 마가복음에 기록된 사도들의 깨닫지 못하는 모습은 이런 이해의 도상에 있음을 보여주고 있

다. 예수님께서는 저녁에 바다를 건너가자고 말씀하실 때부터 제자들이 풍랑이는 바다 때문에 고생하리라는 것을 잘 아시면서 중요한 교육의 기회로 활용하셨다.

그렇다면 수많은 군중을 그대로 두고 저녁 무렵에 풍랑이는 바다를 건너가신 특별한 이유는 무엇일까?

물음 20 길 잃은 양, 어떤 사람들일까?

본문 : 〈 5:1~20 〉

1 예수님께서 바다 건너편 거라사인의 지방에 이르러 2 배에서 나오시매
곧 더러운 귀신 들린 사람이 무덤 사이에서 나와 예수를 만나니라 3
그 사람은 무덤 사이에 거처하는데 이제는 아무도 그를 쇠사슬로도 맬
수 없게 되었으니 4 이는 여러 번 고랑과 쇠사슬에 매였어도 쇠사슬을
끊고 고랑을 깨뜨렸음이러라 그리하여 아무도 그를 제어할 힘이 없는
지라 5 밤낮 무덤 사이에서나 산에서나 늘 소리 지르며 돌로 자기의
몸을 해치고 있었더라 6 그가 멀리서 예수를 보고 달려와 절하며 7 큰
소리로 부르짖어 이르되 지극히 높으신 하나님의 아들 예수여 나와 당
신이 무슨 상관이 있나이까 원하건대 하나님 앞에 맹세하고 나를 괴롭
히지 마옵소서 하니 8 이는 예수님께서 이미 그에게 이르시기를 더러
운 귀신아 그 사람에게서 나오라 하셨음이라

9 이에 물으시되 네 이름이 무엇이냐 이르되 내 이름은 군대니 우리가
많음이니이다 하고 10 자기를 그 지방에서 내보내지 마시기를 간구하
더니 11 마침 거기 돼지의 큰 떼가 산 곁에서 먹고 있는지라 12 이에
간구하여 이르되 우리를 돼지에게로 보내어 들어가게 하소서 하니 13
허락하신대 더러운 귀신들이 나와서 돼지에게로 들어가매 거의 이천
마리 되는 떼가 바다를 향하여 비탈로 내리달아 바다에서 몰사하거늘
14 치던 자들이 도망하여 읍내와 여러 마을에 말하니 사람들이 어떻게
되었는지를 보러 와서 15 예수께 이르러 그 귀신 들렸던 자 곧 군대
귀신 지폈던 자가 옷을 입고 정신이 온전하여 앉은 것을 보고 두려워
하더라 16 이에 귀신 들렸던 자가 당한 것과 돼지의 일을 본 자들이

그들에게 알리매 17 그들이 예수께 그 지방에서 떠나시기를 간구하더
라
18 예수님께서 배에 오르실 때에 귀신 들렸던 사람이 함께 있기를 간구
하였으나 19 허락하지 아니하시고 그에게 이르시되 집으로 돌아가 주
께서 네게 어떻게 큰 일을 행하사 너를 불쌍히 여기신 것을 네 가족에
게 알리라 하시니 20 그가 가서 예수님께서 자기에게 어떻게 큰 일 행
하셨는지를 데가볼리에 전파하니 모든 사람이 놀랍게 여기더라

1. 교부들의 해석

돼지 떼가 마귀의 간청으로 바다에 빠져 죽은 것은 하나님의 능력을 증언하고 믿음을 북돋기 위한 가장 큰 선을 행한 것이다.(Jerome, Chrysostom), 성경을 해석하기 위해서는 성경의 지명에 대하여 살펴보는 것을 게을리하지 말아야 한다. 마가에서 돼지가 빠져 죽은 바다가 거라사인의 지역에 있었다고 하는데, 이 지역에는 돼지 떼가 빠져죽을 만한 비탈이 없다. 거라사는 오늘날의 디베랴라고 불리는 호숫가이다.(Origenes) 타락한 영적인 피조물들이 하나님의 아들을 가장 먼저 지극히 높고 거룩하신 하나님으로 알아보았다.(Athanasius) 비록 마귀들의 온 군대가 한 사람의 육체를 지배하고 있어도 구원자께서는 비참한 그 인간을 건강하게 만드실 수있다.(Lactantius, Ephrem the Syrian) 마귀에게 제한된 능력이 허락되는 것은 믿음을 시험하기 위함이다.(Tertullian) 마귀의 능력은 하나님께서 본래 만드신 것이 아니라 죄의 지배 아래 있는 인간에게 자유의지의 결과로서 허락된 것이며, 더 큰 선을 이루는 역할을 한다.(Gregory the Great)[68]

2. 교부들의 해석에 대한 평가

오리겐은 마가복음에 기록된 거라사인의 지명이 오류이며, 디베랴 가까이에 있는 호수라고 정정하고 있는데, 그 이유는 거라사 지

68) ACCS, Mark. pp. 62~68.

역에는 돼지가 떨어져 죽을만한 낭떠러지가 없고 디베랴 바닷가에 있기 때문이라고 한다. 이를 미루어보면 오리겐은 복음서 연구를 위해 현장을 직접 찾아가 확인했음을 알 수 있다. 복음서를 해석하기 위하여 이런 성서지리 연구를 했는데, 구약의 율법과 예언서의 전통인 계약의 관점에 대해서는 전혀 관심을 기울이지 않은 이유가 의문이다.

3. 본문 재해석

본문의 이야기가 마태와 누가에도 기록되어 있는 것을 보면 공관복음서에서 중요한 비중을 차지하고 있음을 알 수 있다. 그러나 군대 귀신, 돼지 떼의 몰살 등이 얽혀 있어서 해석은 전혀 쉽지 않다. 마가복음에서 전개된 이야기의 흐름에 따라서 해석해보고자 한다.

❶ 길 잃은 양

> 1 예수님께서 바다 건너편 거라사인의 지방에 이르러 2 배에서 나오시매 곧 더러운 귀신 들린 사람이 무덤 사이에서 나와 예수를 만나니라

예수님의 비유의 말씀 중에, 양 100마리를 데리고 풀을 뜯기다가 저녁에 숫자를 세어보니 한 마리가 보이지 않자 아흔아홉 마리를 길에 놓아두고 길 잃은 양을 찾는 이야기가 있는데, 이를 통해 예수님께서 오신 목적은 길 잃은 양을 찾아 구원하기 위함이라고 하셨다. (마18:12, 눅15:4) 본문의 이야기야말로 이 비유에 전적으로 부합한다.

> 3 그 사람은 무덤 사이에 거처하는데 이제는 아무도 그를 쇠사슬로도 맬 수 없게 되었으니 4 이는 여러 번 고랑과 쇠사슬에 매였어도 쇠사슬을 끊고 고랑을 깨뜨렸음이러라 그리하여 아무도 그를 제어할 힘이 없는지라 5 밤낮 무덤 사이에서나 산에서나 늘 소리 지르며 돌로 자기의 몸을 해치고 있었더라

바쁜 하루를 보내시면서 갈릴리 바닷가에서 수많은 유대인들 틈에 계시던 예수님의 귀에 바다 저편에서 이방인 한 사람의 울부짖음이

들려와 배를 타고 그를 찾아가셨다. 예수님의 이런 행보에 당연히 의문이 든다. 바닷가에 모여있는 수천 수만의 사람들보다 어떻게 귀신들린 한 사람이 더 중요할 수 있는가? 그런데 예수님은 수많은 사람들을 포기하고 풍랑이는 바다의 위험을 무릅쓰고 그 바쁜 와중에 한 사람을 찾아 먼 길을 직접 가셨다. 왜 그러셨을까? 우리가 볼 때에는 납득되지 않지만 하나님에게는 그것이 공평하기 때문이다. 수많은 사람보다 한 사람을 더 중요하게 여기는 것이 어떻게 공평한가?

하나님께서는 사람의 숫자를 보지 않으시고 마음속에 들어있는 간절함과 절박함의 크기와 무게를 보신다. 바닷가의 예수님 주변에 모여있는 사람들도 나름대로 예수님이 필요해서 먼 길을 마다하지 않고 찾아왔다. 그들의 상당수는 병자와 불구자였으며, 예수님의 설교를 듣기 위하여 온 사람들도 있었을 것이다. 사람들의 마음을 헤아리시는 예수님께서는 그들의 필요를 너무나 잘 알고 계셨다. 그런데 바다 저편에서 들려오는 울부짖음 속에 담겨있는 간절함의 정도와 크기가 바닷가 군중들의 간절함을 합친 것보다 더 컸다. 이런 이유로 예수님께서는 제자들과 배를 타고 그 한 사람을 찾아가셔야 했다. 이것이 하나님의 공평함이다.

무슨 근거로 그런 단정을 짓느냐고 물을 수 있다. 이에 대해서는 영성의 경험을 통한 확인이라고 말할 수 있다.[69] 성경은 신앙의 책이기 때문에 경험으로 확인이 가능하다. 문제는 경험은 주관적인데 어떻게 신빙성이 있는가에 있다. 신앙 경험이 주관적이기는 하지만 누구에게나 경험의 길이 열려 있어서 객관화가 가능하다. 경험에 기초하는 교리는 한 사람의 경험이 아니라 여러 사람들의 다양한 경험을 종합하여 객관화한 것이다.

예언자들이 부름받던 상태와 독특한 사역들을 비롯하여 예수님께

69) 졸저 「마태복음」에서는 초자연적인 이야기들에 대하여 경험을 열거하면서 해석했다.

서 하신 사역의 대부분도 영성의 경험으로 그 상태의 확인이 가능하다. 단지 여기까지 이르는 경험이 흔하지 않을 뿐인데, 성경에 등장하는 예언자들을 비롯한 믿음의 사람들은 하나같이 이런 영성의 경험자들이었다. 성경이 영감으로 기록되었기 때문에 영감으로 해석해야 한다는 말은 이 경험을 두고 하는 말이다. 도무지 이해되지 않는 성경의 초자연적인 이야기들을 경험으로 확인하면 그 이해가 명확해진다. 성경은 이성의 이해가 아닌 경험의 이해로 다가가야 한다. 경험으로 다가간 다음에 설명은 합리적으로 설명하여 이성적으로 이해하게 해야 한다. 영성의 세계, 신앙 경험의 세계에도 원리와 이치가 들어있기 때문에 경험하고 나면 많은 부분에서 단순하고 합리적인 설명이 가능해진다.

❷ 네 이름이 무엇이냐?

9 이에 물으시되 네 이름이 무엇이냐 이르되 내 이름은 군대니 우리가 많음이니이다 하고 10 자기를 그 지방에서 내보내지 마시기를 간구하더니

복음서에는 귀신을 내쫓는 이야기가 많이 나오고 있지만 귀신을 향하여 이름을 묻는 경우는 없었다. 그런데 왜 여기서는 귀신의 이름을 물으실까? 귀신의 이름을 통해서 왜 이 사람이 이런 상황에 처해 있는지를 암시하기 위함이다. 이 사람에게 들어가 있는 귀신의 이름은 '군대'(Λεγιὼν)인데 숫자가 많다는 뜻이다. 레기온(Λεγιὼν)이 로마의 군단을 일컫는 용어여서 군대와 관련된 귀신처럼 느껴지지만, 귀신이 스스로 숫자가 많다는 뜻이라고 해석해주고 있다. 귀신들이 2천여 마리의 돼지 떼에 들어간 것을 보면 숫자가 많은 귀신이라는 이름이 사실이었음을 알게 된다. 그러면 왜 이 사람에게 이런 숫자가 많은 군대 귀신이 들어갔을까?

영성의 세계에서 귀신의 영을 경험해보면 귀신이 그 사람의 성향에 따라 접근하는 것을 알 수 있다. 음란물을 좋아하면 음란의 영이

임하며, 난폭한 게임을 좋아하면 포악한 영이 임하는 것과 같은 이치다. 이 사람에게 군대 귀신이 들어갔다는 것은 예전에 많은 사람을 상대로 부딪히며 시달림을 당하다가 정신이상자가 되었음을 말해준다. 그렇다면 무엇 때문에 다수를 상대로 갈등을 빚고 있었을까? 이에 대하여 본문은 직접 설명하지는 않지만 암시를 주고 있다. 어디에 암시가 있을까?

귀신들린 자가 온전해진 다음에 하는 행동을 통해서 알 수 있다. 귀신이 나가자 그 사람은 예수님을 따르겠다고 했다. 예수님께서 가정으로 돌아가 가족을 돌보라고 돌려보냈지만 그는 자원하여 이방지역인 데가볼리 전역을 다니며 복음을 전했다고 기록되어 있다. 그의 이런 행동에 비추어 보면 그가 예전에 나름대로 공의를 실현하기 위하여 다수를 상대로 고군분투하는 일을 마다하지 않았음을 알 수 있다. 이런 사실은 다음의 이야기에서 다시 한번 확인된다.

❸ 돼지 떼 이천 마리

> 11 마침 거기 돼지의 큰 떼가 산 곁에서 먹고 있는지라 12 이에 간구하여 이르되 우리를 돼지에게로 보내어 들어가게 하소서 하니 13 허락하신대 더러운 귀신들이 나와서 돼지에게로 들어가매 거의 이천 마리 되는 떼가 바다를 향하여 비탈로 내리달아 바다에서 몰사하거늘

군대 귀신이 왜 돼지 떼에게 들어가겠다고 했으며, 또 예수님께서는 왜 허락하셨을까? 군대 귀신 들렸던 사람과 이 돼지 떼가 서로 어떤 상관관계가 있기 때문이다. 아무런 관련이 없는데 귀신들이 돼지 떼에 들어가게 해달라고 할 리가 없다. 그 암시는 2천여 마리나 되는 돼지 떼가 몰살한 후 돼지 주인들이 와서 보이는 의외의 반응에 들어있다.

> 14 치던 자들이 도망하여 읍내와 여러 마을에 말하니 사람들이 어떻게 되었는지를 보러 와서 15 예수께 이르러 그 귀신 들렸던 자 곧 군대 귀신 지폈던 자가 옷을 입고 정신이 온전하여 앉은 것을 보고 두려워하더라

그들은 군대 귀신 들린 사람이 온전해진 것을 보고 두려워하면서 예수님에게 그 지역에서 떠나 달라고 요청했다. 2천여 마리의 돼지는 큰 재산이다. 그런데 왜 큰 재산을 잃은 사람들이 항의할 생각을 하지 않았으며, 또 군대 귀신 들렸던 사람이 온전해진 것을 보고 왜 두려워했을까? 이를 종합하면 다음의 결론에 이르게 된다.

군대 귀신 들렸던 사람은 평소에 거라사를 비롯한 데가볼리 지역에서 권세있고 부유한 자들의 횡포에 맞서서 공의를 실현하기 위하여 혼자 또는 둘이(마8:28) 힘겨운 싸움을 하던 사람이었다. 그 문제는 돼지 떼와 어떤 연관이 있었다. 가진 자들은 이 사람에게 온갖 누명을 씌우며 수단 방법을 가리지 않고 압박을 가했고, 그는 이를 견디다 못해 정신이상자가 되고 말았다. 비록 정신이상자가 되었지만 그 억울함을 호소할 길이 없어 자신의 몸을 자해하며 하늘을 향해 혼자 울부짖고 있었다.

하늘의 하나님은 이런 공의에 목마른 호소를 들으시는 분이시다. 그가 이스라엘인이든 거라사의 이방인이든 상관하지 않으신다. 가버나움 바닷가의 군중 틈에 계시던 예수님에게 이 울부짖음이 군중들의 필요를 합친 것보다 더 크게 들려왔다. 왜냐하면 군중들의 목마름은 주로 개인적인 갈증이었지만 군대 귀신 들린 사람의 갈급함은 공의를 실현하기 위함이었기 때문이다. 이런 이유로 예수님은 피곤하셨지만 풍랑이는 바다를 헤치고 그를 직접 찾아가셔서 그의 호소를 들어 주셨다.

2천여 마리나 되는 돼지 떼를 잃은 주인들은 군대 귀신 들렸던 사람이 온전해진 모습을 보고 어떤 항의나 변상은 고사하고 오히려 두려움에 떨었다. 그들에게는 뭔가 두려워할 만한 이유가 있었기 때문이다.

16 이에 귀신 들렸던 자가 당한 것과 돼지의 일을 본 자들이 그들에게
알리매 17 그들이 예수께 그 지방에서 떠나시기를 간구하더라

돼지 주인들은 왜 예수님에게 떠나 달라고 간청했을까? 그들도 예수님에 대한 소문을 익히 들어서 예수님께서는 이 땅에 하나님 나라를 실현하시는 분, 즉 경제정의를 실현하시는 분이라는 것을 알고 있었다. 그런 그들에게 군대 귀신 들렸던 사람을 고치신 것은 경제정의를 실현하시려는 시도로 보였다. 그들은 예수님을 따르는 대신 떠나 달라고 간청했다. 그러면 왜 예수님은 그들의 요청대로 불의의 현장을 묵인하고 조용히 떠나셨는가?

❹ 집으로 돌아가라.

> 18 예수님께서 배에 오르실 때에 귀신 들렸던 사람이 함께 있기를 간
> 구하였으나 19 허락하지 아니하시고 그에게 이르시되 집으로 돌아가
> 주께서 네게 어떻게 큰 일을 행하사 너를 불쌍히 여기신 것을 네 가족
> 에게 알리라 하시니 20 그가 가서 예수님께서 자기에게 어떻게 큰 일
> 행하셨는지를 데가볼리에 전파하니 모든 사람이 놀랍게 여기더라

예수님을 따르겠다는 귀신들렸던 사람에게 예수님께서는 집으로 돌아가 가족을 돌보라고 말씀하셨다. 그런데 그는 거라사는 물론이고 데가볼리 전역을 돌아다니며[70] 예수님께서 하시는 일, 즉 경제정의를 실현하신 일을 전했고 사람들은 놀라움으로 받아들였다. 무엇을 말하는가? 예수님께서 그곳에 계시지 않아도 이제 온전해진 사람이 주도권을 가지고 그 지역에서 공의를 실현하는 복음사역을 성공적으로 해내리라는 것을 내다보셨다.

성경은 오랫동안 구전을 거치면서 다듬어진 독특한 이야기이다. 도무지 납득되지 않더라도 자세히 살펴보고 또 묵상하면 이야기 속에는 은폐, 함축, 암시된 단어와 구절을 발견하게 된다. 이를 기초로 본래의 이야기를 재구성하는 것이 성경 해석자가 할 일이다.

---

70) 데가볼리(Decapolis)는 이름 그대로 Canatha, Damascus, Dion, Gadara, Gerasa, Hippos, Pella, Philadelphia, Rephana, and Scythopolis 등 10개의 도시로 구성된 지역인데, 알렉산더에 의해 헬라화된 도시들이었다.

❺ 찾아가시는 사람들

예수님께서는 지극히 현실적인 사역 방법을 사용하셨다. 수만 명의 사람들을 대상으로 설교할 수 있는 지형적 조건이 갖추어진 가버나움 등의 바닷가에 사람들이 소문을 듣고 찾아오게 하셨다. 많은 사람들에게 계약법을 가르치는 데에는 이보다 더 효율적인 방법은 없었다. 주로 바닷가에 머물러 계시던 예수님께서는 간혹 바닷가를 떠나 여행을 하셨는데 대부분 누군가를 만나기 위함이었다. 어떤 사람을 만나러 가셨을까? 병들고 불쌍한 사람일까? 가난하고 버려진 사람일까? 착한 사람일까?

아니다. 본문에서 만나는 군대 귀신 들렸던 사람처럼 하나님 나라에 목말라 있는 사람들이다. 회당에서 만난 손 마른 사람, 귀신들린 사람, 베데스다 연못가의 38년 된 병자, 실로암 연못가의 소경, 여리고의 세리장 삭개오와 소경 바디매오 등 복음서에 기록으로 남아있는 사람들은 다 그런 사람들이었다. 그들의 뒷 이야기는 남아있지 않지만 그들은 모두 하나님 나라를 위하여 헌신한 사람들이었다.

이와 같이 공의가 실현되는 하나님 나라에 목말라 있는 사람들을 예수님께서는 '길 잃은 양'이라고 하셨으며, 그들을 찾아 하나님의 일을 하도록 부르러 오셨다고 했다. 예수님의 사도들은 예수님께서 특별히 찾아가셔서 부르신 사람들이다. 고기잡는 현장으로, 세관으로, 예수님께서는 직접 찾아가셨다. 지금도 예수님께서는 길 잃은 양을 직접 찾아오신다. 그런데 찾아갈 사람이 없으시다. 그분은 이렇게 탄식하신다.

네가 그 사람이 되어다오.
내가 직접 찾아갈 사람.
제발, 그 사람이 되어다오.
제발.

물음 21 회당장 야이로, 그는 누구였을까?

본문 : 〈 5:21~43 〉

21 예수님께서 배를 타시고 다시 맞은편으로 건너가시니 큰 무리가 그에
게로 모이거늘 이에 바닷가에 계시더니 22 회당장 중의 하나인 야이로
라 하는 이가 와서 예수를 보고 발 아래 엎드리어 23 간곡히 구하여
이르되 내 어린 딸이 죽게 되었사오니 오셔서 그 위에 손을 얹으사 그
로 구원을 받아 살게 하소서 하거늘 24 이에 그와 함께 가실새 큰 무
리가 따라가며 에워싸 밀더라

25 열두 해를 혈루증으로 앓아 온 한 여자가 있어 26 많은 의사에게 많
은 괴로움을 받았고 가진 것도 다 허비하였으되 아무 효험이 없고 도
리어 더 중하여졌던 차에 27 예수의 소문을 듣고 무리 가운데 끼어 뒤
로 와서 그의 옷에 손을 대니 28 이는 내가 그의 옷에만 손을 대어도
구원을 받으리라 생각함일러라 29 이에 그의 혈루 근원이 곧 마르매
병이 나은 줄을 몸에 깨달으니라 30 예수님께서 그 능력이 자기에게서
나간 줄을 곧 스스로 아시고 무리 가운데서 돌이켜 말씀하시되 누가
내 옷에 손을 대었느냐 하시니 31 제자들이 여짜오되 무리가 에워싸
미는 것을 보시며 누가 내게 손을 대었느냐 물으시나이까 하되 32 예
수님께서 이 일 행한 여자를 보려고 둘러 보시니 33 여자가 자기에게
이루어진 일을 알고 두려워하여 떨며 와서 그 앞에 엎드려 모든 사실
을 여쭈니 34 예수님께서 이르시되 딸아 네 믿음이 너를 구원하였으니
평안히 가라 네 병에서 놓여 건강할지어다

35 아직 예수님께서 말씀하실 때에 회당장의 집에서 사람들이 와서 회당
장에게 이르되 당신의 딸이 죽었나이다 어찌하여 선생을 더 괴롭게 하
나이까 36 예수님께서 그 하는 말을 곁에서 들으시고 회당장에게 이르
시되 두려워하지 말고 믿기만 하라 하시고 37 베드로와 야고보와 야고
보의 형제 요한 외에 아무도 따라옴을 허락하지 아니하시고 38 회당장
의 집에 함께 가사 떠드는 것과 사람들이 울며 심히 통곡함을 보시고
39 들어가서 그들에게 이르시되 너희가 어찌하여 떠들며 우느냐 이 아
이가 죽은 것이 아니라 잔다 하시니 40 그들이 비웃더라 예수님께서
그들을 다 내보내신 후에 아이의 부모와 또 자기와 함께 한 자들을 데

리시고 아이 있는 곳에 들어가사 41 그 아이의 손을 잡고 이르시되 달
리다굼 하시니 번역하면 곧 내가 네게 말하노니 소녀야 일어나라 하심
이라 42 소녀가 곧 일어나서 걸으니 나이가 열두 살이라 사람들이 곧
크게 놀라고 놀라거늘 43 예수님께서 이 일을 아무도 알지 못하게 하
라고 그들을 많이 경계하시고 이에 소녀에게 먹을 것을 주라 하시니라

1. 교부들의 해석

새로운 생명을 얻기에 필요한 단 한 가지는 믿음이다.(August-inus, Bede) 회당장은 하나님을 신뢰했으며, 자기 딸을 창조하신 그 손으로 자기 딸이 재창조되어 생명이 돌아오리라고 믿었다. 무에서 그 딸을 만드시기 위하여 손을 얹으셨던 하나님께서 이제 다시 죽음에서 그 아이를 다시 만드시기 위하여 손을 얹으셨다.(Peter Chrysologus) 육체로는 스스로 부당하다고 여긴 여인은 마음으로 의사이신 주님께 다가가서 믿음으로 손을 대었다. 여인은 주님의 옷에 손을 대면서 치유와 용서가 임하리라고 생각했다. 여인은 자기 좋을대로가 아니라 겸손하게 요청했다.(Peter Chrysologus) 왜 다른 제자들은 놔 두고 베드로, 야고보 요한만 데리고 가셨는가? 왜 세 사람인가? 셋이라는 숫자에 삼위일체의 모든 신비가 담겨있고 이 숫자 자체도 거룩하기 때문이다.(Hieronimus 347~419)[71]

2. 교부들의 해석에 대한 평가

본문에 대한 교부들의 글은 많은 편인데 신앙을 북돋아 주려는 데에 초점이 맞추어져 있다. 베드로, 야고보, 요한 등 사도 3명을 삼위일체와 연결해서 해석했다. 문자와 알레고리가 교부들의 주요 해석 방법이었다. 성경 해석에 꼭 필요한 당시 상황이나 역사적인 맥락 등에 대한 이해가 전무하다.

---

71) ACCS, Mark, pp. 68~73.

3. 본문 재해석

본문은 회당장 야이로의 딸과 혈루증 여인의 이야기가 겹쳐 나오는 긴 이야기이다. 마가는 두 이야기를 통해서 무엇을 말하려고 했을까? 편의상 먼저 야이로의 이야기를 다루고자 한다.

❶ 바닷가에 계시더니

> 21 예수님께서 배를 타시고 다시 맞은편으로 건너가시니 큰 무리가 그에게로 모이거늘 이에 바닷가에 계시더니

거라사 땅에서 배를 타고 다시 가버나움으로 돌아오시니 수많은 사람들이 예수님을 기다리고 있다가 크게 환영했다.(눅8:40) 예수님께서는 특별한 일이 아니면 가버나움에 계셔야만 했다. 예수님에 관한 소문을 들은 사람들이 계속 몰려왔는데, 자주 거처를 옮기면 사람들이 찾아올 수 없었기 때문이다. 이런 이유로 마태복음에서는 예수님께서 본 동네(마9:1) 즉 고향으로 돌아오셨다고 기록했다. 예수님께서 공생애 수년 동안 거의 가버나움에 계셨기 때문에 사람들에게는 가버나움이 예수님의 고향으로 알려졌던 것 같다. 수많은 사람들이 모였기 때문에 다시 바닷가로 나가서 사람들을 가르치셨다.

예수님이 계신 곳으로 온갖 병자와 불구자들이 몰려왔다. 중풍병자인 경우에는 사람들이 침상째로 들고 왔다. 그런데 이번에는 특별한 일이 벌어졌다. 어떤 사람이 찾아와 자기 집으로 가서 어린 딸을 고쳐달라고 간청했기 때문이다. 이는 무리한 요구였다. 왜냐하면 수많은 사람들이 다 예수님을 만나려고 와서 대기 중이고 또 계속 몰려오고 있는데, 그런 와중에 예수님을 자기 집으로 가자고 요청하는 것은 있을 수 없는 일이다. 그런데 이런 무리한 요청을 마다하지 않으시고 예수님은 기꺼이 그 집으로 가셨다. 왜 자기 딸을 데리고 오지 않고 예수님을 집으로 모시고 가려 했을까? 또 예수님께서는 왜 찾아가셨을까? 그 사람은 도대체 누구였을까?

❷ 회당장 중의 하나인 야이로

> 22 회당장 중의 하나인 야이로라 하는 이가 와서 예수를 보고 발 아래
> 엎드리어 23 간곡히 구하여 이르되 내 어린 딸이 죽게 되었사오니 오
> 셔서 그 위에 손을 얹으사 그로 구원을 받아 살게 하소서 하거늘 24
> 이에 그와 함께 가실새 큰 무리가 따라가며 에워싸 밀더라

그 사람은 회당장 야이로였다. 당시 유대인 사회에서 신앙의 중심지는 각 지역에 있는 회당이었다. 이런 이유로 회당장은 중요한 자리였고 그 지역 장로회의 회장이었다. 회당장이기 때문에 예수님께서 따라가셨을까? 아니면 예수님 앞에 무릎꿇고 애원했기 때문일까? 둘 다 아니다. 예수님께서는 언제나 공평하게 움직이셨는데, 회당장 야이로의 마음 중심의 무게가 바닷가에 모인 수많은 사람들의 마음을 합친 것보다 더 무겁고 컸기에 따라가셨다. 물이 낮은 곳으로 흐르듯이 하나님의 마음은 하나님을 가장 간절하게 찾는 곳으로 기울어지게 되어있다. 이것이 영성의 세계를 지배하는 원리 중 하나이다. 갈급한 마음, 낮아진 마음, 하늘나라에 목말라 있는 마음, 그 마음을 하나님께서는 찾고 계신다. 야이로의 마음이 바로 그 마음이었다. 은폐, 함축, 암시된 구절을 찾아 이를 풀어보고자 한다.

회당장 야이로, 그는 어떤 사람이었을까? 당시 유대인 지도자들은 헤롯당과 작당하여 예수님을 제거하기로 공식적인 결의를 하고 제거할 명분으로 예수님을 귀신들렸다고 덮어씌우며 여론을 조성하고 있었다. 야이로도 회당장이기 때문에 이런 사실을 잘 알고 있었다. 그런데 그가 예수님을 자기 집으로 모신다는 것은 유대인들의 이런 결의에 대한 공식적인 거부행위였다. 왜 그는 이런 모험을 했을까?

회당장 야이로는 평소에 예수님을 지켜보면서 예수님께서 하시는 일과 말씀이 옳다고 생각하고 있었다. 자신도 예수님께서 하시는 일에 동참하고 싶었지만 아직 그런 결단을 내리지 못하고 있었다. 그

러던 차에 자신의 어린 딸이 병들어 위급해지자 이에 야이로는 예수님을 따르고자 결단내렸다.

야이로가 단지 자기 딸의 병을 고칠 생각뿐이었다면 딸을 데리고 예수님께로 가서 조용히 고쳐왔을 것이다. 그런데 야이로는 예수님을 모시고 집으로 오려고 했다. 이는 바리새인들이 하는 일을 공개적으로 거부하기 위함이며, 동시에 예수님에게 바리새인들의 음모와 돌아가는 상황을 전해주려는 의도였다. 복음서의 기록을 보면 기록자는 유대인의 속셈과 의도를 속속들이 다 알고 있는데 이는 누군가가 그들에 관한 내부 정보를 소상히 알려주었기 때문에 가능했다. 야이로도 그런 사람들 중 하나였다. 예수님께서는 이런 이유로 회당장 야이로의 집으로 향하셨다.

❸ 두려워말고 믿기만 하라

> 35 아직 예수님께서 말씀하실 때에 회당장의 집에서 사람들이 와서 회당장에게 이르되 당신의 딸이 죽었나이다 어찌하여 선생을 더 괴롭게 하나이까 36 예수님께서 그 하는 말을 곁에서 들으시고 회당장에게 이르시되 두려워하지 말고 믿기만 하라 하시고

예수님께서 야이로의 집으로 가시는 도중에 야이로의 집에서 아이가 죽었으니 예수님을 모시고 올 필요가 없다고 연락이 왔다. 이를 곁에서 들으신 예수님께서는 망설이는 야이로에게 "두려워 말고 믿기만 하라!"고 먼저 말씀하시고 가던 길을 계속 가셨다. 왜 먼저 이런 말씀을 하셨을까?

회당장이 예수님을 집으로 모신다는 것은 유대인 사회에서 고립을 자초하는 일이다. 야이로의 집안 식구들은 이를 염려하였으며, 예수님을 집으로 모시고 오는 것에 크게 부담을 느낀 듯하다. 또 아이가 이미 죽었으니 다시 살리는 것은 불가능하다고 생각했을 것이다. 이런 사실을 누구보다도 잘 아시는 예수님께서는 난감해진 야이로에게 먼저 말씀을 하신 것이다.

❹ 죽은 것이 아니라 잔다.

> 37 베드로와 야고보와 야고보의 형제 요한 외에 아무도 따라옴을 허락하지 아니하시고 38 회당장의 집에 함께 가사 떠드는 것과 사람들이 울며 심히 통곡함을 보시고 39 들어가서 그들에게 이르시되 너희가 어찌하여 떠들며 우느냐 이 아이가 죽은 것이 아니라 잔다 하시니 40 그들이 비웃더라 …

예수님께서 야이로의 집에 도착하시자 벌써 장례식이 진행되고 있었다. 유대인들은 초상이 나면 그날 장례식을 치른다. 날씨가 더운 관계로 시체가 곧 썩기 때문이다. 곡하는 사람과 피리부는 사람들이 동원되어 소란스러웠다. 예수님께서는 그들에게 말씀하셨다. “아이는 죽은 것이 아니라 자고 있다. 그런데 어찌하여 곡을 하며 소란스럽게 장례식을 치르고 있느냐?” 이 말을 듣고 비웃는 사람들을 예수님께서는 모두 다 밖으로 내보내셨다.

❺ 달리다굼

> 40 … 예수님께서 그들을 다 내보내신 후에 아이의 부모와 또 자기와 함께 한 자들을 데리시고 아이 있는 곳에 들어가사 41 그 아이의 손을 잡고 이르시되 달리다굼 하시니 번역하면 곧 내가 네게 말하노니 소녀야 일어나라 하심이라 42 소녀가 곧 일어나서 걸으니 나이가 열두 살이라 사람들이 곧 크게 놀라고 놀라거늘 43 예수님께서 이 일을 아무도 알지 못하게 하라고 그들을 많이 경계하시고 이에 소녀에게 먹을 것을 주라 하시니라

예수님께서는 아이의 부모와 베드로와 야고보, 요한 세 사람을 데리고 아이가 있는 방으로 들어가셔서 숨이 멎어 누워있는 아이의 손을 잡으시고 잠든 아이 대하듯이 말씀하셨다. “달리다굼!” 일어나라는 예수님의 말씀을 들은 아이는 잠에서 깨어나듯이 일어났다. 아이는 열두 살이었는데, 앓는 동안 먹지 못하였으므로 먹을 것을 주라고 하셨다. 예수님께서는 죽었다가 살아난 아이를 잠들었다가 깨어난 아이와 똑같이 대하셨다.

그리고 야이로의 부모를 비롯한 주변 사람들에게 예수님께서 죽

은 아이를 살리셨다는 것을 말하지 말라고 많이 경고하셨다. 그 이유는 앞에서 누차 말한 바와 같이 예수님에 대하여 사람들이 유대인의 메시야로 오해하기 때문이었다.

예수님께서는 상대가 누가 되었든 상관하지 않고 하나님 나라와 진리에 목말라 있는 사람을 외면하지 않으시고 찾으신다. 몰려오는 수많은 군중 속에서도 예수님의 눈길은 그 사람을 찾고 계셨으며, 몰려온 군중 가운데 그 사람이 없으면 직접 찾아가셨다.

지금도 찾아갈 사람을 찾고 계신다.
그런데 찾아갈 사람이 없다.
지금도 응답할만한 기도를 찾고 계신다.
그런데 응답할만한 기도가 없다.
예수님을 부르는 자, 기도하는 자는 차고 넘치지만
그런데 만나주실만한 사람,
응답하실 만한 기도가 없다.
없어도 너무 없다.

❻ 그와 함께 가실새

24 이에 그와 함께 가실새 큰 무리가 따라가며 에워싸 밀더라 … 30 예수님께서 그 능력이 자기에게서 나간 줄을 곧 스스로 아시고 무리 가운데서 돌이켜 말씀하시되 누가 내 옷에 손을 대었느냐 하시니 31 제자들이 여짜오되 무리가 에워싸 미는 것을 보시며 누가 내게 손을 대었느냐 물으시나이까 하되 32 예수님께서 이 일 행한 여자를 보려고 둘러 보시니

해변에 모여있던 수많은 사람들은 예수님께서 야이로의 집으로 발걸음을 옮기시자 예수님을 따라갔다. 그들은 인산인해를 이루어 예수님 가까이 다가가려고 서로 밀치며 야단법석을 떨었다. 그러자 예수님께서 발걸음을 멈추시고 돌아보시며 물으셨다. "누가 내 옷자락에 손을 대었느냐?" 예수님 곁에서 주변을 통제하던 제자들은

예수님의 말씀을 오해하여 사람들이 서로 밀치며 예수님을 건드리는 것을 문제 삼으시는 줄로 알고 "이렇게 많은 사람들이 서로 밀치는데 누가 손을 댔는지 어떻게 압니까?"라고 대답했다. 그러자 예수님께서는 "그런 뜻이 아니다. 내 몸에서 능력이 나가서 누군가 치료된 사람이 있다. 그 사람이 누구냐?"라고 물으셨다.

> 25 열두 해를 혈루증으로 앓아 온 한 여자가 있어 26 많은 의사에게
> 많은 괴로움을 받았고 가진 것도 다 허비하였으되 아무 효험이 없고 도
> 리어 더 중하여졌던 차에 27 예수의 소문을 듣고 무리 가운데 끼어 뒤
> 로 와서 그의 옷에 손을 대니 28 이는 내가 그의 옷에만 손을 대어도
> 구원을 받으리라 생각함일러라 29 이에 그의 혈루 근원이 곧 마르매
> 병이 나은 줄을 몸에 깨달으니라

그러자 한 여인이 이실직고했다. 그녀는 12년 동안 혈루증으로 고생하며 온갖 방법을 찾았지만 허사였고 재산만 탕진했다. 그녀는 예수님의 소문을 듣고 찾아왔다가 예수님의 옷자락에 손을 대고 나았다. 왜 이 여자는 예수님의 옷자락에 손을 대는 것으로 나았을까?

❼ 두려워하여 떨며

> 33 여자가 자기에게 이루어진 일을 알고 **두려워하여 떨며** 와서 그 앞
> 에 엎드려 모든 사실을 여쭈니

이 여인은 예수님 앞에 나아와 '두려워하여 떨며' 말을 했다. 왜 두려워하며 왜 떨었을까? 뭘 잘못해서 두려워 떨었을까? 본문의 '두려워하다'(φοβέω)라는 단어는 제자들이 예수님을 하나님으로 경험할 때 사용되는 단어다. 변화산에서 예수님의 변화된 모습을 본 제자들은 두려워 떨었으며(마17:6) 베드로는 예수님의 말씀을 들으러 갔다가 예수님의 말씀에 따라 그물을 던졌는데 고기가 두 배에 가득 찰 만큼 잡혔을 때 두려워 떨었다.(눅5:10) 인간이 하나님 앞에 노출될 때 나타나는 특징은 두려움과 떨림이다. 영성 경험의 절정은 하나님 대면인데, 이때에는 감당하기 어려운 두려움과 전율에 휩싸이게 된다.

이 여인은 지금 예수님을 하나님으로 경험하고 있다. 이런 구절들은 영성에서 이런 경험이 일어나기 전에는 전혀 감지가 안 된다. 성경을 영성으로 해석해야 하는 이유는 영성의 경험이 있어야 이런 구절들이 보이기 때문이다. 예수님께 찾아온 병자들과 불구자들은 예수님의 능력을 경험하며 치료를 받을 뿐이었다. 그런데 이 여인은 어떻게 예수님을 하나님으로 경험할 수 있었을까?

❽ 그의 옷에만 손을 대어도

> 27 예수의 소문을 듣고 무리 가운데 끼어 뒤로 와서 그의 옷에 손을 대니 28 이는 내가 그의 옷에만 손을 대어도 구원을 받으리라 생각함일러라

열두 해를 혈루증으로 고생하다가 예수님의 소문을 듣고 찾아와 예수님의 말씀을 듣던 이 여인은 자신은 감히 예수님 가까이 갈 수도 없으며, 예수님께 치료해달라고 부탁할 만한 자격도, 병 고침 받을 만한 존재도 못된다고 생각했다. 또 사람들이 너무 많아 예수님께 가까이 나아갈 수도 없었다. 그런데 예수님께서 야이로의 집으로 향하시자 일행을 따라가며 예수님 가까이에 접근하여 혼자 조용히 예수님 옷자락에 손이라도 대어야겠다고 생각하고 실행에 옮겼다. 그 순간 그의 몸에는 예수님의 능력이 전달되어 질병이 나았음을 알 수 있었다. 예수님께서 야이로의 집으로 가신 이유 중 하나는 이 여인에게 기회를 주기 위함이었다. 어디에 그런 암시가 있는가?

이 여인이 나은 후 예수님께서 멈춰서서 "누가 내 몸에 손을 댔느냐?"라고 물으시는 질문에 들어있다. 예수님께서 혼자만 아시고 지나치실 수 있었음에도 이렇게 물으신 이유는, 이 여인의 이야기를 통해서 당시 유대교가 병든 사람들에게 얼마나 고통을 더해주고 있는지를 낱낱이 알리기 위함이었다.

❾ 네 믿음이 너를 구원하였다.

두려워 떨고 있는 여인을 향하여 예수님께서는 말씀하셨다.

딸아 네 믿음이 너를 구원하였으니 평안히 가라 네 병에서 놓여 건강할 지어다

예수님께서 말씀하시는 이 여인의 믿음은 어떤 믿음일까?

무자격자 의식

바로 이것이다. 무자격자 의식이 하나님 면전으로 직접 나아가는 통행증이다. 수많은 군중 속에서 예수님은 이 여인의 이 마음을 보셨다. 길을 가시는 예수님은 이 여인이 용기를 내고 다가와 옷자락에 손을 대기를 기다리고 계셨다. 하늘의 하나님께서는 지금도 탄식하며 찾고 계신다. 만나줄 만한 마음을 가진 사람을. 하나님께로 나아가는 마음은 도대체 어떤 마음인가? 이 마음을 하나님께서는 애타게 찾고 계신다.

무자격자 의식

물음 22 예수님, 왜 고향을 찾으셨을까?

본문 : 〈 6:1~6 〉

1 예수님께서 거기를 떠나사 고향으로 가시니 제자들도 따르니라 2 안식
일이 되어 회당에서 가르치시니 많은 사람이 듣고 놀라 이르되 이 사
람이 어디서 이런 것을 얻었느냐 이 사람이 받은 지혜와 그 손으로 이
루어지는 이런 권능이 어찌됨이냐 3 이 사람이 마리아의 아들 목수가
아니냐 야고보와 요셉과 유다와 시몬의 형제가 아니냐 그 누이들이 우
리와 함께 여기 있지 아니하냐 하고 예수를 배척한지라

4 예수님께서 그들에게 이르시되 선지자가 자기 고향과 자기 친척과 자기 집 외에서는 존경을 받지 못함이 없느니라 하시며 5 거기서는 아무 권능도 행하실 수 없어 다만 소수의 병자에게 안수하여 고치실 뿐이었고 6 그들이 믿지 않음을 이상히 여기셨더라 이에 모든 촌에 두루 다니시며 가르치시더라

1. 교부들의 해석

예수님께서는 몸소 노동하심으로서 소박한 목수의 소명을 축복하셨다.(Ephrem 306~373) 예수님께서는 나사렛에서 평범한 삶을 사셨다. 가난한 사람들 가운데 하나로 평범한 노동자로서 경제질서에 순응하셨다.(Justinus) 여기서 말하는 고향이 나사렛인지 아니면 베들레헴인지를 물어보아야 한다. 복음서 기자가 "예수님께서 나사렛이나 또는 베들레헴으로 가셨다."라고 말할 수 있었음에도 그러지 않고 그냥 고향에 가셨다라고 하는 까닭이 무엇인지 묻게된다.(Origenes) 쇠와 자석, 기름과 불처럼 서로 끌어당기는 본성적인 힘이 자연에 존재하듯, 믿음도 하나님의 힘에 이끌린다. 겨자씨 한 알 만한 믿음이 있으면 산을 옮긴다는 말씀도 이런 까닭이다. 마가는 "거기서는 아무 권능도 행하실 수 없었다."라고만 말하지 않고 "다만 소수의 병자에게 안수하여 고치실 뿐이었고"라는 사실도 밝히고 있다.(Origenes)[72]

2. 교부들의 해석에 대한 평가

무어라고 평가하기 어려울 만큼 단순하게 해석했다.

3. 본문 재해석

1 예수님께서 거기를 떠나사 고향으로 가시니 제자들도 따르니라

예수님께서 고향을 방문하신 이야기는 네 복음서에서 모두 다루

---

72) ACCS, Mark, pp. 74~76.

고 있는데(마13:53~58, 눅4:16~30, 요4:43~45) 누가복음에서는 나사렛이라고 지명을 밝히고 있으며, 예수님은 고향 나사렛에서 사역을 시작하셨다. 예수님께서는 세례를 받으신 후 광야로 나가 마귀에게 시험을 받으셨다. 그리고 고향에 돌아와 잠시 계시다가 요한이 체포된 이후나사렛 회당에서 이사야서 61:1~2절을 찾아 읽으시고 메시야로서의 사역을 시작하셨다. 요한복음 2장에 기록된 가나 혼인 잔치의 이야기는 공식적인 활동을 시작하시기 직전에 하신 일이었을 것이다.(요2:4)

마가복음에서는 예수님의 고향 방문 이야기를 통하여 무엇을 말하고 있을까?

❶ 이 사람이 어디서 이런 것을 얻었느냐

2 안식일이 되어 회당에서 가르치시니 많은 사람이 듣고 놀라 이르되 이 사람이 어디서 이런 것을 얻었느냐 이 사람이 받은 지혜와 그 손으로 이루어지는 이런 권능이 어찌됨이냐

아마도 공생애 이전에는 고향의 회당에서 말씀을 가르치신 적이 없으셨다가 이때 고향을 방문하여 처음으로 말씀을 가르치셨던 것 같다. 지극히 평범한 목수의 모습으로 계시다가 어느날 갑자기 유능한 랍비가 되어 제자들을 데리고 나타나자 고향 사람들은 크게 놀랐다. 그러나 예수님을 랍비로 인정하려고 하지 않았다.

하나님은 언제나 스스로를 감추고 계신다. 숨어계시는 자기 은폐가 하나님께서 자신을 사람들에게 드러내시는 방법이다. 영성의 길에서 만나는 하나님 경험은 언제나 우리의 예상을 초월한다. 마음을 텅 비우고 낮은 마음을 가진 자만이 그분의 나타나심을 볼 수 있다.

❷ 마리아의 아들, 목수

3 이 사람이 마리아의 아들 목수가 아니냐 야고보와 요셉과 유다와 시몬의 형제가 아니냐 그 누이들이 우리와 함께 여기 있지 아니하냐 하고 예수를 배척한지라

병행본문인 마태에서는 예수님을 목수의 아들(13:55), 누가에서는 요셉의 아들(4:22)이라 했다. 그런데 마가에서는 예수님을 '마리아의 아들'이라고 했다. 당시 유대인 사회에서 그 아버지가 죽은 경우에도 어머니의 아들로 칭하는 것은 사생아를 뜻하기 때문에 가장 모욕적인 표현이었다. 마가복음의 특징 중 하나는 예수님의 인간적인 실상을 그대로 기록해 놓은 것인데, 본문에서도 예수님께서 고향을 방문하셨을 때 사람들이 예수님을 마리아의 아들로 불렀다는 사실을 있는 그대로 기록하고 있다. 본문에 사용된 '목수'(τέκτων)는 노동자를 말하는데, 당시에 개똥 수거자, 무두장이, 행상인, 뱃사공, 마부, 목동 등과 같이 가장 천히 여기는 직업이었다. 마가에서는 예수님께서 세상에 계실 때 얼마나 사람들이 바로 알아보지 못했는지 상세히 밝히고 있다.

복음서에 의하면 예수님께서는 마굿간에서 태어나 구유에 누우셨고, 마리아의 아들, 목수 등 불릴 수 있는 가장 낮고 천한 이름으로 불리셨다. 이런 사실들은 무엇을 말하는가? 세상에서 어떤 자세를 가져야 하는가를 그대로 보여주고 있다. 자기 스스로를 가장 작고 천한 자로 여기며 처세해야 한다. 특히 영성의 경험에서 하나님 면전에 서려면 마음의 자세는 물론 육체의 자세에서도 가장 낮음이 아니고서는 어림도 없다. 가장 낮음에서 조금이라도 벗어나는 순간 악마의 표적이 되며 그의 수하가 되고 만다.

신앙생활을 하면서 왜 영성의 깊은 체험에 이르지 못하는가? 마음이 높아져 있기 때문이다. 하나님의 말씀을 왜 깨닫지 못하는가? 마음이 높아져 있기 때문이다. 뭘 좀 안다는 생각이 있는 한 하나님 면전도, 하나님 말씀도 만나지 못한다. 성경 해석의 알파와 오메가는 자기 낮춤이다. 듣고 배우려는 자세가 처음이자 나중이다. 영성의 원리는 물과 같아서 물이 낮은 곳으로 흐르듯이 하나님의 은혜는 낮은 마음에 임한다. 하나님께서는 찾아와 거처로 삼으실 사람의 마음을 찾고 계시는데, 머무르실 만큼 마음이 낮아져 있는 사람이 없는 것이 하나님의 고민이시다.

❸ 거기서는 아무 권능도 행하실 수 없어

> 4 예수님께서 그들에게 이르시되 선지자가 자기 고향과 자기 친척과 자기 집 외에서는 존경을 받지 못함이 없느니라 하시며 5 거기서는 아무 권능도 행하실 수 없어 다만 소수의 병자에게 안수하여 고치실 뿐이었고

마음이 높아져 있으면 틀림없이 마귀의 그물에 걸려든다. "설마, 나는 아니겠지."라는 생각이 든다면 이미 마귀의 그물에 걸렸다는 확실한 증거다. 두렵고 떨리는 마음이어야 한다. 마귀의 특징은 집요함이다. 마귀의 낚시바늘을 한번 물면 불가능할 만큼 빠져나오기가 어렵다. "귀신에 씌인다."라는 표현은 아주 적절한 표현이다. 마치 그물이 덮치듯이 마귀의 영은 덮쳐오며, 빠져나가려고 발버둥 칠수록 더 조여온다. 마귀에게는 틈을 주지 않는 것이 최선의 방책이다. 엎드러진 물을 주워 담기 어렵듯이 마귀에게 넘어간 다음에 벗어나는 것은 그만큼 어렵다.

반면에 하나님의 영은 그 어떤 경우에도 강제력을 사용하지 않으신다. 영성의 경험에서 절정의 상태에 있을 때에도 내가 원하면 언제든지 빠져나올 수 있다. 하나님께서는 우리의 자유의지와 의사를 결코 무시하지 않으시고 그대로 인정해주신다. 한마디로 하나님의 영은 인격의 영이시다. 나사렛 사람들이 아무도 예수님을 인정하지 않으므로 예수님께서는 아무 일도 하실 수 없었다.

❹ 이상히 여기셨더라

> 6 그들이 믿지 않음을 이상히 여기셨더라 이에 모든 촌에 두루 다니시며 가르치시더라

본문에 사용된 '이상히 여기셨다'(다우마조 θαυμάζω)는 '크게 놀라다'라는 의미이다. 예수님께서는 나사렛 사람들의 냉담한 반응

에 크게 놀라셨다. 나사렛에서 가장 비천한 모습으로 계시던 예수님께서 가장 존경받는 랍비로 등장했을 때 고향 사람들은 이를 인정하려고 하지 않았다. 이에 예수님께서는 다른 지역으로 가셨다.

예수님께서 바쁘신 중에도 안식일에 고향 나사렛 회당에 가셔서 친히 말씀을 가르치신 이유는 고향 사람들에게도 각별한 애정을 가지고 기회를 주시기 위함이었다. 그러나 나사렛 사람들은 자신들에게 찾아온 특별한 기회를 스스로 저버리고 말았다. 지금도 하나님께서는 모든 사람에게 기회를 똑같이 주고 계신다. 그런데 대부분 이를 받아들이지 않고 냉대한다. 하나님께서 주시는 기회는 시련과 환란 속에 숨겨져 있기 때문에 이를 알아보지 못하고 쫓아버리려고 안간힘을 쓴다. 하나님께서 기회를 주시는 방법은 자기 은폐이다.

위험과 기회는 혼자 오지 않고 언제나 같이 오기 때문에 이를 위기(危機)가 왔다고 한다.

물음 23 선교 훈련, 무엇을 한 것일까?

본문 : 〈 6:7~13 〉

7 열두 제자를 부르사 둘씩 둘씩 보내시며 더러운 귀신을 제어하는 권능
을 주시고 8 명하시되 여행을 위하여 지팡이 외에는 양식이나 배낭이
나 전대의 돈이나 아무 것도 가지지 말며 9 신만 신고 두 벌 옷도 입
지 말라 하시고 10 또 이르시되 어디서든지 누구의 집에 들어가거든
그 곳을 떠나기까지 거기 유하라 11 어느 곳에서든지 너희를 영접하지
아니하고 너희 말을 듣지도 아니하거든 거기서 나갈 때에 발 아래 먼
지를 떨어버려 그들에게 증거를 삼으라 하시니

12 제자들이 나가서 회개하라 전파하고 13 많은 귀신을 쫓아내며 많은
병자에게 기름을 발라 고치더라

1. 교부들의 해석

두벌 옷, 양식, 전대를 지니지 말고 신발과 지팡이 외에는 가지지 말며, 가진 것을 다 팔아 가난한 자들에게 나누어주고 따르라는 말씀은 완전해지고자 하는 사람들에게 필요한 계명이다.(Hieronim-us) 최상의 안식은 최소한의 음식과 입을 옷 한 벌 이상을 바라지 않는 데 있다. 길을 떠날 때 전대를 가지지 말며, 여벌 옷과 배를 채울 양식을 걱정하지 말라. 떠오르는 해와 함께 일용할 양식도 주어지리라. 새는 내일을 염려하지 않으며, 하나님께서 먹이를 주신다고 생각한다.(Prudentius) 두 벌 옷을 가지고 가지 말라고 하실 뿐만 아니라 껴입지 말라고 금하신다. 옷을 껴입지 말라는 말씀은 이중적으로 처신하지 말고 단순하게 살라는 말씀이다.(Augustinus) 사역자는 세례를 받아야 기름부음과 하나님의 사명이 주어지고 그리스도의 은총이 그에게 임한다. 세례와 기름부음을 받은 자들에게는 성찬식의 제단으로부터 성화된 기름이 주어진다. 제단과 교회가 없는 자는 성화된 기름을 만들 수 없다.(Cyprianus)[73]

2. 교부들의 해석에 대한 평가

교부들은 복음을 전하러 갈 때 아무것도 지니지 말라는 말씀에 많은 관심을 가지고 문자대로 해석하면서 무소유를 강조했다. 또 기름을 발라 병자를 고쳤다는 말씀을 알레고리로 해석하여 성만찬과 연결시켰다. 본문의 의도에는 접근하지 못하고 있다.

3. 본문 재해석

복음서에서는 사도들을 선택하신 후 둘씩 짝지어 하나님 나라를 선포하도록 훈련시키시는 이야기를 중요하게 다루고 있다.(마

73) ACCS, Mark, p. 77.

10:1~15, 막6:7~13 눅9:1~6) 예수님께서는 몇 년 후에 사도들이 예수님을 대신하여 새계약공동체를 이끌어 가야 하므로 이에 맞추어 집중적으로 훈련을 시키셨다. 예수님은 제자들에게 무슨 훈련을 시키신 것일까? 예수님께서 사도들을 훈련시키신 내용은 중요하므로 병행 본문을 참고하여 다뤄보고자 한다.

❶ 복음 선포

> 7 열두 제자를 부르사 둘씩 둘씩 보내시며 더러운 귀신을 제어하는 권능을 주시고

새계약을 체결하러 오신 예수님께서는 제자들을 두 명씩 짝지어 보내시며 "천국이 가까이 왔다."(마10:7)라고 선포하라고 하셨다. 이 말씀은 새계약공동체를 통해서 하나님 나라가 이 땅에 실현될 때가 되었다는 말씀이다. 제자들을 두 명씩 짝지어 보내면서 그들로 하여금 새로운 계약공동체를 구체적으로 만드는 훈련을 하게 하셨다.

제자들은 어떻게 새로운 계약공동체를 만들었을까?

❷ 이스라엘 집의 잃어버린 양

> (마10:5)예수님께서 이 열둘을 내보내시며 명하여 이르시되 이방인의 길로도 가지 말고 사마리아인의 고을에도 들어가지 말고 6 오히려 이스라엘 집의 잃어버린 양에게로 가라

이 구절은 자칫 많은 오해를 불러올 수 있다. 예수님께서 유대인과 이방인, 사마리아인을 구별하거나 차별하실 리 없다. 사역의 대상을 '이스라엘 집'으로 제한하신 이유는 이스라엘은 하나님과 계약을 맺은 사람들이기 때문이다. 하나님 나라는 계약공동체 속에서 먼저 실현되어야 한다. 하나님 나라 운동의 핵심에는 희년의 실천이 있는데, 이 운동에 동의하는 사람들이 아니고서는 실천이 어렵기 때문이다.

그다음에는 '잃어버린 양'에게로 가라고 하셨는데, 이들은 어떤 사람일까? '잃어버린'이라는 단어 때문에 소외되고 병든 사람들이라고 생각할 수 있는데, 전혀 다른 뜻이다. 이미 앞에서 누차 언급한 바와같이 하나님 나라가 이 땅에 이루어지기를 간절히 소망하는 사람들을 말한다. 예수님을 따르는 제자들과 삭개오 등이 이런 사람들이다. 계약공동체인 이스라엘 사람 중에서도 하나님 나라를 간절히 소망하며, 경제정의 실현에 동의하는 사람들이 먼저 희년공동체를 만들어 이상적인 삶을 살면서 주변에 보여주어야 한다. 하나님께서는 현실적인 방법을 사용하시며, 현실적으로 되게하시는 분이시다.

이스라엘 집의 잃어버린 양에게로 가라는 이런 뜻이다. 그런데 이런 사람들을 어떻게 찾아내며 어떻게 규합시키는가?

❸ 더러운 귀신을 제어하는 권능을

> 7 열두 제자를 부르사 둘씩 둘씩 보내시며 더러운 귀신을 제어하는 권능을 주시고
>
> (마10:1)예수님께서 그의 열두 제자를 부르사 더러운 귀신을 쫓아내며 모든 병과 모든 약한 것을 고치는 권능을 주시니라 8 병든 자를 고치며 죽은 자를 살리며 나병환자를 깨끗하게 하며 귀신을 쫓아내되 너희가 거저 받았으니 거저 주라.

마귀와 죄악이 지배하는 이 세상에서 인간의 힘만으로 하나님 나라를 실현하는 것은 사실상 불가능하다. 이런 사실은 하나님께서 더 잘 아시기 때문에 구체적으로 가능하게 하신다. 예수님께서는 제자들을 보내실 때 이를 가능하게 하는 현실적인 방법을 먼저 주시고 보내셨다. 그것은 귀신을 내쫓고 온갖 병자를 고치는 초자연적인 능력이었다. 예수님께서 부활, 승천 하신 후 제자들이 예루살렘에서 교회를 시작할 때에도 하늘로부터 권능이 주어진 다음에 시작하게 하셨다.[74] 자연환경을 지배하는 자연법도 하나님께서 만드셨기에 최대한 자연적인 방법을 사용하신다. 하지만 꼭 필요한 경우에는 초

자연적인 방법을 사용하셔서 자연적인 방법의 한계를 극복하게 하시는데, 이런 방법은 주로 계약 체결과 갱신 등에 사용된다. 자연법과 초자연법은 한 나라의 일반법과 특별법의 관계와 같다.

예수님께서는 왜 제자들에게 귀신을 쫓아내고 병자를 고치게 하셨을까? 또 이런 일은 당시에 어떤 의미를 가질까?

첫째, 하나님께서 하시는 일이라는 것을 알리는 방법이다. 귀신을 쫓아내고 온갖 병자를 고치며 죽은 자를 살리는 일들은 하나님께서만 하실 수 있는 일이다. 하나님께서는 계약과 관련된 일을 하실 때 필요한 경우 계약공동체에 이런 일을 허락하셔서 이 일은 하나님께서 직접 하시는 일이라는 것을 드러내신다.

둘째, 유대교의 잘못된 신앙을 바로잡는 방법이다. 유대교는 인과응보교리로 병자, 불구자 등을 죄인이라고 낙인찍었다. 그런데 이들을 고치면 그 교리가 잘못되었음을 확인시키는 증거가 된다.

셋째, 사람들로 하여금 새로운 계약에 동참하게 하는 역할을 한다. 이런 사실은 사도행전에 기록된 예루살렘 교회의 탄생 과정에서 잘 드러난다. 오순절에 성령이 임하여 여러 나라의 말을 하고, 성전 미문에서 구걸하던 앉은뱅이가 일어나는 기적을 통하여 사람들이 하나님께서 하시는 일이라는 확신을 가지고 새로운 계약공동체인 교회에 모이게 되었다.

예수님께서는 이런 이유로 제자들을 내보내실 때 초자연적인 능력을 주셨다. 제자들은 이런 능력으로 구체적으로 무슨 일을 했을까?

---

74) (행1:4)사도와 함께 모이사 그들에게 분부하여 이르시되 예루살렘을 떠나지 말고 내게서 들은 바 아버지께서 약속하신 것을 기다리라 (행1:5)요한은 물로 세례를 베풀었으나 너희는 몇 날이 못되어 성령으로 세례를 받으리라 하셨느니라 (행1:8)오직 성령이 너희에게 임하시면 너희가 권능을 받고 예루살렘과 온 유대와 사마리아와 땅 끝까지 이르러 내 증인이 되리라 하시니라

❹ 희년의 실현

9 신만 신고 두 벌 옷도 입지 말라 하시고

(마10:9)너희 전대에 금이나 은이나 동을 가지지 말고 10 여행을 위하여 배낭이나 두 벌 옷이나 신이나 지팡이를 가지지 말라 이는 일꾼이 자기의 먹을 것 받는 것이 마땅함이라

12 제자들이 나가서 회개하라 전파하고

교부들이 이 구절을 무소유 훈련으로 해석한 이후 지금까지 비슷하게 해석하고 있다. 본문이 과연 그런 훈련을 말하고 있을까? 예수님께서 제자들에게 초자연적인 능력을 주어 선교훈련을 시키는 목적이 어디에 있었을까? 아무것도 가지고 가지 않아도 하나님께서 알아서 쓸 것들을 공급해주신다는 것을 경험시키는 게 가장 중요한 목적이었을까? 그렇다면 복음 즉 하나님 나라를 선포하라는 것은 구체적으로 무엇을 말하는 것인가? 예수님을 구세주로 믿고 죽은 다음에 천국에 가라는 것일까? 왜 귀신을 내쫓고 병자를 고치라고 하셨을까? 설명이 쉽지 않다.

그러나 계약의 입장에서 보면 이 말씀이 무슨 뜻인지 명확해진다. 제자들에게 예수님께서 하시던 일을 그대로 대신하게 하는 훈련이었다. 온갖 병자를 고쳐서 사람들을 모이게 하고 그들에게 계약법을 지키지 않았음을 지적하여 회개하게 하고, 계약법(희년)을 실천하게 하라는 말씀이다. 직접 병 고침을 받거나 또는 그런 이적을 보고 말씀을 깨달은 자들 중에서 계약을 실천하는 삶을 살려고 하는 사람들을 따로 규합하여 서로 재산을 공유하는 계약공동체를 만드는 훈련이었다. 제자들이 한 일이 이런 경제정의의 실현이었다는 증거는 다음의 〈물음24〉에서 다시 확인된다.

거저 받았으니 거저 주어라, 전대나 지팡이 등을 가지고 가지 말라는 말씀은 이런 경제공동체를 탄생시키는 과정에서 사도들의 몫이나 선교비 등은 책정하지 말고 머무는 동안의 경비만 부담시키라는 뜻이다.

이런 훈련을 받은 제자들은 후일 예루살렘 교회에서 최초의 교인들에게 이런 삶을 가르쳤고 교인들은 사도들의 가르침에 따랐다. 이후 교회에 출석하는 사람들은 자신의 소유를 포기하고 재산을 공유하며 희년을 실천하는 전통이 생겨났다.

성경은 산문이 아니라 일종의 운문이어서 구체적으로 설명하지 않는다. 먼저 성경 전체를 이해한 후 각 부분을 해석하여 서로 유기적인 통일성을 갖추도록 해석해야 한다. 다음의 말씀을 보면 예수님의 말씀이 무슨 뜻이었는지가 더 명확해진다.

❺ 심판 선언

11 어느 곳에서든지 너희를 영접하지 아니하고 너희 말을 듣지도 아니하거든 거기서 나갈 때에 발 아래 먼지를 떨어버려 그들에게 증거를 삼으라 하시니

(마10:14)누구든지 너희를 영접하지도 아니하고 너희 말을 듣지도 아니하거든 그 집이나 성에서 나가 너희 발의 먼지를 떨어 버리라 15 내가 진실로 너희에게 이르노니 심판 날에 소돔과 고모라 땅이 그 성보다 견디기 쉬우리라

아무리 온갖 병자를 고치고 기적을 일으키며 하나님의 뜻이라는 것을 보여주면서 계약법 실천을 촉구해도 듣지 않는 사람들이 있게 마련이다. "너희를 영접하지 아니하고 너희 말을 듣지도 아니하거든"은 이를 가리킨다. 이들에게는 그들이 보는 앞에서 신발의 먼지를 떨며 심판을 선언하라는 뜻이다. 하나님과 계약을 체결하고도 지키지 않으면 신발에 묻은 먼지를 떨어내듯이 하나님께서 그들을 계약의 땅에서 다 쫓아내신다고 엄하게 책망하며 선언하라는 말씀이다. 성경에서 말하는 심판의 일차 대상은 계약을 체결하고 지키지 않는 계약공동체이다. 하나님을 믿지 않는 세상에 대한 책임은 계약을 지키지 않는 계약공동체에 있기 때문에 계약공동체는 더 큰 심판을 면할 수 없다. 심판 날에 소돔과 고모라 땅이 그 성보다 견디기 쉬우리라는 말씀은 이런 뜻이다.

❻ 선교의 성과

12 제자들이 나가서 회개하라 전파하고 13 많은 귀신을 쫓아내며 많은
병자에게 기름을 발라 고치더라

본문은 제자들이 나가서 예수님께서 말씀하신 대로 실천하여 큰 성과를 거두었다는 것을 요약해서 말해주고 있다. 복음서는 이런 선교 훈련의 이야기를 중요하게 기록하고 있다.(마9:37~10:16, 막6:7~13, 눅10:1~12) 이 기록은 예수님께서 제자들에게 이런 훈련에 큰 비중을 두셨음을 의미한다. 이런 훈련 때문에 후일 제자들은 예루살렘에서 희년을 실천하는 교회를 출범시킬 수 있었다.

제자들의 사역이 큰 성과를 거두었다는 것은 다음의 〈물음24〉에서도 확인된다.

물음 24 헤롯, 왜 두려워했을까?

본문 : 〈 6:14~29 〉

14 이에 예수의 이름이 드러난지라 헤롯 왕이 듣고 이르되 이는 세례 요
한이 죽은 자 가운데서 살아났도다 그러므로 이런 능력이 그 속에서
일어나느니라 하고 15 어떤 이는 그가 엘리야라 하고 또 어떤 이는 그
가 선지자니 옛 선지자 중의 하나와 같다 하되 16 헤롯은 듣고 이르되
내가 목 벤 요한 그가 살아났다 하더라

17 전에 헤롯이 자기가 동생 빌립의 아내 헤로디아에게 장가 든 고로 이
여자를 위하여 사람을 보내어 요한을 잡아 옥에 가두었으니 18 이는
요한이 헤롯에게 말하되 동생의 아내를 취한 것이 옳지 않다 하였음이
라 19 헤로디아가 요한을 원수로 여겨 죽이고자 하였으되 하지 못한
것은 20 헤롯이 요한을 의롭고 거룩한 사람으로 알고 두려워하여 보호
하며 또 그의 말을 들을 때에 크게 번민을 하면서도 달갑게 들음이러
라 21 마침 기회가 좋은 날이 왔으니 곧 헤롯이 자기 생일에 대신들과

천부장들과 갈릴리의 귀인들로 더불어 잔치할새 22 헤로디아의 딸이
친히 들어와 춤을 추어 헤롯과 그와 함께 앉은 자들을 기쁘게 한지라
왕이 그 소녀에게 이르되 무엇이든지 네가 원하는 것을 내게 구하라
내가 주리라 하고 23 또 맹세하기를 무엇이든지 네가 내게 구하면 내
나라의 절반까지라도 주리라 하거늘 24 그가 나가서 그 어머니에게 말
하되 내가 무엇을 구하리이까 그 어머니가 이르되 세례 요한의 머리를
구하라 하니 25 그가 곧 왕에게 급히 들어가 구하여 이르되 세례 요한
의 머리를 소반에 얹어 곧 내게 주기를 원하옵나이다 하니 26 왕이 심
히 근심하나 자기가 맹세한 것과 그 앉은 자들로 인하여 그를 거절할
수 없는지라 27 왕이 곧 시위병 하나를 보내어 요한의 머리를 가져오
라 명하니 그 사람이 나가 옥에서 요한을 목 베어 28 그 머리를 소반
에 얹어다가 소녀에게 주니 소녀가 이것을 그 어머니에게 주니라
29 요한의 제자들이 듣고 와서 시체를 가져다가 장사하니라

1. 교부들의 해석

그리스도인들이 그리스도 안에서 부활하듯이 그리스도께서는 그리스도인 안에서 고난을 당하신다. 머리의 영광이 지체에 미치듯, 지체의 고통은 머리의 고통이자 상처다. 헤롯이 요한의 목을 베었다고 실토하지만 동기에 대해서는 자신이 한 행위가 왕권에 부담이 될 것 같아서 침묵했다. 그러나 복음서 저자는 그 사실을 밝히고 있다.(Peter Chrysologus) 요세푸스도 헤로디아의 이름을 언급하면서 같은 사실을 언급하고 있다. 헤롯은 페트라의 왕 아레타스의 공주와 결혼했지만 그녀와 이혼하고 남편이 있는 제수인 헤로디아와 결혼했다. 이에 분개한 아레타스는 군사를 이끌고 쳐들어 와 헤롯의 군대를 전멸시켰는데, 이는 요한을 죽인 죄 값이었다고 요세푸스는 기록했다.(Eusebius) 요세푸스는 요한이 마케루스 요새에 감금되었다가 참수되었다고 했으며, 루피누스는 요한이 사마리아의 세바스테스에 묻혔는데, 요한의 무덤을 찾는 그리스도인들을 증오한 이교도들이 요한의 유골을 불태워 밭에 뿌렸다고 한다.(Bede) 본문에는 불경죄 세 가지가 들어있다. 파렴치한 생일잔치, 소녀의 음탕한 춤,

임금의 경솔한 맹세 등이다. 경솔하게 맹세를 했어도 맹세를 지켜 더 큰 죄를 짓기보다는 현명하게 판단하여 맹세를 거두어야 한다. 헤롯은 손님들에게 허풍쟁이로 보이지 않으려고 예언자를 죽게하여 식탁을 피로 물들였다.(Bede) 약속을 했더라도 부끄러운 짓을 하기보다는 약속을 지키지 않는 편이 낫다.(Ambrosius) 요한은 폭군의 잘못을 보고 담대하게 책망했다. 우리는 동료가 잘못했을 때 똑같이 꾸짖어야 한다는 것을 요한에게서 배워야 한다. 나와 상관없는 일이라고 회피해서는 안 된다.(Chrysostom)[75)]

2. 교부들의 해석에 대한 평가

본문에 대한 교부들의 글은 상당히 많은 편인데 주로 헤롯과 같은 폭군에 대하여 침묵하지 말아야 한다는 것을 강조하고 있다. 그러나 세례 요한의 역할과 중요성 등에 대해서는 전혀 언급이 없다. 그 이유는 성경의 역사성에 대하여 아무런 이해가 없기 때문이다.

3. 본문 재해석

복음서 중에서는 마가가 요한의 죽음에 대하여 가장 길고 자세하게 설명하고 있다. 이적의 이야기 이외에는 대부분의 이야기를 간략하게 다루는 마가의 특성에 비추어 보면 이례적이다. 마가는 세례 요한의 죽음을 왜 이렇게 중요하게 다루고 있을까?

❶ 세례 요한이 다시 살아났도다

14 이에 예수의 이름이 드러난지라 헤롯 왕이 듣고 이르되 이는 세례 요한이 죽은 자 가운데서 살아났도다 그러므로 이런 능력이 그 속에서 일어나느니라 하고 15 어떤 이는 그가 엘리야라 하고 또 어떤 이는 그가 선지자니 옛 선지자 중의 하나와 같다 하되 16 헤롯은 듣고 이르되 내가 목 벤 요한 그가 살아났다 하더라

---

75) ACCS, Mark, pp. 78~83.

공관복음서에 의하면 열두 제자들이 이스라엘 전역으로 다니며 복음을 전한 일은 큰 성공을 거두었고, 그 소문이 나서 분봉왕 헤롯에게까지 전달되었다. 이 소문을 들은 헤롯은 크게 당황하고 두려워했으며(눅9:7), 마가의 본문에 의하면 헤롯은 세례 요한이 다시 살아났다는 말을 두 번이나 반복했다. 헤롯은 열두 제자들이 선교한 결과에 대하여 왜 이렇게 두려워했을까? 제자들이 한 일을 두고 왜 헤롯은 세례 요한이 다시 살아났다고 했을까?

누가복음 3장에는 요한의 설교가 길게 나와 있는데, 그 내용은 주로 경제정의의 실현이었다. 또 요세푸스는 헤롯이 요한을 죽인 이유를 설명하는데, 정의의 실현을 요구하는 세례 요한의 설교가 큰 영향력을 발휘하여 그를 추종하는 사람들이 급속도로 늘어나서 자칫 반란이 일어날 위기에 처하자, 헤롯은 이를 미연에 방지하기 위하여 요한을 제거했다고 기록하고 있다.[76] 본문에서도 헤로디아는 요한을 죽이고 싶어 했으나 헤롯은 그를 의로운 사람으로 알고 보호해주었다고 한다. 요한을 죽이면 자칫 백성들의 소요가 일어날 수 있다고 생각해서였다. 그런데 예수님의 제자들이 나가서 복음을 전하여 큰 성과를 거두자 이를 전해 들은 헤롯은 당황하며 전전긍긍했다. 그 이유는 제자들이 한 일이 치유 사역을 통한 경제정의의 실현이었기 때문이다.

예수님께서 하신 독특한 치유 사역들의 이야기는 계약사의 관점에서 봐야 그 실체가 보인다. 죄인으로 낙인된 병자들을 치유하는 사역은 그들의 질병 원인이 죄 때문이 아니라는 확증이며, 동시에 경제정의 실현이었다. 예수님의 이런 사역은 옛계약공동체인 유대

76) Steve Mason, Josephus and the New Testament, 유태엽 역, 「요세푸스와 신약성서」 대한기독교서회, 2002, p. 211.

인들에 대한 마지막 경고였는데, 이것이 받아들여지지 않자 옛계약을 파기하시고 새로운 계약을 체결하시는 이야기이다. 예수님의 사역을 계약사로 보아야 하는 이유는 여기에 있다. 구속사로 보면 이런 부분들이 가려져서 보이지 않는다.

지난 서양기독교 역사 2천 년의 문제는 바로 구속사 일변도의 신학에 있었다. 오늘 우리가 해야 할 급선무는 이것을 바로잡는 일이다.

❷ 예수님께 아뢰니라

29 요한의 제자들이 듣고 와서 시체를 가져다가 장사하니라

(마14:12)요한의 제자들이 와서 시체를 가져다가 장사하고 가서 예수님께 아뢰니라

마태의 병행 본문에 의하면 요한의 제자들은 요한의 장례식을 치른 후 예수님께 보고했다. 왜 예수님께 보고했을까? 요한의 사역과 예수님의 사역은 뗄 수 없는 관계이기 때문이다. 요한과 예수님을 연결하는 고리의 핵심은 경제정의의 실현이다. 누가복음에서는 이 사실을 좀 더 명확하게 말하고 있다. 세례 요한의 설교 주제가 경제정의였고, 예수님께서 오신 목적이 희년의 성취였다고 누가는 말하고 있다.

세례 요한의 제자들의 보고와 더불어 마침 선교 훈련을 나갔던 제자들이 돌아와서 선교 보고를 했다.(막6:30) 예수님 주변에는 수많은 사람들이 몰려들어 도무지 쉴 틈이 없었는데, 이런 보고들을 받으신 예수님께서는 무리를 뒤로 하고 제자들과 배를 타고 벳세다의 광야로 가셨다.(눅9:10) 왜 그곳으로 가셨고 또 무슨 일을 하셨을까?

물음 25 오병이어, 무엇을 말하는 것일까?

본문 : 〈 6:30~44 〉

30 사도들이 예수께 모여 자기들이 행한 것과 가르친 것을 낱낱이 고하
니 31 이르시되 너희는 따로 한적한 곳에 가서 잠깐 쉬어라 하시니 이
는 오고 가는 사람이 많아 음식 먹을 겨를도 없음이라 32 이에 배를
타고 따로 한적한 곳에 갈새 33 그들이 가는 것을 보고 많은 사람이
그들인 줄 안지라 모든 고을로부터 도보로 그 곳에 달려와 그들보다
먼저 갔더라

34 예수님께서 나오사 큰 무리를 보시고 그 목자 없는 양 같음으로 인하
여 불쌍히 여기사 이에 여러 가지로 가르치시더라 35 때가 저물어가매
제자들이 예수께 나아와 여짜오되 이 곳은 빈 들이요 날도 저물어가니
36 무리를 보내어 두루 촌과 마을로 가서 무엇을 사 먹게 하옵소서
37 대답하여 이르시되 너희가 먹을 것을 주라 하시니 여짜오되 우리가
가서 이백 데나리온의 떡을 사다 먹이리이까 38 이르시되 너희에게 떡
몇 개나 있는지 가서 보라 하시니 알아보고 이르되 떡 다섯 개와 물고
기 두 마리가 있더이다 하거늘 39 제자들에게 명하사 그 모든 사람으
로 떼를 지어 푸른 잔디 위에 앉게 하시니 40 떼로 백 명씩 또는 오십
명씩 앉은지라

41 예수님께서 떡 다섯 개와 물고기 두 마리를 가지사 하늘을 우러러 축
사하시고 떡을 떼어 제자들에게 주어 사람들에게 나누어 주게 하시고
또 물고기 두 마리도 모든 사람에게 나누시매 42 다 배불리 먹고 43
남은 떡 조각과 물고기를 열두 바구니에 차게 거두었으며 44 떡을 먹
은 남자는 오천 명이었더라

1. 교부들의 해석

예수님은 떡 다섯 개와 물고기 두 마리를 쪼개어 제자들에게 나누어 주시면서 모세의 율법과 예언서와 시편에 당신에 관하여 기록된 의미를 제자들이 이해할 수 있도록 마음을 열어주셨다.(Bede)

주님께서 사람들을 풀밭에 앉도록 명하신 것은 이사야가 말했듯이(사40:6) 모든 육신은 풀과 같기 때문이다. 예수님께서 축복하신 떡을 나누어 받기 위해서는 육신의 교만을 굴복시켜 육신을 겸손하게 만들어야 한다.(Origenes) 예수님의 양식을 먹는 사람들은 하나님께 봉헌된 거룩한 숫자에 따라 100명씩 모이거나, 아니면 50년마다 거행되던 희년이나 오순절을 뜻하는 신비의 숫자에 따라 50명씩 무리를 지어 앉았다.(Origenes) 오천 명의 영적인 의미는 이러하다. '천'이라는 숫자는 우리가 하는 일의 완전함을 뜻하며, 다섯이라는 숫자는 육체의 다섯 감각(시각, 청각, 후각, 미각, 촉각)을 말한다. 담대하게 행동하고 올바른 정신으로 의롭고 경건하게 살아갈 용기를 지닌 사람은 천상의 지혜로 새로워져야 한다.(Bede)[77]

2. 교부들의 해석에 대한 평가

교부들의 성경 해석이 문자적이거나 알레고리였는데, 본문의 오병이어에 대한 해석에서 교부들의 알레고리 해석의 진면목을 보게 된다. 교부들은 성경에 대한 충분한 이해없이 주로 헬라철학을 기초로 조직신학을 전개했다. 그 결과 본래 성경이 말하려는 의도와는 상관없는 방향으로 가고 말았다. 그런데 이런 안타까운 현상은 지금도 별로 달라지지 않았다. 성서신학에서 역사비평이 등장한 이후 성경을 이해하는 데에 많은 도움을 주었다. 필자가 성경을 이렇게 해석하는 데에는 역사비평에 빚진 바 크다. 그러나 필자가 보기에는 성서신학을 비롯한 현대신학 전반에는 영성과 계약사에 대한 이해가 너무 없어 핵심을 놓치고 있다.

3. 본문 재해석

이적 이야기 중에서 요한복음과 공관복음에서 병행되는 유일한 이야기가 오병이어의 이야기다. 이는 복음서에서 이 이야기를 그만큼

---

77) ACCS, Mark, pp. 84~87.

중요하게 다룬다는 뜻이다. 이 이야기가 왜 그토록 중요할까? 영성과 계약의 입장에서 볼 때 왜 중요한지 그 이유를 비로소 알게 된다.

❶ 배를 타고 따로 한적한 곳에 갈새

> 30 사도들이 예수께 모여 자기들이 행한 것과 가르친 것을 낱낱이 고하니 31 이르시되 너희는 따로 한적한 곳에 가서 잠깐 쉬어라 하시니 이는 오고 가는 사람이 많아 음식 먹을 겨를도 없음이라 32 이에 배를 타고 따로 한적한 곳에 갈새

세례 요한의 제자들이 요한을 장례치르고 와서 보고한 시점과, 예수님의 제자들이 선교를 하고 돌아와 보고하는 시점이 거의 비슷했다. 제자들이 없는 동안에도 사람들은 예수님 주변으로 계속 몰려들어 식사하실 겨를조차 없었다. 이에 예수님께서는 제자들과 별도의 시간을 가지시기 위하여 군중을 피해 배를 타고 한적한 곳으로 가셨다.

❷ 불쌍히 여기사

> 33 그들이 가는 것을 보고 많은 사람이 그들인 줄 안지라 모든 고을로부터 도보로 그 곳에 달려와 그들보다 먼저 갔더라 34 예수님께서 나오사 큰 무리를 보시고 그 목자 없는 양 같음으로 인하여 불쌍히 여기사 이에 **여러 가지로 가르치시더라**

예수님께서 제자들과 배를 타고 바다 건너 한적한 빈들로 가셨는데, 이미 그곳에는 많은 사람들이 먼저 와서 기다리고 있었다. 어떻게 이런 일이 가능했을까? 갈릴리 바다는 가로가 22km, 세로가 11km 정도의 타원형인데, 사람들이 예수님께서 배를 타고 가시는 방향을 보고 해변을 따라 줄달음을 쳐서 쫓아왔던 것이다. 예수님께서는 이런 무리를 목자 없는 양 같아서 불쌍히 여기시며 여러 가지로 '**가르치셨다.**' 마태나 누가에서는 예수님께서 광야에서 병자들을 치유했다고 기록하고 있다. 그런데 이적을 중요시한 마가에서는 의외로 병자 치유 언급 없이 여러 가지로 가르치셨다고 말한다. 그 이유가 무엇일까?

❸ 너희가 먹을 것을 주어라

35 때가 저물어가매 제자들이 예수께 나아와 여짜오되 이 곳은 빈 들
이요 날도 저물어가니 36 무리를 보내어 두루 촌과 마을로 가서 무엇
을 사 먹게 하옵소서 37 대답하여 이르시되 너희가 먹을 것을 주라 하
시니 여짜오되 우리가 가서 이백 데나리온의 떡을 사다 먹이리이까

날이 저물어가자 제자들은 먼 곳까지 따라와 하루종일 굶주린 군중들이 걱정되었다. 이들을 빨리 돌려보내 인근 마을로 가서 뭔가를 먹게 해야 했기 때문이다. 그런데 예수님께서는 "그럴 필요 없다. 너희가 먹을 것을 주어라."라고 하셨다. 왜 이런 말씀을 하셨으며, 또 무슨 뜻일까?

예수님께서는 가버나움 해변가에서 수많은 군중을 뒤로하고 배를 타고 떠나시면서 많은 군중이 따라오리라는 것을 미리 알고 계셨다. 그러면 도대체 예수님의 복안은 무엇이었을까? 특별한 자리를 마련하신 것이다. 가버나움 바닷가에는 예수님의 행동을 지켜보기 위하여 찾아온 바리새인 일당 등이 섞여 있었다. 또 예수님을 찾아오되 질병 치유 등 자신의 개인적인 문제에만 관심있는 사람들이 많았다. 이에 예수님께서는 정말로 하나님 나라에 관심있는 사람들, 예수님의 말씀을 사모하는 사람들을 별도로 부르시고 그들에게 특별한 경험을 시키셨다. 구약성경 사사기(6~8장)에 보면 기드온의 이야기가 길게 이어지는데, 미디안과 전쟁을 치르기 위하여 모여온 사람들이 3만 2천여 명이었으나 하나님께서 골라내신 사람들은 300명에 불과했다.

하나님께서는 늘 이런 방법으로 일하신다. 바닷가에 모여있던 수많은 사람들 중에서 해변을 뜀박질하여 예수님을 따라오는 사람들이 있었다. 이들은 예수님에 대하여 정말로 갈급한 사람들이었다. 마태나 누가와 달리 마가복음에 의하면 예수님께서 병자들을 고치셨다는 말씀이 없고 오직 여러 가지로 가르치셨다고 기록하고 있다.

마가복음에 의하면 여기까지 따라온 사람들은 예수님의 말씀에 갈급한 사람들, 다시 바꾸어 말하면 하나님 나라가 이 땅에 실현되기를 간절히 염원하는 사람들이었다. 다시 말하면 예수님께서는 이들을 데리고 광야의 빈들에서 새로운 계약공동체를 훈련시키셨다.

이제 앞으로 이들의 지도자 역할을 해야 할 사도들은 무슨 일을 먼저 해야 할까? 먹는 문제를 먼저 해결해주어야 한다. 어떻게 해결해야 하는가? 제자들은 사람들을 인근 마을로 돌려보내 알아서 사 먹게 해야 한다고 말한다. 그런데 예수님께서는 "너희가 먹을 것을 주어라."라고 말씀하신다. 제자들은 이 말씀을 양식을 사다가 먹이라는 말씀으로 알아듣고 "이들을 요기만 시키려고 해도 200데나리온의 떡이 필요한데 그 많은 양식을 갑자기 어디에 가서 사 올 수 있습니까?"라고 반문한다.

예수님과 제자들 사이에서 무슨 일이 진행되고 있는가? 마가의 기록에 의하면 예수님께서는 지금 제자들에게 가장 중요한 것을 교육시키고 계신다. 그 요지는 "너희가 먹을 것을 주어라!"이다. 그런데 문제는 그 먹는 문제를 어떻게 해결해야 하는가? 제자들은 지금 그 방법을 배우고 있는 중이다. 성경에서 우리가 배워야 할 가장 중요한 문제는 하나님의 말씀에 대한 바른 이해와 더불어 하나님의 방법을 배우는 것이다. 다시 말하면 마음의 일치와 방법의 일치이다. 예수님께서 가르치신 방법은 무엇이었을까?

❹ 네가 가진 것이 무엇이냐?

38 이르시되 너희에게 떡 몇 개나 있는지 가서 보라 하시니 알아보고 이르되 떡 다섯 개와 물고기 두 마리가 있더이다 하거늘 39 제자들에게 명하사 그 모든 사람으로 떼를 지어 푸른 잔디 위에 앉게 하시니 40 떼로 백 명씩 또는 오십 명씩 앉은지라

예수님께서는 제자들에게 "너희에게 양식이 얼마나 있느냐?"라고 물으셨다. 제자들이 가서 수소문해보니 한 아이가 보리떡 다섯

개와 물고기 두 마리를 가지고 있었다. 이 이야기를 들은 예수님께서는 사람들을 몇십 명씩 질서정연하게 모여앉게 하셨다. 무엇을 어떻게 하시려는 것일까? 먹는 문제를 해결하는 예수님의 방법은 무엇일까?

❺ 너희가 나누어 주어라

> 41 예수님께서 떡 다섯 개와 물고기 두 마리를 가지사 하늘을 우러러
> 축사하시고 떡을 떼어 제자들에게 주어 사람들에게 나누어 주게 하시고
> 또 물고기 두 마리도 모든 사람에게 나누시매 42 다 배불리 먹고 43
> 남은 떡 조각과 물고기를 열두 바구니에 차게 거두었으며 44 떡을 먹
> 은 남자는 오천 명이었더라

예수님께서는 한 어린아이의 양식을 손에 드시고 하늘을 우러러 축사하신 후 제자들에게 떼어 주시며 사람들에게 나누어 주게 하셨다. 모인 사람들이 다 배불리 먹었는데 모인 사람들이 남자만 오천여 명이었고, 남은 떡이 열두 바구니에 가득 찰 만큼 남았다.

이 이야기는 도대체 무엇을 말하는가?

죄가 지배하는 세상에서 인간의 힘으로 경제정의를 실현하고 골고루 배불리 먹을 수 있게 하는 것은 불가능하다. 그러나 계약공동체에서는 이 문제를 해결해야만 한다. 그런데 어떻게 이 둘을 서로 만나게 할 수 있는가? 할 수 있는 데까지 하면 된다. 그러면 그 나머지는 하나님께서 하나님의 방식으로 해결하신다. 이것이 바로 하나님과 계약공동체가 맺는 계약의 특징이며 조건이다. 경제정의가 실현되기 위해서는 다음의 두 조건이 충족되어야 한다.

- 계약공동체여야만 한다. 즉 여호와를 하나님으로, 예수님을 그리스도로 믿는 신앙으로만 가능하다.
- 하나님의 도우심으로만 가능하다. 인간의 삶 자체가 하나님의 도우심이 아니고서는 불가능하다.

이 땅에 하나님 나라가 100% 실현되기 위해서는 인간이 계약을

100% 지켜야 하고 하나님께서 100% 지켜주셔야 한다. 하나님과 인간의 관계는 쌍방계약 관계이기 때문이다. 그러나 사람이 지켜야 할 계약에 대해서도 지킬 마음을 가지고 최선을 다하려고 하면 하나님께서는 우리가 계약을 지킬 수 있도록 도우신다. 결국 이 계약 관계는 은총의 계약이다.

❻ 갈릴리의 마지막 사역

공관복음에 의하면 예수님께서는 주로 갈릴리의 가버나움을 중심으로 활동하셨는데 마지막으로 특별하게 제자들에게 가르치신 내용은 무엇이었을까? 바로 오병이어의 이야기이다. 예수님께서는 가버나움에 모여있는 사람들 중에서 정말로 하나님 나라를 사모하는 사람들을 데리고 빈 들로 가셨다. 그리고 광야까지 따라온 사람들에게 새로운 계약공동체의 훈련을 시키시며 먹는 문제를 어떻게 해결해야 하는지를 직접 보여주셨다.

갈릴리 마지막 사역은 결국 광야교회 이야기였다.

물음 26 마가의 요약, 무엇을 말하고 있는가?

본문 : 〈 6:45~56 〉

45 예수님께서 즉시 제자들을 재촉하사 자기가 무리를 보내는 동안에 배
타고 앞서 건너편 벳새다로 가게 하시고 46 무리를 작별하신 후에 기
도하러 산으로 가시니라 47 저물매 배는 바다 가운데 있고 예수님께서
는 홀로 뭍에 계시다가 48 바람이 거스르므로 제자들이 힘겹게 노 젓
는 것을 보시고 밤 사경쯤에 바다 위로 걸어서 그들에게 오사 지나가
려고 하시매 49 제자들이 그가 바다 위로 걸어 오심을 보고 유령인가
하여 소리 지르니 50 그들이 다 예수를 보고 놀람이라 이에 예수님께

서 곧 그들에게 말씀하여 이르시되 안심하라 내니 두려워하지 말라 하
시고 51 배에 올라 그들에게 가시니 바람이 그치는지라 제자들이 마음
에 심히 놀라니 52 이는 그들이 그 떡 떼시던 일을 깨닫지 못하고 도
리어 그 마음이 둔하여졌음이러라

53 건너가 게네사렛 땅에 이르러 대고 54 배에서 내리니 사람들이 곧
예수신 줄을 알고 55 그 온 지방으로 달려 돌아 다니며 예수님께서 어
디 계시다는 말을 듣는 대로 병든 자를 침상째로 메고 나아오니 56 아
무 데나 예수님께서 들어가시는 지방이나 도시나 마을에서 병자를 시
장에 두고 예수께 그의 옷 가에라도 손을 대게 하시기를 간구하니 손
을 대는 자는 다 성함을 얻으니라[78]

1. 교부들의 해석

예수님께서는 제자들로 하여금 시험의 배에 오르게 하고 먼저 건너편으로 가면서 어려움 속에서 승리를 거두며 헤쳐나가는 법을 배우게 하신다. 그러나 바다 한가운데서 유혹의 풍랑을 만나 아무리 애를 써도 예수님 없이는 앞으로 나아갈 수 없었다.(Origenes) 예수님께서 십자가에 못 박히신 것은 우리에게 겸손의 나무가 필요했기 때문이다. 교만으로 말미암아 본향에서 멀어졌고 그 길은 세속의 풍랑으로 끊어져서 돌아갈 수가 없다. 그런데 예수님께서 바다를 걸으심으로 당신이 바다를 건너가는 길이라는 것을 보여주셨다. 우리는 예수님처럼 바다 위를 걸을 수 없으니 배와 나무를 타야 한다. 십자가에 못 박히신 분을 믿으면 바다를 건널 수 있다.(Augustin-us)[79]

2. 교부들의 해석에 대한 평가

어거스틴은 배의 나무는 십자가의 나무를 예시하며. 폭풍이 몰아치는 바다를 건너가는 길은 십자가의 길이었고, 이 십자가 나무는 믿는 이들을 구원으로 데려다준다고 알레고리로 해석한다. 단순함

78) 밑줄친 부분은 세 번째 마가의 요약.

79) ACCS, Mark, pp. 88~90.

과, 문자, 알레고리가 교부들이 성경을 해석하는 방법이자 특징이다.

3. 본문 재해석

본문에서는 신비한 방법으로 떡을 먹은 사람들의 반응은 전혀 기록해 놓지 않았다. 그 당시 그곳에 모인 사람들은 어떤 반응을 보였을까?

❶ 즉시 제자들을 재촉하사

> 45 예수님께서 즉시 제자들을 재촉하사 자기가 무리를 보내는 동안에 배 타고 앞서 건너편 벳새다로 가게 하시고

요한복음에 의하면 오병이어의 기적을 경험한 군중들이 예수님을 강제로 왕으로 추대하려고 했다.(요6:14) 제자들도 물론 이를 마다할 리 없었다. 군중들과 제자들이 합세하여 예수님을 왕으로 추대하게 되면 이는 예수님의 의도와는 정반대가 되고 만다. 군중들과 제자들이 어떤 반응을 보일지를 잘 아시는 예수님께서는 이런 움직임이 보이기 전에 이를 차단하기 위하여 먼저 선수를 치셨다. 군중들보다는 제자들이 더 문제였다. 이에 아직 식사가 끝나기도 전에 예수님께서는 '강제로' 제자들에게 배를 타고 먼저 바다 건너편으로 가게 하셨다. 본문의 '재촉하사'(ἠνάγκασεν)는 제자들이 떠나려고 하지 않아서 강제력을 사용하셨다는 뜻이다.

그리고 혼자 남아 군중들을 돌려 보내셨다. 때마침 날이 어두워지고 있었고 제자들이 떠났기 때문에 군중들은 더 이상의 어떤 움직임을 보이지 않고 흩어졌다.

❷ 기도하러 산으로 가시다

> 46 무리를 작별하신 후에 기도하러 산으로 가시니라

군중들이 흩어지자 예수님께서는 혼자 인근 산으로 올라가 기도하셨다. 무슨 기도를 하셨을까? 복음서에는 예수님께서 기도하셨다

는 이야기가 여러 번 기록되어 있다.[80] 사역을 시작하실 때와 마치실 때, 열두 사도를 선택하실 때, 그리고 군중들이 예수님을 유대인의 메시야로 오해하여 왕으로 추대하려 할 때 등 중요한 고비마다 집중적으로 기도하셨다.

이제 갈릴리 사역을 마치고 예루살렘으로 올라가셔서 돌아가시는 일이 남아있었다. 예수님에게는 이제 시간이 얼마 남지 않았는데, 군중들 중에 예수님을 따라 광야까지 오는 사람들이 있기는 하지만 자신을 유대인의 메시야로 이해하고 있고, 제자들의 깨달음도 아직 군중들과 다름이 없고 …. 어찌해야 하나? 기도 이외에는 답이 없었다.

산에서 기도하시며 달밤에 바다를 건너가고 있는 제자들을 보니 배가 풍랑에 갇혀 자칫 위험할 수도 있었다. 이에 기도하시던 예수님은 제자들에게로 향하셨다. 그런데 배가 없어 제자들에게 나아갈 방법이 없었다. 어떻게 해야 하나?

❸ 바다 위로 걸어서

> 47 저물매 배는 바다 가운데 있고 예수님께서는 홀로 뭍에 계시다가 48 바람이 거스르므로 제자들이 힘겹게 노 젓는 것을 보시고 밤 사경쯤에 바다 위로 걸어서 그들에게 오사 지나가려고 하시매 49 제자들이 그가 바다 위로 걸어 오심을 보고 유령인가 하여 소리 지르니 50 그들이 다 예수를 보고 놀람이라 이에 예수님께서 곧 그들에게 말씀하여 이르시되 안심하라 내니 두려워하지 말라 하시고 51 배에 올라 그들에게 가시니 바람이 그치는지라 제자들이 마음에 심히 놀라니 52 이는 그들이 그 떡 떼시던 일을 깨닫지 못하고 도리어 그 마음이 둔하여졌음이러라

달리 방법이 없으니 바다 위를 걸어가셨다. 제자들에게 다시 한 번 더 특별한 경험과 교육의 기회를 만들어 주시기 위하여 새벽 4

80) 세례를 받으시고 광야에서 마귀에게 시험을 받으실 때(마4:1, 눅4:1) 갈릴리 가버나움에서 사역을 시작하시던 초기와(막1:35), 열두 사도를 선택하실 때(눅6:12), 그리고 오병이어의 기적 이후(마14:23, 막6:46), 빌립보에서(눅9:18), 변화산에서(눅9:28), 겟세마네에서(마26:36, 막14:32, 눅22:32, 요17:1)

시경에 바다를 걸어 제자들에게 가까이 다가가시자 제자들은 새벽 바다에 유령이 나타났다며 소동을 벌였다. 제자들을 안심시키신 후 배에 오르시니 바람이 그쳤다. 그러자 제자들은 크게 놀랐다. 마태복음에 의하면 베드로가 물 위를 걸으시는 예수님을 보고 같이 걸었다는 기사가 나오고 있다. 오병이어를 경험했음에도 아직 제자들은 예수님이 어떤 분인지를 모르고 있었다.

특별한 방법으로 먹는 문제를 해결하셨던 예수님께서는 이제 풍랑이 일어나는 바다를 잔잔하게 하실 뿐만 아니라 바다 위를 걷는 모습을 보여주심으로써 그는 유대인의 메시야 그 이상이라는 것을 확인시키셨다. 예수님은 유대인의 염원뿐만 아니라 온 세상의 염원을 해결하실 수 있는 분이시다. 그런데 그 큰일을 계약공동체를 통해서 이루시는 게 예수님의 방법이다. 예수님께서는 왕이시다. 그러나 세상이 기대하는 그런 왕이 아니라 풍랑이는 바다를 잔잔하게 하시며, 바다 위를 걸으시는 진정한 왕, 영원한 왕이시다. 그 왕께서 이렇게 말씀하신다.

내가 계약공동체인 교회를 통해서 이런 일을 하기 원한다.

너는 그 일을 하는 자가 되어다오.

너는 나를 대신하는 자가 되어다오.

❹ 손을 대는 자는 다 성함을 얻으니라

53 건너가 게네사렛 땅에 이르러 대고 54 배에서 내리니 사람들이 곧 예수신 줄을 알고 55 그 온 지방으로 달려 돌아 다니며 예수님께서 어디 계시다는 말을 듣는 대로 병든 자를 침상째로 메고 나아오니 56 아무 데나 예수님께서 들어가시는 지방이나 도시나 마을에서 병자를 시장에 두고 예수께 그의 옷 가에라도 손을 대게 하시기를 간구하니 손을 대는 자는 다 성함을 얻으니라

이 본문은 마가복음에 등장하는 세 요약 중(1:32~39, 3:7~12, 6:53~56) 마지막 요약이다. 벳새다로 가려고 했으나 행선지를 바꾸어 가버나움 인근 게네사렛 땅에 도착하자 사람들이 다시 몰려들

기 시작했다. 온갖 병자들이 예수님의 소문을 듣고 가버나움으로 몰려왔지만 예수님께서 출타 중이어서 가버나움 일대에서 기다리고 있었다. 그러다가 예수님께서 돌아오셨다는 말을 듣고 예수님께로 다가와 먼저 병 고침을 받으려고 난리를 피웠다. 마가복음에서는 이런 이야기를 세 번이나 반복해서 기록해주고 있는데, 이 기록은 예수님 사역의 특징을 잘 표현해주고 있다.

당시 유대교 사회에서 병자와 불구자, 가난한 사람들은 설 자리가 없는 죄인에 불과했다. 그런데 예수님께서는 그들을 죄인이라 하지 않으시고 모든 질병을 고치셨으며, 가난한 자들의 문제를 해결하셨다. 사람의 힘만으로 부족할 때에는 하늘의 방법을 동원하셔서 출애굽 당시 광야의 만나 사건을 재현하셨다. 마태복음에서는 예수님의 복음사역을 이렇게 요약하고 있다.

> 맹인이 보며 못 걷는 사람이 걸으며 나병환자가 깨끗함을 받으며 못 듣는 자가 들으며 죽은 자가 살아나며 가난한 자에게 복음이 전파된다 하라(마11:5)

물음 27 자명한 이치, 왜 모를까?

본문 : 〈 7:1~23 〉

> 1 바리새인들과 또 서기관 중 몇이 예루살렘에서 와서 예수께 모여들었
> 다가 2 그의 제자 중 몇 사람이 부정한 손 곧 씻지 아니한 손으로 떡
> 먹는 것을 보았더라 3 (바리새인들과 모든 유대인들은 장로들의 전통을
> 지키어 손을 잘 씻지 않고서는 음식을 먹지 아니하며 4 또 시장에서
> 돌아와서도 물을 뿌리지 않고서는 먹지 아니하며 그 외에도 여러 가지
> 를 지키어 오는 것이 있으니 잔과 주발과 놋그릇을 씻음이러라) 5 이
> 에 바리새인들과 서기관들이 예수께 묻되 어찌하여 당신의 제자들은
> 장로들의 전통을 준행하지 아니하고 부정한 손으로 떡을 먹나이까

6 이르시되 이사야가 너희 외식하는 자에 대하여 잘 예언하였도다 기록
하였으되 이 백성이 입술로는 나를 공경하되 마음은 내게서 멀도다 7
사람의 계명으로 교훈을 삼아 가르치니 나를 헛되이 경배하는도다 하
였느니라 8 너희가 하나님의 계명은 버리고 사람의 전통을 지키느니라
9 또 이르시되 너희가 너희 전통을 지키려고 하나님의 계명을 잘 저버
리는도다 10 모세는 네 부모를 공경하라 하고 또 아버지나 어머니를
모욕하는 자는 죽임을 당하리라 하였거늘 11 너희는 이르되 사람이 아
버지에게나 어머니에게나 말하기를 내가 드려 유익하게 할 것이 고르
반 곧 하나님께 드림이 되었다고 하기만 하면 그만이라 하고 12 자기
아버지나 어머니에게 다시 아무 것도 하여 드리기를 허락하지 아니하
여 13 너희가 전한 전통으로 하나님의 말씀을 폐하며 또 이같은 일을
많이 행하느니라 하시고 14 무리를 다시 불러 이르시되 너희는 다 내
말을 듣고 깨달으라 15 무엇이든지 밖에서 사람에게로 들어가는 것은
능히 사람을 더럽게 하지 못하되 16 사람 안에서 나오는 것이 사람을
더럽게 하는 것이니라 하시고

17 무리를 떠나 집으로 들어가시니 제자들이 그 비유를 묻자온대 18 예
수님께서 이르시되 너희도 이렇게 깨달음이 없느냐 무엇이든지 밖에서
들어가는 것이 능히 사람을 더럽게 하지 못함을 알지 못하느냐 19 이
는 마음으로 들어가지 아니하고 배로 들어가 뒤로 나감이라 이러므로
모든 음식물을 깨끗하다 하시니라 20 또 이르시되 사람에게서 나오는
그것이 사람을 더럽게 하느니라 21 속에서 곧 사람의 마음에서 나오는
것은 악한 생각 곧 음란과 도둑질과 살인과 22 간음과 탐욕과 악독과
속임과 음탕과 질투와 비방과 교만과 우매함이니 23 이 모든 악한 것
이 다 속에서 나와서 사람을 더럽게 하느니라

1. 교부들의 해석

하나님께서는 우리의 내적 지향을 보신다. 롯의 아내가 한 일은 세상의 부패를 향하여 자기 의지로 고개를 돌린 것 뿐인데, 감각 없는 소금덩이가 되고 말았다.(Clement of Alexandria) 바리새인들은 자기 조상들의 전통적인 율법을 보존한다고 생각했지만 실제로는 모세의 율법과 어긋났다. 이사야가 "너희 술은 물로 싱거워졌다."(사1:22)라고 한 말은 조상들의 순수한 계명을 물같은 전통으로 섞어버렸다는 사실을 보여주고 있다. 그들은 율법에서 자신의 편의에 따라 가감하여 해석하면서 조상들의 권위를 이용하고 있

다.(Iraenius) 주님께서는 부모를 공경하라는 계명을 설명하신다. 말로만 공경하고 실제로 궁핍하게 하지 말고, 부모님들에게 필요한 것을 공급해야 한다. 자녀는 어릴 적에 받았던 은혜를 갚아야 한다. 서기관들은 이와 정반대로 고르반으로 부모공양을 대신 할 수 있다고 가르쳤다. 그 결과 부모가 굶주려도 봉헌하면 할 일을 다 했다는 모순에 빠지고 말았다.(Hieronimus) 예수님은 가난한 자들을 돌보라고 하시지만, 맘몬은 가난한 사람이 지닌 것도 빼앗으라고 한다. 예수님은 네가 가진 것을 내어주라고 하지만 맘몬은 다른 사람이 가지고 있는 모든 것을 빼앗으라고 말한다. 예수님은 제 가족과 집안 사람을 외면하지 말라고 하지만 맘몬은 가족을 가엾게 여기지 말고, 네 부모가 아쉬워하는 모습을 보게 될지라도 그들을 경멸하라고 한다.(Chrysostom) 마가에 따르면 예수님께서 모든 음식은 깨끗하다고 하셨다. 율법에 매인자들이 부정하다고 한 것을 먹는다고 더러워지지 않는다. 입술이 앞뒤 가리지 않고 지껄이며, 관여하지 말아야 할 일에 끼어들 때 우리는 더러워진다.(Origenes)[81]

2. 교부들의 해석에 대한 평가

교부들은 윤리와 관련된 문제에 대해서는 대부분 문자로 단순하게 해석하며 실천을 강조한다. 이런 해석 때문에 초대교인들은 희년의 정신을 실천하는 삶을 살았다. 그러나 그것을 제도와 조직으로 확대시키는 데까지는 해석하지 못해서 밀란칙령 이후 교회는 갈 길을 잃고 말았다.

3. 본문 재해석

본문은 갈릴리에서의 마지막 활동에 대하여 전해주고 있다. 광야에서 갈릴리 사역의 총결산에 해당되는 오병이어의 사역을 통하여

81) ACCS, Mark, pp. 92~94

새로운 계약공동체가 가야 할 길을 가르치시고 다시 가버나움으로 귀환하셨다. 온갖 병자들이 몰려들어 법석을 떠는 것과는 대조적으로 예수님을 날카롭게 쏘아보는 눈길이 기다리고 있었다.

❶ 또 서기관 중 몇이 예루살렘에서 와서

1 바리새인들과 또 서기관 중 몇이 예루살렘에서 와서 예수님께 모여들었다가

예수님을 죽이기로 내부 결정을 내리고 예수님이 하시는 일은 모두 귀신의 왕을 힘입은 일이라고 공식 선언한 유대 당국자들은 계속 사람을 보내서 예수님을 감시하게 했다. 그 결과 예수님 주변에는 서기관들이 늘 예수님을 지켜보며 트집거리를 찾고 있었다. 그런데 그들 눈에 그냥 넘어갈 수 없는 심각한 문제거리가 눈에 띄었다. 무엇일까?

❷ 장로들의 전통

2 그의 제자 중 몇 사람이 부정한 손 곧 씻지 아니한 손으로 떡 먹는 것을 보았더라 3 (바리새인들과 모든 유대인들은 장로들의 전통을 지키어 손을 잘 씻지 않고서는 음식을 먹지 아니하며 4 또 시장에서 돌아와서도 물을 뿌리지 않고서는 먹지 아니하며 그 외에도 여러 가지를 지키어 오는 것이 있으니 잔과 주발과 놋그릇을 씻음이러라)

포로기와 귀환을 통하여 여호와 하나님께서 세계 역사를 주관하신다는 것을 경험한 유대인들은 에스라 이후 율법을 지키기 위한 제도적 장치를 만들었다. 613개의 구전률을 만들어 실생활에서 철저하게 지켰는데, 안식일 규정만 39개나 되었다. 그 결과 그들은 헬라 문화의 침투를 막아내고 유대교를 지킬 수 있었다. 이런 신앙적인 성공은 구전에 대한 신뢰도를 더 높혀 주었다. 따라서 구전률을 성문률보다 높이 평가해서 성문률은 물이요, 구전률은 포도주라고 했다. 랍비 아키바는 구전률을 율법의 울타리라고 했다.

유대인들은 모세가 율법을 받을 때 구전(παράδοσις)도 같이 받

아서 아론에게 전해주었다고 믿는다. 구전률은 랍비 가말리엘의 손자인 하고데스가 AD 70년경 성문화하여 미쉬나(Mishna)에 포함시켰다. 유대인들에게 이런 장로들의 전통은 절대적인 권위를 가지고 있었다. 이런 유대인들에게 도무지 용납될 수 없는 문제가 눈에 띄었다.

❸ 부정한 손으로 떡을 먹나이까

> 5 이에 바리새인들과 서기관들이 예수께 묻되 어찌하여 당신의 제자들은 장로들의 전통을 준행하지 아니하고 부정한 손으로 떡을 먹나이까

유대인들이 지키던 구전률 중에서 '정결례'는 중요한 비중을 차지했다. 부정을 멀리한다는 취지였다. 이방인과 접촉하지 않았고, 그릇을 비롯한 특정의 물건들이 부정해지면 폐기처분 했으며, 또 식사할 때는 손을 씻었다. 이는 위생의 문제가 아니라 하나님께 드리는 종교 행위였다. 정결례는 소량의 물로 손을 적시는 종교의식인데 식사 중 음식의 종류가 바뀌어도 또 씻는 의식을 거행해야 했다. 유대인들은 이런 정결례를 대단히 중요하게 여기며 전통으로 지키고 있었다. 그런데 예수님의 제자들은 식사할 때 손을 씻지 않았다. 제자들이 식사할 때 손을 씻지 않았다는 것은 평소에 예수님께서 이런 형식의 문제를 어떻게 지켜야 하는지 제자들에게 충분히 가르쳤다는 뜻이다. 그러나 유대인들에게는 이런 것이 용납될 수 없다고 생각되어 문제를 제기했다.

이에 대하여 예수님께서는 뭐라고 대답하셨을까?

❹ 주객전도(主客顚倒)

> 6 이르시되 이사야가 너희 외식하는 자에 대하여 잘 예언하였도다 기록
> 하였으되 이 백성이 입술로는 나를 공경하되 마음은 내게서 멀도다 7
> 사람의 계명으로 교훈을 삼아 가르치니 나를 헛되이 경배하는도다 하였
> 느니라 8 너희가 하나님의 계명은 버리고 사람의 전통을 지키느니라 9
> 또 이르시되 너희가 너희 전통을 지키려고 하나님의 계명을 잘 저버리
> 는도다

예수님께서는 이사야서의 말씀을 인용하시면서(사29:13) 그들이 하나님의 계명과 말씀보다 사람의 계명과 교훈과 전통을 더 중요하게 여기고 있다고 지적하셨다. 유대교의 한계와 허점을 예리하게 지적하셨다. 이와 동시에 예수님께서는 유대인들의 전통이 본래 율법의 정신과 얼마나 다른지 구체적인 실례를 들어 설명하셨다.

❺ 고르반(Κορβᾶν)

10 모세는 네 부모를 공경하라 하고 또 아버지나 어머니를 모욕하는 자는 죽임을 당하리라 하였거늘 11 너희는 이르되 사람이 아버지에게나 어머니에게나 말하기를 내가 드려 유익하게 할 것이 고르반 곧 하나님께 드림이 되었다고 하기만 하면 그만이라 하고 12 자기 아버지나 어머니에게 다시 아무 것도 하여 드리기를 허락하지 아니하여 13 너희가 전한 전통으로 하나님의 말씀을 폐하며 또 이같은 일을 많이 행하느니라 하시고

유대인들이 전통으로 지키는 '고르반'이 그것이다. 이 말은 본래 '선물'을 뜻하는데, 하나님께 바친 물건들을 고르반이라고 했다. 무엇이든지 하나님께 바쳐진 것이 가장 중요하기 때문에 하나님께 헌금한 후 돈이 없어 부모를 공양하지 못하게 된 경우 헌금이 더 중요하므로 부모 공양을 하지 않아도 된다고 했다. 그런데 이를 악용하여 고르반을 핑계로 부모를 공양하지 않는 일이 비일비재했는데, 예수님께서는 이런 모순을 지적하셨다. 당시 유대교의 율법 조항들은 본래의 정신을 상실하고 사람을 얽어매거나 편법을 용인하는 오류에 빠져있었는데, 예수님께서는 이를 날카롭게 지적하셨다.

❻ 내 말을 듣고 깨달으라

14 무리를 다시 불러 이르시되 너희는 다 내 말을 듣고 깨달으라 15 무엇이든지 밖에서 사람에게로 들어가는 것은 능히 사람을 더럽게 하지 못하되 16 사람 안에서 나오는 것이 사람을 더럽게 하는 것이니라 하시고

예수님께서는 율법이 말하고자 하는 정신을 지켜야 한다고 지적하셨다. 식사할 때 손을 씻으라는 본래의 의도는 더러운 생각과 마

음을 품지 말라는 뜻이었으며, 먹는 것이 사람을 부정하게 하는 게 아니라 마음속의 더러운 생각에서 나오는 말이 부정하다고 하셨다. 음식을 구별하거나 음식 먹는 손을 씻는 종교의식을 중요하게 여기지 말고 마음속에 들어있는 악한 생각 곧 음란과 도둑질, 살인, 간음, 탐욕, 악독, 속임, 음탕, 질투, 비방, 교만과 우매함이 사람을 더럽게 하므로 이런 생각들을 버리라고 하셨다.

사람이 어떻게 해야 정결해질까? 뭘 만지고, 뭘 먹고, 뭘 씻고, 이런 것들이 사람의 성결과 관련이 있을까? 아니면 그 마음의 생각과 정신이 깨끗하고 남을 위하는 사람일까? 더 물을 필요도 없다. 자명한 이치를 왜 유대인들은 모를 뿐만 아니라 아무리 설명해주어도 이해하려고 하지 않을까? 신앙이 잘못되고, 어렸을 때부터 그렇게 세뇌를 받고 자라면 누구나 그렇게 되고 만다. 편견과 고정 관념 중에서 제일 무서운 게 종교적인 편견과 아집이다.

예수님께서는 유대교의 종교를 위한 의식, 본래의 정신을 상실한 형식 등을 거부하셨다.

❼ 너희도 이렇게 깨달음이 없느냐

17 무리를 떠나 집으로 들어가시니 제자들이 그 비유를 묻자온대 18
예수님께서 이르시되 너희도 이렇게 깨달음이 없느냐 무엇이든지 밖에
서 들어가는 것이 능히 사람을 더럽게 하지 못함을 알지 못하느냐 19
이는 마음으로 들어가지 아니하고 배로 들어가 뒤로 나감이라 이러므로
모든 음식물을 깨끗하다 하시니라 20 또 이르시되 사람에게서 나오는
그것이 사람을 더럽게 하느니라 21 속에서 곧 사람의 마음에서 나오는
것은 악한 생각 곧 음란과 도둑질과 살인과 22 간음과 탐욕과 악독과
속임과 음탕과 질투와 비방과 교만과 우매함이니 23 이 모든 악한 것
이 다 속에서 나와서 사람을 더럽게 하느니라

마가에 의하면 제자들이 예수님의 말씀을 제대로 깨닫지 못하여 다시 묻자, "너희도 이렇게 깨달음이 없느냐?"라고 책망하셨다고 기록되어 있다. 예수님께서 여기서 하신 말씀은 특별히 이해하기 어려운 내용은 아니었다. 그런데 제자들은 왜 깨닫지 못했을까?

마가에서 지적하는 '너희도'는 제자들이기도 하지만 유대교와 구별된 새로운 계약공동체인 교회를 지칭할 수도 있다. 오늘 우리 교회는 유대교의 오류에서 얼마나 자유로울까? 지난날 교회가 역사 속에서 천 년의 시간을 암흑기로 몰고 간 죄상들과 오늘 우리가 금과옥조로 믿고 있는 교리들은 어떨까?

유대교는 천천이요 기독교는 만만이다.

이제 예수님이 유월절을 맞아 예루살렘으로 올라가서서 죽임을 당하시면, 제자들이 예수님의 역할을 대신해야 할 텐데, 그런데 제자들이 아직 이런 단순한 이치도 깨닫지 못하고 있으니 어찌해야 할까? 많이 기도하며 고민하시던 예수님께서는 이제 큰 결단을 내리고 다음 행보를 정하셨다.

무엇일까?

제3부 : 제자 훈련/이방인 선교

물음28~36(7:24~9:50)

물음 28

정면교사(正面教師) 누구일까?

본문 : 〈 7:24~30 〉

24 예수님께서 일어나사 거기를 떠나 두로 지방으로 가서 한 집에 들어
가 아무도 모르게 하시려 하나 숨길 수 없더라 25 이에 더러운 귀신
들린 어린 딸을 둔 한 여자가 예수의 소문을 듣고 곧 와서 그 발 아래
에 엎드리니 26 그 여자는 헬라인이요 수로보니게 족속이라 자기 딸에
게서 귀신 쫓아내 주시기를 간구하거늘

27 예수님께서 이르시되 자녀로 먼저 배불리 먹게 할지니 자녀의 떡을
취하여 개들에게 던짐이 마땅치 아니하니라 28 여자가 대답하여 이르
되 주여 옳소이다마는 상 아래 개들도 아이들이 먹던 부스러기를 먹나
이다

29 예수님께서 이르시되 이 말을 하였으니 돌아가라 귀신이 네 딸에게서
나갔느니라 하시매 30 여자가 집에 돌아가 본즉 아이가 침상에 누웠고
귀신이 나갔더라

1. 교부들의 해석

안으로 들어가는 것이 아니라 나오는 것이 사람을 더럽힌다는 말씀을 바리새인들이 불쾌하게 받아들이자 예수님께서는 물러가셨다. 임박한 수난의 때를 기다리시는 동안, 바리새인을 피하려 하셨을 것이다.(Origenes) 접경 지역에 사는 이방인도 믿기만 하면 구원받을 수 있다. 우리도 죄를 지으면 두로와 시돈, 바로와 이집트 땅의 접경에 살아가는 셈이다. 그런 자들은 하늘나라를 상속받지 못한 이들의 접경에 있다.(Origenes) 여성은 천사와 동일한 본성을 가지고 있으며, 동일한 성적 존엄성을 가지고 있다. 여성은 윤리적 판단을 할 때도 동일한 존귀함을 가지고 있다. 예수님께서 여성에게 그렇게

약속하셨다.(Tertullian) 페니키아 여성을 기억하라. 그녀는 끈질긴 간청으로 주님의 연민을 불러 일으켰다.(Chrysostom) 하나님께서 모든 기도를 다 들어주신다면 자유의지가 아니라 어떤 필요에 따라 행하시는 분으로 비춰질 수도 있다.(Ambrosius)[82]

2. 교부들의 해석에 대한 평가

오리겐은 두로 접경 지역을 세례를 받은 후 다시 돌아가는 믿음의 변두리 지역으로 해석한다. 교부들이 성경을 해석할 때 주로 사용하는 알레고리 해석의 한 예다. 이런 해석으로는 성경의 본래 의미를 찾아내기가 어렵다. 그런데 지금도 이런 해석에 기초하여 본문의 본뜻과 전혀 상관없는 설교를 하는 경우가 다반사다.

3. 본문 재해석

갈릴리 사역을 마무리 지으시면서 예수님께서는 지극히 현실적이면서 꼭 필요한 특단의 조치를 내리셨다. 무엇이었을까?

❶ 특별 교육

24 예수님께서 일어나사 거기를 떠나 두로 지방으로 가서 한 집에 들어가 아무도 모르게 하시려 하나 숨길 수 없더라

예수님의 사역 중 가장 크게 역점을 두신 것은 제자 교육과 훈련이었다. 몇 년간 제자들과 숙식을 같이 하면서 보냈지만 몰려드는 사람들 때문에 제자들과만 시간을 가질 수가 없었다. 이제 예수님께서는 제자들과 별도의 시간을 가지기 위하여 눈에 띄지 않게 멀리 이방지역인 두로로 가셨다. 두로는 가버나움에서 서북쪽으로 64km 지점에 있는 항구도시이자 요새였다. 이곳에서 조용한 집을 한 채 빌려 제자들과 특별 교육의 시간을 보내셨다. 두로에만 머무신 기간이 대략 반 년 이상이라고 추정된다.[83] 그런데 두로에서 제자들에

82) ACCS, Mark, pp. 95~96.

게 무슨 교육과 훈련을 시키셨는지에 대해서는 전혀 침묵하고 있다. 단지 한 여인의 딸을 고치는 이야기를 적고 있을 뿐이다. 이 이야기를 통하여 예수님께서 제자들에게 무엇을 가르치셨는지 엿볼 수밖에 없다.

❷ 정면(正面)교사

그릇된 것을 보고 스스로를 돌이켜 보는 반면(反面)교사는 많지만 따라 배워야 할 만한 모범적인 정면(正面)교사를 만나기는 어렵다. 예수님께서는 서기관과 바리새인과 헤롯을 반면교사로 삼으라는 말씀을 누차 하셨다.(마16:6, 23:1~12, 막8:15, 12:38~40) 그런데 지금 여기서 모범적인 정면교사를 소개하셨다.

예수님께서 두로에 가신 이유는 바로 이 정면교사 때문이었다. 예수님의 행보는 우연한 발걸음이 아니라 미리 내다보시며 치밀하게 계획하신 행보였다. 그런데 이번에는 제자들의 마음에 평생 남을 만한 독특한 만남의 자리를 마련하셨다. 수십 년의 시간이 지난 다음에 사도들은 이 순간을 돌이키며 이 이야기를 기록으로 남겼다.

예수님께서 정면교사로 쓰신 사람은 누구였을까?

❸ 이방 여인

> 25 이에 더러운 귀신 들린 어린 딸을 둔 한 여자가 예수님의 소문을 듣고 곧 와서 그 발 아래에 엎드리니 26 그 여자는 헬라인이요 수로보니게 족속이라 자기 딸에게서 귀신 쫓아내 주시기를 간구하거늘

예수님과 제자들은 두로에 눈에 띄지 않게 가서 몇 달간 은둔했다. 그런데 소문을 듣고 한 여인이 찾아왔다고 기록되어 있다. 마태복음에는 좀 더 소상히 기록되어 있는데, 이 여인이 문밖에서 계속

---

83) W. Barclay, The Gospel of Matthew, vol. 2, The Westminster Press, 1975, pp. 125~126. The Gospel of Mark, p. 180. 바클레이는 계절의 변화 등을 기초로 예수님께서 두로에 가셨다가 다시 갈릴리로 돌아오시는 과정을 6~8개월 정도 걸렸다고 추정한다.

간청한 것을 보면[84) 수많은 사람들이 찾아오지 않고 이 여인만 혼자 찾아왔던 것 같다. 그러면 이 여인은 어떻게 예수님께서 여기 계신다는 것을 알고 찾아왔을까? 마가에서는 소문을 듣고 찾아왔다고 했다. 그런데 예수님과 제자들이 이방지역에서 은거하고 있어서 소문이 날 리가 없으므로 이 소문은 널리 알려진 소문이 아니라 이 여인만 알고 있는 소문이었을 것이다. 이 여인이 예수님을 찾아온 경로를 추정해보면 다음과 같다고 생각된다.

예수님을 만나려면 갈릴리 바닷가 가버나움으로 가야 한다는 소문은 예수님 사역 초기부터 두로와 시돈까지 퍼져서 이곳에서도 많은 사람들이 예수님을 보려고 가버나움으로 몰려왔었다. 이 여인도 소문을 듣고 딸을 업고 64km를 걸어 갔지만 그곳에는 예수님이 계시지 않았다. 예전에는 며칠 만에 돌아오시곤 했는데, 이번에는 벌써 몇 달째 나타나지 않으셨다. 수소문을 해보니 예수님께서는 이제 갈릴리 사역을 접으시고 어디론가 떠나셨다. 어찌해야 하나? 가버나움까지 왔던 많은 사람들은 포기하고 떠났지만 이 여인은 포기할 수가 없어 백방으로 탐문하며 예수님의 행로를 추적했다. 마침내 이 여인은 예수님이 계신 곳을 찾아냈는데 놀랍게도 자신이 살고 있는 지역이었다. 아무도 예수님께서 먼 이방인 지역에 와 계시리라고는 생각지를 못했다. 이 여인이 소문을 듣고 왔다는 구절은 이런 경로를 말한다. 물론 이것은 추정이기 때문에 사실과 다를 수 있다. 그러나 문맥의 정황을 보면 개연성이 짙다.

마태의 기록을 보충하여 이야기를 전개하면 다음과 같다.

❹ 이스라엘 집의 잃어버린 양에게만

(마15:21)예수님께서 거기서 나가사 두로와 시돈 지방으로 들어가시니
22 가나안 여자 하나가 그 지경에서 나와서 소리 질러 이르되 주 다윗

84) 가나안 여자 하나가 그 지경에서 나와서 소리 질러 이르되 하되… 제자들이 와서 청하여 말하되 **그 여자가 우리 뒤에서 소리를 지르오니** 그를 보내소서(마15:22~23)

의 자손이여 나를 불쌍히 여기소서 내 딸이 흉악하게 귀신 들렸나이다 하되 23 예수님께서는 한 말씀도 대답하지 아니하시니 제자들이 와서 청하여 말하되 그 여자가 우리 뒤에서 소리를 지르오니 그를 보내소서
24 예수님께서 대답하여 이르시되 나는 이스라엘 집의 잃어버린 양 외에는 다른 데로 보내심을 받지 아니하였노라 하시니

마태에 의하면 이 여인은 천신만고 끝에 예수님이 계신 곳을 알아내고 문밖에 와서 간청했지만 예수님은 전혀 반응이 없었다. 보다 못한 제자들이 한 여인이 계속 밖에서 소리를 지르고 있으니 그의 요청을 들어주고 돌려보내자고 이야기했다. 그러자 예수님께서는 나는 이스라엘 집의 잃어버린 양에게만 보내심을 받았다며 거절하셨다. 앞에서도 이미 말했지만 이스라엘 집의 잃어버린 양은 하나님과 계약을 맺은 이스라엘 사람들 중에서 삭개오나 마태처럼 하나님 나라가 실현되기를 갈망하는 사람들을 말한다. 예수님은 그런 사람들에게 보내심을 받으셨고 그런 사람을 찾아 새로운 계약공동체를 실현하러 오셨다. 무조건 가난하고 병들고 불쌍하다고 다 계약공동체에 받아주신 것이 아니다. 예수님의 복음사역을 오해하지 말아야 한다.

예수님의 이런 완고한 말씀을 들은 제자들은 더 이상 할 말이 없어 계속 소리 지르는 여인에게 예수님의 뜻을 전했다. 이 말을 전해 들은 여인은 어떻게 했는가? 포기했는가? 아니다. 제자들을 붙들고 간청하여 집 안으로 들어와 예수님 앞으로 가서 엎드려 애걸했다. 그런데 예수님께서는 이렇게 말씀하셨다.

27 예수님께서 이르시되 자녀로 먼저 배불리 먹게 할지니 자녀의 떡을 취하여 개들에게 던짐이 마땅치 아니하니라

예수님께서 하신 말씀이라고 여겨지지 않을 만큼 모욕적인 말씀을 하시며 더 냉정하게 거절하셨다. 그런데 이 여인은 어떻게 했는가?

❺ 네 믿음이 크도다

그러자 이 여인은 이렇게 대답했다.

> 28 여자가 대답하여 이르되 주여 옳소이다마는 상 아래 개들도 아이들이 먹던 부스러기를 먹나이다

마태에 의하면 여인의 이 말을 들으신 예수님께서는 "여자여, 네 믿음이 크도다."라고 말씀하셨다.(마15:28) 예수님께서 누군가에게 믿음이 크다고 말씀하신 경우가 거의 없다. 하인의 병을 고치러 왔던 백부장에게 "이스라엘 중 아무에게서도 이만한 믿음을 보지 못하였노라."라고 하신 적이 있었다. 제자들에게는 늘 믿음이 적다, 없다고 책망하셨다. 그런데 유일하게 이 여인에게 믿음이 크다고 말씀하셨다. 이 말씀을 누구에게 하신 것일까? 여인일까? 아니다 제자들이다.

이 여인의 믿음을 본받아라. 이 여인이 너희의 정면교사다.

그런데 마가에는 더 놀라운 말씀이 기록되어 있다.

❻ 이 말을 하였으니

> 29 예수님께서 이르시되 **이 말을 하였으니** 돌아가라 귀신이 네 딸에게서 나갔느니라 하시매 30 여자가 집에 돌아가 본즉 아이가 침상에 누웠고 귀신이 나갔더라

복음서에는 예수님께서 귀신을 쫓아내는 이야기가 여러 번 나오고 있는데, 대부분 예수님께서 귀신을 꾸짖거나 나가라고 명령하셨다. 여인의 딸에게 들려있던 더럽고 흉악한 귀신도 나갔다. 그런데 이번에는 어떤 방법으로 나갔는가? 예수님의 말씀 때문에 나갔는가? 아니다. 예수님께서 여인에게 이런 말씀을 하셨다. "이 말을 하였으니 돌아가라. 귀신이 네 딸에게서 나갔느니라." 놀랍게도 예수님의 말씀 때문이 아니라 이 여인이 한 말 때문에 딸에게서 귀신이 나갔다고 말씀하셨다. 여인이 무슨 말을 했는가?

주여 옳소이다마는 상 아래 개들도 아이들이 먹던 부스러기를 먹나이다

왜 이 말에 귀신이 나갔는가? 이 말에는 귀신이 쫓겨나가는 무슨 능력이 있는가?

❼ 성령과 악령

이 구절을 이해하려면 영성의 경험이 필요하다. 영성의 경험은 서로 연계되어 있어서 다양한 현상이 수반되는데 그 중 하나가 마귀의 영을 직접 체험하는 과정이 들어있다. 성령과 악령이 직접 몸에 채워지는 경험을 해보면 두 영이 서로 반대의 속성을 가지고 있음을 알게 된다. 성령으로 채워지면 마음 자세가 물처럼 자연스럽게 가장 낮은 곳으로 내려간다. 그런데 악령으로 채워지면 온갖 수단과 방법을 다하여 끝없이 올라가다가 맨 마지막 단계에서는 하나님보다 더 높아지려고 한다. 마귀의 이런 속성을 경험하고 나면 비로소 마귀를 이기는 방법을 알게 되는데, 내 마음의 자세가 낮아지는 것이다. 마귀는 스스로 내려가는 자기낮춤은 할 수 없기 때문이다.

예수님께서는 이 여인의 마음 자세가 어떤지를 처음부터 잘 아셨다. 그런 이유로 이 여인이 계속 낮은 모습을 보이는 것을 제자들이 배울 수 있도록 이끌어 가셨다. 밖에서 간청할 때 들은 척도 하지 않으셨고, 예수님 앞에 와서 엎드려 간구할 때는 자녀의 떡을 취하여 개에게 주는 것은 옳지 않다고 모욕을 주셨다. 그런데 이 여인은 이런 과정을 아무렇지도 않게 받아들이며 옳은 말씀이라고 고백했다. 이런 말은 갑자기 할 수 있는 말이 아니다. 이 여인은 평소의 마음 자세가 이런 모욕적인 말들을 받아들이고 인정할 만큼 낮아져 있었기 때문에 가능했다. 영성수련의 최종적인 단계는 더 이상 낮아질 수 없는 자기비움의 상태다.

마음의 자세를 어떻게 하면 낮출 수 있는가? 하나님 경험의 다른 한 측면은 자기 성찰인데, 이는 마치 영적인 거울 앞에서 자기 내면

이 서서히 드러나는 것과 같다. 평소에는 가려져 있던 내면이 비추어지면 그 안에는 세상에서 찾을 수 있는 가장 추악한 것들이 감추어져 있다가 드러나기 시작한다. 자기 내면이 드러나는 첫 단계에서는 가장 큰 죄인의 모습을 보고, 그 다음은 아무것도 아님을 보게 된다. 아무것도 아님이 자기비움의 절정이다.

❽ 악령을 이기는 길

이 여인이 가장 낮은 마음으로 가장 낮은 단계의 말을 고백하자 귀신이 더 이상 견디지 못하고 나갔다. 차가운 공기가 들어오면 더운 공기가 밀려 나가는 이치와 같다. 영성(靈性)의 원리와 물성(物性)의 원리는 다르지 않다. 둘 다 같은 하나님에게서 나왔기 때문에 같은 원리의 지배를 받는다. 이런 이유로 영성의 세계를 접하고 나면 물성의 세계에 대하여 그 원리와 이치를 터득하게 된다. 영성의 세계를 가장 잘 드러내는 물성 현상이 낮은 곳으로 흐르는 물의 원리이다.

❾ 하나님의 존재양식

왜 낮아짐이 영성의 절정인가? 하나님의 속성이 낮아짐이기 때문이다. 그분은 가장 낮은 곳에 계신다. 가장 낮은 곳에 계시기에 동시에 가장 높은 곳에 계신다. 예수님 탄생의 자리가 세상에서 찾을 수 있는 가장 낮고 천한 마굿간과 말구유였던 것은 결코 우연이 아니다. 가장 낮은 자리에 계시는 하나님의 모습이었다. 영성의 세계는 직선이 아닌 곡선이, 평면이 아닌 곡면이 지배하기 때문에 극과 극은 서로 만난다. 이는 지구를 비롯한 행성들이 다 구(球)로 되어 있고, 우주 또한 구의 형태를 띠고 있는 것에서도 확인된다. 우주의 무한대의 크기에서는 직선과 곡선이 만난다. 미시의 세계로 들어가 보면 물질의 구성단위인 분자와 원자도 모두가 구의 모습이다. 영성의 원리와 물성의 원리는 이렇게 서로 만난다.

예수님께서는 제자들과 두로에 머무시는 몇 달 동안 제자들에게 집중 교육을 시키셨는데, 그 핵심은 이와 같은 낮아짐의 영성교육이었다. 그 모범적인 교사가 이 여인이었다.

성경 해석에 영성의 관점이 필요한 이유는 영성을 경험하고 나면 이런 구절들에 들어있는 의미가 보이기 때문이다. 영감으로 해석한다는 것을 어떤 신비적인 계시로 오해하기 쉽다. 간혹 종말의 시간 등에 대하여 무슨 계시를 받아서 성경을 해석한다는 말들을 하는데 이는 영감과 계시에 대한 오해에서 비롯된다. **영감과 계시는 영성 경험에 기초한 해석을 말한다.** 마귀의 영은 거짓의 영이다. 마귀의 영은 어떤 영적인 계시를 주어 길흉화복을 말하게 하면서 미혹하는데, 이에 넘어가지 말아야 한다.

물음 29 독특한 치유, 무엇을 말하는가??

본문 : 〈 7:31~37 〉

31 예수님께서 다시 두로 지방에서 나와 시돈을 지나고 데가볼리 지방을
통과하여 갈릴리 호수에 이르시매 32 사람들이 귀먹고 말 더듬는 자를
데리고 예수께 나아와 안수하여 주시기를 간구하거늘 33 예수님께서
그 사람을 따로 데리고 무리를 떠나사 손가락을 그의 양 귀에 넣고 침
을 뱉어 그의 혀에 손을 대시며 34 하늘을 우러러 탄식하시며 그에게
이르시되 에바다 하시니 이는 열리라는 뜻이라 35 그의 귀가 열리고
혀가 맺힌 것이 곧 풀려 말이 분명하여졌더라

36 예수님께서 그들에게 경고하사 아무에게도 이르지 말라 하시되 경고
하실수록 그들이 더욱 널리 전파하니 37 사람들이 심히 놀라 이르되
그가 모든 것을 잘하였도다 못 듣는 사람도 듣게 하고 말 못하는 사람
도 말하게 한다 하니라

1. 교부들의 해석

만질 수 없는 주님께서 만질 수 있는 지체를 입고 오셨다. 절망에 빠진 자들이 그분께 다가와 그분을 만짐으로써 신성을 깨닫게 하기 위함이었다. 주님께서는 당신의 손가락으로 귀먹은 사람을 고쳐주셨다. 손가락을 그 사람의 귀에 넣으시고 그의 혀를 만지셨다. 그 사람은 그분 손가락을 통하여 만질 수 없는 신성을 만졌다. 그러자 묶였던 혀가 풀리고 그 귀의 닫힌 문이 열렸다. 아담이 배우지 않고도 말을 하게 해주셨던 주님께서는 힘들게 배워야 하는 말을 귀먹은 이가 쉽게 할 수 있게 해주셨다.(Ephrem) 성령은 하나님의 손가락이다.(눅11:20) 주님께서는 손가락을 귀먹고 말 못하는 이의 귀에 넣으시어 성령의 은사를 통하여 그 사람의 영혼을 믿음을 향해 열어주셨다.(Gregory the great) 주일마다 주교가 교인들의 귀와 콧구멍을 만질 때 열림의 신비가 재현된다. 주님께서 귀먹고 말 못하는 사람의 귀와 입을 만져서 고치신 것처럼 주교도 귀를 만져서 열리게 한다.(Ambrosius)[85)]

2. 교부들의 해석에 대한 평가

본문에 대한 교부들의 해석은 주로 병자의 치료에 집중되어 있다. 예수님께서 치료에 사용하신 손가락을 신성의 사용으로 해석하거나, 가톨릭의 예배에서 거행되는 성례전의 근거로 해석한다. 영육이원론에 기초하여 영적인 해석을 하고 있다.

3. 본문 재해석

본문의 31절은 논란이 많은 구절이다. 두로에서 갈릴리로 오는 과정에 시돈과 데가볼리를 통과하여 왔는데, 지도에서 보듯이 두로

85) ACCS, Mark, pp. 97~98.

와 데가볼리는 반대 방향이기 때문이다. 이 구절 때문에 마가복음의 저자는 팔레스틴 지리에 대하여 무지하므로, 예루살렘 출신 유대인 마가가 저자일 수 없다고 주장하는 사람들도 있다. 그러나 그런 주장은 전혀 잘못이다. 그 이유는 다음과 같다.

❶ 이방인 선교

> 31 예수님께서 다시 두로 지방에서 나와 시돈을 지나고 데가볼리 지방을 통과하여 갈릴리 호수에 이르시매

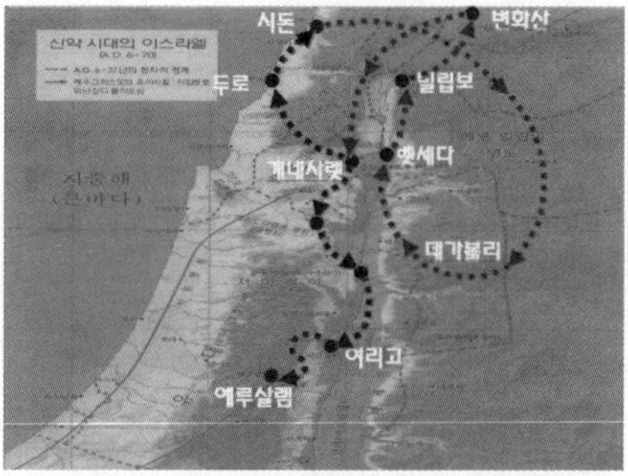

〈그림1 이방인 선교 행적〉

이방인 지역에서 반 년 정도 제자들과만 계시던 예수님께서는 그 마무리로 이방인 선교를 하셨다. 두로에서 북쪽으로 약 40km 떨어진 시돈을 거쳐 오른쪽으로 돌아 데가볼리를 지나 다시 갈릴리 바다로 돌아오는 선교여행이었다. 갈릴리 북쪽과 동쪽을 한 바퀴 도는 여행이기 때문에 그 행적이 오히려 자연스럽다. 이 여행이 이방인 지역 선교였다는 근거는 8장의 칠병이어의 이야기에서도 확인된다. 4천 명이 먹고 일곱 광주리(ἑπτὰ σπυρίδας)가 남았는데, 이 광주리는 이방인들이 사용하는 그릇이기 때문이다.

❷ 귀먹고 말 더듬는 자

> 32 사람들이 귀먹고 말 더듬는 자를 데리고 예수께 나아와 안수하여 주시기를 간구하거늘

예수님께서 갈릴리 지방 오른쪽의 이방인 지역을 한 바퀴 돌면서 복음을 전하시자(막8:1) 평소와 마찬가지로 셀 수 없을 만큼 많은 병자들이 찾아와서 고침을 받았다.(마15:29~31) 그런데 본문에서는 귀먹고 말 더듬는 자 한 사람이 치료받는 이야기를 자세하게 기

록해 놓고 있다. 왜 이 사람의 이야기만 기록해 놓고 있을까?

❸ 손가락과 침

> 33 예수님께서 그 사람을 따로 데리고 무리를 떠나사 손가락을 그의
> 양 귀에 넣고 침을 뱉어 그의 혀에 손을 대시며 34 하늘을 우러러 탄
> 식하시며 그에게 이르시되 에바다 하시니 이는 열리라는 뜻이라 35 그
> 의 귀가 열리고 혀가 맺힌 것이 곧 풀려 말이 분명하여졌더라 36 예수
> 님께서 그들에게 경고하사 아무에게도 이르지 말라 하시되 경고하실수
> 록 그들이 더욱 널리 전파하니 37 사람들이 심히 놀라 이르되 그가 모
> 든 것을 잘하였도다 못 듣는 사람도 듣게 하고 말 못하는 사람도 말하
> 게 한다 하니라

고대에 기적을 행하였다는 사람들의 기록을 보면 기적을 행할 때 주문, 부적, 도구, 종교의식 등이 동원되었다. 그런데 예수님께서는 지극히 단순한 방법을 사용하셨다. 말씀으로 병자를 치료하시고 귀신을 내쫓으셨으며, 바람과 바다를 다스리셨다. 또는 병자들이 예수님의 옷자락을 만지기만 해도 치료가 되었다.

그런데 본문을 보면 뭔가 좀 다르다. 예수님께서 병자와 제자들만을 따로 데리고 가셔서 치료하셨다. 예수님께서는 제자들에게 특별히 교육시킬 일이 있을 때는 제자들만 대동하셨다. 변화산에 올라가실 때와 야이로의 딸을 살리실 때는 베드로와 야고보, 요한만을 데리고 가셨다. 그런데 이번에는 제자들 모두를 데리고 가셨다고 보여진다. 그리고 농아자를 치료하실 때 손가락을 직접 양쪽 귀에 넣으시고, 또 침을 뱉은 손을 그의 혀에 대시고 탄식하시며 '에바다'라고 말씀하셨다. 왜 평소에 하지 않으시던 이런 방법을 사용하셨을까?

비슷한 이야기가 8:22~26에도 나오는데, 이번에는 병자가 소경이었다. 이 두 이야기에는 공통되는 특징이 있다. 둘 다 마가복음에만 나오며, 병자를 제자들과 함께 따로 데리고 나가서 고치셨으며, 치료한 이후에는 입단속을 시키셨다. 또 귀가 열리고 눈이 다시 보는 이야기 앞에는 제자들이 도무지 깨닫지 못한다는 이야기(7:17~24, 8:17~21)가 나오고 있다.

❹ 제자 교육

이런 사실로 미루어 볼 때 마가는 예수님께서 귀가 들리지 않고 눈이 보이지 않는 두 병자를 독특하게 고치는 이야기는 **들어도 듣지 못하고 보아도 보지 못하는 제자들을 고치시는 교육**이었다고 말해주고 있다. 마가에 기록된 제자들의 모습이 무지와 오해와 배반이라는 것을 염두에 둔다면 이런 해석이 가능해진다. 귀먹은 자를 고치시면서 하늘을 우러러 '에바다!'라고 탄식하시는 것은 이를 지켜보고 있는 제자들을 향한 탄식이며, 귀가 열리라는 말씀이다.

예수님의 모든 선교 과정은 곧 제자 교육의 일환이었다. 제자들은 이제 곧 예수님을 대신해야 했기 때문이다. 이방인 선교를 통해서 예수님께서 특별히 한 번 더 강조하신 것은 무엇이었을까?

물음 30 떡의 기적, 왜 반복하셨을까?

본문 : 〈 8:1~10 〉

1 그 무렵에 또 큰 무리가 있어 먹을 것이 없는지라 예수님께서 제자들
을 불러 이르시되 2 내가 무리를 불쌍히 여기노라 그들이 나와 함께
있은 지 이미 사흘이 지났으나 먹을 것이 없도다 3 만일 내가 그들을
굶겨 집으로 보내면 길에서 기진하리라 그 중에는 멀리서 온 사람들도
있느니라 4 제자들이 대답하되 이 광야 어디서 떡을 얻어 이 사람들로
배부르게 할 수 있으리이까 5 예수님께서 물으시되 너희에게 떡 몇 개
나 있느냐 이르되 일곱이로소이다 하거늘

6 예수님께서 무리를 명하여 땅에 앉게 하시고 떡 일곱 개를 가지사 축
사하시고 떼어 제자들에게 주어 나누어 주게 하시니 제자들이 무리에
게 나누어 주더라 7 또 작은 생선 두어 마리가 있는지라 이에 축복하

시고 명하사 이것도 나누어 주게 하시니 8 배불리 먹고 남은 조각 일
곱 광주리를 거두었으며 9 사람은 약 사천 명이었더라
예수님께서 그들을 흩어 보내시고 10 곧 제자들과 함께 배에 오르사 달
마누다 지방으로 가시니라

1. 교부들의 해석

떡 일곱 개는 성령의 일곱 은사를 상징한다. 사천 명은 네 복음서를 기초로 설립된 교회의 표상이다. 남은 조각으로 가득찬 일곱 광주리는 교회의 완전함을 말한다. 일곱은 완전함을 나타낼 때가 많다.(Augustinus) 성경 해석은 떡을 주는 것과 같다. 이 떡을 먹으면 마음으로 하나님을 찬양하며 실천과 선행에 인색하지 말아야 한다. 우리에게는 하늘에 공동 곳간이 있으며, 그곳에서 하나님의 말씀이 주어진다.(Augustinus) 바구니의 의미를 알아야 하며, 남은 조각을 잃어버리지 말아야 한다. 우리는 교회에 속해있지만 교회에 속하지 않은 사람들도 귀하기 때문이다.(Augustinus), 장정 5천 명이 떡 다섯 개로 먹고 남은 조각이 12 바구니였으며, 4천 명이 일곱 개로 배불리 먹었다. 4천 명이 숫자로는 적지만 믿음으로는 더 컸다. 신앙이 성숙한 사람은 더 많이 먹고 더 많이 먹기에 더 적게 남는다. 성경말씀인 떡을 더 많이 먹고 배울 것이 더 적게 남아야 한다.(Hieronimus)[86]

2. 교부들의 해석에 대한 평가

교부들이 숫자와 떡 등에 대하여 영적으로 해석하는 방법을 잘 보여주고 있다. 지금도 영적인 해석이 사용되고 있는데, 대부분의 경우 본문이 말하고자 하는 바를 놓치게 된다.

86) ACCS, Mark, p. 100.

3. 본문 재해석

본문의 내용은 앞의 <물음25>에서 다룬 오병이어의 이야기와 비슷하다. 왜 비슷한 이야기를 연이어 기록하고 있을까? 그 이유는 중요하기 때문이다. 무엇이 중요할까?

❶ 또 큰 무리가 있어 먹을 것이 없는지라

1 그 무렵에 또 큰 무리가 있어 먹을 것이 없는지라 예수님께서 제자들을 불러 이르시되

갈릴리 사역의 마지막 사건이 떡 다섯 개로 오천 명을 먹이신 이야기라면(막6:32~42), 이방인 사역의 마지막 이야기도 비슷하게 떡 일곱 개로 사천 명을 먹이는 이야기이다. 두 이야기가 비슷한데 먼저 이야기는 유대인들이 대상이고 후자는 이방인들을 대상으로 한다. 왜 유대인 사역과 이방인 사역이 모두 먹는 문제를 해결하는 이야기로 끝을 맺을까? 계약의 관점에서 보면 그 이유는 단순하다.

계약법에 의하면 계약공동체가 해결해야 할 가장 중요한 문제가 먹는 문제 해결이었기 때문이다. 고대의 평균 연령은 20세로 낮았다. 이렇게 낮은 이유는 질병의 문제도 있었겠지만 식량의 문제였다. 잘 사는 사람들의 평균 연령은 40세였기 때문이다. 지금도 그렇지만 고대로 올라가면 식량의 확보는 가장 중요하고 심각한 문제였다. 기근이 들면 속절없이 굶어 죽어야 했다. 예전은 물론이고 언제나 경제 문제가 사람이 살아가는 데 가장 큰 비중을 차지하며, 또 해결이 가장 어렵다. 구약의 계약법에서는 먹거리 문제의 해결이 중요한 문제로 다뤄지고 있다. 계약법에 들어있는 안식일, 안식년, 희년은 계약공동체 내에서 경제 문제를 근본적으로 해결하는 법이다.

계약법에서 먹는 문제, 즉 경제를 가장 중요하게 다루는 이유는 인간의 삶에서 가장 중요하고 또 해결이 어렵기 때문이다. 창세기의

창조 이야기에서 인간에게 복을 주시면서 주어진 법이 먹거리 법이었고(창1:29), 또 선악과를 먹은 후에 주어진 형벌도 먹거리 문제였다(창3:17~19). 이는 육체를 지닌 삶에서 먹는 문제가 기본이면서 가장 힘들다는 사실을 그대로 반영하고 있다. 성경에서는 이 문제는 오직 신앙의 차원에서만 해결이 가능하다고 강조한다.

이런 이유로 예수님께서는 제자들에게 계약공동체가 해야 할 가장 중요한 문제가 경제 문제라는 것을 누누이 강조하셨다. 갈릴리 사역과 이방인 사역의 마무리에 먹거리 문제를 해결하는 이야기가 기록되어 있다는 것이 그 증거다. 하나님께서 만드신 세상의 이치는 모든 것에 천적이 있듯이 문제가 있다면 해결방법도 있게 마련이다. 예수님께서는 모든 문제 해결의 길이시다.(요14:6) 예수님께서 해결하시는 방법은 무엇인가? 계속 설명한 바와 같이 계약의 방식이다. 하나님께서는 계약공동체를 통해서 일하신다. 계약공동체는 무엇을 어떻게, 어디까지 해야 하는가? 먼저 계약의 의미를 잘 이해하고 무엇을 어떻게 해야 하는지, 즉 방법을 알아야 한다. 예수님께서는 지금 제자들에게 이것을 물으셨다.

❷ 어떻게 하면 좋겠느냐?

2 내가 무리를 불쌍히 여기노라 그들이 나와 함께 있은 지 이미 사흘이 지났으나 먹을 것이 없도다 3 만일 내가 그들을 굶겨 집으로 보내면 길에서 기진하리라 그 중에는 멀리서 온 사람들도 있느니라

4 제자들이 대답하되 이 광야 어디서 떡을 얻어 이 사람들로 배부르게 할 수 있으리이까

지난번 오병이어의 경우에는 제자들이, 날은 어두워가고 사람들은 굶주렸는데 사람들을 인근 마을로 보내서 무엇인가 먹을 것을 사 먹게 해야 하지 않겠냐고 먼저 말을 꺼냈다. 지난번의 경험이 있었으므로 이번에는 먼저 예수님께서 제자들에게 어떻게 해야 할지에 대하여 이렇게 말씀하셨다.

> 그들이 나와 함께 있은 지 이미 사흘이 지났으나 먹을 것이 없도다 3 만일 내가 그들을 굶겨 집으로 보내면 길에서 기진하리라 그 중에는 멀리서 온 사람들도 있느니라

예수님께서는 제자들이 하나님의 방식에 근접한 대답을 기대하셨다. 그런데 제자들은 전혀 딴 대답을 했다.

> 이 광야 어디서 떡을 얻어 이 사람들로 배부르게 할 수 있으리이까

반 년 전 즈음에 비슷한 일을 겪었음에도 이렇게 대답한다는 게 너무 의외다. 지난번과 전혀 다를 바 없는 대답을 하고 있다. 이에 예수님께서는 다시 처음부터 또 시작하셨다.

❸ 너희가 가진 것이 무엇이냐

> 5 예수님께서 물으시되 너희에게 떡 몇 개나 있느냐 이르되 일곱이로소이다 하거늘

예수님께서는 너희가 할 수 있는 것이 어디까지이며 무엇이냐고 물으신다. 하나님께서 계약공동체에 요구하시는 것은 바로 이것이다. 하나님께서는 계약공동체의 기도를 들으시고 응답하시는 방법으로 일하신다. 성경에 기도하면 응답하시리라는 말씀이 대단히 많은 이유는 여기에 있다. 개인들의 필요에 따라 구하는 것에 응답하신다는 뜻이 아니라 계약공동체가 하나님의 뜻과 방법을 똑바로 이해하고 구하면 이에 응답하셔서 계약공동체가 그 일을 하게 하신다는 뜻이다. 하나님과의 계약은 자유의지와 인격에 기초한 쌍방계약이기 때문이다.

> 너희에게 떡이 몇 개나 있느냐?

원점으로 다시 돌아간 질문이다. 이에 제자들은 다시 대답한다.

> 떡이 일곱 개 있습니다.

그 다음은 무엇을 어떻게 해야 하는가?

❹ 너희가 주어라

6 예수님께서 무리를 명하여 땅에 앉게 하시고 떡 일곱 개를 가지사
축사하시고 떼어 제자들에게 주어 나누어 주게 하시니 제자들이 무리에
게 나누어 주더라 7 또 작은 생선 두어 마리가 있는지라 이에 축복하
시고 명하사 이것도 나누어 주게 하시니

떡을 예수님께 가져다드리고 사람들을 질서정연하게 앉히는 일이다. 그 다음은 또 무엇인가? 예수님께서 떡에 축사하시고 제자들에게 다시 돌려주시며 이제 너희가 나누어 주라고 말씀하신다. 성경을 통해서 우리가 배워야 할 바는 성경의 내용을 정확하게 파악하는 것과 더불어 하나님께서 일하시는 방법이다. "내가 곧 길이요 진리요 생명이니"(요14:6)라고 말씀하신 예수님께서는 하나님께로 가는 길, 즉 하나님의 일을 하는 방법을 알려 주신다.

그 다음은 무슨 일이 어떻게 진행되었는가?

❺ 그들을 흩어 보내시고

8 배불리 먹고 남은 조각 일곱 광주리를 거두었으며 9 사람은 약 사천
명이었더라 예수님께서 그들을 흩어 보내시고 10 곧 제자들과 함께 배
에 오르사 달마누다 지방으로 가시니라

그 다음 수순은 지난번과 흡사하다. 4천여 명의 사람들이 배불리 먹고도 남았으며, 기상천외한 방법으로 떡을 먹은 사람들은 예수님을 왕으로 추대하려고 해서 사람들을 급히 흩어 보내시고 예수님께서는 제자들과 배를 타고 달마누다로 떠나셨다. 달마누다는 마가단(마15:39), 막달라와 같은 지역이라고 생각된다.

마가에서는 왜 비슷한 이야기를 두 번 반복하고 있는가? 교회가 해야 할 가장 중요한 문제는 먹는 문제 해결이며, 이에 대하여 예수님께서는 반복해서 제자들을 가르치고 훈련하셨던 때문이다.

달마누다에서는 무슨 일이 기다리고 있었을까?

물음 31

아직도 깨닫지 못하느냐?

본문 : 〈 8:11~25 〉

11 바리새인들이 나와서 예수를 힐난하며 그를 시험하여 하늘로부터 오
는 표적을 구하거늘 12 예수님께서 마음속으로 깊이 탄식하시며 이르
시되 어찌하여 이 세대가 표적을 구하느냐 내가 진실로 너희에게 이르
노니 이 세대에 표적을 주지 아니하리라 하시고 13 그들을 떠나 다시
배에 올라 건너편으로 가시니라

14 제자들이 떡 가져오기를 잊었으매 배에 떡 한 개밖에 그들에게 없더
라 15 예수님께서 경고하여 이르시되 삼가 바리새인들의 누룩과 헤롯
의 누룩을 주의하라 하시니 16 제자들이 서로 수군거리기를 이는 우리
에게 떡이 없음이로다 하거늘 17 예수님께서 아시고 이르시되 너희가
어찌 떡이 없음으로 수군거리느냐 아직도 알지 못하며 깨닫지 못하느
냐 너희 마음이 둔하냐 18 너희가 눈이 있어도 보지 못하며 귀가 있어
도 듣지 못하느냐 또 기억하지 못하느냐 19 내가 떡 다섯 개를 오천
명에게 떼어 줄 때에 조각 몇 바구니를 거두었더냐 이르되 열둘이니이
다 20 또 일곱 개를 사천 명에게 떼어 줄 때에 조각 몇 광주리를 거두
었더냐 이르되 일곱이니이다 21 이르시되 아직도 깨닫지 못하느냐 하
시니라

22 벳새다에 이르매 사람들이 맹인 한 사람을 데리고 예수께 나아와 손
대시기를 구하거늘 23 예수님께서 맹인의 손을 붙잡으시고 마을 밖으
로 데리고 나가사 눈에 침을 뱉으시며 그에게 안수하시고 무엇이 보이
느냐 물으시니 24 쳐다보며 이르되 사람들이 보이나이다 나무 같은 것
들이 걸어 가는 것을 보나이다 하거늘 25 이에 그 눈에 다시 안수하시
매 그가 주목하여 보더니 나아서 모든 것을 밝히 보는지라 26 예수님
께서 그 사람을 집으로 보내시며 이르시되 마을에는 들어가지 말라 하
시니라

1. 교부들의 해석

바리새인들은 하늘에서 오는 어떤 표적을 요구했는가? 해를 멈추고 달에 고삐를 채우며, 번개를 치게 하시며, 풍향을 바꾸는 일들을 하셔야 했는가? 애굽의 바로시대에는 이스라엘을 원수에게서 해방시켜야 했기에 그런 일들이 필요했다. 그러나 친구들 가운데 오신 주님은 그런 표적을 일으킬 필요가 없으셨다.(Chrysostom), 제자들을 꾸짖으시는 음성에서 강한 노여움을 느낄 수 있다. 어느 곳에서도 이처럼 강한 책망은 없었다. 왜 그러셨는가? 음식에 대한 그들의 선입견을 깨뜨리기 위함이었다.(Chrysostom) 우리에게도 진흙, 곧 수치심과 현명함, 자신의 나약함에 대한 인식을 발라주셨다. 가서 씻고 제단에 나아감으로 전에는 보지 못하던 것을 보게 되었다. 주님의 샘과 수난의 선포를 통하여 우리의 눈이 밝아졌기 때문이다. 전에는 마음의 눈이 먼 사람이었던 우리가 이제는 성례전의 빛을 보기 시작했다.(Ambrosius) 맹인을 벳새다 밖으로 데리고 가셔서 치료하신 후 네 집으로 가되 벳새다 마을로는 가지 말라고 하셨다. 마을로 가지 말라는 말씀에는 영적인 의미가 들어있다. 유대인의 집과 유대인의 마을과 유대인의 율법과 유대인의 물질주의와 유대인의 전통들로부터 밖으로 이끌려 나온 것이다. 이제 그가 돌아가야 할 곳은 그의 집이 아니라, 믿는자의 조상인 아브라함의 집으로 돌아가야 한다.(Hieronimus)[87]

2. 교부들의 해석에 대한 평가

교부들은 유대인의 메시야 사상에 대하여 기본적인 이해가 전혀 없음에 놀라게 된다. 구약에 대한 전통과 복음서의 배경에 대한 이해가 전무하다 보니 영육, 성속 이원론의 시각에서 문자적이며 영적인 해석 이외에는 달리 할 수 있는 게 없었다고 보여진다.

87) ACCS, Mark, pp. 101~103.

3. 본문 재해석

예수님께서 몇 개월 동안 떠나있다가 다시 갈릴리 바닷가 가버나움 인근으로 돌아오시자 예수님을 기다리고 있던 사람들이 있었다. 누구였을까?

❶ 하늘의 표적

> 1 바리새인들이 나와서 예수를 힐난하며 그를 시험하여 하늘로부터 오는 표적을 구하거늘

바리새인들과 사두개인들이었다.(마16:1) 바리새인들과 사두개인은 서로 앙숙이었는데, 예수님을 제거하려는 데에는 뜻이 같아서 합세하여 하늘의 표적을 요구했다. 이들의 요구는 결국 예수님으로 하여금 유대인들이 기대하는 메시야가 되라는 마귀의 음성이었다. 성경을 말하는 사람이, 설교자가 자신이 무슨 말을 하는 지를 모르면 이보다 더 비극은 없다. 물려받은 전통과 배운 대로 열심을 낸다고 능사가 아니다. 잘못된 열심은 없음만도 못하다. 자칫 마귀의 앞잡이가 될 수 있기 때문이다. 열심으로 말하면 바리새인을 따를 자가 없었다.

> 화 있을진저, 외식하는 서기관들과 바리새인들이여! 너희는 교인 한 사람을 얻기 위하여 바다와 육지를 두루 다니다가 생기면 너희보다 배나 더 지옥 자식이 되게 하는 도다.(마23:15)

예루살렘의 정통 유대인들은 해외에 있는 교포들에게 정통신앙을 심어주기 위하여 바다와 육지를 건너 방문하여 가르쳤는데, 그 비용은 스스로가 부담하였다. 예수님의 책망은 이를 지칭한다.

❷ 크게 탄식하시며

> 12 예수님께서 마음속으로 깊이 탄식하시며 이르시되 어찌하여 이 세대가 표적을 구하느냐 내가 진실로 너희에게 이르노니 이 세대에 표적을 주지 아니하리라 하시고

예수님께서는 왜 탄식하시며, 표적을 보여주지 않겠다고 하시는가? 지금까지 예수님께서 하신 일들은 하나같이 하늘의 표적이었다. 귀신을 내 쫓으시고, 날 때부터 불구자인 소경, 앉은뱅이, 귀먹은 자를 온전케 하시고 죽은 자를 살리시고 …. 이보다 더 큰 하늘의 표적이 어디 있겠는가? 이런 말씀들은 예언서에서 메시야가 와서 할 일로 기록되어 있었다. 그런데 유대인들은 이런 것들은 하늘의 표적이 아니라 귀신의 왕 바알세불이 들린 일로 보였다. 왜냐하면 유대인의 정통교리에 의하면 병든 자, 불구자들은 죄인들이어서 그들을 치료하는 것은 하나님의 뜻에 어긋난다고 생각하기 때문이다. 이보다 더 비극적인 모순이 있는가?

예수님께서는 길게 한숨을 내 쉬시며 땅이 꺼져라고 탄식하셨다. 이 노릇을 어찌할꼬!

주님께서 오늘 우리 교회에 오셔서 우리의 설교를 들으신다면 뭐라 하실까? 우리의 성경 해석을 들으신다면 어찌하실까? 뭐 적절한 말이 없을까?

아연실색?
분노폭발?
대성통곡?
혼절?

❸ 다시 떠나시니라

13 그들을 떠나 다시 배에 올라 건너편으로 가시니라

아니면 일고(一考)의 가치도 없어서 그냥 말없이 떠나실까?

❹ 반면교사(反面教師)

14 제자들이 떡 가져오기를 잊었으매 배에 떡 한 개밖에 그들에게 없더라 15 예수님께서 경고하여 이르시되 삼가 바리새인들의 누룩과 헤롯의 누룩을 주의하라 하시니

배를 타고 가시면서 제자들에게 말씀하셨다.

너희는 제발 바리새인처럼 되지 말아라!

화석화된 정통신앙의 노예가 되지 말아라!,
신앙적인 고정관념, 편견에 사로잡히지 말아라!
물려받은 유산을 끊임없이 재해석하라!
눈 뜬 소경, 듣는 귀머거리가 되지 말아라!

❺ 동문서답(東問西答)

16 제자들이 서로 수군거리기를 이는 우리에게 떡이 없음이로다 하거늘

전도여행을 다닐 때 제자들이 준비해야 할 품목에는 양식이 중요한 비중을 차지했던 것 같다. 바리새인들과 실랑이를 벌이다가 급히 떠나는 바람에 떡을 챙기지 못해서 제자들은 걱정하고 있었다. 그런데 느닷없이 예수님께서는 "바리새인의 누룩을 조심하라!"고 하셨다. 제자들은 누룩이라는 말을 들으면서 자신들이 떡을 챙기지 못해서 걱정하는 것을 예수님께서 다 아시고 또 이를 책망하시는 줄로 생각했다.

❻ 아직도 깨닫지 못하느냐?

17 예수님께서 아시고 이르시되 너희가 어찌 떡이 없음으로 수군거리
느냐 아직도 알지 못하며 깨닫지 못하느냐 너희 마음이 둔하냐 18 너
희가 눈이 있어도 보지 못하며 귀가 있어도 듣지 못하느냐 또 기억하지
못하느냐 19 내가 떡 다섯 개를 오천 명에게 떼어 줄 때에 조각 몇 바
구니를 거두었더냐 이르되 열둘이니이다 20 또 일곱 개를 사천 명에게
떼어 줄 때에 조각 몇 광주리를 거두었더냐 이르되 일곱이니이다 21
이르시되 아직도 깨닫지 못하느냐 하시니라

이런 제자들을 보시며 예수님께서는 할 말을 잃으셨다.

아직도 알지 못하며 깨닫지 못하느냐?
너희 마음이 둔하냐?
너희가 눈이 있어도 보지 못하며 귀가 있어도 듣지 못하느냐?

아직도 깨닫지 못하느냐 하시니라

유대교의 바리새인이 문제가 아니다. 사두개인이 문제가 아니다. 헤롯당이 문제가 아니다.

제자들이다. 제자들이 아직 눈 뜬 소경이다. 아직도 소귀에 경 읽기다. 벽창호가 따로 없다.

❼ 이 노릇을 어찌할꼬!

22 벳새다에 이르매 사람들이 맹인 한 사람을 데리고 예수께 나아와
손 대시기를 구하거늘 23 예수님께서 맹인의 손을 붙잡으시고 마을 밖
으로 데리고 나가사 눈에 침을 뱉으시며 그에게 안수하시고 무엇이 보
이느냐 물으시니 24 쳐다보며 이르되 사람들이 보이나이다 나무 같은
것들이 걸어가는 것을 보나이다 하거늘 25 이에 그 눈에 다시 안수하
시매 그가 주목하여 보더니 나아서 모든 것을 밝히 보는지라 26 예수
님께서 그 사람을 집으로 보내시며 이르시되 마을에는 들어가지 말라
하시니라

귀먹고 말 못하는 사람을 고치신 이야기(막7:31~37)와 빼닮은 이야기가 또 나오고 있다. 마가복음에만 나오고 있는 특이한 이야기이다. 보지 못하는 소경을 고치시기 위하여 제자들과 따로 데리고 마을 밖으로 나가시고, 직접 손을 대시고, 침을 뱉으시고, 안수하시고…. 그래도 아직 제대로 보지 못해서 다시 안수하시고, 보일 때까지 몇 차례 반복하셨다.

마가복음에서는 왜 이런 이야기를 두 번이나 반복해서 기록하고 있을까? 누구를 위한 기적, 누구를 위한 기록일까? 보아도 보지 못하고, 들어도 듣지 못하는 제자들, 그들이 문제였다. 손가락으로 만지시고, 침을 뱉으시고, 거듭 안수하시고, 될 때까지였다. 이적을 중심으로 기록된 마가복음, 누구를 위한 무슨 기적일까? 무지하고, 오해하고, 배반하는 제자들, 그들이 문제였다. 제자들을 위한 기적, 제자들을 위한 표적이었다.

이 제자들, 이들을 어찌 해야 할까?
이 노릇을 어찌할꼬!

그런데 마가복음의 이런 기록들은 사도들의 자기 고백, 자기 참회, 자기 그림이며, 자신들을 향한 탄식과 통곡이었다. 사도들은 자신들을 왜 이렇게 수치스럽게 그려놓았을까? 교회를 향한, 교회의 지도자들을 향한 경고였다.

제발 너희는 이렇게 되지 마라!
유대교의 오류를 반복하지 마라!
제발! 제발! 제발!

그런데 교회는 지난 2천 년 동안 어떤 길을 걸었는가? 초기교부 때부터 가지 말라는 그 길을 걸었다. 가라는 길과 정반대로 갔다. 그러면서 바리새인들에 대한 난도질을 일삼았다. 청개구리가 따로 없었다. 그러면서 스스로 자부심을 가졌다.

우리는 바리새인과 다르다!
그들은 지옥에 갔지만 우리에게는 천국이 보장되어 있다!
세상은 곧 멸망하지만 우리는 곧 구원받는다!
하늘이여 들으라! 땅이여 들으라!
하늘 나는 날새들이여 들으라! 땅에 기는 벌거지들이여 들으라!
오늘의 이 교회를 어찌할꼬!
오늘의 이 설교자들을 어찌할꼬!
이 노릇을 어찌할꼬!
제발 누가 대답 좀 해다오.
이 노릇을 어찌할꼬!

물음 32 너희는 나를 누구라고 하느냐?

본문 : 〈 8:27~38, 9:1 〉

27 예수와 제자들이 빌립보 가이사랴 여러 마을로 나가실새 길에서 제자
들에게 물어 이르시되 사람들이 나를 누구라고 하느냐 28 제자들이 여
짜와 이르되 세례 요한이라 하고 더러는 엘리야, 더러는 선지자 중의
하나라 하나이다 29 또 물으시되 너희는 나를 누구라 하느냐 베드로가
대답하여 이르되 주는 그리스도시니이다 하매 30 이에 자기의 일을 아
무에게도 말하지 말라 경고하시고

31 인자가 많은 고난을 받고 장로들과 대제사장들과 서기관들에게 버린
바 되어 죽임을 당하고 사흘 만에 살아나야 할 것을 비로소 그들에게
가르치시되 32 드러내 놓고 이 말씀을 하시니 베드로가 예수를 붙들고
항변하매 33 예수님께서 돌이키사 제자들을 보시며 베드로를 꾸짖어
이르시되 사탄아 내 뒤로 물러가라 네가 하나님의 일을 생각하지 아니
하고 도리어 사람의 일을 생각하는도다 하시고

34 무리와 제자들을 불러 이르시되 누구든지 나를 따라오려거든 자기를
부인하고 자기 십자가를 지고 나를 따를 것이니라 35 누구든지 자기
목숨을 구원하고자 하면 잃을 것이요 누구든지 나와 복음을 위하여 자
기 목숨을 잃으면 구원하리라 36 사람이 만일 온 천하를 얻고도 자기
목숨을 잃으면 무엇이 유익하리요 37 사람이 무엇을 주고 자기 목숨과
바꾸겠느냐 38 누구든지 이 음란하고 죄 많은 세대에서 나와 내 말을
부끄러워하면 인자도 아버지의 영광으로 거룩한 천사들과 함께 올 때
에 그 사람을 부끄러워하리라

9:1 또 그들에게 이르시되 내가 진실로 너희에게 이르노니 여기 서 있는
사람 중에는 죽기 전에 하나님의 나라가 권능으로 임하는 것을 볼 자들
도 있느니라 하시니라

1. 교부들의 해석

예수님께서는 왜 유대땅에 있을 때에 묻지 않으시고 멀리 다른

민족의 땅으로 가서 물으셨을까? 우리가 이방인이기 때문에 이방인의 땅에서 물으셨다. 유대인들이 아니라 이방인들이 하나님의 아드님을 알아볼 것이다.(Epiphanius the Latin 5세기 후반) 예수님께서 당신을 사람의 아들이라고 하신 것은 겉모습만 사람이 아니라 참 사람이면서 동시에 하나님의 아들이심을 알려주시기 위함이다.(Theodore of Heraclea) 예수님께서 제자들의 생각을 먼저 묻지 않으시고 사람들의 생각을 물으신 것은 사람들의 생각과 제자들의 생각을 대비시키기 위함이다. 이런 대비를 통해 제자들은 점차 깨달음에 이르렀다.(Chrysostom)[88]

예수님은 당신 자신을 사람의 아들이라고 하셨고 나다나엘은 그분을 하나님의 아들이라고 했다. 제자들에게 사람들이 인자를 누구라고 하느냐하고 물으시자 베드로가 "살아계신 하나님의 아드님 그리스도"라고 대답하는 이야기는 복음서마다 비슷하다. 한 분이신 중재자의 두 가지 본성인 신성과 인성이 확인되었고, 이는 주님 자신뿐만 아니라 인간의 입으로도 확인이 되었다.(Bede) 주님을 따르려면 자기를 부인하라는 말씀은 힘겹고 무거워 보이지만 명령하신 것을 이루도록 도와주시기에 힘겹지도 무겁지도 않다. 내 멍에는 쉽고 내 짐은 가볍다는 말씀은 진실이다. 아무리 힘겨워 보이는 명령일지라도 사랑이 편하게 만들어 준다.(Augustinus) 이 세상과 저 세상은 서로 원수지간이다. 이 세상은 간음과 부패와 탐욕과 속임수를 말하지만 저 세상은 이런 것들과 거리가 멀다. 이 세상과 친구가 될 수 없다. 저 세상을 얻기 위해서는 이 세상과 이별해야 한다. 덧없이 지나가고 스러지는 이 세상 것들을 하찮게 여기고 저 세상에 있는 선하고 멸망하지 않는 것들을 사랑하는 편이 더 낫다.(Pseudo-Clement) 하나님의 아드님이 십자가에 못 박히셨다는 것은 수치스러운 일이기에 나는 부끄러워하지 않는다. 하나님의 아드님이 죽

88) ACCS, Mathew 1b, pp. 43~44.

었다는 사실은 어리석은 일이기에 나는 믿는다. 묻히신 분이 부활하셨다는 것은 불가능하기에 나에게는 확실하다.(Terullianus) 그리스도인이라는 사실을 부끄러워 하는 사람이 어찌 자신을 그리스도인이라고 여기겠는가? 그리스도께 속한 것을 두려워하는 사람이 어찌 그리스도와 함께 있을 수 있겠는가?(Cyprian)[89)]

2. 교부들의 해석에 대한 평가

교부들은 마가복음의 제자들의 대답에 대해서는 거의 다루지 않아서 마태복음의 병행구절에 대한 교부들의 글을 참조했다. 반면에 예수님의 수난 예고에 대해서는 많은 글들을 남겼다. 수난을 중요시하는 구속사적인 관심 때문이라고 보여진다. 교부들에게 있어서 영육, 성속 이원론의 입장에서 예수님을 따르는 것과 이 세상을 따르는 것을 서로 대립시키는 것은 일반적인 경향이다. 초기교부 때부터 이렇게 잘못 끼워진 첫 단추는 지금까지 이어지고 있다.

3. 본문 재해석

공관복음서에서 예수님에 대한 제자들의 신앙고백(마16:13~20, 막8:27~27~30, 눅9:18~21)은 대단히 중요하게 다뤄지고 있다. 그런데 마태복음의 고백과 마가복음-누가복음에서 베드로의 고백은 서로 상반된 평가를 받는다. 이 부분이 대단히 중요하므로 이 부분에 초점을 맞추어 해석하고자 한다.

❶ 가이사랴 빌립보에서

27 예수와 제자들이 빌립보 가이사랴 여러 마을로 나가실새 길에서 제자들에게 물어 이르시되 사람들이 나를 누구라고 하느냐 28 제자들이 여짜와 이르되 세례 요한이라 하고 더러는 엘리야, 더러는 선지자 중의 하나라 하나이다

89) ACCS, Mark, pp. 101~109.

잠시 갈릴리에 들렀다가 바리새인들과 충돌하신 예수님께서는 즉시 배를 타고 바다 건너편 벳새다를 거쳐 이제 다시 이방인의 땅 빌립보에 이르셨다. 빌립보는 인근 헬몬산의 만년설에서 많은 물이 흘러내려 물이 풍부한 휴양도시였다. 예수님께서는 이곳에서 제자들과 지난 몇 년간의 사역을 총정리하는 시간을 가지셨다. 제자들에게 사람들이 예수님을 어떻게 생각하고 있는지를 먼저 물으셨다. 이런 저런 대답들이 나왔다. 이제 제자들에게 물으셨다.

너희는 나를 누구라고 생각하느냐?

❷ 주는 그리스도시니이다

29 또 물으시되 너희는 나를 누구라 하느냐 베드로가 대답하여 이르되 주는 그리스도시니이다 하매

베드로가 대답했다.

주는 그리스도시니이다.

마태복음에서는 같은 질문에 베드로가 "**주는 그리스도시요 살아 계신 하나님의 아들이시니이다.**" 라고 대답했고, 이에 대하여 예수님께서는 "네가 복이 있다. 네 위에 교회를 세우겠다. 네게 천국열쇠를 주겠다."등의 큰 칭찬을 하셨다. 얼핏 보면 마태복음의 고백과 마가복음의 고백이 비슷해 보인다. 그런데 마가복음에서는 뭐라고 하셨을까? 전혀 다른 말씀을 하셨다. 이 부분은 마가복음에서 가장 중요하다. 마가복음에서 말하고자 하는 의도를 놓치지 말아야 한다. 마태복음에서의 고백과 마가복음과 누가복음에서의 고백은 서로 정반대의 평가를 받았다. 여기가 핵심이다.

예수님께서는 베드로에게 이렇게 말씀하셨다.

❸ 경고하시고

30 이에 자기의 일을 아무에게도 말하지 말라 **경고하시고**(καὶ **ἐπετίμησεν** αὐτοῖς ἵνα μηδενὶ λέγωσιν περὶ αὐτοῦ)

무슨 뜻일까?

본문의 "경고하셨다"(ἐπετίμησεν)라는 단어는 귀신을 내쫓으실 때(막1:25), 또는 질병을 고치실 때(눅4:39), 풍랑이는 바다를 잔잔하게 하실 때(막4:39) 쓰신 것과 같은 단어이다. 마가복음에는 귀신들린 자들이 예수님을 만나면, 예수님이 유대인들이 기다리던 메시야라고 떠들어대서, 예수님께서는 더 이상 그런 말들을 못하게 꾸짖으셨다. 세례를 받으시고 광야에서 마귀에게 시험받으실 때 마귀의 시험은 유대인의 메시야가 되어라는 요청이었다. 마귀는 그 후에도 귀신들린 사람을 통해서는 물론이고, 또는 서기관과 바리새인들로 하여금 하늘의 표적을 요구하게 하는 방법으로 예수님을 집중적으로 공격했으며, 무지한 군중들을 통해서 왕으로 추대하려고 했다. 예수님에게 가장 큰 적은 이와같은 유대인의 메시야가 되라는 유혹이었다. 그럴 때마다 예수님께서는 엄하게 꾸짖으셔서 그런 말을 못하게 입을 막으셨다. 그런데 베드로의 고백에 왜 귀신을 내쫓을 때에 쓰셨던 단어를 쓰셨을까?

"주님은 그리스도시니이다."라는 마가복음에서의 베드로의 고백은 유대인의 메시야라는 고백이었기 때문이다. 이런 사실은 앞에서 본 바와 같이 누차 제자들이 예수님의 말씀을 깨닫지 못한다고 책망받은 사실과도 연결된다. 베드로를 비롯한 제자들은 예수님을 아직 제대로 깨닫지 못하고 유대인들이 기대하던 메시야와 같은 수준으로 이해하고 있었다. 그러기에 그들은 예수님께서 수난을 예고하셨음에도 예수님께서 세상의 황제가 된다고 생각하고 서로 높은 자리를 차지하려고 다퉜다. 예수님께서 제자들에게 아무에게도 말하지 말라고 침묵을 요청하신 것도, 귀신을 내쫓고 병자들을 치료하신 후 예수님을 유대인의 메시야라고 떠들고 다니지 말라고 침묵을 요청하신 것과 같은 내용이다.

마귀는 귀신들린 자와 유대교 정통신앙을 통해서 공격을 했는데, 마가복음과 누가복음에 의하면 이번에는 제자들의 신앙고백을 통해서 유혹했다. 베드로는 아직 자신이 무슨 말을 하는지를 몰랐다.

❹ 마태복음과 마가복음의 신앙고백

우리말 번역으로만 보면 마태와 마가에서의 구별이 모호하다. 이를 비교해 볼 필요가 있다.

> (마16:6) 시몬 베드로가 대답하여 이르되 **주는 그리스도시요 살아 계신 하나님의 아들이시니이다** … (마16:20) 이에 제자들에게 **경고하사** 자기가 그리스도인 것을 아무에게도 이르지 말라 하시니라
>
> (막8:29) … 베드로가 대답하여 이르되 **주는 그리스도시니이다** 하매 30 이에 자기의 일을 아무에게도 말하지 말라 **경고하시고**

베드로의 고백

마태에서의 **주는 그리스도시요 살아 계신 하나님의 아들이시니이다** 라는 고백은 예수님을 메시야와 하나님의 아들로 같이 고백하기 때문에 바르게 깨달은 고백이었다. 이에 예수님께서는 베드로를 칭찬하시며 천국열쇠를 맡기겠다고 하셨다. 그런데 제자들에게 이런 사실을 아무에게도 말하지 말라고 하신 이유는 제자들이 예수님을 메시야라고 말하고 다니면 다른 사람들이 예수님을 유대인의 메시야로 오해할 수 있기 때문에 말하지 말라고 하셨다. 이런 사실은 이때 사용하신 '경고하사'(διεστείλατο)라는 단어는 일반적인 '명령'의 뜻이라는 데에서 잘 드러난다.

그러나 마가에서의 **주는 그리스도시니이다** 라는 고백에는 '하나님의 아들'이 빠져있으며, 이는 예수님을 유대인의 메시야로 고백한 것이었다. 이런 사실은 베드로의 고백에 대하여 마태에서처럼 아무런 칭찬이 없을뿐만 아니라, 이때 사용하신 '경고하사'(διεστείλατο)라는 단어는 귀신을 내쫓을 때 쓰신 단어와 동일한 단어였다. 누가복음에서의 고백도 마가복음에서의 고백과 같이 유대인의 메시야

라는 고백이었고 동일하게 책망을 받았다.

경고하사

번역에서는 동일하게 '경고'라는 단어를 쓰고 있어서 구분이 어렵다. 그러나 원어에서는 전혀 다른 뜻이다. 마태복음에서도 제자들에게 침묵하라고 경고하셨지만 이때 사용하신 단어(διεστείλατο)는 단순한 명령이다. 그러나 마가복음의 단어(διεστείλατο)는 개념이 전혀 다르다. 마태복음에서의 베드로의 신앙고백과 마가복음에서의 신앙고백이 얼핏 비슷하게 느껴질 수 있지만, 실제로는 정반대의 고백이었다.

앞에서도 누차 지적한 바와 같이 복음서에는 두 메시야가 나오고 있다. 하나는 유대교 메시야이고 다른 하나는 기독교 메시야이다. 용어가 같아서 자칫 혼동이 일어날 수 있는데, 그 의미는 서로 정반대가 된다. 유독 마가복음에서는 예수님을 하나님의 아들이라고 떠들어대고 있는 마귀들을 내쫓으시는 이야기가 반복되고 있다.(막 1:24, 3:11, 5:7) 귀신들이 예수님을 '하나님의 아들'이라고 떠들어대는 말들은 유대교의 메시야와 동일한 의미였다. 마가복음에서 가장 중요한 주제는 예수님께서 어떤 하나님의 아들, 어떤 그리스도인가이다. 동일한 단어가 정반대의 의미를 가지고 있다. 이 부분을 각별히 유념해야 한다.

예수님에 대한 이해가 아직 유대인들의 메시야와 같은 수준인 제자들에게 예수님은 어떻게 하셨는가?

❺ 인자가 죽임을 당하고

31 인자가 많은 고난을 받고 장로들과 대제사장들과 서기관들에게 버
린 바 되어 죽임을 당하고 사흘 만에 살아나야 할 것을 비로소 그들에
게 가르치시되 32 드러내 놓고 이 말씀을 하시니

예수님께서는 진지하게 유대교 메시야와 기독교 메시야의 차이점

을 분명하게 설명하셨다. 기독교의 메시야는 파기된 계약을 다시 회복시키기 위하여 대속의 제물이 되어 죽임을 당하리라는 말씀이었다. 그러나 죽음이 끝이 아니라 다시 살아나되 그것도 단 3일 만에 살아나리라고 말씀하셨다.

예수님께서는 제자들에게 이런 사실을 이야기하시기 위하여 많은 준비를 하셨다. 요단강의 발원지인 빌립보, 물이 풍부하고 경관이 수려한 휴양도시, 여러 이방 신전들이 있는 이방인의 땅에서 제자들이 놀라지 않도록, 또 오해하지 않도록 충분하게 설명하셨다.

그런데 제자들은 이 말씀을 어떻게 이해했을까?

❻ 베드로가 항변하매

32 드러내 놓고 이 말씀을 하시니 베드로가 예수를 **붙들고 항변하매**

예수님의 말씀을 들은 베드로는 예수님을 '**붙들고**'(προσλαβόμενος), '**항변했는데**'(ἐπετίμησεν), 이 말은 베드로가 예수님을 다른 곳으로 데리고 가서 귀신을 내쫓을 때 쓰는 단어를 사용하며 강력하게 항의했다는 뜻이다. 이 부분에서는 마태에서도 동일한 단어를 쓰고 있다. 제자들에게는 예수님께서 돌아가신다는 것은 상상할 수도 없었기 때문에 이런 반응을 보였을 것이다. 그러나 베드로가 예수님에게 귀신을 쫓을 때 쓰는 단어인 **에페티메센**(ἐπετίμησεν)이라는 단어를 썼다는 것은 예수님에게 귀신들렸다고 말하는 것과 크게 다르지 않았다. 결국 예수님께서는 제자들에게서도 서기관들이 귀신들렸다고 모함하던 말과 비슷한 말을 들어야 하셨다.

이에 예수님은 어떻게 하셨는가?

❼ 사탄아 물러가라

33 예수님께서 돌이키사 제자들을 보시며 베드로를 꾸짖어 이르시되 사탄아 내 뒤로 물러가라 네가 하나님의 일을 생각하지 아니하고 도리어 사람의 일을 생각하는도다 하시고

34 무리와 제자들을 불러 이르시되

예수님께서는 제자들과 베드로에게 정색을 하시고 귀신을 내쫓을 때 쓰셨던 그 단어(ἐπετίμησεν)를 다시 쓰시며, 베드로를 향하여 "사탄아, 물러가라!"라고 극단적인 용어를 사용하시면서 매우 심하게 책망하셨다. 예수님과 제자들 사이에 큰 충돌이 일어난 셈이다. '무리와 제자들을 불러 이르시되'라는 구절을 보면 예수님과 제자들 사이에 얼마 동안의 냉각기가 있었던 것 같다. 동행한 일행들은 제자들 이외에도 일군의 사람들이 있었는데, 이들과 제자들을 같이 불러놓고 다시 또 이해를 시키셨다.

무슨 말씀을 하셨을까?

❽ 누구든지 나를 따라오려거든

34 무리와 제자들을 불러 이르시되 누구든지 나를 따라오려거든 자기를 부인하고 자기 십자가를 지고 나를 따를 것이니라 35 누구든지 자기 목숨을 구원하고자 하면 잃을 것이요 누구든지 나와 복음을 위하여 자기 목숨을 잃으면 구원하리라

예수님께서는 기독교 신앙의 기본 중에서도 기본인 예수님을 따른다는 것이 무엇인지에 대하여 차근차근 설명하셨다. 도대체 예수님을 따른다는 것이 무엇이며, 어떻게 믿고, 어떻게 따라야 하는가? 당연히 알고 있다고 생각하는 이 물음에 대하여 근본적으로 다시 검토할 필요가 있다.

34 누구든지 나를 따라오려거든 자기를 부인하고 자기 십자가를 지고 나를 따를 것이니라

예수님께서 이렇게 말씀하신 이유는 예수님이 이런 길을 가셨기 때문이다. 그분은 본래 하나님이셨지만 하나님이시기를 포기하시고 사람이 되시되 가장 낮고 천한 모습으로 오셔서 스스로를 사람의 아들(人子)이라고 하셨다. 그리고 친히 십자가를 지고 가셨다. 이 말씀에 대하여 세 메시야의 측면에서 생각해 보고자 한다.

첫째, 유대교의 정치적 메시야

유대교에서는 십자가를 짊어지고 죽는 메시야 사상이 없다. 유대인에게 예수님께서 메시야가 아니라는 증거는 십자가에 돌아가신 죽음이다. 왜냐하면 십자가의 죽음은 하나님으로부터 저주받은 죽음이기 때문이다.[90] 이런 이유로 유대인들은 십자가에 내달려 계시는 예수님을 향하여 십자가에서 내려오면 우리가 그리스도라고 인정하겠다고 조롱했다.(마28:39~42) 유대인들에게는 십자가를 지고 따라간다는 것은 조롱거리일 뿐이다.

둘째, 기독교의 구속사 메시야

기독교의 구속사에서 고백하는 그리스도는 세상의 모든 죄를 대신 짊어지고 십자가에서 죽으셨기 때문에 그 앞에 나아가 죄를 고백하면 용서해 주시는 그리스도이다. 그런데 문제는 복음서에는 이런 그리스도가 없다. 이미 〈물음12〉에서 본 바와 같이 예수님께서 십자가에서 흘리신 피는 새로운 계약을 위한 피였으며, 예수님의 십자가로 말미암아 우리가 죄 사함을 받는다는 구절은 복음서에 단 한 구절도 없다. 대단히 조심스럽고 또 대단히 충격적이며 또 대단히 극단적인 말이지만 기독교의 구속사에서 고백하는 십자가 대속의 그리스도는 허구였다. 기독교 신학의 금과옥조가 잘못되어 있었다. 이런 기막힌 사실을 무어라고 설명해야 하나?

구속사 신앙에서는 십자가를 지고 예수님을 따르는 것과 구원 받는 것은 별개의 문제다. 예수님을 따르기 전에 예수님께서 나의 죄를 용서하시기 위하여 십자가에서 죽으셨다는 것을 먼저 믿어야 하고, 믿으면 이미 구원을 받았다고 생각한다. 구속사 신앙에서는 구

90) 그 시체를 나무 위에 밤새도록 두지 말고 그 날에 장사하여 네 하나님 여호와께서 네게 기업으로 주시는 땅을 더럽히지 말라 나무에 달린 자는 하나님께 저주를 받았음이니라(신21:23)

원받은 후 예수님을 믿고 따르는 것이지 십자가를 지고 예수님을 따라야 구원을 받는 게 아니다. 그런데 예수님께서는 "누구든지 나와 복음을 위하여 자기 목숨을 잃으면 구원하리라."라고 분명하게 못박아 놓으셨다. 구속사 신앙에서는 십자가를 지고 예수님을 따른다는 것을 선교와 성화와 신앙생활로 이해한다. 구원받은 사람들이 아직 구원받지 못한 사람들의 영혼을 구원하기 위하여 죽음을 각오하고 선교해야 하며, 세상의 모진 박해와 어려움을 무릅쓰고 신앙을 지키는 것이 곧 십자가를 지고 예수님을 따르는 것이다. 비슷해 보이지만 그 근본에서는 전혀 다르다.

구속사 신앙에서는 인간이란 십자가를 통해서 주어지는 구원과 용서와 은혜와 사랑의 대상일 뿐이며, 이제 해야 할 일은 죽기까지 충성하고 순종하며 감사하는 일이다. 능동적인 신앙, 능동적인 인간이 아니라 수동적인 인간, 수동적인 신앙에서 벗어날 길이 없다. 구속사 신앙 이외에 다른 신앙이 있을 수 있는가?

셋째, 성경의 계약사 메시야

이에 대해서도 앞의 〈물음12〉에서 이미 말했으나 기독교 신앙의 근간에 해당되므로 다시 생각해보고자 한다. 계약사 신앙에 의하면 유대인들이 계약을 지키지 않아서 계약이 파기되었고, 이제 더이상 하나님과 인간은 계약을 맺을 수 없게 되었다. 〈물음1〉에서 본 바와 같이 구원은 곧 계약의 관계이므로 이제 구원의 가능성 자체가 사라졌다. 이 문제를 해결하기 위하여 하나님께서는 마지막 방법을 사용하셨는데, 그 대책이 직접 인간으로 오셔서 인간의 책임을 대신 지시고 십자가에서 속죄의 죽으심을 죽으셔서 구원의 길, 즉 다시 인간과 계약을 체결하는 길을 열어놓으시는 것이다. 예수님의 성만찬 예식사는 이런 뜻이었다.

이런 예수님에 대한 신앙고백이 마가복음의 1:1절의 제목에서 말하는 바와 같이 '하나님의 아들이신 예수 그리스도'이다. 베드로의 고백이 마태복음에서는 "주는 그리스도시요 살아계신 하나님의 아들이시니이다."였으나, 마가복음에서는 "하나님의 아들"이 빠진 "주는 그리스도시니이다." 였다. 바로 이 부분이 문제였다. 마가복음에서의 고백은 유대인의 메시야와 다를 바 없었다.

계약사에서는 예수님으로 말미암아 이제 새로운 계약의 길이 열렸으므로 새계약을 지켜서 구원을 받는다. 새계약을 지키는 방법은, 이 땅에 하나님 나라를 실현하기 위하여 자기를 부인하고 자기 십자가를 지고 예수님을 따르는 것이다. 자기를 부인하는 것은 "내 뜻대로 마옵시고"이며, "자기 십자가를 지고 예수님을 따른다."는 것은 예수님께서 세상 구원 즉 이 땅에 하나님 나라를 실현하기 위하여 생명을 바치셨듯이 우리도 그 일을 위해서 생명을 아끼지 않는 것이다. 세상에서 무언가 가치있는 일을 실현하려면 생명을 바치는 헌신이 아니고서는 이루어지지 않는다. 나라와 백성을 지키는 사람들이 다 순국의 길을 간 이유는 여기에 있다.

> 34 누구든지 나를 따라오려거든 자기를 부인하고 자기 십자가를 지고 나를 따를 것이니라

이 말씀은 계약사로 보아야 비로소 이해가 되며 다른 의미로 다가 온다.

계약사 신앙에서 인간은 이제 하나님과 계약을 맺은 하나님의 대행자이며, 예수님을 대신해서 이 땅에 하나님 나라를 실현하여 세상을 구원해야 할 구원자이며, 하나님 나라를 유업으로 받을 상속자이며 하나님의 대행자이다. 인간은 단순히 구원과 용서와 사랑과 은총의 대상이 아니다. 수동적인 신앙이 아니라 능동적인 신앙이다. 계약사 신앙에서는 하나님과 인간, 능동과 수동, 세상과 하나님 나라, 영혼과 육체, 시간과 영원 등이 둘이 아니라 하나이다. 계약의 한 축인 하나님께서는 계약공동체가 이 일을 하도록 여러 가지 방법으

로 도우시는데, 필요한 경우에는 하늘의 초자연을 동원하신다.

계약사는 구속사에서 말하는 십자가를 결코 배제하지 않는다. 단지 계약사 속에서 구속사를 말할 뿐이다. 무엇이 옳으며, 성경에서 말하는 것이 무엇인지 더 물을 필요가 없는 자명한 이치이며 당연한 결과이다. 자명성과 당위성으로 물어보면 누구나 알 수 있는 단순한 이치이다. 무슨 복잡한 설명을 필요로 하지 않는다.

❾ 믿음과 따름

구속사 신앙에서는 '믿음'으로 구원을 받는다고 생각했다. 믿음으로 구원받은 사람들은 이제 다시 오실 예수님을 고대하는 '기다림'의 신앙이다. 유대인들은 지금도 메시야를 기다리고 있다. 메시야이신 예수님께서 이미 이천 년 전에 오셨지만 그들은 기다리다가 망했고 역사가 끝날 때까지 또 기다리다가 끝장이 날 기다림의 사람들이다. 그런데 기독교도 유대교의 잘못된 것들을 그대로 따라 하고 있다. 예수님께서는 이미 새계약공동체에 오셔서 이 땅에 하나님 나라를 확장시키고 계시는데 오늘 우리는 믿음으로 구원받아 죽은 다음에 하나님 나라에 간다고 믿으며, 목이 빠지도록 눈알이 빠지도록 손가락을 꼽으면서 오실 날을 계산하며 기다리는 기다림의 사람들이다.

그런데 예수님께서는 가이사랴 빌립보에서 '믿음'이 아니라 '따름'으로 구원을 받는다고 말씀하셨다. 믿음인가? 따름인가? 복음서의 예수님께서는 "나를 따르라."고 말씀하셨고, 제자들은 하나같이 모든 것을 버리고, 즉 자기를 부인하고 자기 십자가를 지고 예수님을 따른 사람들이었다.

믿음인가 따름인가 그것이 문제로다.

귀 있는 자는 들을지어다.

⑩ 하나님 나라를 볼 자

9:1 또 그들에게 이르시되 내가 진실로 너희에게 이르노니 여기 서 있는 사람 중에는 죽기 전에 하나님의 나라가 권능으로 임하는 것을 볼 자들도 있느니라 하시니라

9장 1절의 이 말씀은 8장의 마지막 구절(38절)과 이어지므로 여기에서 다뤄야 앞뒤가 연결된다.

구속사 신앙의 치명적인 약점 중 하나는 종말론인데, 종말을 세상의 파멸로 보며, 그 시기는 예수님 재림의 때이기 때문에 재림을 기다린다. 그러나 계약사에서는 창조의 완성, 즉 계약공동체가 시작한 하나님 나라의 완성이 종말이며, 예수님께서 오셔서 완성해 주신다고 생각한다.

여기 서 있는 사람 중에는 죽기 전에 하나님의 나라가 권능으로 임하는 것을 볼 자들도 있느니라

구속사에서는 이 구절을 세상의 종말이라고 생각하여 임박한 종말로 해석한다. 대표적인 신학자가 슈바이처이며, 그는 예수님의 이 예언이 실패했으며, 초대교인들이 이 말씀을 문자대로 받아들여 당대에 세상 종말이 온다고 믿었다고 했다. 많은 사람들이 이런 해석에 근거하여 초대교인들의 신앙과 삶을 '종말론적인 신앙', '종말론적인 윤리'라고 했다. 그런데 본문은 계약공동체로 말미암아 이 땅에 하나님 나라가 권능으로 임하는 것, 즉 마귀와 죄의 권세가 사라지고 하나님의 통치가 임한다는 뜻이다. 자기를 부인하고 자기 십자가를 지고 예수님을 따르는 사람들로 말미암아 이 땅에 하나님 나라가 반드시 이루어질 것이며, 여기 있는 사람들 중에 그 나라를 볼 자들이 있다고 말씀하셨다. 그리고 그 약속은 사도행전의 예루살렘 교회를 통해서 실현되었다. 하나님나라가 권능으로 임하는 것은 하나님의 통치가 새계약공동체인 교회에 임하는 것이다.

마가 9:1절에서 말하는 하나님 나라 통치 실현은 결코 세상 종말

이 아니다. 예수님께서 말씀하신 세상의 종말은 다음 구절이다.

> 그 때에 인자가 구름을 타고 큰 권능과 영광으로 오는 것을 사람들이 보리라(막13:26)

두 구절이 비슷하다 보니 서로 혼동이 일어났다. 이런 어처구니 없는 해석을 어찌 설명해야 하나? 무슨 풍자극(comedy)이었다고 해야 하나? 그렇게 말하기에는 벌어진 참극이 너무 심각하다.

이 노릇을 누가 책임져야 할꼬!

물음 33 왜 변화산으로 가셨을까?

본문 : 〈 9:2~13 〉

2 엿새 후에 예수님께서 베드로와 야고보와 요한을 데리시고 따로 높은
산에 올라가셨더니 그들 앞에서 변형되사 3 그 옷이 광채가 나며 세상
에서 빨래하는 자가 그렇게 희게 할 수 없을 만큼 매우 희어졌더라 4
이에 엘리야가 모세와 함께 그들에게 나타나 예수와 더불어 말하거늘
5 베드로가 예수께 고하되 랍비여 우리가 여기 있는 것이 좋사오니 우
리가 초막 셋을 짓되 하나는 주를 위하여, 하나는 모세를 위하여, 하나
는 엘리야를 위하여 하사이다 하니 6 이는 그들이 몹시 무서워하므로
그가 무슨 말을 할지 알지 못함이더라 7 마침 구름이 와서 그들을 덮
으며 구름 속에서 소리가 나되 이는 내 사랑하는 아들이니 너희는 그
의 말을 들으라 하는지라 8 문득 둘러보니 아무도 보이지 아니하고 오
직 예수와 자기들뿐이었더라

9 그들이 산에서 내려올 때에 예수님께서 경고하시되 인자가 죽은 자 가
운데서 살아날 때까지는 본 것을 아무에게도 이르지 말라 하시니 1)
그들이 이 말씀을 마음에 두며 서로 문의하되 죽은 자 가운데서 살아
나는 것이 무엇일까 하고 11 이에 예수께 묻자와 이르되 어찌하여 서
기관들이 엘리야가 먼저 와야 하리라 하나이까 12 이르시되 엘리야가
과연 먼저 와서 모든 것을 회복하거니와 어찌 인자에 대하여 기록하기
를 많은 고난을 받고 멸시를 당하리라 하였느냐 13 그러나 내가 너희

에게 이르노니 엘리야가 왔으되 기록된 바와 같이 사람들이 함부로 대우하였느니라 하시니라

1. 교부들의 해석

이 세상은 완전수인 6일 동안 창조되었기에 이 창조는 완벽하다. 그러나 세상 모든 것, 곧 '6일'에 속하는 모든 것을 뛰어넘는 분이 계시다. 예수님에게 이끌려 그분의 변모된 모습을 보려면 6일을 넘어서야 한다. 그러면 눈에 보이는 세상을 더 이상 사랑하지 않게 된다.(Origenes) 마태와 마가는 변화산을 경험한 첫날과 마지막 날을 빼고 6일이라고 했고, 누가는 첫날과 끝날을 합쳐서 8일이라고 했다. 부분도 전체로 계산하는 방식을 따른 것이다.(Augustinus) 이 말씀의 영적인 의미가 중요하다. 예수님께서는 그냥 모습이 변화되신 것이 아니라 '베드로, 야고보, 요한' 앞에서 변화되셨다는 사실이 중요하다. 예수님께서는 어떤 이들 앞에서는 변모하실 수 있지만 다른 이들 앞에서는 변모하실 수 없음을 본문은 암시한다. 육체에 따라 아래쪽에 사는 사람들은 지혜의 높은 산에 오르지 않은 자들이며, 육을 따라 살지 않으면 영적인 지식에 따라 그분을 뵙게 된다.(Origenes) 눈처럼 희게 된 주님의 옷은 성도들의 교회를 예시하며, 부활 때 성도들은 모든 죄의 얼룩과 죽음의 어둠에서 깨끗해질 것이다. (Bede) 변화된 모습으로 모세와 엘리야와 이야기하시는 모습을 제유(提喩 synecdoche)로 풀이한다면[91] 예수님은 한 사람의 예언자가 아니라 모든 예언자와 이야기하신 것이다.(Origenes) 변화산에서 예수님과 대화를 나눈 모세와 엘리야는 주님 안에서 완성된 율법과 예언서를 뜻한다. 모세와 엘리야는 주님과 함께 다스릴 모든 사람을 말한다. 죽어서 묻힌 모세는 심판 때 부활할 죽은 사람들이고, 죽지 않은 엘리야는 주님께서 오실 때 육체로 살아있을 사람들을 의미한다.(Bede) 구름은 성령의 은총이다. 초막은 쉼터와

91) 부분을 통하여 전체를 말하거나 전체를 통하여 부분을 말하는 표현방법.

그늘을 제공하는데, 구름이 초막의 역할을 했다. 초막을 지으려고 한다면 성령이라는 초막을 지어야 한다.(Hieronimus) 세례 때에 하늘로부터 "이는 내 사랑하는 아들이요 내 기뻐하는 자라!"라는 음성이 들렸고, 산 위에서는 "이는 내 사랑하는 아들이니 너희는 그의 말을 들으라!"라고 선포하셨으며, 예수님께서 돌아가실 때 백부장의 입을 통하여 "이 사람은 진실로 하나님의 아들이었도다!"라고 하셨다.(Ambrosius) 복음서를 읽을 때 율법서와 예언서의 인용구절을 읽지만 내 머리 속에 들어오는 것은 오직 한 분 예수님이시다. 모세의 글과 예언서들을 읽었지만 예수님에 대하여 말하고 있을 뿐이다. 예수님의 광채에 도달하면 찬란한 태양 빛이 완전해져서 등불의 빛이 소용이 없어진다. 예수님을 모시기만 하면 율법서와 예언서는 완전히 사라진다. 율법서와 예언서가 중요한 이유는 예수님을 예고하고 있기 때문이다.(Hieronimus)[92]

2. 교부들의 해석에 대한 평가

변화산의 이야기에 대해서는 교부들이 상당히 많은 분량의 글을 남겨놓았다. 그 특징은 오리겐이나 어거스틴의 해석에서 보듯이 영육이원론의 시각에서 숫자와 사건에 들어있는 어떤 상징과 영적인 의미를 찾아내는 해석이다. 마지막에 요약해 놓은 히에로니무스의 글이 구약과 신약성경을 보는 교부들의 입장을 대변하고 있다. 모든 것을 예수님 중심으로 보고 있으며, 구약은 예수님에 대한 예표요 예언에 불과했다. 교부들이 잘못 끼워 놓은 첫 단추는 지금까지 금과옥조로 이어져 내려오고 있다.

이제 그 단추들을 다시 끼워 맞출 때가 되었다. 아니 너무 늦었다. 이 단추를 바로 잡으려면 마귀 세력의 많은 저항이 있을 것이다. 그러나 어떤 방해에도 불구하고 바로잡아야 한다. 21세기 기독

92) ACCS, Mark, pp. 109~115.

교의 사활은 여기에 걸려있다.

3. 본문 재해석

본문을 어떻게 해석해야 하나? 오리겐은 나름대로 제유법을 통하여 전체와 부분을 연결지으려고 했다. 그러나 그 연결법은 알레고리였다. 알레고리 해석으로는 성경이 본래 말하려는 의도를 읽어내지 못한다. 이를 읽어내려면 먼저 성경의 본래적인 입장인 계약법과, 영성의 경험에서 얻어지는 영감과, 현대 신학에서 제공해주는 당시 상황에 대한 많은 정보들이 필요하다. 이를 기초로 성경 전체와 각 권의 책들과 본문을 전체와 부분을 조화시키며 하나의 이야기로 엮어나가야 한다. 성경은 본래 이야기꾼들에 의해 구전으로 전달되던 이야기책이다. 역사비평을 통해서 성경에 대한 많은 자료층에 접근했다면 이제 문학비평을 통해서 성경의 본문이 말하고 있는 본래적인 의미를 이야기로 풀어가면서 오늘의 상황과 만나게 해야 한다. 이런 통합적인 해석을 할 때 성경의 이야기들은 오늘 우리에게 주어지는 하나님의 말씀(로고스, 케류그마)이 되며, 삶 속에서 말씀의 능력이 나타나게 된다.

대단히 미흡하고 부끄러운 수준이지만 본서는 이런 시도를 하고 있다. 이를 좀 더 발전시킬 이들을 간절히 기다리면서 본문을 한편의 이야기로 연결지어 보고자 한다.

❶ 엿새 후에

2 엿새 후에

왜 엿새 후였을까? 라고 물으면, “왜 이런 질문을 하며, 또 그것을 어떻게 알 수 있는가?”라는 생각이 들 것이다. 그러나 이야기 해석(narrative theology)에서는 성경을 이야기로 말하기(story telling)때문에 문학적인 상상력을 필요로 한다. 본문의 근거에서 많이 벗어나면 해석이 아닌 소설이 되겠지만 본문과 자료, 당시의 역사적 배경과 사건의 정황, 영성의 경험, 계약의 관점에서 최대한 해석한 후에 문학적인 상상력을 발휘하여 한편의 실감나는 이야기로 끌고 나가는 해석이 필요하다. 특히 성경은 오랜 구전에서 형성된 독특한 표현방식을 사용하는데, 은폐, 함축, 암시의 기법이다. 이를 잘 읽어내야 한다.

마가에서는 왜 '엿새 후에'라는 구절을 넣고 있을까? 단순히 엿새 후라는 사실을 말하려고 했을까? 문맥의 연결에서 엿새 후라는 구절이 꼭 필요한 것도 아니고, 또 이런 식으로 구체적인 시간을 언급한 경우도 거의 없다. 본문에서 엿새 후라는 문구를 넣은 것은 엿새 동안에 많은 일들이 있었는데, 이를 애써 침묵하고 있음을 뜻한다. 수십 년이 지난 후에 사도들이 이 이야기를 기록할 때 '엿새'를 기억하고 있었다는 것 자체가 벌써 많은 것들을 말하고 있다. 엿새 동안 무슨 일이 일어났을까?

본문의 앞뒤와 문맥 등을 살펴서 추정하는 수밖에 없다. 가이사랴 빌립보에서 예수님과 제자들은 서로 귀신을 쫓아낼 때 사용하는 단어(ἐπετίμησεν)를 사용하며 심각한 갈등을 겪었다. 이런 냉전의 상태가 6일 또는 8일쯤(눅9:28)이나 지속되었고, 이런 일은 예수님과 제자들의 관계에서 예외적이었기에 제자들은 이 사건을 평생 잊지 못했던 것이다. 6일 동안 무슨 문제를 가지고 갈등을 겪으며 냉전의 상태가 계속되었을까?

앞의 질문에서 본 바와 같이 베드로가 고백한 "주님은 그리스도시니이다."의 문제와 '예루살렘에서 겪으실 수난과 죽으심'의 문제였다. 엿새 동안 이 문제를 가지고 많은 이야기를 나누며 갈등을 겪었다. 왜냐하면 모든 것을 버리고 예수님을 따른 제자들의 기대와는 너무 다른 방향으로 가고 있었기 때문이다. 제자들의 입장에서 생각해보면 그들의 충격이 얼마나 컸을지 능히 짐작이 간다. 베드로가 예수님을 붙들고 항변한 것은 이를 반영한다.

이를 어느 정도 진정시키는 데에 엿새나 걸렸다. 그리고 이제 예수님은 제자들에게 무언가 분위기를 새롭게 일신시킬 어떤 특단의 대책을 세우셨다. 그것이 무엇이었을까?

❷ 그들 앞에서 변형되사

> 2 엿새 후에 예수님께서 베드로와 야고보와 요한을 데리시고 따로 높은
> 산에 올라가셨더니 그들 앞에서 변형되사 3 그 옷이 광채가 나며 세상
> 에서 빨래하는 자가 그렇게 희게 할 수 없을 만큼 매우 희어졌더라 4
> 이에 엘리야가 모세와 함께 그들에게 나타나 예수와 더불어 말하거늘

예수님께서는 외국에 나가본 적이 없는 제자들을 데리고 이방 지역 두로와 빌립보 등에서 몇 개월 동안 마지막 시간을 보내셨다. 그런데 이번에는 눈 구경을 해본 적 없는 제자들을 이끌고 만년설이 덮힌 헬몬산으로 가셨다. 예수님께서 제자들을 어떻게 현실적으로 대하셨는지 엿볼 수 있는 대목이다.

교육의 효과에서 "백번 말하는 것보다 한번 보는 것이 낫다."(百聞不如一見)는 말은 영원한 진리이다. 예수님께서는 제자들에게 예수님의 정체성을 말로만 설명하기보다는 색다른 풍경속에서 직접 보여주는 기회를 만드셨다. 그러나 영성 체험에서는 이를 겪을 만한 준비가 필요하므로 베드로와 야고보, 요한만을 데리고 가셨다. 이들은 평소에도 제자들과 또 따르는 사람들에게 중심적인 역할을 하고 있었다. 이들과 조용하고 높은 산에 올라가셔서 제자들과 같이 기도하는 시간을 가지셨다. 그런데 예수님의 모습에 큰 변화가 일어났고, 또 모세와 엘리야가 나타나 예수님과 같이 대화를 나누는 모습이 보였다.

영성의 세계에서는 지금도 이와 비슷한 일들이 경험된다. 단지 개인에 따라 경험이 다르게 나타나는데, 하나님께서 그 사람에게 필요한 것들을 경험시키시기 때문이다. 하나님의 훈련은 1:1 맞춤 교

육법이다. 사람마다 경험하는 방법과 경험의 내용이 달라진다. 왜 제자들에게 이런 경험이 일어났을까? 6일 동안의 냉전 상태에서 이 경험이 꼭 필요했기 때문이다.

변형되신 예수님의 모습은 무엇을 말하는가? 예수님이 누구이신가에 대하여 많은 혼선이 있었는데, 그에 대한 대답이다. 변화산에서 보여주신 예수님은 누구이신가?

❸ 그들이 몹시 무서워하므로

> 5 베드로가 예수께 고하되 랍비여 우리가 여기 있는 것이 좋사오니 우리가 초막 셋을 짓되 하나는 주를 위하여, 하나는 모세를 위하여, 하나는 엘리야를 위하여 하사이다 하니 6 이는 그들이 몹시 무서워하므로 그가 무슨 말을 할지 알지 못함이더라

베드로와 야고보, 요한은 지금 무슨 경험을 하는 것일까? 영성의 과정에서 '하나님 면전'을 경험하고 있다. 이 경험은 영성에서 가장 상위에 속하는 경험들 중 하나인데, 그 두드러진 특징은 '두려움과 전율'이다. 베드로는 무서움 가운데 무슨 말을 하는지도 모르고 있다. 또 구름이 덮쳐왔다. 구약성경에 보면 하나님 현현의 이야기들이 있는데, 늘 구름이 동반된다. 하나님과 인간은 질적인 차이로 인해 직접 대하지 못하기 때문에 나타나는 현상이다. 예수님께서 구름 타고 오신다는 말은 이런 표현이다. 예수님은 누구이신가?

하나님 바로 그분이시다.

예수님에 대하여 수많은 말들, 기독론 등의 교리가 있지만 직접 경험하기 전에는 그 의미 파악이 쉽지 않다. 그러나 예수님의 면전을 한 순간이라도 직접 경험하면 그분이 마음과 정신과 영으로 흡입되며, 평생 지워지지 않도록 영혼과 존재 속에 새겨진다. 그만큼 이 경험은 강렬하다. 이 경험은 회심의 경험에서 예수님을 만나는 경험이 아니라, 직접 대면하는 직관의 경험이다. 회심의 경험도 잊혀지지 않지만 대면의 경험은 그에 비할 바가 아니다. 직관의 경험에서

는 예수님을 하나님으로 만나게 되는데, 이때에 나타나는 두드러진 현상이 두려움과 떨림의 엄습이다.

❹ 너희는 그의 말을 들으라

> 7 마침 구름이 와서 그들을 덮으며 구름 속에서 소리가 나되 이는 내 사랑하는 아들이니 너희는 그의 말을 들으라 하는지라 8 문득 둘러보니 아무도 보이지 아니하고 오직 예수와 자기들뿐이었더라

예수님은 누구이신가? 이에 대하여 하늘로부터 음성이 들려왔다. "이는 내 사랑하는 아들이니, 너희는 그의 말을 들으라!" 예수님은 하나님의 아드님, 곧 하나님이시다. 그분은 단순히 메시야라고만 고백할 분이 아니다. 그런데 왜 하늘에서 "너희는 그의 말을 들으라!"는 말씀이 들려왔을까?

가이사랴 빌립보에서의 갈등은 베드로가 예수님을 그리스도라고 고백한 것 때문이었다. 그리고 엿새 동안 예수님의 말씀에 대하여 왈가왈부하는 일들이 벌어졌기 때문에 이런 말씀이 들려왔다. 그런데 이런 말씀을 왜 베드로, 야고보, 요한에게만 듣게 하셨을까? 다 듣는 것이 훨씬 나았을 텐데. 하나님 면전 체험은 아무에게나 일어나지 않는다. 준비된 사람이 아닌 경우에 하나님 면전에 노출되면 그 자리에서 죽는다. 의문이 들겠지만 이는 엄연한 사실이다. 하나님의 면전을 경험하고 나면 하나님을 감히 이름으로 부르지 못한다. 필자는 이 경험을 30여 년 전에 했는데, 지금도 여호와, 하나님, 예수님 등의 칭호를 사용하는 데에 큰 부담을 느낀다. 예수님의 칭호에 '님'자를 붙이는 이유도 여기에 있다. '님'자를 붙이지 않고는 감히 부를 수가 없기 때문이다.

베드로의 책망에 아나니아와 삽비라가 한순간에 죽어나가고 옆에서 지켜보던 사람들에게 두려움이 엄습한 것은 베드로의 책망 속에 하나님이 드러났기 때문이다. 베드로와 야고보, 요한은 아직 온전하지는 않지만 예수님의 변화된 모습을 환상이나 꿈이 아닌 직접 목격

할 만큼 영성의 준비가 되어있었다. 환상이나 꿈으로 하나님을 뵈옵는 것과 직접 뵈옵는 것은 서로 차원이 다르다.

❺ 무슨 뜻일까

> 9 그들이 산에서 내려올 때에 예수님께서 경고하시되 인자가 죽은 자 가운데서 살아날 때까지는 본 것을 아무에게도 이르지 말라 하시니 1)
> 그들이 이 말씀을 마음에 두며 서로 문의하되 죽은 자 가운데서 살아나는 것이 무엇일까 하고 11 이에 예수께 묻자와 이르되 어찌하여 서기관들이 엘리야가 먼저 와야 하리라 하나이까
>
> (눅9:30)문득 두 사람이 예수와 함께 말하니 이는 모세와 엘리야라 (눅9:31)영광 중에 나타나서 장차 예수님께서 예루살렘에서 별세하실 것을 말할새

모세와 엘리야는 예수님과 무슨 이야기를 나누었을까? 누가복음에는 베드로와 야고보, 요한이 직접 들었다고 기록되어 있다. 제자들이 가장 받아들이기 어려운 부분은, 예수님께서 십자가에서 죽임을 당하신다는 말씀이다. 그런데 이제는 변화산에서 예수님과 모세와 엘리야가 나누는 대화를 통해서 직접 들었다.

산에서 내려오시면서 예수님께서는 제자들에게 산에서 본 것을 예수님께서 부활하시기 전에는 말하지 말라고 당부하셨다. 그러나 제자들은 이 말씀이 무슨 뜻인지를 전혀 알아듣지 못했지만 묻기가 두려워 말을 꺼내지 못하고 말았다.(막9:32, 눅9:45) 그리고 대신 세례 요한에 대한 질문으로 넘어갔다.

❻ 변화산에서

가이사랴 빌립보에서의 갈등을 해결하기 위한 예수님의 방법은 변화산의 경험이었다. 예수님께서는 제자들을 교육시키시기 위하여 갈릴리 사역을 마친 후 두로에서 반 년 정도의 시간을 보내셨고, 시돈, 데가볼리, 벳새다로 이어지는 이방인 선교를 하신 후 빌립보에서 교육의 총정리 시간을 가지셨는데, 제자들은 여전히 예수님의 정체성 문제로 혼란을 겪었다. 이에 예수님께서는 이 문제를 해결하기

위하여 변화산 사건을 경험시키셨다.

이를 위하여 예수님께서 친히 변화된 모습, 즉 하나님 자신의 모습을 보여주셨고, 모세와 엘리야를 불러와서 대화를 나누시고, 하늘의 음성이 들리게 하셨다. 할 수 있는 방법을 다 동원하셨다. 제자교육은 그만큼 중요했기 때문이다. 그러나 아직 끝이 아니었다. 교육은 끝이 없는 평생의 여정이다. 제자들은 예수님의 부활과 성령의 임재를 경험한 이후에 가서야 예수님과 예수님의 말씀에 대하여 명확하게 이해하게 되었다.

제자들의 경우와 같이 신앙을 바로 이해하고 갈 방향을 바로잡는다는 것은 대단히 어려운 일이다. 지난 유대교의 역사와 기독교의 역사와 인류의 역사에 들어있는 오류들이 이를 잘 보여 준다.

물음 34
기복인가 아니면 기도인가?

본문 : 〈 9:14~29 〉

14 이에 그들이 제자들에게 와서 보니 큰 무리가 그들을 둘러싸고 서기
관들이 그들과 더불어 변론하고 있더라 15 온 무리가 곧 예수를 보고
매우 놀라며 달려와 문안하거늘 16 예수님께서 물으시되 너희가 무엇
을 그들과 변론하느냐 17 무리 중의 하나가 대답하되 선생님 말 못하
게 귀신 들린 내 아들을 선생님께 데려왔나이다 18 귀신이 어디서든지
그를 잡으면 거꾸러져 거품을 흘리며 이를 갈며 그리고 파리해지는지
라 내가 선생님의 제자들에게 내쫓아 달라 하였으나 그들이 능히 하지
못하더이다

19 대답하여 이르시되 믿음이 없는 세대여 내가 얼마나 너희와 함께 있
으며 얼마나 너희에게 참으리요 그를 내게로 데려오라 하시매 20 이에
데리고 오니 귀신이 예수를 보고 곧 그 아이로 심히 경련을 일으키게
하는지라 그가 땅에 엎드러져 구르며 거품을 흘리더라 21 예수님께서

그 아버지에게 물으시되 언제부터 이렇게 되었느냐 하시니 이르되 어
릴 때부터니이다 22 귀신이 그를 죽이려고 불과 물에 자주 던졌나이다
그러나 무엇을 하실 수 있거든 우리를 불쌍히 여기사 도와 주옵소서
23 예수님께서 이르시되 할 수 있거든이 무슨 말이냐 믿는 자에게는 능
히 하지 못할 일이 없느니라 하시니 24 곧 그 아이의 아버지가 소리를
질러 이르되 내가 믿나이다 나의 믿음 없는 것을 도와 주소서 하더라
25 예수님께서 무리가 달려와 모이는 것을 보시고 그 더러운 귀신을
꾸짖어 이르시되 말 못하고 못 듣는 귀신아 내가 네게 명하노니 그 아
이에게서 나오고 다시 들어가지 말라 하시매 26 귀신이 소리 지르며
아이로 심히 경련을 일으키게 하고 나가니 그 아이가 죽은 것 같이 되
어 많은 사람이 말하기를 죽었다 하나 27 예수님께서 그 손을 잡아 일
으키시니 이에 일어서니라
28 집에 들어가시매 제자들이 조용히 묻자오되 우리는 어찌하여 능히 그
귀신을 쫓아내지 못하였나이까 29 이르시되 기도 외에 다른 것으로는
이런 종류가 나갈 수 없느니라 하시니라

1. 교부들의 해석

마귀의 영들은 창조 당시의 단순하고 훌륭한 처음의 본성을 잃어버리고 지금은 죄악에 짓눌려있다. 스스로 파멸을 자초한 그들은 동료들을 얻기 위하여 다른 사람들을 멸망시키는 일에 혼신의 힘을 다하고 있다. 스스로 타락한 그들은 다른 이들을 타락시키고 있다. 우리가 참되고 유일하신 하나님의 이름으로 명령하면 비참한 마귀들은 자기 의지를 따를 수 없어 괴로움에 떨며 자신이 사로잡고 있던 육신으로부터 곧바로 또는 천천히 떠나간다.(Minucius 150~223) 믿음이 없다면 기도는 사라진다. 믿지 않으면서 기도하는 사람은 없다. 기도하기 위해서는 믿어야 한다. 또 기도하게 하는 믿음이 약해지지 않도록 기도해야 한다. 믿음은 기도를 샘솟게 하고 샘솟는 기도는 믿음을 튼튼하게 해 준다.(Augustinus) 주님은 몸소 사십 일을 금식하시면서 세례를 거룩하게 하셨고, 기도와 단식 없이는 더 사나운 마귀를 이길 수 없다고 가르치셨다.(Hironimus)[93)]

93) ACCS, Mark, pp. 116~119.

2. 교부들의 해석에 대한 평가

지극히 단순하고 평범하게 문자적인 해석을 하고 있다.

3. 본문 재해석

다음 날(눅9:37) 산에서 내려 오시니 남아있던 제자들과 서기관들이 서로 논쟁을 하고 있었고, 많은 무리들이 그들을 둘러싸고 있다가 예수님께서 오시자 반갑게 맞았다. 무슨 일이 벌어지고 있었을까?

❶ 믿음이 없고 패역한 세대여

> 14 이에 그들이 제자들에게 와서 보니 큰 무리가 그들을 둘러싸고 서
> 기관들이 그들과 더불어 변론하고 있더라 15 온 무리가 곧 예수를 보
> 고 매우 놀라며 달려와 문안하거늘 16 예수님께서 물으시되 너희가 무
> 엇을 그들과 변론하느냐 17 무리 중의 하나가 대답하되 선생님 말 못
> 하게 귀신 들린 내 아들을 선생님께 데려왔나이다 18 귀신이 어디서든
> 지 그를 잡으면 거꾸러져 거품을 흘리며 이를 갈며 그리고 파리해지는
> 지라 내가 선생님의 제자들에게 내쫓아 달라 하였으나 그들이 능히 하
> 지 못하더이다

어떤 사람이 귀신들린 외아들을 데리고 왔는데 예수님께서 계시지 않으므로, 제자들에게 고쳐달라고 했지만 제자들은 해결하지 못하고 있었다. 아이의 아버지가 예수님 앞에 꿇어 엎드려 해결해 달라고 요청하자 예수님께서는 전혀 의외의 말씀을 하셨다.

> 19 … 믿음이 없는 세대여 내가 얼마나 너희와 함께 있으며 얼마나
> 너희에게 참으리요 …

왜 이런 말씀을 하셨으며, 또 누구에게 하신 말씀일까?

예수님의 입장으로 돌아가서 생각해볼 필요가 있다. 예수님께서는 이제 모든 사역을 마치고 예루살렘을 향하여 마지막 길을 떠나셔야 했다. 예수님께서 하시던 일들을 이제부터는 제자들이 맡아서 해

야 하는데 아직 무엇하나 제대로 하는 게 없다. 예수님의 말씀을 도무지 이해하지 못하고 있고, 또 크고 작은 모든 일을 예수님께서 직접 처리하셔야 했다. 제자들이 예수님을 따른 지 수년이나 되는데, 이제 예수님은 떠나셔야 하는데, 얼마나 더 기다려야 하는가? 이 말씀의 대상은 누구일까?

• 당시 서기관들과 제자들에게 하신 말씀이다.

성경과 신앙을 가르치는 자리에 있으면서, 백성들은 귀신에 시달리며 고통당하는데 무엇하나 해결해주는 것이 없다. 해결은 고사하고 하나님께 죄를 지어 이런 일이 일어났으니, 무슨 죄를 지었는지 잘 생각해 보며 죄를 짓지 말라는 게 이들이 하는 일이다. 종교지도자가 해야 할 일이 이것뿐일까? 종교지도자가 해야 할 일이 설교뿐일까? 구약의 계약법 체제에 의하면 제사장들은 백성들에게 땅을 나누어주고 희년을 지키게 하는 등 백성들의 모든 문제를 해결해주는 사람들이었다. 제사장들은 제사나 집전하는 사람들이 아니었다.

• 오늘 우리에게 하시는 말씀이다.

새계약공동체인 기독교가 역사 속에 등장한 지 2천 년이나 되었는데, 그런데 이 기독교를 언제까지 기다리며 참아주어야 하는가? 오늘 우리가 예수님을 따른 지 몇 년인데, 그런데 우리의 모습은 어떤가? 오늘 우리 교회가 예수님을 대신해서 세상의 온갖 문제들을 해결해야 하는데, 그런데 오늘 우리는 그 일을 얼마나 해내고 있는가? 땅만 망치며 열매 맺지 못하는 나무를 언제까지 기다리며 참아주어야 하는가?

❷ 그를 내게로 데려 오라

19 … 그를 내게로 데려오라 하시매 20 이에 데리고 오니 귀신이 예수
를 보고 곧 그 아이로 심히 경련을 일으키게 하는지라 그가 땅에 엎드
러져 구르며 거품을 흘리더라 21 예수님께서 그 아버지에게 물으시되
언제부터 이렇게 되었느냐 하시니 이르되 어릴 때부터니이다 22 귀신

이 그를 죽이려고 불과 물에 자주 던졌나이다 그러나 무엇을 하실 수
있거든 우리를 불쌍히 여기사 도와 주옵소서 23 예수님께서 이르시되
할 수 있거든이 무슨 말이냐 믿는 자에게는 능히 하지 못할 일이 없느
니라 하시니 24 곧 그 아이의 아버지가 소리를 질러 이르되 내가 믿나
이다 나의 믿음 없는 것을 도와 주소서 하더라 25 예수님께서 무리가
달려와 모이는 것을 보시고 그 더러운 귀신을 꾸짖어 이르시되 말 못하
고 못 듣는 귀신아 내가 네게 명하노니 그 아이에게서 나오고 다시 들
어가지 말라 하시매 26 귀신이 소리 지르며 아이로 심히 경련을 일으
키게 하고 나가니 그 아이가 죽은 것 같이 되어 많은 사람이 말하기를
죽었다 하나 27 예수님께서 그 손을 잡아 일으키시니 이에 일어서니라

제자들과 서기관들을 향하여 탄식하시던 예수님께서는, 간질병으로 시달리는 외아들을 둔 사람에게 그 아들을 데려오라고 말씀하셨다. 그리고 해결하셨다. "수고하고 무거운 짐 진 자들아, 다 내게로 오라 내가 너희를 쉬게 하리라."(마11:28) 라고 예수님께서는 말씀하셨다. 계약공동체는 이 말씀을 세상을 향하여 말해야 한다. 그리고 어디서도 해결의 기미가 보이지 않는 난해한 문제들을 해결해야 한다. 하나님께서 만드신 세상은 죄가 지배하고 있으므로 종말에 멸망 받을 뿐이며, 우리는 예수님 믿고 천국 가면 된다고 말한다면 이는 직무유기이자 계약법인 성경에 대한 배반이다. 성경 어디에 그렇게 말하고 있는가?

해결하는 방법은 상황과 시대에 따라 다르다. 그러나 계약공동체 내에서는 인간이 당면한 문제들이 해결되고 있어야 한다. 그리고 귀신에 붙들려 미쳐 날뛰는 세상에 보여주어야 한다. 그리고 말해야 한다.

이렇게 살아라. 여기에 해결의 길이 있다.

❸ 기도가 답이다.

28 집에 들어가시매 제자들이 조용히 묻자오되 우리는 어찌하여 능히
그 귀신을 쫓아내지 못하였나이까

머쓱해진 제자들이 조용한 시간에 예수님을 찾아와 물었다. "도

대체 저희는 왜 귀신을 쫓아내지 못했습니까?"

29 이르시되 기도(금식) 외에 다른 것으로는 이런 종류가 나갈 수 없느니라 하시니라

사람이 무슨 재간으로 귀신을 쫓아내는가? 사람의 힘으로 어떻게 세상의 문제들을 다 해결해 나가는가? 하나님의 도우심이 있어야 한다. 세상의 문제를 해결하려면 먼저 세상을 지배하는 죄의 세력, 즉 마귀의 세력을 쫓아내야 한다. 어두움으로서는 어둠을 해결하지 못한다. 밝은 빛이 있어야 한다. 빛이 있으면 어둠은 저절로 사라진다. 어둠을 몰아내는 것은 무슨 특별한 방책이 있는 게 아니라 빛이 있느냐 없느냐의 문제이다. 그런데 죄의 지배를 받는 사람에게서 어떻게 죄와 죄의 권세를 가진 마귀를 몰아내는 힘이 나올 수 있는가? 어불성설이다. 빛 자체이신 거룩하신 하나님의 도우심이 있지 않고는 어림도 없다. 죄의 지배를 받는 사람이 어떻게 죄로 말미암아 일어나는 세상의 잡다한 문제들을 다 해결할 수 있겠는가? 하나님께 의지할 수 밖에 없다.

인류 역사에서 현대로 접어들면서 서양의 인간주의를 만나게 된다. 인간주의는 인간의 이성으로 하나님을 알 수 있으며, 인간의 힘으로 세상의 모든 문제를 해결하고 이 땅에 천국을 만들 수 있다고 장담했다. 그리고 전염병과 기아의 문제들을 해결하고 인권을 개선해 나가며 많은 성과를 거뒀다. 그러자 인간주의는 더 기고만장했다. 그런데 결과는 어떻게 되었는가? 제국주의 등장, 세계대전, 대량살상무기, 환경파괴 등이 인간주의가 만들어낸 작품이다. 이제는 인류의 생존이 심각하게 위협받기에 이르렀다. 무엇을 어찌해야 하는가? 기도 이외에는 해결의 길이 없다.

기도가 무엇이며 또 어떻게 해야 하는가?

❹ 기복과 기도

교회에서는 많은 기도를 하고 있어 누구나 익숙해 있고 또 잘 알고 있다고 생각한다. 그런데 기도를 알고 있을까? 정말로 기도하고 있을까? 원초적인 질문을 해보자. 기도가 무엇인가? 기도를 이해하려면 기도의 세계 전반에 대한 이해가 있어야 한다. 그런데 기도의 세계를 이해한다는 게 말처럼 쉽지 않다. 기도는 경험의 세계이기 때문에 경험한 만큼 이해한다. 기도의 세계 전반을 이해하려면 기도가 도달할 수 있는 마지막 단계까지 경험해야 하는데, 이게 말처럼 쉽지 않다. 그러나 경험으로 이해하고 나면 설명은 어렵지 않다. 기도의 세계를 직접 경험하고 이해하면 더 바랄 나위가 없지만 그게 쉽지 않으므로 교육을 통해 간접적인 지식으로 이해하는 게 현실적이라고 생각된다.

이를 위하여 기복과 기도를 구분해서 설명하고자 한다.

기복(祈福)

'기복'은 문자 그대로 복을 비는 것인데, 인류 역사의 초기부터 시작되었다. 고대의 모든 종교와 신앙은 기복에서 출발한다. 자신들이 당면했던 문제들을 신의 도움을 받아 해결하려는 시도였다. 고대에는 식량의 확보가 생사와 직결되어 있어서 농사와 목축, 어업 등과 종교는 직결되어 있었다. 기도의 대상은 개인이나 종족, 국가가 믿고 있는 신들이었고, 고대에는 여러 신을 동시에 믿는 다신교였다. 인간이 사회활동을 하려면 서로 상대방의 신을 인정하고 그 신의 이름으로 복을 빌어주고, 또 서로 상대방이 믿는 신의 제의에 참여하여 교제를 나눴기 때문이다.

이런 종교에서는 신을 섬기는 신전, 신의 형상을 만들어 놓은 신상, 신에게 제사드리는 종교의식 등을 중요하게 여기며, 제사장이 신을 대신하여 이런 종교의식을 집행했다. 자신들이 믿는 신에게 이런 종교의식을 거행하면서 간절하게 복을 빌면 그 신이 소원을 듣고 복을 내려준다고 생각했다. 이런 기복의 역사는 인류의 역사만큼이나 뿌리가 깊다.

기도(祈禱)

믿고 기도하면 하나님께서 응답하신다고 생각하며 교회에서 하는 기도는 기도라기보다는 기복에 가깝다. 기도의 기본이며 처음과 끝은 "나의 원대로 마옵시고 아버지의 원대로 하옵소서"이다. 내 뜻의 실현을 구하는 게 아니라 오로지 하나님의 뜻만이 실현되기를 구해야 한다. 내 뜻은 기도과정에서 포기하고 버려야 한다.

하나님의 뜻은 무엇일까? 하나님의 뜻을 아는 것은 전혀 어렵지 않다. 창조주 하나님, 모든 사람의 아버지이신 하나님께서는 모든 사람이 다 잘 되기를 바라신다. 모든 사람이 정신적으로 뿐만아니라 물질적으로 다 잘사는 세상을 원하신다. 그런데 그 세상이 죽은 다음의 내세에서가 아니라 지금 여기 현세에서 시작되기를 바라신다. 그 나라를 하나님 나라라고 하며, 계약법은 이를 위한 법이다. 이런 하나님을 가리켜 '유일신'(唯一神)이라고 하는데, 다신교의 신과는 대비되는 신이다.

기도의 역할

기도가 왜 필요할까? 여러 이유가 있지만 계약의 입장에서 보면 그 특징이 명확해진다. 하나님께서는 일방적으로 일하시지 않고 계약공동체를 통해서 일하시는데, 그 방법이 기도이다. 즉 계약공동체의 기도를 들으시고 그 기도에 응답하시는 방식으로 일하신다. 계약공동체는 하나님의 대행기관이다. 이런 연유로 성경에서는 기도와 응답에 대하여 곳곳에서 말하고 있다. 기도는 계약공동체를 통해서 일하시는 하나님의 방법이다.

따라서 기도는 대단히 중요하다. 기도를 바로 알고 바로 해야 한다. 그런데 응답받을 만한 기도, 응답하실 만한 기도가 없는 게 문제다. 계약공동체는 다른 어떤 것이 아니라 이 땅에 하나님 나라가 실현되어 모든 사람이 다 행복해지기를 위해서 기도해야 한다. 하나님께서 들으시고 응답하시는 기도는 개인이 아니라 계약공동체의 기도다. 기도와 관련된 본문에는 늘 복수 '너희'가 사용되고 있다.

> 그런즉 너희는 먼저 그의 나라와 그의 의를 구하라 그리하면 이 모든 것을 **너희에게** 더하시리라(마6:33)

개인의 문제 해결과 소원을 비는 기복은 응답될 수 없다. 나는 그동안 무엇을 했는가?

기복인가? 기도인가?

물음 35
두 번째 수난 예고, 어떤 결과를 가져왔나?

본문 : 〈 9:30~37 〉

30 그 곳을 떠나 갈릴리 가운데로 지날새 예수님께서 아무에게도 알리고
자 아니하시니 31 이는 제자들을 가르치시며 또 인자가 사람들의 손에
넘겨져 죽임을 당하고 죽은 지 삼 일만에 살아나리라는 것을 말씀하셨
기 때문이더라 32 그러나 제자들은 이 말씀을 깨닫지 못하고 묻기도
두려워하더라

33 가버나움에 이르러 집에 계실새 제자들에게 물으시되 너희가 길에서
서로 토론한 것이 무엇이냐 하시되 34 그들이 잠잠하니 이는 길에서
서로 누가 크냐 하고 쟁론하였음이라

35 예수님께서 앉으사 열두 제자를 불러서 이르시되 누구든지 첫째가 되
고자 하면 뭇 사람의 끝이 되며 뭇 사람을 섬기는 자가 되어야 하리라
하시고 36 어린 아이 하나를 데려다가 그들 가운데 세우시고 안으시며
제자들에게 이르시되 37 누구든지 내 이름으로 이런 어린 아이 하나를
영접하면 곧 나를 영접함이요 누구든지 나를 영접하면 나를 영접함이

아니요 나를 보내신 이를 영접함이니라

1. 교부들의 해석

베드로가 꾸지람을 들었고, 모세와 엘리야가 예수님과 같이 만나는 것을 보고, 하늘의 음성을 들었고, 많은 기적을 보았으며, 3일만에 부활하시라는 예고를 들었지만 제자들은 이를 이해하지 못하고 근심했다. 그들은 예수님의 죽음이 무엇을 뜻하는지 그 의미를 알지 못했다.(Chrysostom) 나무를 보라. 나무는 높이 자라기 위하여 가장 낮은 자리를 찾고, 높이 자라기 위하여 뿌리를 깊이 내린다. 겸손에서 시작하지 않은 채 높이 오를 수 있는가? 사랑도 없이 높은 것을 이해하려 하고, 뿌리도 없이 하늘 바람을 원한다면 이는 성장이 아니라 몰락이다.(Augustinus) 윗자리와 최고의 영예를 원한다면 가장 끝에 있는 자리를 찾아야 한다. 가장 보잘 것 없고, 가장 낮고 가장 작은 것을 추구하고 다른 사람들보다 뒤에 서려고 해야 한다.(Chrysotom)[94]

2. 교부들의 해석에 대한 평가

교부들의 성경 해석에서는 윤리적인 해석이 많은 비중을 차지했다. 단순하게 해석하고 단순하게 실천으로 옮기는 삶을 강조했고 또 이는 많은 성과를 거두었다.

3. 본문 재해석

본문의 중요성은 수난에 대한 두 번째 예고라는 점이다. 예수님께서는 갈릴리와 이방인 지역 선교를 마치신 다음, 제자들에게 수난에 대한 예고를 하시면서 이에 대비하게 하셨다. 그런데 제자들의 반응은 어떠했을까?

---

94) ACCS, Mark, pp. 119~120.

❶ 아무에게도 알리고자 아니하시니

30 그 곳을 떠나 갈릴리 가운데로 지날새 예수님께서 아무에게도 알리고자 아니하시니

예수님께서 변화산과 빌립보에서 갈릴리로 돌아오신 후, 예루살렘으로 출발할 준비를 하셨다. 이제는 갈릴리에서의 공식적인 활동을 접으시고 제자들 교육에만 전념하시고자 했다. 그 이유는 제자들에게 수난 이후 있을 부활에 대하여 가르치시며 그 이후를 대비시키는 게 급선무였기 때문이다. 이런 이유로 갈릴리를 지나가시면서 아무에게도 소문나지 않도록 하셨다. 그런데 제자들은 예수님의 이런 말씀들을 전혀 깨닫지 못했을 뿐만 아니라 오해했다. 왜 그토록 깨닫지를 못할까? 그들의 관심이 다른 곳에 가 있었기 때문이다. 제자들의 관심사는 무엇이었을까?

❷ 너희가 길에서 토론한 것이 무엇이냐

33 가버나움에 이르러 집에 계실새 제자들에게 물으시되 너희가 길에서 서로 토론한 것이 무엇이냐 하시되 34 그들이 잠잠하니 이는 길에서 서로 누가 크냐 하고 쟁론하였음이라

예수님께서 가이사랴 빌립보에서 첫 번째 수난 예고를 하신 다음, 예수님에게서 뭔가 심상치 않음이 느껴졌다. 제자들은 예수님께서 이번에 예루살렘에 올라가시면 틀림없이 왕이 되신다고 확신했다. 그래서 자신들 중 누가 가장 높은 자리를 차지할 것이냐에 온통 관심이 쏠려 길을 가면서도 자기들끼리 갑론을박했다. 지금 우리는 이런 글을 읽으면서 제자들의 이런 모습이 납득이 되지 않는다. 사도들은 자신들이 복음서를 쓸 때 그 기록이 성경으로 사용되리라는 것을 알았다. 그런데 이렇게 서로 높아지려고 다투었다는 사실을 제자들이 그대로 기록으로 남겨놓았다는 게 더 놀랍다.

이런 기록들을 통하여 제자들의 영성 수준을 엿볼 수 있다. 복음서에 그려진 제자들의 모습은 스스로가 그려놓은 영성의 자화상이

다. 영성의 경험은 하나님 앞에서의 자기 성찰인데, 가면 갈수록 자기 자신에 대하여 추한 모습들이 발견된다. 이 경험을 하고 나면 자신들의 긍정적인 면은 감추고 부정적인 면을 말하게 되어있다. 갈릴리 출신인 제자들은 참으로 놀라운 사람들이었다. 후일 예수님께서 돌아가시고 난 뒤 예루살렘에서 교회를 시작하여 당대에 로마제국 전역으로 확산시켜 놓았기 때문이다. 무엇이 이런 위업을 가능하게 했을까? 자기 자신을 감추며 드러내지 않는 그들의 영성 때문이다. 하나님의 일은 영성의 크기만큼 일하게 되어 있다.

❸ 어린아이 하나

> 36 어린 아이 하나를 데려다가 그들 가운데 세우시고 안으시며 제자들에게 이르시되 37 누구든지 내 이름으로 이런 어린 아이 하나를 영접하면 곧 나를 영접함이요 누구든지 나를 영접하면 나를 영접함이 아니요 나를 보내신 이를 영접함이니라

예수님께서 주로 사용하시는 교육 방법 중의 하나는 실물 교육이었다. 서로 높은 자리를 차지하기 위하여 다투고 있는 제자들에게 예수님께서는 한 순박한 어린아이를 데려다 놓으시고 말씀하셨다.[95]

> 진실로 너희에게 이르노니 너희가 돌이켜 어린 아이들과 같이 되지 아니하면 결단코 천국에 들어가지 못하리라 그러므로 누구든지 이 어린 아이와 같이 자기를 낮추는 사람이 천국에서 큰 자니라(마18:3~4)
>
> 35 예수님께서 앉으사 열두 제자를 불러서 이르시되 누구든지 첫째가 되고자 하면 뭇 사람의 끝이 되며 뭇 사람을 섬기는 자가 되어야 하리라 하시고

제자들은 지금 한 어린아이만도 못하다는 평가를 받고 있다. 서로 높아지려고 다투고 있기 때문이다. 예수님을 따르며 이 땅에 하

95) 전승에 의하면 이 어린아이가 후일 속사도 교부인 이그나티우스(Ignatius 35?~108)라고 전해지는데, 폴리캅과 함께 사도 요한의 제자였다고 한다. 그는 안디옥교회의 감독이었으며 속사도 교부 중에서 가장 중요하다는 평가를 받고 있다. 전승이 어느 정도 사실일지는 모르겠지만 예수님을 직접 만난 많은 사람들 중 기록에 남아있는 사람들은 후일 교회에서 중요한 역할을 했기 때문에 기록했을 것으로 추정할 수 있다.

나님 나라를 실현하는 일에서 가장 큰 적은 주도권 다툼이다. 하나님의 일은 서로 낮아져서 섬기려고 할 때에만 가능해진다. 하나님 나라는 섬김으로 세워지는 나라이다. 그 이유는 하나님께서 섬기는 분으로 계시기 때문이다. 예수님은 섬기러 오셨을 뿐만 아니라 생명까지도 대속물로 내어 주셨다.(막10:45)

❹ 부활에 대한 오해

> 31 이는 제자들을 가르치시며 또 인자가 사람들의 손에 넘겨져 죽임을 당하고 죽은 지 삼 일만에 살아나리라는 것을 말씀하셨기 때문이더라
> 32 그러나 제자들은 이 말씀을 깨닫지 못하고 묻기도 두려워하더라
>
> (막9:10) 그들이 이 말씀을 마음에 두며 서로 문의하되 죽은 자 가운데서 살아나는 것이 무엇일까 하고

제자들이 예수님의 수난예고 중에서 가장 크게 오해한 부분은 부활이었다고 보인다. 제자들은 예수님께서 돌아가신다는 것은 도무지 상상할 수가 없어 아예 믿으려고 하지 않았다. 또 3일 만에 부활하시리라는 말씀은 전혀 이해할 수 없었다. 물어보고 싶었지만 또 야단 맞을까봐 물을 수도 없었다. 제자들끼리 부활에 대하여 이야기를 나누면서 왕이 되신다는 뜻으로 받아들였다. 이런 사실은 수난을 예고할 때 마다 서로 높아지려고 다투었으며, 특히 성만찬 식사를 마친 후에도 서로 높아지려고 다투었다는 누가복음(22:24~30)의 기록에서도 확인된다.

복음서의 이런 기록들은 과거에 있었던 제자들의 이야기를 통해서 기록 당시의 교회와 앞으로의 교회에 주어지는 말씀이다. 성경의 말씀을 오해하거나 서로 주도권 다툼을 하지 말라는 경고였는데, 그런데 교회는 그 경고와 정확하게 반대의 길로 갔다.

마가복음에서는 그럴 경우에 얼마나 무서운 심판이 주어지는지를 생생하게 기록해 놓았다. 어떤 말씀이었을까?

물음 36 계약공동체 윤리, 어떤 것일까?

본문 : 〈 9:38~50 〉

38 요한이 예수께 여짜오되 선생님 우리를 따르지 않는 어떤 자가 주의
이름으로 귀신을 내쫓는 것을 우리가 보고 우리를 따르지 아니하므로
금하였나이다 39 예수님께서 이르시되 금하지 말라 내 이름을 의탁하
여 능한 일을 행하고 즉시로 나를 비방할 자가 없느니라 40 우리를 반
대하지 않는 자는 우리를 위하는 자니라 41 누구든지 너희가 그리스도
에게 속한 자라 하여 물 한 그릇이라도 주면 내가 진실로 너희에게 이
르노니 그가 결코 상을 잃지 않으리라

42 또 누구든지 나를 믿는 이 작은 자들 중 하나라도 실족하게 하면 차
라리 연자맷돌이 그 목에 매여 바다에 던져지는 것이 나으리라 43 만
일 네 손이 너를 범죄하게 하거든 찍어버리라 장애인으로 영생에 들어
가는 것이 두 손을 가지고 지옥 곧 꺼지지 않는 불에 들어가는 것보다
나으니라 44 (없음) 45 만일 네 발이 너를 범죄하게 하거든 찍어버리
라 다리 저는 자로 영생에 들어가는 것이 두 발을 가지고 지옥에 던져
지는 것보다 나으니라 46 (없음) 47 만일 네 눈이 너를 범죄하게 하거
든 빼버리라 한 눈으로 하나님의 나라에 들어가는 것이 두 눈을 가지
고 지옥에 던져지는 것보다 나으니라 48 거기에서는 구더기도 죽지 않
고 불도 꺼지지 아니하느니라 49 사람마다 불로써 소금 치듯 함을 받
으리라

50 소금은 좋은 것이로되 만일 소금이 그 맛을 잃으면 무엇으로 이를 짜
게 하리요 너희 속에 소금을 두고 서로 화목하라 하시니라

1. 교부들의 해석

실제로 신체의 일부를 잘라내지 못하게 해야 한다. 주님께서 잘라내라고 하신 것은 지체가 아니라 욕망이며, 죄를 부추기는 원인들을 잘라내야 한다. 시각의 마차에 올라탄 우리의 생각을 육체적 감각을 지배하시는 하나님의 사랑으로 몰고 가야 한다. 제멋대로 날뛰

는 말처럼 육안의 고삐를 느슨하게 하지 말고, 달려가는 방향을 멸망에서 돌이키게 해야 한다.(Clementina)[96] 눈은 우리 마음의 창과 같고 욕망은 갈라진 틈새와 같은 눈을 통해서 우리에게 들어온다. 이를 잘 아시는 주님께서는 눈을 현혹시키는 것들로부터 눈을 가리라고 말씀하신다.(Salvianus the Presbyter 390~484) 영혼의 인도자는 설교를 준비할 때 신중하게 온갖 주의를 다 해야 한다. 묵상을 게을리하거나 지혜로운 척하다가 전체적인 흐름을 놓쳐서는 안 된다. 이런 이유로 진리이신 주님께서는 "너희 속에 소금을 두고 서로 화목하라."고 말씀하셨다. 소금은 지혜를 뜻하며, 지혜롭게 말하여 듣는 이로 하여금 혼란에 빠지지 않게 해야 한다.(Gregory the Great)[97]

2. 교부들의 해석에 대한 평가

교부들은 윤리적인 해석에 대하여서는 상당히 관심이 많았다. 주로 영육 이원론, 성속 이원론의 입장에서 문자로 해석하는데, 본문에서는 실제로 육체의 일부를 잘라내라고 해석해서는 안 된다고 말한다. 그러나 수도사들 중에는 거세를 한 사람들이 간혹 있었다.

3. 본문 재해석

본문은 앞에서 제자들이 서로 높아지기 위하여 다투는 이야기와 같은 맥락을 가지고 있다.

❶ 우리를 따르지 아니하므로

38 요한이 예수께 여짜오되 선생님 우리를 따르지 않는 어떤 자가 주의 이름으로 귀신을 내쫓는 것을 우리가 보고 우리를 따르지 아니하므

96) 로마의 클레멘트가 수집한 작품 모음집.

97) ACCS, Mark, pp. 124~126.

로 금하였나이다 39 예수님께서 이르시되 금하지 말라 내 이름을 의탁
하여 능한 일을 행하고 즉시로 나를 비방할 자가 없느니라 40 우리를
반대하지 않는 자는 우리를 위하는 자니라 41 누구든지 너희가 그리스
도에게 속한 자라 하여 물 한 그릇이라도 주면 내가 진실로 너희에게
이르노니 그가 결코 상을 잃지 않으리라

복음서, 특히 마가복음에서 예수님을 '따른다'(ἀκολουθέω)라는 말은 제자들처럼 모든 것을 버리고 하나님 나라를 이 땅에 실현하는 예수님의 선교에 동참하는 것을 말한다. 단순히 예수님을 메시야로 인정하거나, 또는 하시는 일에 대하여 호감을 가지고 동의하는 것을 말하지 않는다. 모든 것을 버리고 따른 요한은 이런 사람들에 대하여 배타적으로 대했으나, 예수님께서는 관용을 베풀라고 말씀하셨다. 그들이 비록 지금은 따르지 않으며, 자기 뜻을 실현하기 위하여 귀신을 내쫓는 일에 열중하고 있지만 언젠가는 뉘우치고 돌아와서 예수님을 따르리라고 기대하셨다.

이어서 계약공동체가 어떤 공동체여야 하는지 소상하게 말씀하셨다.

❷ 계약공동체 윤리

42 또 누구든지 나를 믿는 이 작은 자들 중 하나라도 실족하게 하면
차라리 연자맷돌이 그 목에 매여 바다에 던져지는 것이 나으리라 43
만일 네 손이 너를 범죄하게 하거든 찍어버리라 장애인으로 영생에 들
어가는 것이 두 손을 가지고 지옥 곧 꺼지지 않는 불에 들어가는 것보
다 나으니라 44 (없음) 45 만일 네 발이 너를 범죄하게 하거든 찍어버
리라 다리 저는 자로 영생에 들어가는 것이 두 발을 가지고 지옥에 던
져지는 것보다 나으니라 46 (없음) 47 만일 네 눈이 너를 범죄하게 하
거든 빼버리라 한 눈으로 하나님의 나라에 들어가는 것이 두 눈을 가지
고 지옥에 던져지는 것보다 나으니라

복음서에 있는 이런 본문과 다음의 독특한 말씀들을 어떻게 해석해야 할까?

(마5:38)또 눈은 눈으로, 이는 이로 갚으라 하였다는 것을 너희가 들었으나 (마5:39)나는 너희에게 이르노니 악한 자를 대적하지 말라 누구든지 네 오른편 뺨을 치거든 왼편도 돌려 대며 (마5:40)또 너를 고발하여

> 속옷을 가지고자 하는 자에게 겉옷까지도 가지게 하며 (마5:41)또 누구든지 너로 억지로 오 리를 가게 하거든 그 사람과 십 리를 동행하고 (마5:42)네게 구하는 자에게 주며 네게 꾸고자 하는 자에게 거절하지 말라

문자대로 실행하라는 말씀일까? 아니면 실천할 수 없는 영원한 이상으로 주어진 말씀일까? 사도행전에서도 보는 바와 같이 초대교회 교인들은 생명과 재산을 포기하고 서로 사랑하는 삶을 살았다. 윤리학자들은 이들이 이런 삶을 산 이유는 임박한 종말의식 때문이었다고 한다.

그러나 계약의 입장에서 보면 이런 말씀은 임박한 종말론적인 윤리라기 보다는 계약공동체 윤리다. 이 땅에 하나님 나라를 실현하며 보여주어야 하는 계약공동체에서는 하나님께서 통치하시는 하나님 나라의 윤리가 실천되어야 한다. 이 윤리는 세상 나라 삶을 사는 사람들의 윤리와는 명확히 구분된다.

복음서에서 말하는 윤리는 세상을 향해서 실천하라는 말씀이 아니라 공동체 내에서 서로 실천하여 하나님 나라의 모형을 만들라는 말씀이다. 이 부분을 오해하지 말아야 한다.

❸ 서로 화목하라

> 48 거기에서는 구더기도 죽지 않고 불도 꺼지지 아니하느니라 49 사람마다 불로써 소금 치듯 함을 받으리라 50 소금은 좋은 것이로되 만일 소금이 그 맛을 잃으면 무엇으로 이를 짜게 하리요 너희 속에 소금을 두고 서로 화목하라 하시니라

마가에 의하면 예수님께서 이 말씀을 하시게 된 동기는 제자들이 서로 높아지겠다고 다퉜기 때문이다. 본문에서 말하는 소금은 세상을 향한 소금이 아니라 공동체 내의 소금이다.

영성의 경험 과정에서는 하나님의 임재가 생생하게 와 닿는다. 그런데 어느 한 순간 하나님과의 관계가 단절되고 하나님의 영이 떠나신다. 그런데 그렇게 되는 것 중에 가장 큰 비중을 차지하는 것은

사람들에 대한 내 마음의 자세다. 마음속으로 어느 누군가를 우습게 보거나 나보다 못하게 생각하면 그 순간 하나님과의 관계가 단절된다. 또 이런 식으로 관계가 단절되면 이를 회복하기 위해서는 철저한 회개와 실천이 동반되어야 하는데, 그 과정에서의 고통은 무어라 표현할 길이 없다.

영성의 경험에서 볼 때 본문의 내용들은 결코 과장이 아니다. 영성 과정에서 경험되는 사실들이다. 누군가를 나보다 낮추어 보거나, 내가 누구보다 낫다고 생각하는 순간 하나님과의 관계는 단절되고 마귀가 우는 사자와 같이 엄습해 온다.

제4부 : 예루살렘으로 가는 길

물음37~40 (10:1~52)

예루살렘으로 가는 길

물음 37

이혼, 왜 금지하셨을까?

본문 : 〈 10:1~16 〉

1 예수님께서 거기서 떠나 유대 지경과 요단 강 건너편으로 가시니 무리
가 다시 모여들거늘 예수님께서 다시 전례대로 가르치시더니
2 바리새인들이 예수께 나아와 그를 시험하여 묻되 사람이 아내를 버리
는 것이 옳으니이까 3 대답하여 이르시되 모세가 어떻게 너희에게 명
하였느냐 4 이르되 모세는 이혼 증서를 써주어 버리기를 허락하였나이
다 5 예수님께서 그들에게 이르시되 너희 마음이 완악함으로 말미암아
이 명령을 기록하였거니와 6 창조 때로부터 사람을 남자와 여자로 지
으셨으니 7 이러므로 사람이 그 부모를 떠나서 8 그 둘이 한 몸이 될
지니라 이러한즉 이제 둘이 아니요 한 몸이니 9 그러므로 하나님이 짝
지어 주신 것을 사람이 나누지 못할지니라 하시더라
10 집에서 제자들이 다시 이 일을 물으니 11 이르시되 누구든지 그 아
내를 버리고 다른 데에 장가 드는 자는 본처에게 간음을 행함이요 12
또 아내가 남편을 버리고 다른 데로 시집 가면 간음을 행함이니라
13 사람들이 예수님께서 만져 주심을 바라고 어린 아이들을 데리고 오매
제자들이 꾸짖거늘 14 예수님께서 보시고 노하시어 이르시되 어린 아
이들이 내게 오는 것을 용납하고 금하지 말라 하나님의 나라가 이런
자의 것이니라 15 내가 진실로 너희에게 이르노니 누구든지 하나님의
나라를 어린 아이와 같이 받들지 16않는 자는 결단코 그 곳에 들어가
지 못하리라 하시고 16 그 어린 아이들을 안고 그들 위에 안수하시고
축복하시니라

1. 교부들의 해석

자녀 출산이 혼인에서 중요하다. 그러나 아이를 낳지 못하는 여자를 내쫓아서는 안 된다. 이는 합법적인 이혼이 허용되는 현세의 법에 따라서가 아니라 복음의 법에 따라 그러하다. 모세가 이혼을

허용한 것은 그들의 마음이 완악한 연고 때문이었다.(Augistinus) 교회가 묶고 서약으로 굳건히 하고 축복으로 봉인하고 천사들이 선포하고 하나님께서 확증하시는 혼인의 행복을 어떤 말로 적절히 표현할 수 있겠는가? 지상에서조차 아버지의 동의 없이는 자녀들이 정해진 규범과 현행법에 따라서 혼인할 수 없다. 하나의 희망, 하나의 열망, 하나의 규율, 하나의 섬김으로 일치된 두 그리스도인 같은 짝이 어디 있겠는가? 이 둘은 형제며, 각자의 소임에서 동등하며, 몸과 마음으로 나누어짐 없이 참으로 둘이 한 몸이다.(Tertullianu-s) 한 남자가 한 여자를 만나서 한 몸을 이루는 신비는 하나님께서 육체 안에서 인간과 결합하시는 것에 비길 수 있다.(Origenes) 우리의 교리는 말만 외치는데 있지 않고 행동으로 보여주고 가르치는 데 있다. 그것은 우리가 태어난 대로 지내거나 한 번만 혼인하는 것이다. 재혼은 숨겨진 간음이다.(Athenagoras)[98]

2. 교부들의 해석에 대한 평가

교부들은 이혼에 대하여 많은 글들을 남겨놓았다. 그 이유는 초대교회에서 성윤리가 큰 비중을 차지했기 때문이다. 교인들의 엄격한 성윤리는 기독교가 상류층으로 확산되고 로마제국의 국교가 되는 데에 지대한 공헌을 했다. 당시 로마사회의 성윤리는 문란의 극치를 달렸는데, 기독교인들은 엄격한 성윤리로 널리 알려졌다. 이에 비기독교인 상류층 남자들이 결혼할 때에는 기독교인 여성을 선호했다. 그 결과 자녀들은 자연스럽게 기독교인이 되었다.

이는 이혼이 다반사인 오늘을 사는 우리에게 시사하는 바가 크다.

98) ACCS, Mark, pp. 127~129.

3. 본문 재해석

예루살렘으로 올라가실 때 갈릴리 지역은 조용히 지나가시면서 제자들과 주로 시간을 가지셨다. 예수님께서는 사마리아 지역에도 선교하시기 위하여 제자들을 먼저 보내어 교섭하게 했으나 실패하고 말았다.(눅9:51~56) 사마리아인과 유대인은 서로 앙숙이었기 때문이다. 이에 예수님께서는 요단 강 건너편으로 우회하여 예루살렘으로 올라가셨다.

❶ 요단 강 건너편

1 예수님께서 거기서 떠나 유대 지경과 요단 강 건너편으로 가시니 무리가 다시 모여들거늘 예수님께서 다시 전례대로 가르치시더니

갈릴리를 지날 때에는 제자들과만 시간을 보내면서 조용히 계셨던 예수님께서는 요단 강 건너편에 이르자 평소의 방식으로 사역을 하셨다. 그 이유는 이 지역에서는 선교하신 적이 없으셨기 때문이다. 예수님께서는 갈릴리, 이방지역, 사마리아 등 어느 곳이나 구분하지 않으시고 활동하셨다. 요한복음에 의하면 사마리아에서도 활동하셨다.(요4장)

❷ 이혼문제

2 바리새인들이 예수께 나아와 그를 시험하여 묻되 사람이 아내를 버리는 것이 옳으니이까 3 대답하여 이르시되 모세가 어떻게 너희에게 명하였느냐 4 이르되 모세는 이혼 증서를 써주어 버리기를 허락하였나이다 5 예수님께서 그들에게 이르시되 너희 마음이 완악함으로 말미암아 이 명령을 기록하였거니와 6 창조 때로부터 사람을 남자와 여자로 지으셨으니 7 이러므로 사람이 그 부모를 떠나서 8 그 둘이 한 몸이 될지니라 이러한즉 이제 둘이 아니요 한 몸이니 9 그러므로 하나님이 짝지어 주신 것을 사람이 나누지 못할지니라 하시더라

10 집에서 제자들이 다시 이 일을 물으니 11 이르시되 누구든지 그 아내를 버리고 다른 데에 장가 드는 자는 본처에게 간음을 행함이요 12 또 아내가 남편을 버리고 다른 데로 시집 가면 간음을 행함이니라

요단 강 건너편에서 병자를 고치며 가르치시자 많은 사람들이 몰려들었다. 또 바리새인들도 찾아와 꼬투리를 잡기 위해 질문을 던졌다. 이번에 그들이 던진 질문은 이혼에 관한 것이었다. 이들이 이혼 문제를 제기한 이유는 당시 유대교에서 이 문제는 서로 의견이 엇갈려 해결되지 않았기 때문이다. 논점은 이혼과 관련된 율법의 해석이었다.

> 사람이 아내를 맞이하여 데려온 후에 그에게 수치되는 일이 있음을 발견하고 그를 기뻐하지 아니하면 이혼 증서를 써서 그의 손에 주고 그를 자기 집에서 내보낼 것이요(신24:1)

이 구절에서 '수치되는 일'의 해석이 문제되었는데, 보수에 속하는 샴마이(Shammai)파에서는 '간음'으로 해석하여 간음 이외에는 이혼을 허락하지 않았다. 그러나 반대로 힐렐(Hillel)파에서는 폭넓게 해석하여 음식을 망친 경우, 길에서 남자와 이야기한 경우, 이웃집에 소리가 들리도록 소동을 벌인 경우 등도 이혼의 대상으로 보았다. 후일 아키바(Akiba 40~135)는 더 예쁜 여자가 생긴 경우도 포함시켰다. 당시 유대인 남자들은 언제든지 마음만 먹으면 이혼할 수 있었으나 여자에게는 그럴 권리가 없었다.

이에 예수님께서는 이혼에 대하여 창조의 원리로 해석하셨다. 하나님께서 사람을 만드실 때 남자와 여자로 만드시고 한 가정을 이루며 살게 하셨기 때문에 이는 하나님께서 짝지어 주신 것이며, 다시 나눌 수 없다고 하셨다. 모세가 이혼 증서를 주어 이혼을 허락한 것은 모세 당시 이혼 증서도 없이 이혼을 맘대로 하고 있었기 때문이었는데, 이혼 증서를 써주어 이혼하라는 말은 이혼을 허용하기 위해서가 아니라 금지하기 위해서라고 해석하신 것이다. 마태에서는 '음행한 이유'인 경우에는 이혼을 허용했으나 마가에는 이 구절도 없이 엄격히 금지하고 있다.

예수님께서는 이혼을 왜 이렇게 엄격하게 금하셨을까? 창조의 질서 때문이다. 하나님께서는 사람을 만드실 때 남자와 여자로 만드시고 그 후에는 가정에서 생명이 탄생하게 하셨다. 결혼과 가정에 하나님의 창조가 위임되어 있다. 이런 이유로 성경에서는 엄격한 성윤리를 강조하며, 가정을 중요하게 여긴다. 창세기의 창조 이야기는 가정을 만드시는 이야기이며, 율법의 안식일법, 희년법 등은 가정을 지켜주기 위한 법이다. 요한복음에 의하면 예수님께서는 결혼식에 참석하셔서 한 가정의 탄생을 축하하시는 것으로 사역을 시작하셨다.

사람에게 가정보다 더 중요한 것은 없다. 가정에서 태어나서 자라고 교육받고 한 사회인으로 성장하며, 신앙을 대물림하기 때문이다.

❸ 하늘나라 주인공

> 13 사람들이 예수님께서 만져 주심을 바라고 어린 아이들을 데리고 오매 제자들이 꾸짖거늘 14 예수님께서 보시고 노하시어 이르시되 어린 아이들이 내게 오는 것을 용납하고 금하지 말라 하나님의 나라가 이런 자의 것이니라 15 내가 진실로 너희에게 이르노니 누구든지 하나님의 나라를 어린 아이와 같이 받들지 않는 자는 결단코 그 곳에 들어가지 못하리라 하시고 16) 그 어린 아이들을 안고 그들 위에 안수하시고 축복하시니라

사람들이 예수님께 몰려올 때 어린아이들도 데리고 왔던 것 같다. 오병이어의 이야기는 한 어린이가 가지고 있던 양식이었다. 예수님께서는 어린아이들이 몰려오는 것을 금하지 않으셨다. 그런데 어떤 부모들이 예수님께 자기 자식들에게 안수해주시기를 부탁하는 일이 벌어지자, 제자들이 야단쳤다. 예수님께서 너무 바쁘셔서 아이들에게 안수하실 시간이 없으셨기 때문이다. 그런데 예수님께서는 이런 제자들을 꾸짖으시며, 하늘나라의 주인공은 어린아이라고 하셨다. 왜 어린아이가 하늘나라의 주인공일까?

어릴 때부터 말씀을 잘 배워야 올바른 신앙을 가지고 이 땅에 하

나님 나라를 실현할 수 있기 때문이다. 신명기에 의하면 각 가정에서 어린아이들에게 율법을 열심히 가르치라고 말하고 있다. 아이들에게 계약법의 가치관을 심어주어 그들이 살아 갈 목표와 존재 이유가 되게 하라는 말씀이다.

이 땅에 하나님 나라의 실현 여부는 어린아이들에게 어떤 가치관을 심어주느냐에 달려있다.

물음 38 영생, 어떻게 해야 얻을 수 있는가?

본문 : 〈 10:17~31 〉

17 예수님께서 길에 나가실새 한 사람이 달려와서 꿇어 앉아 묻자오되
선한 선생님이여 내가 무엇을 하여야 영생을 얻으리이까 18 예수님께
서 이르시되 네가 어찌하여 나를 선하다 일컫느냐 하나님 한 분 외에
는 선한 이가 없느니라 19 네가 계명을 아나니 살인하지 말라, 간음하
지 말라, 도둑질하지 말라, 거짓 증언 하지 말라, 속여 빼앗지 말라, 네
부모를 공경하라 하였느니라 20 그가 여짜오되 선생님이여 이것은 내
가 어려서부터 다 지켰나이다 21 예수님께서 그를 보시고 사랑하사 이
르시되 네게 아직도 한 가지 부족한 것이 있으니 가서 네게 있는 것을
다 팔아 가난한 자들에게 주라 그리하면 하늘에서 보화가 네게 있으리
라 그리고 와서 나를 따르라 하시니 22 그 사람은 재물이 많은 고로
이 말씀으로 인하여 슬픈 기색을 띠고 근심하며 가니라

23 예수님께서 둘러 보시고 제자들에게 이르시되 재물이 있는 자는 하나
님의 나라에 들어가기가 심히 어렵도다 하시니 24 제자들이 그 말씀에
놀라는지라 예수님께서 다시 대답하여 이르시되 얘들아 하나님의 나라
에 들어가기가 얼마나 어려운지 25 낙타가 바늘귀로 나가는 것이 부자
가 하나님의 나라에 들어가는 것보다 쉬우니라 하시니 26 제자들이 매
우 놀라 서로 말하되 그런즉 누가 구원을 얻을 수 있는가 하니 27 예
수님께서 그들을 보시며 이르시되 사람으로는 할 수 없으되 하나님으로
는 그렇지 아니하니 하나님으로서는 다 하실 수 있느니라

28 베드로가 여짜와 이르되 보소서 우리가 모든 것을 버리고 주를 따랐나이다 29 예수님께서 이르시되 내가 진실로 너희에게 이르노니 나와 복음을 위하여 집이나 형제나 자매나 어머니나 아버지나 자식이나 전토를 버린 자는 30 현세에 있어 집과 형제와 자매와 어머니와 자식과 전토를 백 배나 받되 박해를 겸하여 받고 내세에 영생을 받지 못할 자가 없느니라

31 그러나 먼저 된 자로서 나중 되고 나중 된 자로서 먼저 될 자가 많으니라

1. 교부들의 해석

율법을 잘 지켰다며 교만해져 있던 젊은이는 율법의 끝이신 그리스도를 알아뵙지 못한 채 행동으로 의롭게 될 수있다고 생각했다. 그는 주님께서 이스라엘의 잃어버린 양들에게 오셨다는 것과 의롭게하는 믿음없이 율법만으로는 구원될 수 없다는 것을 알지 못했다. 율법을 잘 지키고 있다는 젊은이의 가짜 신앙에 대하여 주님께서는 "어찌하여 나를 선하다 하느냐?"라는 대답으로 거부하셨다. "하나님 한 분 외에는 선한 이가 없다."는 말씀은 당신을 하나님으로 부른다면 '선하다'라는 표현을 거절하지 않으시겠다는 뜻이다.(Hilla-ry of Poitiers 310~367) 아드님 안에는 아버지 안에 있는 선과 다른 또 하나의 선이 있는 게 아니다. 그래서 주님께서는 아버지 안에 있는 유일한 선과 다른 부차적인 선이 아드님 안에 있는 것이 아니라는 것을 알게 하시기 위하여 "하나님 한 분 외에는 선한 이가 없다."라고 하셨다.(Origenes) 영원한 생명을 얻으려면 무슨 일을 해야하느냐라고 부자가 선하신 스승님에게 물었다. 선하신 스승님께서는 당신을 인간으로만 여기며, 더 이상의 존재, 곧 하나님이시기에 선하시다는 생각을 하지 못하는 젊은 이에게 말씀하셨다. 영생을 얻으려면 계명들을 지켜라, 살인하지 마라. 간음하지 마라. 도둑질하지 마라. 거짓증언하지 마라.(Augustinus) 주님의 이름 때문에 부모와 자녀에 대한 사랑을 멀리하고 그리스도를 섬기는 이들과 순

수한 사랑을 나누는 사람들은 백 배가 넘는 형제들과 가족들을 얻을 것이다. 한 사람 대신 더 강렬하고 놀라운 사랑으로 맺어진 수많은 부모와 형제가 생긴다. 한 아버지와 한 어머니와 한 집을 떠났지만 아무런 노력이나 보살핌 없이도 수많은 아버지와 어머니와 형제들을 얻었을 뿐 아니라 집들과 땅들과 아주 충실한 종들까지 얻었다. 우리가 어디를 가든지 그들은 우리를 가족으로 맞아들여 환대하고 존경하며 최고의 정성을 기울이며 돌봐줄 것이다.(Joannes Cass-ianus 360~435)[99]

2. 교부들의 해석에 대한 평가

교부들은 본문에 대하여 상당히 많은 관심을 가지고 글을 남겼다. 가장 많은 내용이 젊은이가 왜 예수님을 선한 선생님이라고 불렀는가의 문제인데, 그는 예수님께서 하나님이시라는 사실을 알지 못했기 때문이라고 했다. 본문의 핵심이 영생에 이르는 방법의 문제인데, 교부들은 왜 계명을 지키는 것이 영생에 이르는 길인지에 대해서는 침묵하고 있다. 힐러리는 믿음 없이 율법만으로는 구원에 이를 수 없다고 했으나 왜 그런지와 본문에서 예수님께서 하신 말씀과 서로 다르다는 것 등에 대해서는 아무런 설명이 없다. 본문에서 말하려는 의도와 교부들의 해석은 서로 엇갈리고 있다.

3. 본문 재해석

본문은 예수님께서 영생에 이르는 길, 곧 구원받는 방법에 대하여 명확하게 말씀하셨기 때문에 구원론과 관련하여 대단히 중요하며 공관복음서에서(마19:16~30, 눅18:18~30) 모두 자세하게 기록하고 있다. 예수님께서 말씀하신 구원의 길은 어떤 것일까? 오늘 우리가 알고 있는 것과는 어떻게 다를까? 이 문제는 대단히 중요하

99) ACCS, Mark, pp. 131~139.

므로 다른 복음서의 병행 본문을 같이 사용하면서 다뤄보고자 한다.

❶ 내가 무엇을 하여야 영생을 얻으리이까

> 17 예수님께서 길에 나가실새 한 사람이 달려와서 꿇어 앉아 묻자오되 선한 선생님이여 내가 무엇을 하여야 영생을 얻으리이까 18 예수님께서 이르시되 네가 어찌하여 나를 선하다 일컫느냐 하나님 한 분 외에는 선한 이가 없느니라

본문은 어떤 관원(눅18:18)이 예수님을 찾아와 무릎을 꿇고 앉아 진지하게 영생의 길을 묻는 이야기로 시작되고 있다. 예수님께서는 이 젊은이의 심각한 질문에 무어라고 대답하셨을까?

❷ 생명에 들어가려면 계명들을 지키라

> 19 네가 계명을 아나니 살인하지 말라, 간음하지 말라, 도둑질하지 말라, 거짓 증언하지 말라, 속여 빼앗지 말라, 네 부모를 공경하라 하였느니라

> (마19:17)예수님께서 이르시되 … 네가 생명에 들어가려면 계명들을 지키라 (마19:18)이르되 어느 계명이오니이까 예수님께서 이르시되 살인하지 말라, 간음하지 말라, 도둑질하지 말라, 거짓 증언 하지 말라, (마19:19)네 부모를 공경하라, 네 이웃을 네 자신과 같이 사랑하라 하신 것이니라

예수님께서는 영생에 이르려면 십계명을 지켜야 한다고 하셨다. 바울서신에 기초한 구속사 구원론에 익숙한 우리는 이 말씀을 인정하기 대단히 어렵다. 구속사 구원론에서는 예수님의 십자가를 통해서 죄 용서함과 구원을 받는다고 말한다. 그런데 이미 〈물음1〉에서 말한 바와 같이 네 복음서에서는 십자가를 통해서 죄를 용서받는다는 구절이 단 한 곳에도 없다. 구속사 구원론은 바울의 갈라디아서와 로마서에 기초한다. 그런데 바울의 주요 관심과 역할은 유대교와 기독교의 관계 정립이었다. 당시 유대교는 조항으로 만들어 지키는 유대교 율법(안식일, 할례, 정결례 등)을 지키면 의롭다함을 얻는다고 주장했기 때문에 바울은 그런 유대교 율법 조항을 지키는 행위로는 구원을 받을 수 없으며 예수님을 통해서 오는 하나님의 용서하심

과 은혜로만 구원이 가능하다고 말했다.

사도바울의 논점은 유대교 의인론이었다. 그런데 구속사 신학에서는 바울의 이런 주장을 계약과 상관없이 구원론으로 연결하여 십자가에서 죄가 사해져서 용서함을 받으며 구원이 완성된다고 말한다. 이와 같은 구속사 구원론은 본래 사도바울이 말하려는 의도와는 서로 주제가 달라서 상관이 없다.

왜 십계명을 지켜야 영생을 얻는다고 말씀하셨을까?

십계명은 계약법의 함축이기 때문에 계약법을 지켜야 구원을 얻는다는 뜻이다. 〈물음1〉에서 살펴본 바와 같이 하나님과 사람의 관계는 계약 관계이며, 아담의 죄로 말미암아 파기된 계약의 회복이 곧 구원이다. 하나님께서는 파기된 계약을 회복시키기 위하여 이스라엘과 계약을 맺으셨으나 그들의 계약 불이행으로 구원의 길이 사라지고 말았다. 이에 하나님께서 인간으로 오셔서 계약 파기의 죄를 대신 받으시는 대속의 십자가를 지심으로 새로운 계약의 길이 열렸다. 예수님께서 십자가에서 죽으심으로 새로운 계약이 가능해졌다. 이런 사실은 예수님께서 성만찬 예식사에서 예수님의 피는 새로운 계약을 위한 피라고 명확하게 말씀하셨다. 예수님의 대신 죽으심으로 직접 구원받는 것이 아니라 새로운 계약의 길이 열렸기 때문에 이제 새로운 계약을 지킴으로써 구원받는 것이다.

구원을 받는 것과 계약 실천은 뗄 수 없는 관계이다.

❸ 가난한 자들에게 나누어 주고 나를 따르라

20 그가 여짜오되 선생님이여 이것은 내가 어려서부터 다 지켰나이다
21 예수님께서 그를 보시고 사랑하사 이르시되 네게 아직도 한 가지
부족한 것이 있으니 가서 네게 있는 것을 다 팔아 가난한 자들에게 주
라 그리하면 하늘에서 보화가 네게 있으리라 그리고 와서 나를 따르라
하시니 22 그 사람은 재물이 많은 고로 이 말씀으로 인하여 슬픈 기색
을 띠고 근심하며 가니라

십계명은 어렸을 때부터 다 지켰다라고 자신있게 말하는 청년에게 예수님께서는 "네가 가진 것을 다 팔아 가난한 자들에게 나누어 주고 나를 따르라."라고 하시자 부자였던 그는 근심하다가 그냥 돌아갔다. 왜 예수님께서는 이런 실천을 요청하셨을까? 십계명은 계약법의 함축이며, 계약법의 핵심은 안식년과 희년 실천이다. 안식년과 희년을 지킨다면 부자가 등장할 수가 없다. 예수님께서 말씀하신 계명을 지키라는 말씀은 안식년과 희년을 지키라는 말씀이다. 살인, 간음, 절도, 위증에 들어있는 본래 의도는 이런 정신이었다. 사회법에서 말하는 것과는 많은 차이가 있다.

영생에 이르려면 계약법을 지켜야 한다.

❹ 낙타가 바늘구멍으로 나가기

23 예수님께서 둘러 보시고 제자들에게 이르시되 재물이 있는 자는 하나님의 나라에 들어가기가 심히 어렵도다 하시니 24 제자들이 그 말씀에 놀라는지라 예수님께서 다시 대답하여 이르시되 얘들아 하나님의 나라에 들어가기가 얼마나 어려운지 25 낙타가 바늘귀로 나가는 것이 부자가 하나님의 나라에 들어가는 것보다 쉬우니라 하시니

청년이 근심하며 돌아가자 예수님께서는 "낙타가 바늘귀로 나가는 것이 부자가 하나님의 나라에 들어가는 것보다 쉬우니라."라고 하셨다. 무슨 뜻일까? 부자는 안 되고 가난한 자는 된다는 말씀일까? 하나님께서 부자와 가난한 자를 차별하실까? 가난하기 때문에 더 어려울 수도 있다. 그렇다면 무슨 뜻일까?

계약법을 실천하지 않고서는 구원받을 방법은 없다.

❺ 하나님으로서는 다 하실 수 있느니라

26 제자들이 매우 놀라 서로 말하되 그런즉 누가 구원을 얻을 수 있는가 하니 27 예수님께서 그들을 보시며 이르시되 사람으로는 할 수 없으되 하나님으로는 그렇지 아니하니 하나님으로서는 다 하실 수 있느니라

마가복음은 다른 복음서보다 더 엄격하다. 이혼의 경우에도 '간음'이라는 예외 조항이 없으며, 구원에 있어서도 "하나님 나라에 들어가기가 얼마나 어려운지"라는 구절이 들어있다. 제자들이 "그런즉 누가 구원을 얻을 수 있겠는가?"라고 서로 수군거리자 "사람은 할 수 없지만 하나님으로서는 다 하실 수 있다."라고 하셨다. 무슨 뜻일까? 하나님께서 도와주시면 할 수 있다는 뜻일까? 이 말은 하나님에게 책임을 떠맡기는 무책임한 말이 될 수 있다. 하나님께서 누구는 도와주시고 누구는 도와주시지 않는가?

이에 대한 대답은 초대 교회사에 들어있다. 사도행전의 예루살렘 교회 이후 교인이 되려면 생명과 재산을 포기해야 했다. 박해시대를 맞으면서 생명 포기는 현실이 되었다. 이런 상황이 되면 교인들이 줄어들었으리라고 생각되지만 결과는 정반대였다. 생명을 포기하고 재산을 공유하는 초대교인들의 모습은 큰 감동을 주었다. 가난한 사람들에게만이 아니라 부자와 상류층에도 이런 감동이 전달되었으며, 기독교인을 재판하던 법관도 스스로 기독교인이 되는 일이 생겨났다. 부자와 상류층 중에서 복음을 받아들이고 재산을 교인들과 공유한 사람들이 많았다. 요한 카시안이 "한 아버지와 한 어머니와 한 집을 떠났지만 아무런 노력이나 보살핌 없이도 수많은 아버지와 어머니와 형제들을 얻었을 뿐 아니라 집들과 땅들과 아주 충실한 종들까지 얻었다."라고 한 말은 결코 과장이 아니다. 박해 시절 기독교인들은 이런 삶을 실천했다.

이권에 눈이 어두운 사람들도 많지만 이 땅에 하나님 나라를 실현해 보자고 생각하는 사람들도 많이 있다. 그런 사람들 때문에 세상이 이만큼이라도 유지되고 있다. 하나님께만 책임을 떠넘길 일이 아니다. 사람이 할 수 있는 것은 사람이 해야 한다. 하나님의 도우심은 그곳에 임한다.

❻ 현세에 백 배나 받으리라

28 베드로가 여짜와 이르되 보소서 우리가 모든 것을 버리고 주를 따랐나이다 29 예수님께서 이르시되 내가 진실로 너희에게 이르노니 나와 복음을 위하여 집이나 형제나 자매나 어머니나 아버지나 자식이나 전토를 버린 자는 30 현세에 있어 집과 형제와 자매와 어머니와 자식과 전토를 백 배나 받되 박해를 겸하여 받고 내세에 영생을 받지 못할 자가 없느니라

(마19:27)이에 베드로가 대답하여 이르되 보소서 우리가 모든 것을 버리고 주를 따랐사온대 그런즉 우리가 무엇을 얻으리이까

하나님 나라에 들어가기 어렵다는 말씀에 베드로는 "우리가 모든 것을 버리고 주를 따랐사온대 그런즉 우리가 무엇을 얻으리이까?"라고 물었다. 그러자 현세에서 집과 전토를 백 배나 받고 내세에 영생을 받으리라고 하셨다. 현세에 백 배나 받는다는 말씀은 무슨 뜻일까?

가진 것을 다 팔아 가난한 자들에게 나누어주라는 말씀과 직접 관련이 있다. 하나님께서 원하시는 것이 재산을 다 처분하고 가난한 자로 살라는 것일 리가 없다. 재산이 있는 사람, 돈을 버는 능력이 있는 사람이 혼자만 살려고 하지 말고 가지고 있는 재산으로, 돈 버는 능력으로 가난한 자들의 문제를 해결해주라는 말씀이다. 그렇게 하려고만 하면 하나님께서 그에게 하늘의 돈을 맡기시겠다는 말씀이다. 이렇게 해석을 해야 앞뒤가 맞다.

이 말씀을 오해하여 가난을 실천하는 수도원 운동이 일어났는데 이것이 교회사의 비극이다. 가난 실천이 아닌 가난을 청산하는 운동이어야 했다. 계약에 대한 이해가 없었기 때문에 일어난 안타까운 비극이다.

본문은 무엇을 말하는가?

❼ 구원과 경제정의 실현과의 관계

에덴동산에서는 하나님께서 주시는 자연적인 먹거리들을 먹으면서 행복하게 살아갈 수 있었으나(창1:29), 타락 이후에는 먹거리를

얻기 위하여 땅에서 무진 고생해야 했다.(창3:17~19) 구원은 타락 이전의 상태로 돌아가는 것인데 그 핵심에는 먹거리 해결이 들어있다. 계약법에서 경제 문제를 핵심으로 다루는 이유는 여기에 있다. 성경에서는 인간의 구원과 경제 문제 해결을 떼놓고 말하지 않는다. 인간이 본래 육체를 가지고 있어서 먹지 않고는 살 수가 없기 때문이다.

물론 인간에게 육체만 있는 것은 아니다. 정신과 영혼은 육체 속에 들어있어서 서로 분리되지 않는다. 성경은 육체와 영혼을 하나로 보기 때문에 육체를 말하는 것이 곧 영혼을 말하는 것이며 영혼을 말하면서 육체를 빼놓지 않는다. 그러나 육체속에 영혼이 들어 있기 때문에 늘 육체를 먼저 말할 뿐이다. 성경은 육체의 가장 힘든 짐인 가난을 어떻게 말하고 있는가?

가난 실천이 아니라 가난 청산이다.

물음 39 제자들, 왜 계속 오해할까?

본문 : 〈 10:32~45 〉

32 예루살렘으로 올라가는 길에 예수님께서 그들 앞에 서서 가시는데 그
들이 놀라고 따르는 자들은 두려워하더라 이에 다시 열두 제자를 데리
시고 자기가 당할 일을 말씀하여 이르시되 33 보라 우리가 예루살렘에
올라가노니 인자가 대제사장들과 서기관들에게 넘겨지매 그들이 죽이기
로 결의하고 이방인들에게 넘겨 주겠고 34 그들은 능욕하며 침 뱉으며
채찍질하고 죽일 것이나 그는 삼 일 만에 살아나리라 하시니라

35 세베대의 아들 야고보와 요한이 주께 나아와 여짜오되 선생님이여 무
엇이든지 우리가 구하는 바를 우리에게 하여 주시기를 원하옵나이다
36 이르시되 너희에게 무엇을 하여 주기를 원하느냐 37 여짜오되 주

의 영광중에서 우리를 하나는 주의 우편에, 하나는 좌편에 앉게 하여
주옵소서 38 예수님께서 이르시되 너희는 너희가 구하는 것을 알지 못
하는도다 내가 마시는 잔을 너희가 마실 수 있으며 내가 받는 세례를
너희가 받을 수 있느냐 39 그들이 말하되 할 수 있나이다 예수님께서
이르시되 너희는 내가 마시는 잔을 마시며 내가 받는 세례를 받으려니
와 40 내 좌우편에 앉는 것은 내가 줄 것이 아니라 누구를 위하여 준
비되었든지 그들이 얻을 것이니라

41 열 제자가 듣고 야고보와 요한에 대하여 화를 내거늘 42 예수님께서
불러다가 이르시되 이방인의 집권자들이 그들을 임의로 주관하고 그
고관들이 그들에게 권세를 부리는 줄을 너희가 알거니와 43 너희 중에
는 그렇지 않을지니 너희 중에 누구든지 크고자 하는 자는 너희를 섬
기는 자가 되고 44 너희 중에 누구든지 으뜸이 되고자 하는 자는 모든
사람의 종이 되어야 하리라

45 인자가 온 것은 섬김을 받으려 함이 아니라 도리어 섬기려 하고 자기
목숨을 많은 사람의 대속물로 주려 함이니라

1. 교부들의 해석

예루살렘으로 향하는 제자들은 놀라며 두려워했다. 주님으로부터 수난의 예고를 들었기 때문이다. 수난을 앞두고 두려워하는 제자들에게 수난의 치욕뿐만 아니라 부활과 영광을 같이 말씀하셨다. 제자들이 당신의 죽음을 지켜보면서 약속하신 대로 부활하시리라는 것을 믿게 하려는 뜻이었다.(Bede) 주님께서는 자신이 어떻게 돌아가실지 예고하시면서 십자가의 죽음에 대하여 말씀하시기 보다는 유대인들이 당신을 다른 민족, 곧 로마인에게 넘기리라는 사실을 알려주셨다. 빌라도는 로마인이었고, 그를 유대총독으로 임명한 것도 로마인이기 때문이다.(Augustinus) 세베대의 아들들이 주님께 높은 자리를 청하자 주님은 당신의 잔을 마실 것을 요구하셨다. 당신의 수난과 투쟁을 본받으라는 말씀이다. 지상의 싸움과 고통을 겪지 않고서는 천국 저편에 다다를 수 없는 사실을 되새겨주시려는 뜻이었다.(Bede) 주님께서는 십자가를 잔으로, 죽음을 세례라고 부르신다. 십자가를 잔이라 부르신 것은 기쁘게 십자가로 나아가셨기 때문

이고, 죽음을 세례라고 부르신 이유는 죽음으로 온 세상을 깨끗하게 하셨기 때문이다.(Chrysostom)[100]

2. 교부들의 해석에 대한 평가

교부들은 본문의 세례와 십자가 사건을 영적으로 해석하여 서로 세례와 관련시키고 있다. 그러나 정작 본문에서 말하려는 의도에는 전혀 접근되지 않고 있다.

3. 본문 재해석

본문은 예수님의 세 번의 수난 예고(8:31~38, 9:9, 30~32, 10:32~34) 중 마지막에 해당된다. 세 번째 수난 예고는 앞에와는 달리 좀 더 상세하고 구체적이다. 그런데 이런 수난 예고에 대하여 제자들은 어떤 반응을 보였을까? 첫 번째 수난 예고에서는 베드로가 강력하게 항변하다가 “사탄아, 너는 내 뒤로 물러가라!”는 책망을 받았고, 두 번째 수난 예고에서는 서로 누가 높아질 것이냐고 다투었다. 그런데 이제 마지막 수난 예고에서는 어떤 반응을 보였을까?

❶ 세베대의 두 아들

> 35 세베대의 아들 야고보와 요한이 주께 나아와 여짜오되 선생님이여 무엇이든지 우리가 구하는 바를 우리에게 하여 주시기를 원하옵나이다 36 이르시되 너희에게 무엇을 하여 주기를 원하느냐 37 여짜오되 주의 영광중에서 우리를 하나는 주의 우편에, 하나는 좌편에 앉게 하여 주옵소서

마지막 수난 예고가 있고 난 다음에 야고보와 요한은 예수님을 찾아와서 자신들을 주님의 좌우에 앉혀달라고 요청했다. 마태에 의하면 야고보와 요한의 어머니가 예수님을 찾아와 청탁했다.(마 20:20~21) 그러자 이를 알게 된 다른 제자들이 크게 화를 냈다.

---

100) ACCS, Mark, pp. 140~144.

누가복음에 의하면 예수님께서 제자들과 마지막 식사를 하시면서 성만찬 예식사를 하신 후 제자 중 한 명에게 배반을 당하리라는 말씀을 하신 다음에, 즉 예수님께서 돌아가시던 밤에도 제자들은 또 서로 누가 높은 자리를 차지할 것이냐를 두고 다투었다.(눅 22:24~30) 제자들은 수난을 예고할 때마다 서로 높은 자리를 차지하려고 다투었다. 왜 이런 어처구니 없는 일이 벌어졌을까?

이를 종합해보면 제자들은 예수님의 수난 예고를 왕이 되신다는 말로 오해했다는 결론에 이르게 된다. 어떻게 정반대로 이해했을까? 예수님을 따라다니던 제자들은 예수님의 초자연적인 모습들을 지켜보면서 예수님께서 돌아가시리라고는 꿈에도 생각할 수 없었던 것 같다. 특히 3일 만에 부활하신다는 말씀을 왕이 된다는 말씀으로 오해하여 묻는 것조차 두려워했다.(막9:32) 그 결과 수난을 예고할수록 왕이 되실 때가 가까이 왔다고 생각하며 정반대로 받아들였다.

사도들의 이런 과정과 지난날의 교회사를 돌이켜 보면 신앙을 바로 이해한다는 것이 얼마나 어려운지를 다시 생각해 보게 된다. 어떻게 말도 안 되는 오류에 빠져서 그렇게 오랫동안 헤어나오지를 못했을까? 편견과 고정관념 중 가장 무서운 것이 종교적인 고정관념이다. 정통신앙이라는 이름으로 자리 잡으면 도무지 요지부동이다. 예수님께서는 마귀를 거짓의 아비라고 하셨다. 그 이유는 마귀의 가장 큰 무기는 속임수이기 때문이다. 거짓의 아비인 마귀는 온갖 수단과 방법을 다해서 정통교리를 장악한다. 예수님 당시의 유대교 정통교리가 그러했다. 예수님은 유대교의 정통교리 때문에 희생되셨다. 기독교의 중세교회가 그러했다. 그런데 오늘의 개신교는 어떠할까? 동일한 오류에 빠져있다. “나는 절대로 오류에 빠져있을 리 없다.”는 생각이 들면 이는 곧 마귀에게 속고 있다는 확실한 증거다.

❷ 너희가 구하는 것을 알지 못하는도다

38 예수님께서 이르시되 너희는 너희가 구하는 것을 알지 못하는도다
내가 마시는 잔을 너희가 마실 수 있으며 내가 받는 세례를 너희가 받
을 수 있느냐 39 그들이 말하되 할 수 있나이다

신학자가, 설교자가 범할 수 있는 가장 큰 죄는 자신들이 하는 말이 무엇인지를 모르는 죄이다. 잠깐 살아가는 이 세상에서는 우리가 불평등하고 고통스럽게 살지만 영원한 하늘나라에서는 모두가 공평하고 행복하게 산다고 말하는 설교는 인류역사에서 가장 큰 비극을 불러왔다. 고대로부터 제사장들이 자신들의 기득권을 지키기 위해 백성들을 현혹시킨 말이며, 중세기독교를 암흑으로 몰아넣은 간교한 속임수였다. 이런 설교는 이 세상에서 잘못된 것들을 뜯어 고치려는 생각을 하지 못하게 하는 역할을 하기 때문이다. 공산주의자들이 기독교를 가리켜 민중의 아편이라고 하며, 기독교인들을 숙청한 이유는 여기에 있다.

이 세상에서 행위가 아닌 믿음으로 구원받으며, 죽은 다음에 영혼이 하늘나라에 간다고 말하는 구속사 구원론은 역사의 오류를 반복하고 있다. 믿음으로 구원받은 다음에 삶을 바르게 살면 된다고 생각하지만 이는 논리적인 모순이며, 불가능하다. 행위와 구원이 상관이 없는데 어떻게 올바른 삶을 사는가? 초대교회 이후의 역사에서 그런 삶을 산 적이 없었다. 초대교회에서는 교인이 되려면 생명과 재산을 포기해야 했고 세례 이후에 짓는 죄는 용서받지 못한다고 가르쳤다. 초대교회에는 생명과 재산을 포기하는 삶과 구속사 신앙이 공존했다. 그런데 중세로 넘어가면서 이런 삶이 사라지고 행위와 상관없이 믿음으로 구원받는다는 구속사 신앙이 정착되고 말았다. 그러다가 개신교의 복음주의에 이르러서는 회심과 영혼구원에 더 큰 비중을 두면서 구속사 신앙으로 더 치우치고 말았다.

예수님께서는 야고보와 요한의 요청에 "너희는 너희가 구하는 것

을 알지 못하는도다!"라고 탄식하셨다. 복음서에 사도들의 이런 치부가 낱낱이 기록된 이유는 종교지도자들은 이런 오류에 빠지지 말라는 간곡한 당부였다. 인류 역사에서 찾아볼 수 있는 가장 큰 오류와 비극은 설교자가 무슨 소리인지를 모르고 하는 설교였다. 설교가 잘못되면 그 시대가 잘못된다. 사회학자들의 말에 의하면 종교는 그 사회의 마지막 보루이기 때문이다.

❸ 섬김

> 45 인자가 온 것은 섬김을 받으려 함이 아니라 도리어 섬기려 하고 자기 목숨을 많은 사람의 대속물로 주려 함이니라

서로 높아지려고 다투는 제자들에게 예수님께서는 섬김의 기독론을 말씀하셨다. 예수님께서 오신 목적은 섬김을 받기 위함이 아니다. 이는 무슨 윤리, 도덕강령 이전에 하나님께서 만드신 세상 만물의 기본적인 원리이다. 물질의 세계에는 중력이 지배하기 때문에 모든 물질은 밑으로 내려간다. 물리학에서는 중력의 현상은 설명하지만 중력의 원인은 설명하지 못하고 있다. 그러나 신앙의 경험인 영성에서는 설명이 가능하다. 하나님을 경험해 보면 그분은 가장 낮은 자리에 계신다. 만물은 하나님을 향하고 있는 셈이다. 하나님 대면의 상태에서는 온갖 전율이 엄습해 오는데, 그 전율은 대면 상태를 경험하는 자가 하나님보다 마음과 정신의 자세가 높아져 있기 때문에 나타나는 현상이다. 영성 수련은 이렇게 높아져 있는 자세를 낮추는 훈련이다. 원리와 이치는 지극히 단순하다.

❹ 대속물

> 45 … 자기 목숨을 많은 사람의 대속물로 주려 함이니라

본문의 '대속물'(代贖物 λύτρον)은 교리사의 속죄론에서 논란이 많았던 구절이므로 자세히 살피고자 한다. 복음서에서는 여기와 병행본문(마20:28)에만 나오며, 신약성경에서는 딤전 2:6에서 합성

어(ἀντίλυτρον)로 한번 쓰인다. 동사 '대속하다'(λυτρόω)는 3회(눅24:21, 딛2:14, 벧전1:18), 대속의 결과인 속량(贖良 λύτρωσις)이 3회(눅1:68, 2:38, 히9:12), 속량과 유사한 속전(贖錢 ἀπολύτρωσις)이 10회(눅21:28, 롬3:24, 8:23, 고전1:30, 엡1:7, 14, 4:30, 골1:30, 히9:15, 11:35) 쓰였다.[101)]

이런 구절들을 기초로 속죄론 교리가 만들어졌는데, 예수님께서 그 생명을 누구에게 속죄물로 주었는가가 논쟁의 초점이었다. 오리겐은(182~254)은 죄의 권세를 쥐고 있는 마귀에게 주었다고 했으며, 닛사의 그레고리(331~396)는 하나님께서 단지 마귀를 속이신 계략(trick)으로, 그레고리 대제(540~601)는 하나님께서 마귀를 낚은 낚시바늘로, 피터 롬바르드(1100~1160)는 하나님께서 마귀를 잡는 덫의 먹이로 해석했는데, 이런 해석들을 '보상설'이라 한다. 안셀름(1033~1109)은 하나님께서 만들어 놓으신 법인 공의를 충족시키기 위함이었다고 했는데 이를 '만족설'이라 한다. 그런가 하면 아벨라드(1079~1142)는 사랑의 하나님께서 인간에게 도덕적인 감화를 주신 것이라는 감화설을 주장했다. 이런 속죄 교리가 만들어지는 데 1천여 년이 걸렸지만 아직 마무리되지 않고 제각기 주장이 서로 다르다. 구속사 시각에서 이런 식으로 논쟁한다면 누구나 공감할만한 대속교리가 가능하긴 할까?

그러나 결론이 나지 않는 구속사와는 달리 계약사에서 보면 너무 간단하다. 예수님의 대신 죽으심은 새로운 계약을 가능하게 하신 '계약설'이다. 대속물은 앞에서도 계속 언급한 바와 같이 새로운 계약을 위한 대속 제물이다. 계약과 상관없이 구원을 받게하는 대속이 아니다. 정통구원론의 오류는 대속에 대한 오해에 기인한다. 예수님

---

101) LXX(헬라어 구약성경)에서는 대속물을 네 가지 의미로 사용한다. 1)범죄의 보상으로 내는 돈(민35:31~32), 2)생명을 부지하기 위해 내는 돈(출21:30), 3)친척의 권리를 사기 위해 다음 친척이 내는 돈(레25:51~52), 4)초태생을 제물로 드리는 대신 내는 돈(민18:15)

께서 모든 사람의 죄를 위해서 십자가에서 대신 죽으셨기 때문에 예수님을 통해서만 구원받는다는 명제는 맞다. 그런데 예수님의 죽으심이 새로운 계약을 위한 대속의 죽으심이라는 전제가 빠져있다. 전자에서는 행위가 필요없다고 말할 수 있지만 후자에서는 이제 새계약을 실천할 행위가 필요해진다.

예수님께서는 새로운 계약 체결을 위한 대속물로 목숨을 바치셨다.

물음 40 마지막 잃어버린 양, 그는 누구일까?

본문 : 〈 10:46~52 〉

46 그들이 여리고에 이르렀더니 예수님께서 제자들과 허다한 무리와 함
께 여리고에서 나가실 때에 디매오의 아들인 맹인 거지 바디매오가 길
가에 앉았다가 47 나사렛 예수시란 말을 듣고 소리 질러 이르되 다윗
의 자손 예수여 나를 불쌍히 여기소서 하거늘 48 많은 사람이 꾸짖어
잠잠하라 하되 그가 더욱 크게 소리 질러 이르되 다윗의 자손이여 나
를 불쌍히 여기소서 하는지라

49 예수님께서 머물러 서서 그를 부르라 하시니 그들이 그 맹인을 부르
며 이르되 안심하고 일어나라 그가 너를 부르신다 하매 50 맹인이 겉
옷을 내버리고 뛰어 일어나 예수께 나아오거늘 51 예수님께서 말씀하
여 이르시되 네게 무엇을 하여 주기를 원하느냐 맹인이 이르되 선생님
이여 보기를 원하나이다 52 예수님께서 이르시되 가라 네 믿음이 너를
구원하였느니라 하시니 그가 곧 보게 되어 예수님을 길에서 따르니라

1. 교부들의 해석

마가는 바디매오와 그 아버지의 이름을 기록했다. 치유된 사람들의 이름이 이렇게 기록된 경우가 없었다. 디매오의 아들 바디매오가

큰 영화를 누리다가 몰락한 인물이었기에, 눈이 먼 채 주저앉아 구걸해야 하는 거지가 되어버린 비참한 신세는 널리 알려진 충격적인 사건이었던 것이 분명하다.(Augustiunus) 그분은 틀림없이 구원해 주신다. 그러나 당신께서 약속하신 방식대로 구원하실 것이다. 어떻게 약속하시는가? 우리가 구원을 가까이하며 당신 말씀을 듣는다는 전제로 그리하셨다. 그분은 나무 토막에게는 약속하지 않으시기 때문이다.(Chrysostom)[102]

2. 교부들의 해석에 대한 평가

본문에 대한 교부들의 글은 별로 없다. 어거스틴은 바디매오의 이름이 기록된 이유에 대하여 그가 영화를 누리다가 몰락한 사람이었기 때문이라고 나름대로 추정했다.

3. 본문 재해석

본문을 예수님의 행보에서 보면 대단히 중요하다. 예수님께서 예루살렘에 올라가시기 전에 마지막으로 거쳐 가신 곳이 여리고인데, 그런데 여리고에서 만나는 마지막 사람이 거지 소경 바디매오이다. 누가복음에 의하면 예수님은 여리고의 삭개오의 집에서 머물다 가셨다. 그런데 마가복음에는 삭개오의 이야기가 없이 바디매오의 이야기만 나온다. 마가는 삭개오의 이야기보다 바디매오의 이야기를 더 중요하게 생각했다는 증거다. 그 이유는 마가복음이 이적을 중심으로 기록하기 때문이기도 하겠지만 바디매오의 이야기 자체가 중요하기 때문이었을 것이다.

이 이야기가 왜 중요할까?

102) ACCM, Mark, pp. 144~145.

❶ 바디매오

46 그들이 여리고에 이르렀더니 예수님께서 제자들과 허다한 무리와 함께 여리고에서 나가실 때에 디매오의 아들인 맹인 거지 바디매오가 길 가에 앉았다가

마가는 이 이야기를 특별하게 다루고 있다. 그 이유는 마태나 누가에서는 이름이 나오지 않는데 마가에서는 디매오의 아들 바디매오라고 이름을 밝히고 있다는 데에 있다. 복음서에서 치료된 사람의 이름을 밝히는 경우는 거의 없는데 여기서는 이름의 풀이까지 하고 있으며, 그가 거지였다는 것까지 상세하게 밝히고 있다. 왜 이 이야기를 중요하게 다룰까?

❷ 더욱 크게 소리질러

47 나사렛 예수시란 말을 듣고 소리 질러 이르되 다윗의 자손 예수여 나를 불쌍히 여기소서 하거늘 48 많은 사람이 꾸짖어 잠잠하라 하되 그가 더욱 크게 소리 질러 이르되 다윗의 자손이여 나를 불쌍히 여기소서 하는지라

바디매오는 이름이 아니다. 디매오의 아들이라는 뜻이다. 그는 누구에게나 있는 이름도 없었다. 왜 이름이 없었을까? 부모가 이름을 지어주지 않았기 때문이다. 왜 이름을 지어주지 않았을까? 태어날 때부터 소경으로 태어났는데 이것은 당시 유대교의 인과응보 교리에 의하면 죄 때문에 징계받은 증거였다. 그는 태어나면서부터 부모에게 버림받았고 길거리에서 자랐다. 디매오의 아들이라는 말은 디매오가 큰 죄를 지어서 소경으로 태어났다는 치욕스런 죄인의 이름이었다.

태어날 때부터 이런 취급을 받고 자라면 그 정신상태가 어떻게 될까? 정상일 수 없다. 그런데 그에게 기쁜소식이 들려왔다. 소문에 의하면 자기 같은 죄인을 죄인이라고 하지 않으시는 어떤 분이 있다고 했다. 그분은 죄인으로 낙인찍힌 모든 병자를 죄인 취급하지 않

으실 뿐만 아니라 모두 무료로 고쳐주신다고 했다. 그런데 이 소식은 그에게 기쁜 소식이 아니라 가슴 아픈 소식이었다. 왜냐하면 그는 그분에게 혼자 갈 수가 없었고, 데려다 주는 사람도 없었기 때문이다. 방법이 없다면 포기하지만 방법이 있는데도 할 수 없으니 더 안타까울 뿐이었다. 그런데 그분이 그가 계신 지역에 오셔서 지금 길거리를 지나가고 계신다고 했다. 그는 사람들이 가는 방향을 따라가며 무작정 소리를 질러댔다. 그가 얼마나 소리를 질렀는지 사람들이 시끄럽다고 야단쳤다. 그러자 그는 더 크게 소리를 질러댔다. 그의 외침은 한 맺힌 울부짖음이었다. 이 기회마저 놓칠 수는 없었다.

❸ 그를 부르라 하시니

> 49 예수님께서 머물러 서서 그를 부르라 하시니 그들이 그 맹인을 부르며 이르되 안심하고 일어나라 그가 너를 부르신다 하매 50 맹인이 겉옷을 내버리고 뛰어 일어나 예수께 나아오거늘 51 예수님께서 말씀하여 이르시되 네게 무엇을 하여 주기를 원하느냐 맹인이 이르되 선생님이여 보기를 원하나이다

예수님은 왜 여리고에 오셨는가? 예루살렘으로 가는 길목이기 때문일까? 마가복음에서는 왜 이 이야기를 중요하게 다루고 있을까? 예수님께서는 바디매오를 만나기 위해, 바디매오 때문에 여리고에 오셨다. 예수님께서는 바디매오의 한맺힌 울부짖음을 벌써부터 아셨다. 혼자서 올 수 없으니, 누구도 데려오는 사람이 없으니, 찾아가셔야 했다. 그런데 여리고는 가버나움과는 동떨어져 있고 예루살렘에 인접해 있으므로, 예루살렘으로 올라가는 마지막 일정으로 잡으셨다. 여리고에는 바디매오 말고도 꼭 찾아가야 할 사람이 또 한 사람 있었다. 세리장 삭개오였다.

삭개오와 바디매오, 이 두 사람 때문에 예수님께서는 여리고에 가셨다.

❹ 예수님을 길에서 따르니라

52 예수님께서 이르시되 가라 네 믿음이 너를 구원하였느니라 하시니 그가 곧 보게 되어 예수님을 길에서 따르니라

삭개오가 누가복음에서 제시하는 믿음의 모델이라면 마가복음에서 제시하는 믿음의 모델 중의 하나는 바디매오이다. 바디매오는 시력을 회복하자 즉시 예수님을 따라 나섰다. 복음서에서 예수님을 따른다는 말은 예수님께서 하시는 하나님 나라의 운동에 동참하여 평생을 헌신한다는 말이다. 환자가 치료된 후 예수님을 따랐다는 이야기가 거의 없다. 군대 귀신 들렸던 사람이 온전해진 이후 예수님을 따르고자 했으나 예수님께서 집으로 돌려보내셨다. 그런데 바디매오는 예수님을 따라나섰고 그 이후 교회의 사역에 크게 헌신했다. 마가복음에 바디매오의 이름이 기록되어 있다는 사실은 마가복음 기록 당시 그는 잘 알려져 있었음을 암시해주고 있다.

바디매오와 비슷한 처지에 있는 사람들은 많다. 그들은 어떻게 적응하는가? 운명으로 받아들여 신세타령을 하며 절망으로 살거나, 책임을 타인과 사회에 돌리며 증오심을 품고 세상을 저주한다. 이런 사람들은 어쩌다가 기회가 찾아오면 무차별 살상 등으로 증오심과 한을 폭발한다. 그런데 간혹, 죄악이 지배하는 이런 세상을 바로잡아 자신과 같은 절망적인 사람이 없는 세상을 꿈꾸지만 현실적인 벽에 가로막혀 탄식과 통한의 삶을 사는 사람들이 있다. 하나님께서는 이들의 탄식과 통곡을 들으신다. 이들을 가리켜 예수님께서는 '길 잃은 양'이라며, 이들을 부르러 오셨다고 말씀하셨다. 하나님께서는 이 땅에 하나님 나라가 이루어지기를 열망하는 사람들, 그 일이 자신의 존재 이유가 되어 있는 사람들을 통하여 그 일을 하신다. 이런 많은 말들이 이 한 구절에 은폐, 함축, 암시되어 있다.

그가 곧 보게되어 예수님을 길에서 따르니라

제5부 : 예루살렘 사역

물음41~57 (11:1~13:37)

예루살렘 사역

물음 41 예수님의 수난, 어떻게 해석해야 할까?

본문 : 〈 8:31, 9:9, 31~32, 10:32~34 〉

8:31 인자가 많은 고난을 받고 장로들과 대제사장들과 서기관들에게 버
린 바 되어 죽임을 당하고 사흘 만에 살아나야 할 것을 비로소 그들에
게 가르치시되

9:9 그들이 산에서 내려올 때에 예수님께서 경고하시되 인자가 죽은 자
가운데서 살아날 때까지는 본 것을 아무에게도 이르지 말라 하시니 31
이는 제자들을 가르치시며 또 인자가 사람들의 손에 넘겨져 죽임을 당
하고 죽은 지 삼 일만에 살아나리라는 것을 말씀하셨기 때문이더라 32
그러나 제자들은 이 말씀을 깨닫지 못하고 묻기도 두려워하더라

10:32 예루살렘으로 올라가는 길에 예수님께서 그들 앞에 서서 가시는데
그들이 놀라고 따르는 자들은 두려워하더라 이에 다시 열두 제자를 데
리시고 자기가 당할 일을 말씀하여 이르시되 33 보라 우리가 예루살렘
에 올라가노니 인자가 대제사장들과 서기관들에게 넘겨지매 그들이 죽
이기로 결의하고 이방인들에게 넘겨 주겠고 34 그들은 능욕하며 침 뱉
으며 채찍질하고 죽일 것이나 그는 삼 일 만에 살아나리라 하시니라

마가복음에는 세 번의 수난 예고가 나오고 있으며(8:31~38, 9:9, 30~32, 10:32~34), 첫 번째 수난 예고 이후의 이야기가 마가복음 전체의 절반에 해당된다. 이는 마가복음이 이적과 더불어 수난 사화 중심으로 기록되었다는 뜻이다. 비록 수난의 이야기는 마가복음의 특성상 간결하게 기록되어 있지만, 마가복음에서 수난 이야기가 차지하는 비중은 대단히 크다. 수난의 이야기는 마가복음 뿐만 아니라 복음서 전체에서 다 중요하게 다룬다. 공관복음과 요한복음은 서로 겹쳐지는 부분이 거의 없는데, 수난의 이야기에서는 대동소이하다. 복음서에서 중요하게 다루는 예수님의 수난을 어떻게 이해해야 할지, 수난 이야기를 시작하기에 앞서 다뤄보고자 한다.

수난에 대한 기존의 이해는 크게 둘로 나누어 진다.

❶ 구속사적인 시각

초대교회 이후 지금까지 전통적인 시각에서는 예수님의 수난을 가장 중요한 기록으로 다뤘다. 교부들의 글에서 본 바와 같이 예수님의 수난에서 구약의 율법과 예언서 등의 예언과 예표가 성취되었으며, 동시에 인간의 구원이 완성되었다고 생각한다. 예수님의 죽으심은 세상의 모든 죄를 대신 짊어지시고 죽으신 대속의 사건이기 때문에, 십자가 앞에 나가면 누구나 죄 용서함 받고 구원을 받는다고 해석한다. 이런 해석은 지금도 계속되는 회심의 경험 즉, 예수님을 그리스도로 영접하는 경험을 통해서 확인된다. 회심의 경험에서는 예수님을 통해서 죄를 용서받고 구원받았다는 확신이 강렬하게 일어난다. 전통적으로 이런 해석이 힘을 받는 것은 이 경험때문이었다. 예수님의 십자가 대속에 대한 믿음과, 대속의 은총 등이 구원에 있어서 가장 중요한 요소들이다. 마가복음에서도 후반부(9장~16장)의 거의 대부분이 수난에 대한 기록이며, 전통적으로는 '확대된 서론을 지닌 수난설화'(passion narratives with extended intr-oductions)라고 했다.

그런데 문제는 앞에서도 누누이 지적한 바와 같이 십자가를 통해서 죄 용서받고 구원에 이른다는 이야기가 복음서에는 전무하다는 데에 있다. 전통적으로 구속사적인 해석은 주로 바울서신을 통해서 뒷받침되었다. 복음서에서는 그런 해석을 끌어낼 수가 없기 때문이다. 신학자들은 이런 이유 때문에 신약성경에는 믿음을 통한 구원과 행위를 통한 구원 둘 다 말하고 있다는 해석을 내렸다. 그런데 신약성경에서 서로 이렇게 상반된 구원의 길을 말한다고 해석하는 것은 모순이다. 그러나 해결할 길이 없으므로 '다양성 속의 통일성'이라는 말로 덮어두었다.

❷ 박해의 시각

현대 신학에 이르러 진보 계통에서 전통적인 구속사 해석과 다른 의견을 내놓았다. 이 해석은 주로 양식비평에 이은 편집비평과 사회비평에서 시도했다. 복음서는 쓰일 당시의 편집자와 그 공동체의 산물인데, 그 당시는 박해시대였다. 따라서 복음서에 등장하는 예수님의 수난 이야기는 복음서 기록 당시에 박해당하는 교인들을 위로하고 수난의 길을 가도록 촉구하기 위해서 수난사화를 길고 자세하게 기록했다는 주장이다.

교인들이 당하는 수난 가운데 예수님께서 먼저 당하시지 않은 것은 없었다. 가족들에게 버림받고, 제자들에게 배반당했으며, 온갖 조롱과 멸시를 받으시고 가장 고통스러운 십자가의 길을 자원하여 가셨다. 이제 박해시대를 살아가는 교인들은 예수님의 수난을 생각하며 그 길을 가야 한다고 재촉하고 소망을 주기 위하여 수난사화를 길고 중요하게 기록했다. 특히 마가복음의 이적사화도 이런 방편에서 해석했다. 우리가 따르는 예수님은 모든 이적을 행하신 분이시기 때문에 우리가 믿고 따를 만한 분이라는 것이다. 이런 현대적인 해석은 신학자들에게 많은 공감을 얻고 있다.

이 두 견해가 그동안 예수님의 십자가 사건을 해석한 두 축이다. 이에 대하여 다르게 해석할 수 있는 방법은 없을까?

❸ 계약의 시각

앞에서 누누이 언급한 바와 같이 계약의 시각은 예수님의 수난에 대하여 새로운 해석을 가능하게 한다. 이를 다시 간략하게 정리하면 다음과 같다.

첫째, 예수님의 수난과 죽으심은 새로운 계약을 위한 대속이었다. 계약공동체인 이스라엘의 실패로 말미암아 하나님과 인간의 계약 관계가 깨어지고 더 이상 구원받을 길이 없어졌는데, 이제 마지막 방법으로 하나님께서 인간으로 오셔서 계약 파기의 죄를 대신 짊어지시고 십자가에서 죽으심으로 새로운 계약의 길이 열렸다. 이는 전적으로 하나님의 은혜였다. 따라서 새로운 계약은 전적으로 은총의 계약이다. 예수님께서 새로운 계약을 위해 대속의 죽으심을 죽으셨기에 십자가를 통해서 구원에 이르게 된다.

둘째, 예수님을 통해 새로운 계약 체결의 길이 열렸기 때문에 이제는 새로운 계약을 통해 구원에 이르게 된다. 구원에 있어 행위인가, 믿음인가라는 이분법적인 도식은 설 자리가 없다. 예수님께서 새로운 계약을 위하여 대속의 죽음을 죽으셨다는 사실을 믿고 계약을 실천하는 행위를 해야 구원에 이르게 된다. 믿음과 행위는 둘이 아니라 하나이다. 행위는 선한 행위 일반이 아니라, 계약공동체의 실천강령들을 실천하는 행위이다. 계약공동체는 이 땅에서 하나님 나라의 모형을 만드는 것을 목표로하는데, 이와 관련된 실천행위가 구원의 필수적인 요인이다.

셋째, 이 땅에 하나님 나라를 실현하기 위하여 십자가의 길을 가야 한다. 이 땅에 세워질 하나님 나라는 영적인 공동체에 머물지 않고, 경제 문제를 비롯한 현실의 문제를 해결하는 공동체이다. 그러나 그런 일들은 결코 쉬운 일이 아니다. 이를 실현하기 위해서 공동체원 모두가 생명을 내놓고 십자가의 길을 가지 않는 한 결코 실현되지 않는다. 인류 역사를 돌이켜 보면 계몽주의 이후 현재의 세상을 만들기 위하여 수많은 혁명가들이 생명을 바쳤기 때문에 왕권을 타도하고 민주주의의 길이 열렸다. 가장 귀한 가치는 생명을 통해서 얻어진다. 이런 이유로 예수님께서는 이렇게 말씀하셨다.

> … 34 무리와 제자들을 불러 이르시되 누구든지 나를 따라오려거든 자기를 부인하고 자기 십자가를 지고 나를 따를 것이니라 35 누구든지 자기 목숨을 구원하고자 하면 잃을 것이요 누구든지 나와 복음을 위하여 자기 목숨을 잃으면 구원하리라

이 말씀은 계약사의 입장에서 보아야 비로소 그 뜻이 명확해진다. 이 땅에 하나님 나라를 실현하기 위하여 예수님께서 가셨던 십자가의 길을 따라가는 '따름'으로 구원을 받는다. 그러나 계약 실천과 상관없이 십자가 대속을 통해서 영혼이 사후에 천국가는 구원을 받는다고 믿는 '믿음'을 강조하는 구속사에서는 이 구절과 구원을 직접 연결시킬 수가 없다.

❹ 구속사와 계약사

구속사는 계약사를 품기 어렵다. 그러나 계약사에는 구속사에서 말하는 명제들이 다 들어있다. 〈물음1〉에서 말하는 바와 같이 계약사가 창조의 원리와 이치에 부합한다. 서양기독교의 주축을 이루었던 구속사 중심의 신학은 이제 새로운 시대를 맞아 더 이상 설 자리가 좁아지고 있다. 그리고 이천 년대는 모든 분야에서 새로운 패러다임(paradigm)을 요구하고 있다.

> 아침에 하늘이 붉고 흐리면 오늘은 날이 궂겠다 하나니 너희가 천기는 분별할 줄 알면서 시대의 표적은 분별할 수 없느냐(마16:3)

새 술을 새 부대에 담아야 한다. 그런데 계약사의 시각이 이를 가능하게 한다. 계약사의 시각은 무슨 새로운 시각이 아니라 본래 성경의 관점이며 예언자들과 예수님, 사도들의 해석 방법이었다. 그런데 초기교부들에 이르러 이 관점이 사라졌다. 이제 이를 다시 찾아내야 한다.

이런 문제들을 염두에 두면서 계약사의 시각에서 예수님의 예루살렘 사역과 수난 이야기로 들어가 보고자 한다.

물음 42 유월절 행사, 어떻게 장악하셨을까?

본문 : 〈 11:1~11 〉

1 그들이 예루살렘에 가까이 와서 감람산 벳바게와 베다니에 이르렀을
때에 예수님께서 제자 중 둘을 보내시며 2 이르시되 너희는 맞은편 마
을로 가라 그리로 들어가면 곧 아직 아무도 타 보지 않은 나귀 새끼가
매여 있는 것을 보리니 풀어 끌고 오라 3 만일 누가 너희에게 왜 이렇
게 하느냐 묻거든 주가 쓰시겠다 하라 그리하면 즉시 이리로 보내리라
하시니 4 제자들이 가서 본즉 나귀 새끼가 문 앞 거리에 매여 있는지
라 그것을 푸니 5 거기 서 있는 사람 중 어떤 이들이 이르되 나귀 새
끼를 풀어 무엇 하려느냐 하매 6 제자들이 예수님께서 이르신 대로 말
한대 이에 허락하는지라

7 나귀 새끼를 예수께로 끌고 와서 자기들의 겉옷을 그 위에 얹어 놓으
매 예수님께서 타시니 8 많은 사람들은 자기들의 겉옷을, 또 다른 이
들은 들에서 벤 나뭇가지를 길에 펴며 9 앞에서 가고 뒤에서 따르는
자들이 소리 지르되 호산나 찬송하리로다 주의 이름으로 오시는 이여
10 찬송하리로다 오는 우리 조상 다윗의 나라여 가장 높은 곳에서 호
산나 하더라

11 예수님께서 예루살렘에 이르러 성전에 들어가사 모든 것을 둘러 보시
고 때가 이미 저물매 열두 제자를 데리시고 베다니에 나가시니라

1. 교부들의 해석

나귀가 매여 있던 마을은 이름도 없는 동네였다. 하늘에 있는 위대한 세상에 비하면 온 땅은 하나의 동네에 불과하다. 아무도 타 본 적이 없는 나귀는 나중에 믿게 될 사람들을 암시한다. 그들은 예수님께서 오시기 전에는 말씀의 권위 아래 앉아본 적이 없는 이들이다. 어떤 이는 매여 있는 어린 나귀가 할례받은 교인들을 일컫는다고 해석한다. 그들은 말씀 안에서 가르침을 받아 수많은 얽매임에서

해방된 사람들이다.(Origenes) “아직 아무도 타 보지 않은 나귀 새끼가 매여 있는 것을 보리니 풀어 끌고 오라.” 그분은 구유와 더불어 시작하시고 어린 나귀와 함께 마치셨다. 베들레헴에서는 구유와 함께, 예루살렘에서는 어린 나귀와 함께하셨다.(Ephrem the Syrian) 겸손의 스승님은 당신 자신을 낮추시고 십자가에서 죽기까지 순종하신 그리스도이시다. 그분은 우리에게 겸손을 가르치실 때에도 신성을 잃지 않으셨다. 사람의 왕이 되시는 게 영원한 왕이신 분께 뭐가 대단한가? 그분은 세금을 걷어 군대를 무장시키고 적을 무찌르는 이스라엘의 왕이 아니라, 마음을 다스리고 영원을 섭리하며 믿고 바라고 사랑하는 자들을 하늘로 이끄시는 이스라엘의 왕이시다.(Augustinus)[103]

2. 교부들의 해석에 대한 평가

본문에 대해서는 오리겐처럼 알레고리로 해석하거나 아니면 문자 그대로 평이하게 해석하는 것이 특징이다.

3. 본문 재해석

요한복음과 달리 공관복음에서는 예수님께서 갈릴리에서 주로 활동하시다가 유월절 절기에 맞춰 예루살렘에 올라가셔서 돌아가셨다. 비록 예루살렘에 머물러 계신 기간은 짧지만 그 사역의 중요성은 대단히 커서 네 복음서 모두 이를 길고 자세하게 기록하고 있다. 예수님께서도 예루살렘 활동에 대하여 특별한 준비를 하셨다.

무엇이었을까?

❶ 메시야의 표징(Performance)

구약의 예언자들은 자신들의 설교가 하나님의 말씀이라는 것을

103) ACCS, Mark, pp. 146~148.

입증하기 위하여 독특한 표징 설교(Prophetic Performance)를 했다. 엘리야와 세례 요한은 낙타털 옷을 입고 가죽띠를 띠었고, 예레미야는 벌거벗은 채로 멍에를 목에 메고 다니면서 설교했다. 자신들의 메시지를 효과적으로 전달하기 위하여 상징적인 행위설교를 한 것이다.

예수님께서도 이런 방법을 사용하셨다. 예루살렘에서의 사역을 위하여 기가 막힌 극적인 장면을 연출하셨다. 이를 위해 여러 소품을 동원하셨는데, 다음과 같다.

• 무대 : 유월절

예수님의 예루살렘 사역을 위한 무대는 유월절이었는데, 이 절기는 반드시 필요했다. 그 이유는 예루살렘 사역에는 수많은 군중이 필요했기 때문이다. 가능하면 많은 사람들에게 알리기 위해서도 필요하지만 이보다 더 큰 현실적인 이유는 유월절 행사를 장악하기 위해서였다. 당시에 유월절은 유대인들에게 일 년 중 가장 큰 행사였다. 행사 주최인 사두개인(제사장)들과 서기관들은 일 년 내내 유월절을 준비했다. 한 달 전부터 모든 회당과 학교에서는 유월절의 의미를 가르쳤다. 예루살렘으로 가는 도로는 정비되었고, 길가의 무덤들은 회칠을 해서 구별해 놓았다. 동원되는 제사장들의 숫자만 2만여 명이었고 레위인도 같은 수인 2만여 명이었다.[104] 이 많은 사람들이 왜 필요한가라고 생각이 들지만 전혀 많은 숫자가 아니다. 유월절에 참여한 인파는 대략 250여만 명이었고 이들은 양으로 제사를 드렸는데, 열 명이 양 1마리를 제사드린다고 해도 25만 마리의 양이 필요했다. 이를 잡아 제사드리려면 성전 주변에 수많은 임시제단(화덕)을 만들어 놓고 절기 내내 제물을 태워야 했다. 성전 영내의 크기는 대략 30에이커(36,720평)였는데, 어떻게 그 많은 제사를

104) Barclay, p. 260.

드렸는지는 수수께끼이다. 4만 명의 제사장과 레위인들에게는 치밀하게 임무가 주어졌으며, 예루살렘과 인근 주민들에게도 역할이 주어졌는데 숙식을 제공해야 했다. 숙박비는 무료였고 양가죽을 대신 받았다. 질서를 유지하기 위해 자체 성전경비병들이 동원되고, 가이사랴에 있던 로마 군병들도 만일의 사태에 대비하여 출동하고, 서기관들은 해외에서 찾아온 이들에게 율법을 가르칠 기회로 활용하기 위하여 온갖 준비를 하고….

예수님께서 유월절에 사역하시려면 유대인들의 이런 행사 자체를 무산시켜야 했는데, 이는 사실상 불가능하다. 특히 사두개인들에게는 천문학적인 수입의 기회이기도 했다. 우리는 예수님께서 성전에 가시면 유대인들이 모두 예수님의 말씀에 순종했으리라고 생각하지만 당시 상황은 전혀 그렇지 않았다. 예루살렘 유대인들은 예수님을 인정하지 않았을 뿐만 아니라 기회만 되면 죽이려고 벼르고 있었다. 그런데 이 유월절 기간에 무엇을 어떻게 해볼 수가 있겠는가? 그런데 불가능해 보일 때에도 언제나 방법은 있다. 사람들에게 불가능해 보일수록 하나님에게는 더 큰 기회가 된다.

예수님께서 활용하신 방법은 유월절 행사에 참여한 군중들이었다. 헤롯왕 당시 예루살렘 성의 크기는 230에이커(약 28만 평)였고 인구는 4만여 명이었다.[105] 250만 명이 모여들면 문자 그대로 예루살렘 성은 물론이고 반경 약 2km 이내는 인산인해였다. 예수님께서는 유월절에 참여한 사람들을 열광적인 지지자로 만들 계획을 세우셨다. 평소에 예수님 주변에 많은 사람들이 모여들었지만, 지금 유월절에 온 사람들은 대부분 외국에서 온 교포들이어서 예수님을 전혀 몰랐다. 이들이 예루살렘의 제사장과 서기관의 말을 듣지 않고 예수님 말씀대로 움직이게 할 기가 막힌 비책이 있었다. 도대체 뭘까?

---

105) 유태엽, 「마가복음」, p. 353.

• **나사로**

나사로(요11:1~12:11)는 이 중요한 일을 위해 준비된 사람이었다. 그러나 그 준비는 사람의 방법이나 생각과는 너무 달랐고, 나사로 자신이나 가족 어느 누구도 몰랐다. 나사로가 어느 날 갑자기 중병이 들어 며칠 앓다가 죽게 되자 가족들에게는 하늘이 무너지는 것 같은 고통이었다. 나사로가 병들어 죽게 생겼다는 전갈을 받으신 예수님께서는 죽을 병이 아니라 하나님의 영광을 위함이라고 하셨다. 제자들 누구도 그 의미를 몰랐다. 예수님께서 여리고를 거쳐 나사로가 살던 베다니에 도착하셨을 때에는 이미 나사로를 장례 치른 지 나흘이 지난 뒤였다.

예수님께서는 정확히 때를 맞춰 오셨지만 어느 누구도 이를 몰랐다. 예수님께서 무덤에 가셔서 썩어 냄새나던 나사로를 다시 살리셨다. 무슨 결과가 일어났을까? 소문이 퍼져 나갔다. 누구에게? 유월절에 참석하기 위하여 예루살렘에 와 있던 사람들에게였다. 나사로 사건은 큰 화제를 몰고 왔고, 예루살렘의 최대 뉴스였다. 사람들이 나사로와 나사로를 살린 예수님을 보기 위해서 몰려왔다. 나사로의 소생을 확인하고 예수님에 대한 그동안의 소문을 들은 군중들의 관심은 모두 예수님에게 쏠렸고, 큰 기대감을 가지고 예수님을 지켜보고 있었다. 그들은 모두 예수님의 열광적인 지지자들이 되었다.

• **어린 나귀**

> 1 그들이 예루살렘에 가까이 와서 감람 산 벳바게와 베다니에 이르렀을 때에 예수님께서 제자 중 둘을 보내시며 2 이르시되 너희는 맞은편 마을로 가라 그리로 들어가면 곧 아직 아무도 타 보지 않은 나귀 새끼가 매여 있는 것을 보리니 풀어 끌고 오라 … 6 제자들이 예수님께서 이르신 대로 말한대 이에 허락하는지라

예수님께서는 무대와 관객이 준비되자 제자 두 명을 보내시면서 맞은편 마을에 가면 사람이 타 보지 않은 어린 나귀가 있으니 끌고

오라고 하셨다. 이 또한 전혀 미리 준비시키신 일이 아니었다. 하나님께서는 사람의 방법이 아니라 하나님의 방식으로 일하신다. 제자들이 가서 보니 실제로 그런 나귀가 매여 있어 끌고 오려고 하자 주인이 왜 남의 나귀를 끌고 가느냐고 했다. 제자들이 설명하자 두말하지 않고 보내주었다. 왜 그랬을까? 나귀주인도 분명 예수님의 열성적인 지지자였기 때문이다. 또 나귀는 쓰신 다음에 다시 돌려주셨을 것이다. 예수님께서 늘 나귀를 타고 다니시려는 게 아니기 때문이다.

• **안장, 양탄자, 깃발**

> 7 나귀 새끼를 예수께로 끌고 와서 자기들의 겉옷을 그 위에 얹어 놓으매 예수님께서 타시니 8 많은 사람들은 자기들의 겉옷을, 또 다른 이들은 들에서 벤 나뭇가지를 길에 펴며

나귀를 끌고 온 다음에야 제자들은 나귀를 타고 입성하시려는 예수님의 의도를 알았다. 그런데 문제는 안장이었다. 제자들이 난감해하자 누군가가 겉옷을 벗어 안장 대신 깔아드렸다. 그러자 너도나도 겉옷을 벗어 길에다 깔았다. 그리고 어떤 이는 종려나무 가지를 꺾어 깃발을 만들었다. 이에 다른 이들도 따라 했다. 미리 준비시킨 것도, 누가 시킨 것도 아니고 기꺼이 자원하여 자연스럽게 이런 분위기가 만들어졌다. 하나님께서는 이런 방법을 사용하신다.

• **환호성**

> 9 앞에서 가고 뒤에서 따르는 자들이 소리 지르되 호산나 찬송하리로다 주의 이름으로 오시는 이여 10 찬송하리로다 오는 우리 조상 다윗의 나라여 가장 높은 곳에서 호산나 하더라

이제 예수님께서 겉옷 안장을 얹은 어린 나귀를 타고 예루살렘을 향하여 출발하시자 백성들은 모두가 한 마음, 한 목소리로 환호성을 질렀다. 왜 그랬을까? 진정한 왕의 모습이었기 때문이다. 귀신을 내쫓는 권세를 지니신 분, 온갖 병자를 고치신 분, 폭풍과 바다를 다스리시는 분, 무덤에서 다 썩은 시체를 다시 살리신 분, 그분이야말

로 백성의 진정한 왕이었다. 빌려온 어린 나귀, 겉옷 안장, 겉옷 양탄자, 나뭇가지 깃발, 동원되지 않고 자원하여 몰려온 환영 인파….

이 모습을 보고 감격하지 않을 백성이 어디 있겠는가? 이들은 목 놓아 "호산나!"를 외쳤다.[106] 예루살렘은 이들이 외치는 소리로 가득 찼고, 땅이 진동했다. 이 모습을 지켜보던 유대교 당국자들은 경악하며 탄식했다.

> 바리새인들이 서로 말하되 볼지어다 너희 하는 일이 쓸 데 없다 보라 온 세상이 그를 따르는도다 하니라(요12:19)

유대인들은 유월절 준비를 철저하게 해 놓았으나 이제 한순간에 무용지물이 되고 말았다. 온 백성들이 다 예수님을 열광적으로 지지하며 따르고 있었기 때문이다.

예수님의 예루살렘 입성을 이렇게 열광적으로 환영한 군중들은 이제 예수님께서 하실 다음의 일을 지켜 보고 있었다. 이런 시선을 느끼시면서 예수님께서 하신 첫 번째 사역은 무엇이었을까?

물음 43 성전, 왜 정화하셨을까?

본문 : 〈 11:15~19 〉

> 15 그들이 예루살렘에 들어가니라 예수님께서 성전에 들어가사 성전 안에서 매매하는 자들을 내쫓으시며 돈 바꾸는 자들의 상과 비둘기 파는

106) 호산나(라틴어 osanna, 그리스어 ὡσαννά)라는 용어는 히브리어 낱말 호시아-나(הושיעה־נא ,הושיעה נא)에서 왔으며 이는 '구원'을 뜻하는 아람어 오샤나(אושענא)의 호시아나(hôšî 'â–nā)의 준말이다. "주께 간청하오니 이제 구원하소서"의 뜻으로 쓰인다.(시118:25)

자들의 의자를 둘러 엎으시며 16 아무나 물건을 가지고 성전 안으로
지나다님을 허락하지 아니하시고 17 이에 가르쳐 이르시되 기록된 바
내 집은 만민이 기도하는 집이라 칭함을 받으리라고 하지 아니하였느
냐 너희는 강도의 소굴을 만들었도다 하시매
18 대제사장들과 서기관들이 듣고 예수를 어떻게 죽일까 하고 꾀하니 이
는 무리가 다 그의 교훈을 놀랍게 여기므로 그를 두려워함일러라
19 그리고 날이 저물매 그들이 성 밖으로 나가더라

1. 교부들의 해석

성전 매매자들에 대한 이야기는 네 복음서 모두가 기록하고 있지만 요한은 전혀 다른 순서로 기록하고 있다. 요한은 예수님께서 유월절에 예루살렘에 올라가셔서 끈으로 채찍을 만들어 장사꾼들을 성전에서 쫓아내셨다고 했다. 그렇다면 주님께서는 한 번이 아니라 두 번 그 일을 하신 것이 분명하다. 요한은 첫 번째 사건만 기록했고, 공관복음서는 두 번째 사건을 기록한 것이다.(Augustinus) 하나님의 집에서 세속 사업이 벌어지기를 원하지 않으시는 주님께서는 야바위꾼들을 내쫓으시고, 매매하려고 운반하던 물건들과 사람들을 다 몰아내셨다. 주님께서는 당신께 바칠 희생제물들을 팔고 사는 사람들도 내쫓으셨다는 것을 잊지 말아야 한다. 그분께서 갑자기 오셔서 우리 안에 있는 사악한 것들을 보시고 채찍질하시며 교회에서 쫓아내는 일이 없도록 마땅히 두려워하며 조심해야 한다.(Bede)107)

2. 교부들의 해석에 대한 평가

교부들은 성전 정화에 대하여 별로 글을 남기지 않았다. 당시의 정황에 대한 정보가 없기도 했지만 관심이 없었기에 뭔가 말하기가 쉽지 않았다고 생각된다.

107) ACCS, Mark, pp. 152~153.

3. 본문 재해석

마가에서는 성전 정화의 이야기가 입성 다음 날의 이야기로 구분하지만 마태, 누가, 요한에 의하면 그날의 이야기로 되어있다. 입성에 이어진 이야기로 보아야 흐름에 맞다고 생각된다. 마가에서 입성 다음 날의 이야기로 기록한 이유는 다음 물음에서 다루고자 한다.

❶ 강도의 소굴 청소

> 15 그들이 예루살렘에 들어가니라 예수님께서 성전에 들어가사 성전
> 안에서 매매하는 자들을 내쫓으시며 돈 바꾸는 자들의 상과 비둘기 파
> 는 자들의 의자를 둘러 엎으시며 16 아무나 물건을 가지고 성전 안으
> 로 지나다님을 허락하지 아니하시고

예수님께서 가셔서 정화시킨 성전은 이방인의 뜰이었다. 크기가 약 4만 3천평(475m×300m)이며 이곳에서 환전과 매매 등이 행해지고 있었는데 이들을 모두 내쫓으시고, 행사를 위하여 물건을 운반하는 행위를 금지하심으로써 유월절 행사를 중단시키셨다. 요한복음에 의하면 노끈으로 만든 채찍을 휘두르시며 소와 양을 몰아내셨다.(2:14~15) 왜 이렇게 과격한 행동을 하셨을까?

> 17 이에 가르쳐 이르시되 기록된 바 내 집은 만민이 기도하는 집이라
> 칭함을 받으리라고 하지 아니하였느냐 너희는 강도의 소굴을 만들었도
> 다 하시매

환전과 매매는 제사장들이 직접 관할했는데, 완전 날강도였다. 19세 이상 된 성인은 성전세 반 세겔(약 이틀 품삯)을 내야 했다. 그런데 성전세는 세속의 돈으로 낼 수 없다는 명분으로 성전에서만 유통되는 반 세겔 은화를 주조하여 이 은화로만 내야 했다. 당연히 환전을 해야 했는데 환전료가 환전하는 화폐의 크기에 따라 반 나절 내지 하루 품삯이었다. 또 소와 양과 비둘기는 성전에서 전매하는 것만 받아주었기 때문에 성전에서 사야 했다. 문제는 시중가와 가격 차이인데 비둘기의 경우 시중가(9펜스, 하루 일당 8펜스)와 20배나

차이가 났다. 가장 작은 제물인 비둘기 한 마리를 사려면 20일 이상의 품삯이 들었다. 양이나 소는 비둘기에 비할 바가 아니다. 대부분의 사람들은 몇 명이 합쳐서 양을 제물로 바쳤다.

제사장들에게 유월절 행사는 어마어마한 수익 사업이었다. BC 54년 로마 황제 크라수스(Crassus)가 예루살렘 성전을 점령하고 성전 금고에서 250만 파운드(약 1백 13만kg)를 약탈했는데, 금고에 있던 것의 일부에 불과했다. 매년 성전세로 들어오는 수입만 7만 5천 파운드(약 3만 4천kg)였다.[108] 예루살렘 반경 30km 이내의 남자는 매년 유월절에 참여해야 했고, 해외에 있는 교포들도 평생 한 번은 유월절 제사에 참여해야 한다고 했다. 이들이 오가는 교통비와 체재비, 성전세, 제물(소, 양, 비둘기)의 비용을 합친다면 일반 백성이 감당하기 대단히 벅찬 금액이었다.

예수님께서 채찍을 휘두르시며 제사장과 서기관들을 향하여 성전을 강도의 소굴로 만들었다고 질타하신 것은 이를 두고 하신 말씀이었다.

❷ 어찌할 방도를 찾지 못하더라

18 대제사장들과 서기관들이 듣고 예수를 어떻게 죽일까 하고 꾀하니 이는 무리가 다 그의 교훈을 놀랍게 여기므로 그를 두려워함일러라

예수님의 이런 파격적인 행동을 눈여겨보는 두 부류가 있었다. 첫 번째는 예수님의 입성을 열광적으로 환영하던 대다수의 인파들이다. 이들은 숨을 죽이고 예수님께서 하시는 일들을 지켜보면서 마음속으로 쾌재를 불렀다. 이보다 더 속 시원한 일이 없었다. 늘 속으로 분개하고 있었지만 어떻게 해볼 방법이 없어 신앙이라는 이름으로 참고 있었는데, 그런데 진정한 왕의 모습으로 입성하신 예수님께서는 나귀에서 내리자마자 진정한 왕의 일을 하셨다. 백성들에게 가장 필요한 일, 누구도 해내지 못한 일을 아주 간단하고 확실하게 해결하

108) Barclay, The Gospel of John, p. 110.

셨기 때문이다. 이들은 열광적으로 예수님 주변으로 몰려들었다.

수만 명의 제사장과 레위인, 수천 명의 성전경비병들, 서기관과 바리새인들, 장로들, 헤롯당을 완전히 무력화시키고 성전을 정화하실 수 있는 힘은 백성들에게서 나왔다. 하나님의 힘은 백성들 속에 있었다. 예수님께서는 성전을 정화시켜서 유월절 제사 중심의 행사를 폐지하시고 성전에서 말씀을 가르치는 일을 시작하셨다. 이것이 본래 성전의 기능이었기 때문이다. 그러자 이를 지켜보던 군중들은 모두 예수님 가까이 모여와서 숨을 죽이고 아침 해 뜰 때부터 해 질 때까지 말씀을 듣는 일에 집중했다.

> (눅19:47)예수님께서 날마다 성전에서 가르치시니 대제사장들과 서기관들과 백성의 지도자들이 그를 죽이려고 꾀하되 (눅19:48)백성이 다 그에게 귀를 기울여 들으므로 어찌할 방도를 찾지 못하였더라

이를 지켜보는 다른 또 한 부류인 제사장들과 서기관들, 장로들, 헤롯당들은 죽을 맛이었다. 당장 성전경비병들을 동원하여 예수님을 죽이고 싶었지만, 백성들이 절대 지지하고 있어 섣불리 손을 댔다가는 폭동이 나겠기에 어떻게 해 볼 재간이 없었다. 성전경비병들도 백성의 일부였다. 이들은 예수님 주변에서 경비를 서면서 예수님의 말씀을 듣다가 감화되어 예수님 편이 되었고, 상부의 명령대로 움직이지도 않았다.(요7:32, 46) 당국자들은 문자 그대로 속수무책이었다.

하나님께서는 힘있는 자들을 이렇게 무력화 시키신다.

❸ 날이 저물매

> 11 예수님께서 예루살렘에 이르러 성전에 들어가사 모든 것을 둘러 보시고 때가 이미 저물매 열두 제자를 데리시고 베다니에 나가시니라
>
> 19 그리고 날이 저물매 그들이 성 밖으로 나가더라

긴 하루, 중요하고도 큰일들로 이어진 예루살렘 사역의 첫날은 이제 어둠과 더불어 막이 내리고 있었다. 예수님께서는 제자들 일행과 함께 성을 빠져나와 베다니로 향하셨다.

물음 44 무화과나무 저주, 무엇을 말하는가?

본문 : 〈 11:12~26 〉

12 이튿날 그들이 베다니에서 나왔을 때에 예수님께서 시장하신지라 13
멀리서 잎사귀 있는 한 무화과나무를 보시고 혹 그 나무에 무엇이 있
을까 하여 가셨더니 가서 보신즉 잎사귀 외에 아무 것도 없더라 이는
무화과의 때가 아님이라 14 예수님께서 나무에게 말씀하여 이르시되
이제부터 영원토록 사람이 네게서 열매를 따 먹지 못하리라 하시니 제
자들이 이를 듣더라

20 그들이 아침에 지나갈 때에 무화과나무가 뿌리째 마른 것을 보고 21
베드로가 생각이 나서 여짜오되 랍비여 보소서 저주하신 무화과나무가
말랐나이다 22 예수님께서 그들에게 대답하여 이르시되 하나님을 믿으
라 23 내가 진실로 너희에게 이르노니 누구든지 이 산더러 들리어 바
다에 던져지라 하며 그 말하는 것이 이루어질 줄 믿고 마음에 의심하
지 아니하면 그대로 되리라

24 그러므로 내가 너희에게 말하노니 무엇이든지 기도하고 구하는 것은
받은 줄로 믿으라 그리하면 너희에게 그대로 되리라 25 서서 기도할
때에 아무에게나 혐의가 있거든 용서하라 그리하여야 하늘에 계신 너
희 아버지께서도 너희 허물을 사하여 주시리라 하시니라 26 (없음)

1. 교부들의 해석

아담과 하와가 죄를 지었을 때 무엇으로 몸을 가렸는가? 무화과나무 잎이었다. 이는 그들이 타락한 후의 첫 행동이었다. 주님께서는 무화과나무라는 표상으로 당신의 마지막 표상을 이루셨다. 십자가로 향해 가실 때 무화과나무를 저주하셨다. 모든 무화과나무가 아니라 상징적으로 무화과나무 한 그루를 향해, "이제부터 영원히 어느 누구도 너에게서 열매를 따 먹을 일이 없을 것이다."라고 하셨

다. 이는 아담과 하와에게 내려진 단죄가 파기되었다는 뜻이다. 그들은 무화과나무 잎으로 몸을 가렸기 때문이다.(Cyril of Jerusale-m) 주님께서 무화과 열매를 찾으실 때 과연 당신 몸을 위해 찾으신 것일까? 거기서 열매를 찾으셨다면 드셨을까? 사마리아 여인에게 물을 달라하실 때 물을 마시려고 하신 말씀이었을까? 십자가에서 목마르다고 하신 것은 육신의 목마름을 말한 것일까? 주님께서 우리의 선행보다 무엇에 더 굶주리시고, 우리의 충실한 응답보다 무엇이 목마르시겠는가?(Augustinus) 기도는 만능갑옷이고, 줄어들지 않는 보화이며, 무궁무진한 광맥이고, 구름에 가리지 않는 하늘이며, 폭풍에도 안전한 항구이다. 기도는 헤아릴 수 없는 선의 뿌리요 샘이며, 무수한 축복의 어머니이다. 기도의 힘은 국가권력보다 더 세다. 이런 기도는 입술의 기도가 아니라 마음 깊은 곳에서 우러나오는 기도이다.(Chrysostom) 주님은 "겨자씨 한 알만한 믿음이 너희에게 있으면"이라고 하셨다. '나에게'나 '아버지에게'라고 하지 않으셨다. 그분의 도우심과 은혜가 아니고서는 이런 일은 불가능하다. 비록 완전한 모범을 보여준 사람은 없었지만, 그런 일이 원천적으로 불가능하지 않다. 일에 걸맞는 의지를 지닌다면 이루어진다.(Augustinus)[109]

2. 교부들의 해석에 대한 평가

교부들은 의외로 본문에 대하여 많은 글을 남겼다. 무화과나무 잎이 가지는 상징성과 기도와 믿음을 강조하기 위함이라고 생각된다. 그러나 본문의 중요한 내용에는 전혀 접근되고 있지 않다.

3. 본문 재해석

이 본문은 복음서에서 가장 난해한 구절 중 하나이다. 본문을 해

109) ACCS, Mark, pp. 149~152, 153~155.

석하기 위한 여러 시도들이 있었으나 공감을 얻어내기 어렵다. 그런데 계약의 입장에서 보면 한 실마리가 보일 수 있다.

❶ 이튿날, 아침에 지나갈 때

12 이튿날 그들이 베다니에서 나왔을 때에 예수님께서 시장하신지라
20 그들이 아침에 지나갈 때에 무화과나무가 뿌리째 마른 것을 보고

마태에서는 무화과나무의 이야기가 성전 정화 다음 날 아침에 있었던 일로 기록된 반면, 마가에서는 성전 정화하던 날 일어난 일로 다루고 있다. 마가에서는 예수님께서 수많은 관중의 환호를 받으며 예루살렘성에 입성하신 후 성전을 둘러보시고 날이 저물어 성 밖으로 나가셨다가 다음 날 오셔서 성전을 정화하셨다. 그러나 마태, 누가, 요한은 입성 후 즉시 성전을 정화하셨다. 사건 당시로 보면 입성 후 즉시 성전 정화를 하셨다고 생각된다. 그런데 마가는 왜 기록 당시에 성전 정화를 다음 날로 미루어 놓고, 성전 정화 앞뒤에 무화과나무 이야기를 기록했을까?

무화과나무의 이야기를 특별히 강조하기 위함이다. 이런 의도는 "무화과의 때가 아님이라."는 마가에만 있는 구절에서도 찾아볼 수 있다. 마가는 무화과나무에 열매가 없는 이유가 무화과 철이 아니었다는 것을 밝히고 있다. 이런 것들을 기초로 마가가 본문을 통해서 말하고자 하는 의도를 구성해보면 다음과 같다.

❷ 제자들이 이를 듣더라

14 예수님께서 나무에게 말씀하여 이르시되 이제부터 영원토록 사람이
네게서 열매를 따 먹지 못하리라 하시니 제자들이 이를 듣더라

이 구절 역시 마가복음에만 있다. 이 구절에 의하면 예수님께서 지금 하시는 일들은 제자들을 향한 교육이었다. 예수님께서 이제 예루살렘의 사역 중에서 제자들에게 평생 기억에 남도록 독특하게 표징(Performance)으로 교육하셨다. 이에 마가는 성전 정화라는 중

요한 이야기의 앞뒤에 이 이야기를 배열하면서 특별히 무엇인가를 말하고 있다. 이 이야기는 성전 정화와 깊은 관련이 있으므로 다른 각도에서 해석하지 말고 성전 정화를 염두에 두면서 해석해야 한다는 뜻이다. 그렇다면 이런 독특한 행동은 무엇을 말하고 있을까?

❸ 무화과의 때가 아님이라

12 이튿날 그들이 베다니에서 나왔을 때에 예수님께서 시장하신지라
13 멀리서 잎사귀 있는 한 무화과나무를 보시고 혹 그 나무에 무엇이
있을까 하여 가셨더니 가서 보신즉 잎사귀 외에 아무 것도 없더라 이는
무화과의 때가 아님이라

본문 해석이 난해한 이유는 유월절은 우리 달력으로 4월 중순에 해당되고, 무화과는 3월 초에 잎이 나기 시작하여 6월이 되어야 열매를 맺는데, 열매가 없다고 죄 없는 나무를 저주하여 말라 죽게 했다는 데에 있다. 그런데 마가는 이런 난해한 이야기를 통하여 특별한 의미를 말하고 있다. 성경에는 이와 비슷한 이야기들이 많이 있다.

계약의 입장에서 보면 계약공동체인 이스라엘의 중심지 예루살렘이 해야 할 가장 중요한 일은 백성들에게 먹을 것이 떨어지지 않도록 공급하는 것이다. 두 번 반복된 오병이어, 칠병이어의 이적은 이런 것들을 말하고 있으며, 예수님께서 제자들을 세상에 보내시며 훈련시킨 하나님 나라 운동은 여기에 초점이 맞추어져 있었다. 그런데 이제 다시 한번 계약공동체가 해야 할 가장 중요한 일이 무엇인지를 상징적으로 보여주시는 사건이 무화과나무의 이야기다. 계약공동체는 열매 맺는 철이 따로 있는 게 아니라, 항상 양식을 공급해야 한다. 그 어떤 핑계도 용납되지 않는다.

성막에는 늘 진설병이 놓여 있어야 했듯이, 계약공동체에는 굶는 사람이 없어야 한다. 예수님께서 시장하셨다는 마가의 기록은 굶주려있는 백성들을 염두에 둔 말이다. 그런데 지금 예루살렘 성전의

지도자들은 백성들이 굶주리는 것을 그들이 지은 죄의 탓으로 돌리며, 유월절 행사를 빌미로 백성들을 착취하여 돈을 모으는 날강도짓을 하고 있다.

❹ 더 이상 존재할 이유가 없다.

> 14 예수님께서 나무에게 말씀하여 이르시되 이제부터 영원토록 사람이 네게서 열매를 따 먹지 못하리라 하시니 제자들이 이를 듣더라

무화과 나무에 대한 저주는 옛계약공동체인 유대교에 대한 심판의 선언이다. 이제 예루살렘은 더 이상 존재할 이유가 없어졌다. 마가는 이 이야기를 왜 특별하게 다루고 있을까?

마가는 기록 당시 앞으로 새계약공동체인 교회가 또 이런 범죄를 반복하지 않도록 독특한 이야기를 통해서 단단히 경고하고 있다. 그런데 교회는 중세기에 이르러 유대교보다 더 훨씬 악한 일들을 했으며, 아직도 마가의 의도를 해석해내지 못하고 있을 뿐만 아니라, 일부에서는 지어낸 허구의 이야기 정도로 취급하고 있다.

❺ 산을 들어 옮기리라

> 20 그들이 아침에 지나갈 때에 무화과나무가 뿌리째 마른 것을 보고
> 21 베드로가 생각이 나서 여짜오되 랍비여 보소서 저주하신 무화과나무가 말랐나이다

무화과나무는 뿌리를 뽑아 놓아도 며칠 동안은 잎이 마르지 않는다. 그런데 무화과나무가 뿌리째 말라 있어서 놀라는 베드로에게 더 놀라운 말씀을 하셨다.

> 22 예수님께서 그들에게 대답하여 이르시되 하나님을 믿으라 23 내가 진실로 너희에게 이르노니 누구든지 이 산더러 들리어 바다에 던져지라 하며 그 말하는 것이 이루어질 줄 믿고 마음에 의심하지 아니하면 그대로 되리라 24 그러므로 내가 너희에게 말하노니 무엇이든지 기도하고 구하는 것은 받은 줄로 믿으라 그리하면 너희에게 그대로 되리라

열매 맺는 철이 아닌 무화과나무를 저주하신 이야기도 난해하지만 이 말씀은 더 어렵다. 이와 비슷한 구절이 또 있다.

(눅17:5)사도들이 주께 여짜오되 우리에게 믿음을 더하소서 하니 (눅17:6)주께서 이르시되 너희에게 겨자씨 한 알만한 믿음이 있었더라면 이 뽕나무더러 뿌리가 뽑혀 바다에 심기어라 하였을 것이요 그것이 너희에게 순종하였으리라

하나님을 믿으면 산을 들어 바다로 던지며, 뽕나무를 바다로 옮겨 심을 수 있다니, 도대체 이런 말씀을 어떻게 받아들여야 하는가? 왜 도무지 불가능한 일들을 이와 같이 믿음으로 연결지어 놓을까? 예수님께서 말씀하시는 믿음이란 도대체 어떤 믿음일까?

❻ 겨자씨 한 알만한 믿음

그런데 더 놀라운 것은 이런 불가능한 기적에 필요한 믿음은 '겨자씨 한 알만한 믿음'이라는 말씀이다. 왜 이런 표현을 쓰셨을까? 겨자씨 한 알만한 믿음은 또 어떤 믿음일까? 난해한 수수께끼의 연속이다.

그런데 계약의 입장에서 보면 이런 말씀들이 전혀 난해하지 않다.

인간이 인간의 힘으로 이 땅에 하나님 나라를 실현하는 것은 사실상 불가능하다. 이런 사실은 누구보다도 하나님께서 더 잘 아신다. 그러면 하나님께서는 계약공동체에 무엇을 어떻게 하라고 요구하시겠는가? 두 가지를 요구하신다.

첫째, 안타까운 마음, 견딜 수 없는 마음, 포기되지 않는 마음이다.

이 마음이 곧 세상을 향한, 세상에 굶주리는 자들을 향한, 온갖 고초를 겪는 자들을 향한 마음이다. 계약공동체는 이런 마음을 가진 사람들이 모인 곳이어야 한다.

둘째, 할 수 있는 것은 해야 한다.

불가능한 문제 앞에서 하나님께서는 항상 이렇게 물으신다. 네가 가지고 있는 것이 무엇이냐? 그분은 없는 것을 묻지 않으신다. 불가

능한 것을 요구하지 않으신다. 양을 치던 지팡이, 보리떡 다섯 개, 이런 것들을 결코 작다고 말하지 않으신다. 내게로 가지고 와라. 그 나머지는 내가 책임지리라.

무엇이 기도인가?

내 문제가 아닌 남의 문제에 대하여

안타까운 마음, 견딜 수 없는 마음, 포기되지 않는 마음이다.

내게 이 마음이 있는가?

내게 이런 기도가 있는가?

있다면 얼마나 있었는가?

그것이 나의 존재 이유인가?

무엇이 겨자씨 한 알인가?

그 일을 위하여 나는 무엇을 하고 있는가?

내가 할 수 있는 일을 하고 있는가?

작은 일을 마다하지 않는가?

물음 45 하늘의 지혜, 어떤 것일까?

본문 : 〈 11:27~33 〉

27 그들이 다시 예루살렘에 들어가니라 예수님께서 성전에서 거니실 때
에 대제사장들과 서기관들과 장로들이 나아와 28 이르되 무슨 권위로
이런 일을 하느냐 누가 이런 일 할 권위를 주었느냐

29 예수님께서 이르시되 나도 한 말을 너희에게 물으리니 대답하라 그리
하면 나도 무슨 권위로 이런 일을 하는지 이르리라 30 요한의 세례가
하늘로부터냐 사람으로부터냐 내게 대답하라

31 그들이 서로 의논하여 이르되 만일 하늘로부터라 하면 어찌하여 그를
믿지 아니하였느냐 할 것이니 32 그러면 사람으로부터라 할까 하였으
나 모든 사람이 요한을 참 선지자로 여기므로 그들이 백성을 두려워하
는지라 33 이에 예수님께 대답하여 이르되 우리가 알지 못하노라 하니
예수님께서 이르시되 나도 무슨 권위로 이런 일을 하는지 너희에게 이르
지 아니하리라 하시니라

1. 교부들의 해석

돌팔매질도 두렵지만 진실을 인정하기는 더 두려웠던 그들은 진리이신 분께 거짓으로 대답했다. "우리가 알지 못하노라." 아는 것을 모른다고 부인하며 그들 스스로 마음 문을 닫았기에, 주님께서는 두드리지 않는 그들에게 문을 열어주지 않으셨다. 그들은 문을 두드리지도 않았지만 진리를 부인함으로써 자신을 거스려 문을 닫았다. 이에 주님께서는 그들에게 이렇게 말씀하셨다. "나도 무슨 권위로 이런 일을 하는지 너희에게 이르지 아니하리라."(Augustinus) 예수님의 말씀은 "너희가 아는 것을 고백하지 않으니 나도 내가 아는 것을 말하지 않겠다."라는 뜻이다. 잘못된 방식으로 진리를 찾는 자들에게는 진리에 대한 지식이 감추어져 있다. 그 이유는 첫째, 진리를 찾는 이가 자신이 찾는 진리를 이해할 능력이 없거나, 둘째, 진리를 멸시하기 때문에 자신들이 찾는 진리를 들을 자격조차 없는 경우이다. 이들은 응당한 반박을 받았고 수치스럽게 물러갔다.(Bede)[110)]

2. 교부들의 해석에 대한 평가

교부들은 본문에 대하여 별로 글을 남기지 않았다. 세례 요한이 죄사함의 제사를 폐지하고 세례로 대처한 사건의 의미와 중요성 등에 대해서는 전혀 파악하지 못하기 때문에 본문에서 유대교 당국자와 예수님의 쟁점에 대하여 핵심을 놓치고 있다.

---

110) ACCS, Mark, p. 156.

3. 본문 재해석

예수님께서 유월절에 참석한 사람들의 절대 지지에 힘입어, 예루살렘성에 들어가셔서 성전 정화, 즉 유월절 행사를 중단시키시고 성전에서 백성들을 대상으로 말씀을 가르치시며 복음을 전하시자(눅 20:1), 유대교 당국자들은 총 비상이 걸렸다. 서로 앙숙이었던 사두개인들과 바리새인, 헤롯당은 서로 머리를 맞대고 앉아 밤새 고민하며 대응 방법을 찾아냈다.

무엇이었을까?

❶ 누가 이런 권세를 주었는가

27 그들이 다시 예루살렘에 들어가니라 예수님께서 성전에서 거니실 때에 대제사장들과 서기관들과 장로들이 나아와

유대교 당국자들이 선택한 방법은 모든 군중들이 예수님의 말씀을 경청하고 있으므로, 군중들이 보는 앞에서 예수님에게 면박을 주려는 것이었다. 그래서 예수님께서 가르치실 때에 찾아와 질문했다. 마가에서는 '성전을 거니실 때'라고 기록되어 있지만 마태와 누가에는 '가르치실 때'로 되어있다. 그들은 물었다.

28 이르되 무슨 권위로 이런 일을 하느냐 누가 이런 일 할 권위를 주었느냐

이런 질문을 한 이유는, 그들은 자신들이 왜 유월절 행사를 하는지에 대하여 율법에 기록된 대로 한다고 자신있게 말할 수 있었기 때문이다. 율법과 이스라엘 역사에는 유월절 행사에 대한 기록들이 많이 있다. 그런데 예수님께서 이를 중단시킨 것은 명백히 율법 위반이며, 하나님의 뜻에 거스린다. 하늘로부터라고 대답할 수밖에 없는데, 그렇다면 하늘로부터인 증거를 대하고 요구하여 군중들 앞에서 예수님에게 면박을 줄 계획이었다.

그러면 이에 대하여 예수님께서는 뭐라고 하셨을까?

❷ 역질문

29 예수님께서 이르시되 나도 한 말을 너희에게 물으리니 대답하라 그
리하면 나도 무슨 권위로 이런 일을 하는지 이르리라

이들의 속셈을 잘 아시는 주님께서는 그들이 전혀 예상하지 못한 방향으로 그들을 끌고 가셨는데, 역질문이었다.

30 요한의 세례가 하늘로부터냐 사람으로부터냐 내게 대답하라

전혀 예상 밖으로 사람들 앞에서 역질문을 받은 당국자들은 당황할 수밖에 없었다. 예상과 다른 데다가 또 대답하기가 아주 거북했기 때문이다. 자기들은 밤새도록 여러 상황을 염두에 두고 연구해서 예수님에게 즉문즉답(卽問卽答)을 요구했는데, 오히려 자신들이 반대로 즉문에 즉답을 해야 했다. 그들은 즉시 대답할 수가 없어 잠시 시간을 달라고 하여 자기들끼리 논의했다. 자신들이 수세에 몰리고 말았다.

논의를 거친 그들은 뭐라고 했는가?

❸ 우리가 알지 못하노라

31 그들이 서로 의논하여 이르되 만일 하늘로부터라 하면 어찌하여 그
를 믿지 아니하였느냐 할 것이니 32 그러면 사람으로부터라 할까 하였
으나 모든 사람이 요한을 참 선지자로 여기므로 그들이 백성을 두려워
하는지라

예수님께서 세례 요한에 대하여 물으신 것은 그가 율법에 기록된 죄 사함의 제사를 폐지하고 율법에는 없는 죄 사함의 세례를 주었기 때문이다. 도대체 요한이 준 죄 사함의 세례는 하늘로부터인가, 사람으로부터인가? 당연히 당국자들은 '사람으로부터'라고 말하고 싶었지만 그렇게 말할 수 없었다. 대부분의 백성들이 그 세례를 하늘로부터라고 믿고 세례를 받았기 때문이다. 죄 사함의 제사를 드리려

면 성전으로 가서 전매하는 비싼 양을 잡아 제사 드려야 하는데, 세례 요한의 말을 들어보니 그의 말이 백 번 맞다고 생각하여 백성들은 요한의 죄 사함의 세례를 하나님께서 인정하신 새로운 속죄 제도로 받아들였다. 이런 상황에서 요한의 세례가 사람으로부터라고 말한다면 백성들이 큰 반란을 일으킬 기세였다.

그렇다고 '하늘로부터'라고 인정할 수도 없었다. 자신들은 요한의 세례를 인정하지 않았고 또 요한에게 세례를 받지 않았다. 요한의 세례를 인정하면 제사장과 서기관들은 설 자리가 사라지기 때문이다. 진퇴양난에 빠진 당국자들은 아무리 논의를 해도 답을 할 수 없었기에, 할 수 없이 이렇게 말했다.

33 이에 예수께 대답하여 이르되 우리가 알지 못하노라 하니

❹ 나도 말하지 아니하리라

예수님께서 이르시되 나도 무슨 권위로 이런 일을 하는지 너희에게 이르지 아니하리라 하시니라

예수님께서 이렇게 말씀하신 이유는 그들이 모르고 있어서가 아니라 알면서도 말하지 않았기 때문이었다. 대제사장, 서기관, 장로들이 모를 리가 없었다. 예수님의 말씀은 율법에 무지한 백성들과 어린아이들도 다 알아들었다. 예수님께서는 자명성과 당위성에 기초하여 말씀하셨다. 정통 유대인들이 아무리 정통교리에 세뇌되고 고정 관념과 편견에 사로잡혀 있었다고 해도 한두 번이 아니라 수년 동안 반복에서 듣다 보면 자신들이 오류에 빠져있다는 것을 모를 리 없다. 몰라서가 아니라 들으려고 하지 않았고 인정하지 않았다. 인정하면 자신들이 누리고 있는 기득권과 권위가 다 사라지기 때문이다.

들으려고 하지 않는 자들에게는 아무리 설명해봐야 소용이 없다. 이는 마치 진주를 돼지에게 던지는 것과 같다. 예수님께서는 "나도 무슨 권위로 이런 일을 하는지 너희에게 이르지 아니하리라."라고

하심으로써 그들은 개와 돼지와 다름없다고 공개적으로 선언하셨다.

❺ 개망신

그 결과 어떻게 되었는가? 스스로 지혜롭다고 공언하던 당국자들은 화를 자초하여 수많은 군중들 앞에서 개망신당하고 말았다. 하나님께서 사용하시는 방법, 하나님의 지혜는 이러하다.

스스로 사람의 머리로 쥐어짜며 성경을 해석하려고 하지 말아야 한다. 옷깃을 여미고 무릎을 꿇고 앉아 하나님의 도우심을 구해야 한다. 인간이 감히 어떻게 하나님의 말씀을 다 이해하며 또 난해한 구절들을 다 해석하겠다고 하겠는가? 성경을 대하면서 가져야 할 자세는 무엇인가?

말씀하시옵소서! 제가 듣겠나이다.

공개적으로 개망신당한 당국자들, 그들은 뭐라고 더 할 말이 없었다. 그러나 예수님께서는 아직 그들에게 하실 말씀이 남아있었다.

물음 46 첫 번째 성전 설교, 무엇이었을까?

본문 : 〈 12:1~12 〉

1 예수님께서 비유로 그들에게 말씀하시되 한 사람이 포도원을 만들어
산울타리로 두르고 즙 짜는 틀을 만들고 망대를 지어서 농부들에게 세
로 주고 타국에 갔더니 2 때가 이르매 농부들에게 포도원 소출 얼마를
받으려고 한 종을 보내니 3 그들이 종을 잡아 심히 때리고 거저 보내
었거늘 4 다시 다른 종을 보내니 그의 머리에 상처를 내고 능욕하였거
늘 5 또 다른 종을 보내니 그들이 그를 죽이고 또 그 외 많은 종들도
더러는 때리고 더러는 죽인지라 6 이제 한 사람이 남았으니 곧 그가

사랑하는 아들이라 최후로 이를 보내며 이르되 내 아들은 존대하리라
하였더니 7 그 농부들이 서로 말하되 이는 상속자니 자 죽이자 그러면
그 유산이 우리 것이 되리라 하고 8 이에 잡아 죽여 포도원 밖에 내던
졌느니라

9 포도원 주인이 어떻게 하겠느냐 와서 그 농부들을 진멸하고 포도원을
다른 사람들에게 주리라 10 너희가 성경에 건축자들이 버린 돌이 모퉁
이의 머릿돌이 되었나니 11 이것은 주로 말미암아 된 것이요 우리 눈
에 놀랍도다 함을 읽어 보지도 못하였느냐 하시니라

12 그들이 예수의 이 비유가 자기들을 가리켜 말씀하심인 줄 알고 잡고
자 하되 무리를 두려워하여 예수를 두고 가니라

1. 교부들의 해석

주인이 "내 아들은 존대하리라."라고 생각하며 아들을 보냈다. 성자께 마땅한 존대를 해야 한다는 선언이다. 하나님은 의혹 가운데 계실 수도 없으시고 속지도 않으신다. 이런 것들은 사람에게만 속한다. 아들을 존대하리라고 예측했지만 속은 것은 존대하지 않은 사람이다. 성부와 성자가 하나라는 사실을 가장 확실하게 말하는 말씀은 성경의 어디에 있는가? 성부께서 매를 맞으시고 모욕당하시고 십자가에 돌아가셨다는 말씀이 그것이다. 성부께서 속으시거나, 무지하시거나, 무례하신게 아니다. 성부와 성자 안에 있는 위대한 일치가 드러난 것이다.(Ambrosius) 인간들의 죄악 때문에 하나님께서는 당신의 아들을 보내셨지만 악한 소작인들은 그분을 죽이고 포도밭 밖으로 던져버렸다. 이제 하나님께서는 온 세상의 포도밭을 다른 소작인들에게 넘겨주어 제 때에 소출을 바치게 하셨다. 이제 선택된 자의 탑이 세워지고 어디서든지 빛나고 있다. 교회가 어디서든지 빛이 나고 있기 때문이다. 사람들이 어디에서든지 성령을 받을 수 있게 되었다.(Irrenius)[111)]

111) ACCS, Mark, pp. 157~158.

2. 교부들의 해석에 대한 평가

암브로시우스는 성삼위에 관심이 많아 많은 본문을 그런 방향으로 해석한다. 본문이 이스라엘의 역사 속에서 활동한 예언자들과 계약 파기와 관련있다는 것을 교부들은 전혀 보지 못하고 있다.

3. 본문 재해석

마가에 의하면 본문은 예수님께서 성전에서 가르치신 첫 번째 설교이다. 이것을 구속사로 보면 해석이 모호해진다. 그러나 계약사에서 보면 그 뜻이 명료하다. 예수님께서는 본문을 통해 유대교 당국자에게 그들의 역사를 통해 그들의 정체성과 오류, 심판의 임박함 등을 설명하셨는데 이는 그들에게 경고와 더불어 간곡한 권유, 그리고 마지막 호소였다. 무슨 말씀을 어떻게 하셨을까?

❶ 비유 말씀

1 예수님께서 비유로 그들에게 말씀하시되

무슨 권위로 율법에 기록된 유월절 행사를 중단시키느냐고 묻는 유대교 당국자들을 향하여 그 질문에 대하여서는 대답이 필요없으므로 하지 않으셨지만, 대신 다른 말씀을 하셨다. 알아듣기 쉽도록 비유로 그들의 역사를 설명하시면서 오류를 지적하시고 경고와 회개를 촉구하셨다.

❷ 계약 체결

1 예수님께서 비유로 그들에게 말씀하시되 한 사람이 포도원을 만들어 산울타리로 두르고 즙 짜는 틀을 만들고 망대를 지어서 농부들에게 세로 주고 타국에 갔더니

어떤 사람이 포도밭을 세 주었는데, 포도원을 잘 가꿔 놓았을 뿐만 아니라 울타리, 즙 짜는 틀, 망대 모든 시설까지도 완벽하게 갖춰놓았다. 이스라엘 공동체는 하나님과 계약을 맺은 계약공동체임

을 상기시키는 말씀이다. 하나님께서는 이스라엘을 가나안에 들어가게 하실 때 아무도 살지 않는 빈 땅에 들여보내신 게 아니다. 고대에 땅을 개간하여 농지를 만들고 포도원이나 어떤 과수원을 조성하려면 몇 대가 고생해야 했다. 가나안은 오래 전부터 사람들이 살았기 때문에 생활기반이 다 갖추어져 있었고, 또 성읍에 살고 있었다. 고대에 성을 쌓으려면 보통 어려운 게 아니었다. 그런데 가나안은 본래부터 전쟁이 잦은 지역이어서 각 지역마다 성을 쌓아놓고 있어 수비하기에 적절했다.

하나님께서는 이스라엘을 빈 땅에 들여보내지 않고 다 갖추어진 땅에 보내셨다. 그렇다고 남의 것들을 강탈하지도 않으셨다. 절대다수가 노예로 살아가는 안타까운 현실을 해결해주어 그들의 환영을 받으면서 같이 살 수 있게 하셨다. 하나님께서 일하시는 방법이다. 하나님의 이 방법은 지금도 유효하다.

❸ 계약 실천 요구

> 2 때가 이르매 농부들에게 포도원 소출 얼마를 받으려고 한 종을 보내니 3 그들이 종을 잡아 심히 때리고 거저 보내었거늘 4 다시 다른 종을 보내니 그의 머리에 상처를 내고 능욕하였거늘 5 또 다른 종을 보내니 그들이 그를 죽이고 또 그 외 많은 종들도 더러는 때리고 더러는 죽인지라

가나안에 들어가서 살아야 할 계약의 조건이 있었다. 하나님께서는 이스라엘이 계약대로 살도록 계약법인 율법을 가르치며 촉구하는 종들, 곧 예언자들을 보내셨다. 그들은 소작료 내기를 거부했다. 소작료는 맏물과 십일조, 절기행사, 안식년, 희년 등을 실천하여 가난한 사람들이 없도록 하는 경제정의의 실현을 말한다. 예언자들은 항상 고아와 과부와 나그네를 거론하며, 공의가 강같이 흐르게 해야 한다고 주장했다. 그러나 이스라엘은 성전에서 제사로 하나님 섬기기를 선호했다. 그 이유는 성전과 제사 신앙에서는 부자로 살면서 가난한 자들에게 생색내는 사랑의 실천을 하면 되지만, 계약신앙으

로 가면 수시로 재산을 재분배하므로 남보다 더 잘 살 수가 없었기 때문이다. 계약신앙대로 살면 남보다 더 잘 사는 부자는 원천적으로 나올 수 없고, 모두 골고루 평등하게 잘살게 된다.

이런 이유로 권력을 잡은 자들은 성전–제사 신앙을 선호했다. 제사장들도 이게 좋았다. 제사의 제물은 곧 그들의 수입이 되었기 때문이다. 서로 이해관계가 맞아떨어져서 권력자들과 제사장들은 결탁했다. 그리고 백성들에게 성전에서 제사드리고 복을 빌면 하나님께서 기도에 응답하셔서 복을 받는다고 현혹했다. 부자들은 자신들은 이런 성전–제사 신앙으로 복을 받았다고 자랑을 늘어놓았고, 무지한 백성들은 여기에 현혹되는 불상사가 발생했다.

이런 상황에서 등장한 사람들이 예언자들이다. 그들은 성전–제사, 기복–응답 신앙을 종교사기행각이라고 질타했으며, 이들의 속임수에 넘어가지 말라고 백성들을 일깨웠다. 이런 신앙을 버리고 계약법으로 돌아가지 않으면 계약은 파기되며, 하나님께서 이방 군대를 보내어 성전을 파괴시키며, 제사와 기복을 하지 못하게 하시리라고 경고했다.

권력자와 부자들에게 이런 예언자들이 달가울 리 없었다. 권력자들은 예언자들을 이단, 반역자, 매국노 등 온갖 누명을 씌우며 박해하였고, 무지한 백성들은 분별하지 못했다. 하나님께서는 매 세대마다 예언자들을 보내셨지만 포로기 이전의 예언자들은 모두 모진 박해를 받았다.

예수님께서는 이런 사실을 포도원을 세 놓는 비유로 말씀하셨다.

❹ 마지막 방법

6 이제 한 사람이 남았으니 곧 그가 사랑하는 아들이라 최후로 이를
보내며 이르되 내 아들은 존대하리라 하였더니 7 그 농부들이 서로 말
하되 이는 상속자니 자 죽이자 그러면 그 유산이 우리 것이 되리라 하
고 8 이에 잡아 죽여 포도원 밖에 내던졌느니라

종들 곧 예언자들을 연이어 보냈으나, 전혀 소용이 없었다. 이에 주인은 자기 아들을 보내면 함부로 대하지 못하리라고 생각하고 아들을 보냈다. 그러자 농부들은 아들의 말을 듣기는커녕 아들까지 죽이고 아예 포도원을 차지하려고 했다.

예수님의 이런 비유는 너무 사실적이고 상세하며 이해하기 쉬워서 부연 설명이 필요 없다. 예수님은 절대로 어렵게 설교하지 않으셨다. 설교와 신학 서적은 쉬워서 누구나 읽고 깨달아 구원에 이를 수 있어야 한다.

❺ 계약 파기 경고

> 9 포도원 주인이 어떻게 하겠느냐 와서 그 농부들을 진멸하고 포도원을 다른 사람들에게 주리라

마태의 병행본문에 의하면 예수님께서 군중들에게 질문하시며 스스로 대답하게 하셨다.

> 그러면 포도원 주인이 올 때에 그 농부들을 어떻게 하겠느냐(마21:40)

백성들의 대답은 이미 정해져 있다. 당연한 이치이기 때문이다. 그들은 합창을 했다.

> 그들이 말하되 그 악한 자들을 진멸하고 포도원은 제 때에 열매를 바칠 만한 다른 농부들에게 세로 줄지니이다(마21:41)

이에 예수님께서는 이런 상황에 잘 맞는 구약의 한 구절을 인용하셨다.

> 10 너희가 성경에 건축자들이 버린 돌이 모퉁이의 머릿돌이 되었나니
> 11 이것은 주로 말미암아 된 것이요 우리 눈에 놀랍도다 함을 읽어 보지도 못하였느냐 하시니라

무슨 뜻일까? 해석이 쉽지 않은데, 마태에는 그 설명이 들어있다.

> (마21:43)그러므로 내가 너희에게 이르노니 하나님의 나라를 너희는 빼앗기고 그 나라의 열매 맺는 백성이 받으리라 (마21:44)이 돌 위에 떨어지는 자는 깨지겠고 이 돌이 사람 위에 떨어지면 그를 가루로 만들어 흩으리라 하시니

이스라엘과의 계약이 파기되어 그들은 멸망 당하고 다른 사람들과 계약이 체결되리라는 말씀이었다. 유월절 기간 내내 예수님께서는 성전에 사람들을 모아놓고 가르치셨다. 마가복음에 의하면 본문은 그 첫 번째 설교에 해당된다.

❻ 반발

12 그들이 예수의 이 비유가 자기들을 가리켜 말씀하심인 줄 알고 잡고자 하되 무리를 두려워하여 예수를 두고 가니라

예수님의 말씀이 무슨 뜻인지 못 알아들을 사람은 아무도 없었다. 당국자들도 물론 알아들었다. 그런데 어떻게 했는가? 돌이키려고 하기보다는 예수님을 그 자리에서 체포하려고 했다. 그런데 문제는 백성들이었다. 백성들은 하나같이 예수님 편이어서 어찌해 볼 도리가 없어 그냥 물러갔다.

제사장들, 서기관과 바리새인들, 헤롯당들은 평소에는 서로 앙숙이었다. 그러나 이제는 강력한 공동의 적이 등장하자 한순간에 한편이 되어 연합전선을 구축했다. 그리고 방법을 고민했다. 이들이 찾아낸 다음 방안은 무엇이었을까?

물음 47 올무질문, 어떻게 되었나?

본문 : 〈 12:13~27 〉

13 그들이 예수의 말씀을 책잡으려 하여 바리새인과 헤롯당 중에서 사람을 보내매

14 와서 이르되 선생님이여 우리가 아노니 당신은 참되시고 아무도 꺼리는 일이 없으시니 이는 사람을 외모로 보지 않고 오직 진리로써 하나

님의 도를 가르치심이니이다 가이사에게 세금을 바치는 것이 옳으니이
까 옳지 아니하니이까 15 우리가 바치리이까 말리이까 한대 예수님께
서 그 외식함을 아시고 이르시되 어찌하여 나를 시험하느냐 데나리온
하나를 가져다가 내게 보이라 하시니 16 가져왔거늘 예수님께서 이르
시되 이 형상과 이 글이 누구의 것이냐 이르되 가이사의 것이니이다
17 이에 예수님께서 이르시되 가이사의 것은 가이사에게, 하나님의 것
은 하나님께 바치라 하시니 그들이 예수께 대하여 매우 놀랍게 여기더
라

18 부활이 없다 하는 사두개인들이 예수께 와서 물어 이르되

19 선생님이여 모세가 우리에게 써 주기를 어떤 사람의 형이 자식이 없
이 아내를 두고 죽으면 그 동생이 그 아내를 취하여 형을 위하여 상속
자를 세울지니라 하였나이다 20 칠 형제가 있었는데 맏이가 아내를 취
하였다가 상속자가 없이 죽고 21 둘째도 그 여자를 취하였다가 상속자
가 없이 죽고 셋째도 그렇게 하여 22 일곱이 다 상속자가 없었고 최후
에 여자도 죽었나이다 23 일곱 사람이 다 그를 아내로 취하였으니 부
활 때 곧 그들이 살아날 때에 그 중의 누구의 아내가 되리이까 24 예
수님께서 이르시되 너희가 성경도 하나님의 능력도 알지 못하므로 오
해함이 아니냐 25 사람이 죽은 자 가운데서 살아날 때에는 장가도 아
니 가고 시집도 아니 가고 하늘에 있는 천사들과 같으니라 26 죽은 자
가 살아난다는 것을 말할진대 너희가 모세의 책 중 가시나무 떨기에
관한 글에 하나님께서 모세에게 이르시되 나는 아브라함의 하나님이요
이삭의 하나님이요 야곱의 하나님이로라 하신 말씀을 읽어보지 못하였
느냐 27 하나님은 죽은 자의 하나님이 아니요 산 자의 하나님이시라
너희가 크게 오해하였도다 하시니라

1. 교부들의 해석

종의 모습으로 오신 주님은 우리를 위하여 세금과 공물을 바치셨고, 같은 방식으로 당신과 당신의 제자들의 피를 통한 보상을 치르게 하신다. 황제의 것을 지닌 사람은 황제에게 돌려주고 하나님의 것은 하나님께 돌려 드려야 한다. 주님은 돈을 만들지도, 쓰지도 얻지도 않으셨고, 한순간도 당신의 소유로 삼지 않으셨다.(Origenes) 은화에 새겨진 황제의 초상은 황제에게 돌려주고 인간에게 새겨진 하나님의 초상은 하나님께 돌려드리라는 뜻이다. 돈은 황제에게 돌려주고 우리 자신은 하나님께 돌려드려야 한다.(Tertullianus) 우리

는 하나님의 금고에서 잃어버린 하나님의 은화이다. 우리의 잘못으로 우리 안에 새겨진 것들이 사라지고 말았다. 이제 우리 안에 새겨주신 하나님의 형상을 찾아주시기 위해 그분께서 오셨다. 황제가 자신의 초상을 찾듯, 주님도 당신의 은화를 찾으러 오셨다. 황제에게 돈을 돌려주고 우리 자신은 하나님께 돌려드리면 우리 안에 진리가 다시 살아날 것이다.(Augustinus)

이 세상을 떠난 뒤 부활하는 날 천사들의 상태와 성덕으로 변하게 될 교인들에게 주어진 약속은 혼인이 지니고 있는 육체적인 것들의 회복이 아니다. 육체에서 비롯되는 온갖 격정은 사라진다. 일곱 형제와 혼인한 여인도 부활의 날에는 누구에게도 속하지 않고, 그 남편들 가운데도 그 여인을 혼낼 날만 벼르는 자는 없을 것이다.(Tertullianus) 물질적인 몸, 육체를 지닌 몸은 다시 죽을 몸이 아니라 영적인 몸으로 다시 살아난다. 부활하신 후에 잠긴 방에 들어오신 주님은 피로도 느끼지 않으시고, 음식과 잠도 필요 없었다. 우리도 이와 같이 하늘의 천사들과 같아지며, 혼인도 출산도 없어진다.(John of Damascus)[112)]

2. 교부들의 해석에 대한 평가

교부들은 "가이사의 것은 가이사에게, 하나님의 것은 하나님께"라는 구절에 관심이 많았는데, 세상의 재물을 포기하고 신앙에 헌신해야 한다는 해석이었다. 그러나 당시의 상황, 본문의 흐름과 의도 등에는 전혀 관심이 없었다.

3. 본문 재해석

유월절 행사를 중단시키시고 제사 대신 말씀을 가르치시는 예수님의 예루살렘 사역은 유대교와의 전면전이었다. 예수님과 유대교

112) ACCS, Mark, pp. 158~162.

당국자 간에는 이제 정면충돌을 피할 길이 없었다. 먼저 공격을 감행한 것은 당국자들이었다. 그러나 혹을 떼려다가 떼기는커녕 더 군중들 앞에서 개망신당하고 속수무책으로 돌아왔다. 유대교 당국자들이 모여서 전의를 다지며 밤새도록 고민하며 찾아낸 방법은 무엇이었을까?

❶ 올가미 작전

> 3 그들이 예수의 말씀을 책잡으려 하여 바리새인과 헤롯당 중에서 사람을 보내매

당국자들의 고민은 예수님께서 유월절에 참석한 군중들을 성전에 모아놓고 설교를 통해 유대교의 모순과 치부를 그대로 드러내는데, 백성들은 이에 열광적인 환호를 보내고 있다는 데에 있었다. 시간이 지나갈수록 자신들의 입지가 좁아져서 기반이 사라질 위기에 처했는데 달리 뾰족한 방법이 없었다. 가장 간단한 것은 예수님을 체포하거나 제거하는 것이지만 군중들이 무서워 그럴 수도 없었다. 그들은 군중들 앞에서 난상토론을 벌여 예수님을 굴복시키는 방법을 사용했다. 달리 방법이 없었고, 나름대로 자신이 있어서였다.

그들에게는 수백 년 동안 토론을 통해 갈고 닦은 비장의 무기들이 있었다. 아무리 궁리해도 대답할 수 없는 문제들이 여러 개 있었는데, 이 문제로 올무를 몇 개 만들어 써먹기로 했다.

올무를 먼저 들고 온 자들은 바리새인과 헤롯당이었다.

❷ 불탄 재로 만든 올무

> 14 와서 이르되 선생님이여 우리가 아노니 당신은 참되시고 아무도 꺼리는 일이 없으시니 이는 사람을 외모로 보지 않고 오직 진리로써 하나님의 도를 가르치심이니이다 가이사에게 세금을 바치는 것이 옳으니이까 옳지 아니하니이까 15 우리가 바치리이까 말리이까 한 대

당시 지중해 일대를 다스리던 로마제국의 식민지배를 받는 나라들은 모두가 로마 정부에 감사했다. 전쟁이 사라지고 비자 없이 상

업과 왕래를 할 수 있고, 지진 등의 재해를 당하면 로마 정부에서 도와주고, 독립해서 살 때 보다 훨씬 좋아 서로 앞을 다투어 로마 정부에 감사하며 황제의 동상을 만들어 신격화했다. 그런데 유대인만은 이를 싫어했다. 그들은 세상 권세가 아닌 하나님의 통치만을 인정했기 때문이다.

유대인들은 로마 정부에 세금내는 문제로 갑론을박을 거듭했으나 답이 나오지 않았다. 낼 수도 안 낼 수도 없었기 때문이다. 그래서 당국자들은 예수님께 자신있게 물었다. 세금을 내라고 하면 율법으로 고발하고, 내지 말라고 하면 로마제국에 대한 반역죄로 고발하고, 빠져 나갈 구멍은 없었다. 자신만만하게 그들은 이 올무를 내밀었다. 예수님께서는 뭐라고 하셨을까?

> 예수님께서 그 외식함을 아시고 이르시되 어찌하여 나를 시험하느냐 데나리온 하나를 가져다가 내게 보이라 하시니

예수님께서는 로마제국이 발행한 동전인 데나리온을 하나 가져오라고 하셨다. 그리고 동전에 새겨진 화상이 누구냐고 물으셨다.

> 16 가져왔거늘 예수님께서 이르시되 이 형상과 이 글이 누구의 것이냐 이르되 가이사의 것이니이다

로마제국의 황제가 새겨져 있다고 말하자, 다시 말씀하셨다.

> 17 이에 예수님께서 이르시되 가이사의 것은 가이사에게, 하나님의 것은 하나님께 바치라 하시니

이보다 더 명쾌하고 단순한 대답은 있을 수 없었다. 어떻게 즉석에서 이런 대답을 하셨는지, 생각할수록 신비하다. 하나님의 지혜라는 말 이외에는 달리 할 말이 없다.

❸ 유구무언

> 그들이 예수께 대하여 매우 놀랍게 여기더라

자신만만하던 그들은 더 이상 할 말이 없었다. 그런데 아직 끝이

아니었다. 그들은 올가미를 여러 개 준비했기 때문이다. 다음 올가미는 무엇이었을까?

❹ 칠 겹 올무

18 부활이 없다 하는 사두개인들이 예수께 와서 물어 이르되

이번에는 제사장인 사두개인들이 올무를 들고 왔다. 이들은 성문율법만을 인정하며 부활이 없다고 믿었는데, 구전 율법을 기초로 부활을 인정하는 바리새인들에게 부활이 없다는 것을 주장할 때 써먹는 비장의 무기가 있었다. 바리새인들은 이 무기에 속수무책으로 당하고 있었다. 이들이 설치해 놓은 올무는 무엇이었을까?

19 선생님이여 모세가 우리에게 써 주기를 어떤 사람의 형이 자식이 없이 아내를 두고 죽으면 그 동생이 그 아내를 취하여 형을 위하여 상속자를 세울지니라 하였나이다 20 칠 형제가 있었는데 맏이가 아내를
취하였다가 상속자가 없이 죽고 21 둘째도 그 여자를 취하였다가 상속
자가 없이 죽고 셋째도 그렇게 하여 22 일곱이 다 상속자가 없었고 최
후에 여자도 죽었나이다 23 일곱 사람이 다 그를 아내로 취하였으니
부활 때 곧 그들이 살아날 때에 그 중의 누구의 아내가 되리이까

유대인들은 가문을 이어가는 것을 중요하게 생각했는데, 남자가 죽어 대가 끊겼을 경우 그 형제가 대신 남편 역할을 해서 대를 이어 주어야 했다.(신25:5~1) 한 여자가 남편의 일곱 형제와 순서대로 살다가 죽었을 경우 부활하면 그 여자는 누구의 아내가 되어야 하는가? 이에 대해서는 누구도 대답을 못했다. 아니, 할 수가 없는 문제였다.

자신만만해 있는 사두개인들에게 뭐라고 하셨을까?

❺ 무식이 들통나다

24 예수님께서 이르시되 너희가 성경도 하나님의 능력도 알지 못하므로 오해함이 아니냐 25 사람이 죽은 자 가운데서 살아날 때에는 장가도 아니 가고 시집도 아니 가고 하늘에 있는 천사들과 같으니라 … 27
하나님은 죽은 자의 하나님이 아니요 산 자의 하나님이시라 너희가 크게 오해하였도다 하시니라

"성경도 하나님도 모르고 있다.…크게 오해하였도다." 군중이 지켜보는 앞에서 사두개인들은 이런 망신을 자초했다. 제사장이면서 성경도 모르고 하나님도 모르고 있다. 뭘 아는가? 돈만은 알고 있었다. 그들에게는 돈이 전부였다. 성전은 돈을 모으는 도구였고, 유월절 절기는 돈을 모을 기회였다. 왜 그랬을까? 그들에게는 이 세상이 전부였다. 성문 율법만 인정하던 그들에게 다음 세상은 없었다. 부활이 없으니, 심판도 없고, 하나님도 없었다. 그들에게 하나님은 제사장 직책을 유지하기 위한 방편에 불과했다. 본래 왕을 대신하던 제사장들은 정치꾼에 불과했다.

그동안 큰소리치던 것들을 예수님 앞에 꺼내 놓으니 무식이 탄로나고 말았다. 뭘 더 말했다가는 또 들통날 판이니 뭐라고 말을 할 수도 없었고, 또 할 말도 없었다.

❻ 자충수

(눅20:39)서기관 중 어떤 이들이 말하되 선생님 말씀 잘 하셨나이다 하니 (눅20:40)그들은 아무 것도 감히 더 물을 수 없음이더라

그런데 돈만 밝히며 부활이 없다는 사두개인들에 대하여 늘 분개하던 바리새인(서기관) 가운데 누군가가 예수님께서 자신들이 대답하지 못하던 사두개인들의 질문을 간단하게 묵사발 내시는 것을 보면서 너무 통쾌하여 자신도 모르게 "말씀을 너무 잘 하셨나이다."라고 공개적으로 맞장구를 치고 나왔다. 이로써 사두개인과 바리새인의 연합전선마저 균열이 가고 말았다.

인간의 잔머리 굴리기가 하나님의 지혜 앞에서 얼마나 쓸모없는가를 잘 보여주는 장면들이다.

물음 48

가장 큰 계명, 무엇일까?

본문 : 〈 12:28~37 〉

28 서기관 중 한 사람이 그들이 변론하는 것을 듣고 예수님께서 잘 대답
하신 줄을 알고 나아와 묻되 모든 계명 중에 첫째가 무엇이니이까 29
예수님께서 대답하시되 첫째는 이것이니 이스라엘아 들으라 주 곧 우
리 하나님은 유일한 주시라 30 네 마음을 다하고 목숨을 다하고 뜻을
다하고 힘을 다하여 주 너의 하나님을 사랑하라 하신 것이요 31 둘째
는 이것이니 네 이웃을 네 자신과 같이 사랑하라 하신 것이라 이보다
더 큰 계명이 없느니라 32 서기관이 이르되 선생님이여 옳소이다 하나
님은 한 분이시요 그 외에 다른 이가 없다 하신 말씀이 참이니이다 33
또 마음을 다하고 지혜를 다하고 힘을 다하여 하나님을 사랑하는 것과
또 이웃을 자기 자신과 같이 사랑하는 것이 전체로 드리는 모든 번제
물과 기타 제물보다 나으니이다 34 예수님께서 그가 지혜 있게 대답함
을 보시고 이르시되 네가 하나님의 나라에서 멀지 않도다 하시니 그
후에 감히 묻는 자가 없더라

35 예수님께서 성전에서 가르치실새 대답하여 이르시되 어찌하여 서기관
들이 그리스도를 다윗의 자손이라 하느냐 36 다윗이 성령에 감동되어
친히 말하되 주께서 내 주께 이르시되 내가 네 원수를 네 발 아래에
둘 때까지 내 우편에 앉았으라 하셨도다 하였느니라 37 다윗이 그리스
도를 주라 하였은즉 어찌 그의 자손이 되겠느냐 하시니 많은 사람들이
즐겁게 듣더라

1. 교부들의 해석

예수님께서는 모든 율법서와 예언서는 하나님의 사랑과 이웃사랑, 두 계명에 달려있다고 말씀하신다. 이 사랑의 계명은 너무 명확해서 어떻게든 선만 행하면 된다고 생각하는 사람들도 있지만, 사랑 없이 행한다면 제 아무리 애를 써도 선을 행할 수 없다.(Augustinus) 하

나님은 한 분이시다. 주님 말고 하늘과 땅의 다른 주인이 있다고 상상할 수 없다. 한 분이신 참 하나님께서 하늘과 땅의 모든 것을 채우고 계시므로 만물의 둘째 주인은 들어설 자리가 없다.(Athanas-ius) '마음을 다하여'라는 표현은 조그마한 갈라짐도 허용하지 않는다. 하찮은 것에 사랑을 쏟아 붓는다면 모든 것에 대한 사랑이 그만큼 줄어들게 된다.(Gregory the Great) 인간의 생명에는 세 가지가 조화를 이루고 있다. '몸'은 영양분을 공급하며, '목숨'은 생명을 유지하며, '정신'은 지적인 역할을 한다. "마음을 다하고 목숨을 다하고 힘을 다하여"라는 이 한 구절에 온전한 인간이 들어있다. 육체적 본성인 심장, 지적이고 이성적인 본성인 정신, 그리고 이 둘을 중재하는 영혼을 모두 포함하고 있다.(Gregory of Nyssa) 예수님은 육신으로는 다윗의 후손이시고 신성으로는 다윗의 주님이시다. 마찬가지로 육신으로는 마리아의 아들이시고 그의 위엄(majesty)으로는 마리아의 주님이시다.(Augustinus)[113]

2. 교부들의 해석에 대한 평가

본문에 대해서는 많은 글들이 있다. 교부 중 가장 큰 영향을 끼친 어거스틴은 성경을 사랑을 기초로 해석하며 사랑의 신학을 전개한다.(하나님을 사랑하라. 그리고 네가 좋을 대로 해라) 그러나 성경이 말하고자 하는 핵심과 역사적인 맥락을 읽어내지는 못하고 있다. 이는 교부들의 일반적인 한계이며 특징이다.

3. 본문 재해석

사두개인, 바리새인, 헤롯당이 작당하여 비장의 올무를 모두 내어놓았지만 효력은 고사하고 자기 올무가 되어버리고 말았다. 마지막으로 설교자이자 신학자인 서기관들이 모여서 다시 문제를 제기했다.

113) ACCS, Mark, pp. 163~167.

❶ 첫째 계명

28 서기관 중 한 사람이 그들이 변론하는 것을 듣고 예수님께서 잘 대답하신 줄을 알고 나아와 묻되 모든 계명 중에 첫째가 무엇이니이까

구전 율법을 더 중요하게 여기던 서기관과 바리새인들은 성문 율법 외에도 구전 율법을 기초로 수많은 율법 조항을 만들었다. 샴마이는 모세가 시내산에서 613개의 율법 조항을 받았는데, 일 년 365일과 창조 이후 인간의 248대를 합친 숫자라고 했다. 이들은 이를 기초로 계속 조항을 추가했는데, 최대 관심사 중의 하나는 이런 많은 조항 중 어떤 조항이 가장 중요한가였다. 그러나 대답이 쉽지 않았다.

대답할 수 없는 문제를 다시 꺼내 놓았다.

❷ 유일하신 하나님, 유일한 사랑

29 예수님께서 대답하시되 첫째는 이것이니 이스라엘아 들으라 주 곧 우리 하나님은 유일한 주시라 30 네 마음을 다하고 목숨을 다하고 뜻을 다하고 힘을 다하여 주 너의 하나님을 사랑하라 하신 것이요 31 둘째는 이것이니 네 이웃을 네 자신과 같이 사랑하라 하신 것이라 이보다 더 큰 계명이 없느니라

(마22:40)이 두 계명이 온 율법과 선지자의 강령이니라

하나님의 본성 중의 하나가 단순성이다. 그런 연고로 예수님의 접근법의 특징 역시 단순함이다. 유일하신 하나님을 섬기는 방법도 유일한데, 마음과 목숨과 뜻과 힘을 합하여 하나님을 사랑하는 것이며, 그 실천 방법은 계약공동체 내에서 이웃을 내 몸처럼 사랑하는 것이다. 바꾸어 말하면 이웃을 내 몸처럼 사랑하는 것, 즉 사람을 하나님처럼 대하는 것이 곧 하나님을 사랑하는 것이다. 이것이 곧 율법과 선지자의 강령이다. 율법에 크고 작은 것이 따로 있는 것이 아니라 어떤 율법 조항을 실천하더라도 하나님의 사랑을 사람에게 실천하려는 동일한 마음을 가지고 실천해야 한다는 말씀이다.

❸ 감히 묻는 자가 없더라

> 32 서기관이 이르되 선생님이여 옳소이다 … 전체로 드리는 모든 번제물과 기타 제물보다 나으니이다
>
> 34 예수님께서 그가 지혜 있게 대답함을 보시고 이르시되 네가 하나님의 나라에서 멀지 않도다 하시니 그 후에 감히 묻는 자가 없더라

예수님에게 질문하던 서기관이 예수님의 말씀에 감탄하여 동의하면서, 사람을 하나님처럼 사랑하는 것이 어떤 제사나 제물보다 귀하다고 했다.

예수님의 말씀에 올무를 놓으려다가 그 올무에 자신들이 걸려들었고, 서기관들은 예수님의 말씀에 탄복하여 옳다고 공개적으로 인정하고 말았으니, 이제는 더 이상 뭐하고 할 말이 없어졌고 또 감히 더 물을 수도 없었다.

❹ 역질문

> 35 예수님께서 성전에서 가르치실새 대답하여 이르시되 어찌하여 서기관들이 그리스도를 다윗의 자손이라 하느냐

유대교 당국자들은 할 말이 없어졌을지 모르지만 예수님은 아직 하실 말씀이 많았다. 예수님을 메시야로 인정하지 않는 유대인들은 지금도 다윗의 별을 국기로 정하고, 유월절 행사를 할 때는 메시야의 자리를 비워두고 아직도 다윗의 후손으로 오실 메시야를 기다리고 있다. 유대인들에게 메시야신앙은 이만큼 뿌리가 깊다.

유대인들이 메시야를 다윗의 자손으로 믿는 데에는 그만한 이유가 있었다. 구약 예언서에 이에 대하여 명확하게 말하고 있는 구절들이 있기 때문이다.114) 그런데 예수님은 무엇을 근거로 메시야가 다윗의 자손이라는 사실을 거부하시는가?

> 36 다윗이 성령에 감동되어 친히 말하되 주께서 내 주께 이르시되 내가 네 원수를 네 발 아래에 둘 때까지 내 우편에 앉았으라 하셨도다 하

---

114) 사9:2~7, 11:1~9, 렘23:5, 33:14~18, 겔34:23~24, 37:24, 시89:20

> 였느니라 37 다윗이 그리스도를 주라 하였은즉 어찌 그의 자손이 되겠느냐 하시니 많은 사람들이 즐겁게 듣더라

다윗이 메시야를 주님으로 고백했기 때문에 메시야는 다윗의 자손일 수 없다는 이 말씀은 무슨 뜻일까? 예수님께서 거부하신 것은 '칭호'의 문제가 아니라 '개념'의 문제다. 메시야 사상이 잘못되어 있다는 뜻이다. 메시야가 하늘의 능력으로 세계의 황제가 되어, 유대인들로 하여금 전세계를 지배하게 할 것이라는 그 신앙이 문제였다. 마귀는 끈질기게 예수님으로 하여금 유대교의 메시야가 되라고 요청했다. 중심을 보시는 하나님께서 문제 삼는 것이 칭호일 리 없다.

예수님 당시 유대교에서 신앙의 중심축 역할을 하던 메시야신앙의 오류를 해부해 놓으셨다.

❺ 사람들이 즐겁게 듣더라

> 37 … 많은 사람들이 즐겁게 듣더라

예수님과 유대교 당국자 간의 질문과 토론을 지켜보던 군중들은 모두 예수님의 말씀에 감탄했으며 또 당국자들이 스스로 자기 함정에 빠지자 모두 쾌재를 불렀다. 왜 그랬을까?

그들에게 신앙은 하나의 무거운 짐이었다. 신앙생활을 안 하려는 것이 아니라 하려고 하는데, 그런데 서기관과 제사장들의 요청대로 하려니 너무 버거웠다. 그런데 예수님의 말씀을 듣고 있자니 수고하고 무거운 짐들이 다 벗겨져 내려가는 기분이었다. 신앙은 결코 짐이 아니라 새로운 힘이어야 한다.

물음 49 과부의 두 렙돈, 왜 기록하고 있을까?

본문 : 〈 12:38~44 〉

38 예수님께서 가르치실 때에 이르시되 긴 옷을 입고 다니는 것과 시장
에서 문안 받는 것과 39 회당의 높은 자리와 잔치의 윗자리를 원하는
서기관들을 삼가라 40 그들은 과부의 가산을 삼키며 외식으로 길게 기
도하는 자니 그 받는 판결이 더욱 중하리라 하시니라

41 예수님께서 헌금함을 대하여 앉으사 무리가 어떻게 헌금함에 돈 넣는
가를 보실새 여러 부자는 많이 넣는데 42 한 가난한 과부는 와서 두
렙돈 곧 한 고드란트를 넣는지라 43 예수님께서 제자들을 불러다가 이
르시되 내가 진실로 너희에게 이르노니 이 가난한 과부는 헌금함에 넣
는 모든 사람보다 많이 넣었도다 44 그들은 다 그 풍족한 중에서 넣었
거니와 이 과부는 그 가난한 중에서 자기의 모든 소유 곧 생활비 전부
를 넣었느니라 하시니라

1. 교부들의 해석

바리새인들은 박하와 운향과 채소의 십일조는 드리되, 율법의 더 중요한 의와 인과 신은 저버렸다. 그들은 외적인 것에 관심을 기울이면서 영혼 구원에 필요한 것은 무시한다. 그들은 장터에서 인사받기 좋아하고 모임에서 상석에 앉는 것에 신경쓴다. 그들은 외적인 것에는 정성을 쏟으면서 내적인 것은 경멸했으며, 육신을 만드신 분께서 영혼도 만드셨다는 사실을 몰랐다.(Hegemonius 4세기) 가난한 과부는 동전 두 닢을 헌금했지만 가지고 있던 전부를 드렸기에 다른 어떤 부자들보다 더 많은 헌금을 했다는 평가를 받았다. 헌금은 그 액수의 크기로 따지지 않고 헌금한 사람의 선한 의지로 평가된다.(Hieronimus) 삭개오는 자기 재산의 절반으로 하나님 나라를

샀고, 과부는 동전 두 닢으로 동일한 하나님 나라를 샀으니, 이보다 더 큰 은혜는 없다. 부자가 베푼 보화와 가난한 사람이 건넨 냉수 한 잔이 하늘나라에서 똑같은 가치를 지닌다니 이보다 더 대단한 일은 없다.(Augustinus) 우리는 현세에서 공동의 선을 위하여 재산을 위임받았지만, 사유 재산의 영원한 소유권을 부여받은 것은 아니다. 지상소유권이 일시적이라는 것을 받아들인다면 천국에서 영원한 소유를 얻게 될 것이다. 가난한 과부는 가난한 사람을 생각하면서 자기의 전 재산인 동전 두 닢을 드렸다. 그는 가난하고 궁핍했지만 영적인 재물에서는 온갖 부귀를 얻었다. 주님에게 받지 않은 것이 없으니 주님께서 주신 것을 다시 그분에게 돌려드려야 한다.(Paulinus of Nola 354~431)[115]

2. 교부들의 해석에 대한 평가

교부들은 바리새인들의 형식적인 신앙을 비판적으로 보았으나 그들의 신앙이 무엇이 어떻게 잘못 되었는지에 대해서는 침묵하고 있으며, 과부의 헌금에 관해서는 대단히 높이 평가하면서 헌금의 지향성에 초점을 맞추고 있다.

3. 본문 재해석

예수님께서 한 주일 동안 예루살렘에서 활동하신 대부분은 성전에서의 설교였다. 매일 아침부터 저녁까지 사람들이 성전에 모여들었다. 이때에는 병자 치료는 거의 없이 말씀을 가르치셨다. 밤에는 감람산에서 다양한 사람들을 만나시거나 기도하시다가 주무셨을 것이다. 기록에 남길만한 중요한 이야기와 사건들이 많이 있었을 텐데 마가는 과부의 헌금을 기록해 놓고 있다. 왜 그랬을까?

115) ACCS, Mark, pp. 168~171.

❶ 서기관들을 삼가라

38 예수님께서 가르치실 때에 이르시되 긴 옷을 입고 다니는 것과 시
장에서 문안 받는 것과 39 회당의 높은 자리와 잔치의 윗자리를 원하
는 서기관들을 삼가라 40 그들은 과부의 가산을 삼키며 외식으로 길게
기도하는 자니 그 받는 판결이 더욱 중하리라 하시니라

예수님께서는 모든 군중들이 지켜보는 데서 제자들을 교육시키셨다.(눅20:45) 왜 제자들에게만 말씀하시지 않고 군중들 속에서 공개적으로 가르치셨을까? 도대체 무슨 내용이었을까?

"너희는 절대로 서기관들처럼 되지 말라!"라는 말씀이었다. 이 말씀에 대하여 증인을 세웠는데, 모여있는 군중들이었다. 이는 무엇을 말하는가? 내 제자들을 잘 감시하여 유대교의 서기관처럼 되지 않도록 하라는 말씀이다.

예수님께서 경계하신 것은 서기관들의 어떤 모습이었을까? 구별된 옷, 거리에서의 긴 기도시간, 사람들에게 랍비로 인정과 문안을 받고 상석에 앉는 이런 것들을 하지 말라는 말씀일까? 예수님께서 제자들에게 기대하신 것은 무엇이었을까? 서기관들이 과부의 가산을 삼키는 자들이란 무슨 뜻일까?

❷ 두 렙돈

41 예수님께서 헌금함을 대하여 앉으사 무리가 어떻게 헌금함에 돈 넣
는가를 보실새 여러 부자는 많이 넣는데 42 한 가난한 과부는 와서 두
렙돈 곧 한 고드란트를 넣는지라 43 예수님께서 제자들을 불러다가 이
르시되 내가 진실로 너희에게 이르노니 이 가난한 과부는 헌금함에 넣
는 모든 사람보다 많이 넣었도다

렙돈(λεπτόν)은 이스라엘에서 가장 작은 동전이며, 고드란트(κοδράντης)는 로마에서 가장 작은 동전이다. 한 렙돈은 하루 품삯인 데나리온의 1/64이다. 아마도 가난한 과부의 두 렙돈 헌금은 유월절 헌금 중에서 가장 작은 액수였을 것이다. 그런데 예수님께서는 그 과부가 가장 큰 헌금을 했다고 평가하시면서 제자들에게 특별 교

육의 소재로 삼으셨다. 또 마가는 후일 복음서에 이것을 기록으로 남겼다. 마가는 이 이야기를 왜 이렇게 중요하게 다룰까?

❸ 그들과 이 과부

> 44 그들은 다 그 풍족한 중에서 넣었거니와 이 과부는 그 가난한 중에서 자기의 모든 소유 곧 생활비 전부를 넣었느니라 하시니라

우선 성전의 분위기를 보면 헤롯이 왕권을 이용하여 46년 동안 짓는 중인데, 그 규모가 불가사의에 속할 만큼 어마어마하게 컸다. 매일 1만 명의 인력과 1천 명의 제사장, 1천 대의 수레가 동원되었다. 큰 돌은 길이가 13m, 넓이 6m, 높이 4m, 무게가 400톤에 달하는 것도 있었다.

사두개인들과 서기관들, 장로들인 그들은 이런 어마어마한 규모와 웅장함과 거대함, 유월절을 위해 준비된 온갖 물품 등을 보유한 채 부유와 사치와 종교적인 권위의 극을 달리고 있었다. 그런데 여기에 한 가난한 이 과부가 등장했다. 그가 가진 전부는 두 렙돈인데, 그 돈을 전부 하나님께 드렸다.

이 과부의 헌금을 소재로 예수님께서는 제자들에게 무엇을 가르치셨을까? 이 여인처럼 가진 전부를 드려야 한다는 것일까? 교부들이 해석한 것처럼 하나님께서는 액수의 크기를 보지 않으시고 마음과 정성의 크기를 보신다는 것일까? 이 여인의 헌금을 지켜보시는 예수님의 마음은 어떤 것일까? 하나님을 의지하는 이 여인의 믿음을 보고 흐뭇하셨을까?

무슨 이야기인지 아직 감이 잡히지 않는다면 이렇게 생각해 보라. 이 여인이 내 딸이라면 어떤 생각이 들까? 귀하게 키워서 시집보냈더니 남편 죽고 어린 자식 데리고 사는데, 생활비 전부가 두 렙돈(한 렙돈은 하루 품삯의 1/64), 지금 우리 돈으로 환산한다면 1천 원짜리 두 장 정도인데, 성전에 올라갔다가 두 렙돈 전부를 하나

님께 헌금하고 있다면 무슨 마음이 들겠는가? 믿음이 대견할까? 하늘에서 받을 상이 크리라고 생각될까? 하나님께서 믿음을 보시고 언젠가는 큰 복을 주시리라고 안심이 될까?

억장이 무너져 내리고, 가슴이 찢어지고, 통곡이 터져 나오지 않을까? 그렇지 않을 부모가 있을까? 이렇게 살아갈 수밖에 없는 딸자식의 신세, 이를 어찌해야 하나? 그 자식이 헌금하고 있는 성전을 바라보면 어떤 마음이 들까? 화려함, 웅장함, 아름다움, 무슨 예술성, 이런 것들이 눈에 들어올까? 어떤 분노가 솟구치지 않는다면 부모가 아니다. 거대한 성전이, 장엄한 성전의 제사가, 하나님을 찬양하는 제사장의 설교가 어떻게 느껴질까? 도대체 그런 것들이 뭘 위해 존재할까?

두 렙돈 헌금을 보시며 제자들에게 무엇을 가르치셨을까? 너희가 무엇을 위해 존재하며, 무슨 일을 해야 하느냐? 가진 전 재산이 하루 품삯의 1/64인 사람이 없게 해라! 이런 비극적인 모순이 벌어지지 않게 해라!

이 이야기를 써 내려가는 마가는 이 과부의 이야기 다음에 무엇을 써야 했을까? 계약공동체에서 과부의 삶이 이렇게 되면 이는 계약 파기의 전주곡이며, 이제 남은 수순은 하나님의 무서운 심판뿐이다. 이 과부의 이야기 다음에는 무슨 이야기가 쓰여있을까?

예루살렘의 심판을 선언하시는 말씀으로 이어지고 있다. 마가는 이 과부의 헌금을 통하여 계약공동체의 본산인 예루살렘을 고발하며, 심판과 멸망의 당위성을 제시하고 있다.

물음 50 종말, 어떻게 이해해야 할까?

본문 : 〈 13:1~37 〉

1 예수님께서 성전에서 나가실 때에 제자 중 하나가 이르되 선생님이여
보소서 이 돌들이 어떠하며 이 건물들이 어떠하니이까 2 예수님께서
이르시되 네가 이 큰 건물들을 보느냐 돌 하나도 돌 위에 남지 않고
다 무너뜨려지리라 하시니라

3 예수님께서 감람 산에서 성전을 마주 대하여 앉으셨을 때에 베드로와
야고보와 요한과 안드레가 조용히 묻되 4 우리에게 이르소서 어느 때
에 이런 일이 있겠사오며 이 모든 일이 이루어지려 할 때에 무슨 징조
가 있사오리이까

5 예수님께서 이르시되 너희가 사람의 미혹을 받지 않도록 주의하라 6
많은 사람이 내 이름으로 와서 이르되 내가 그라 하여 많은 사람을 미
혹하리라 21 그 때에 어떤 사람이 너희에게 말하되 보라 그리스도가
여기 있다 보라 저기 있다 하여도 믿지 말라 22 거짓 그리스도들과 거
짓 선지자들이 일어나서 이적과 기사를 행하여 할 수만 있으면 택하신
자들을 미혹하려 하리라 23 너희는 삼가라 내가 모든 일을 너희에게
미리 말하였노라

7 난리와 난리의 소문을 들을 때에 두려워하지 말라 이런 일이 있어야
하되 아직 끝은 아니니라 8 민족이 민족을, 나라가 나라를 대적하여
일어나겠고 곳곳에 지진이 있으며 기근이 있으리니 이는 재난의 시작
이니라

9 너희는 스스로 조심하라 사람들이 너희를 공회에 넘겨 주겠고 너희를
회당에서 매질하겠으며 나로 말미암아 너희가 권력자들과 임금들 앞에
서리니 이는 그들에게 증거가 되려 함이라 11 사람들이 너희를 끌어다
가 넘겨 줄 때에 무슨 말을 할까 미리 염려하지 말고 무엇이든지 그
때에 너희에게 주시는 그 말을 하라 말하는 이는 너희가 아니요 성령
이시니라 12 형제가 형제를, 아버지가 자식을 죽는 데에 내주며 자식
들이 부모를 대적하여 죽게 하리라 13 또 너희가 내 이름으로 말미암
아 모든 사람에게 미움을 받을 것이나 끝까지 견디는 자는 구원을 받

으리라

14 멸망의 가증한 것이 서지 못할 곳에 선 것을 보거든 (읽는 자는 깨달
을진저) 그 때에 유대에 있는 자들은 산으로 도망할지어다 15 지붕 위
에 있는 자는 내려가지도 말고 집에 있는 무엇을 가지러 들어가지도
말며 16 밭에 있는 자는 겉옷을 가지러 뒤로 돌이키지 말지어다 17
그 날에는 아이 밴 자들과 젖먹이는 자들에게 화가 있으리로다 18 이
일이 겨울에 일어나지 않도록 기도하라 19 이는 그 날들이 환난의 날
이 되겠음이라 하나님께서 창조하신 시초부터 지금까지 이런 환난이
없었고 후에도 없으리라 20 만일 주께서 그 날들을 감하지 아니하셨더
라면 모든 육체가 구원을 얻지 못할 것이거늘 자기가 택하신 자들을
위하여 그 날들을 감하셨느니라 28 무화과나무의 비유를 배우라 그 가
지가 연하여지고 잎사귀를 내면 여름이 가까운 줄 아나니 29 이와 같
이 너희가 이런 일이 일어나는 것을 보거든 인자가 가까이 곧 문 앞에
이른 줄 알라 30 내가 진실로 너희에게 말하노니 이 세대가 지나가기
전에 이 일이 다 일어나리라 31 천지는 없어지겠으나 내 말은 없어지
지 아니하리라

24 그 때에 그 환난 후 해가 어두워지며 달이 빛을 내지 아니하며 25
별들이 하늘에서 떨어지며 하늘에 있는 권능들이 흔들리리라 26 그 때
에 인자가 구름을 타고 큰 권능과 영광으로 오는 것을 사람들이 보리
라 27 또 그 때에 그가 천사들을 보내어 자기가 택하신 자들을 땅 끝
으로부터 하늘 끝까지 사방에서 모으리라 32 그러나 그 날과 그 때는
아무도 모르나니 하늘에 있는 천사들도, 아들도 모르고 아버지만 아시
느니라 10 또 복음이 먼저 만국에 전파되어야 할 것이니라

33 주의하라 깨어 있으라 그 때가 언제인지 알지 못함이라 34 가령 사
람이 집을 떠나 타국으로 갈 때에 그 종들에게 권한을 주어 각각 사무
를 맡기며 문지기에게 깨어 있으라 명함과 같으니 35 그러므로 깨어
있으라 집 주인이 언제 올는지 혹 저물 때일는지, 밤중일는지, 닭 울
때일는지, 새벽일는지 너희가 알지 못함이라 36 그가 홀연히 와서 너
희가 자는 것을 보지 않도록 하라 37 깨어 있으라 내가 너희에게 하는
이 말은 모든 사람에게 하는 말이니라 하시니라

1. 교부들의 해석

외부로부터 폭력을 겪지 않는 한 육신은 그 죽음에 앞서 쇠약해지고, 영혼과 육신의 분리는 언제나 약함을 통하여 일어난다. 세상 창조의 모든 여정 안에서 이런 일이 벌어진다. 마치 시작과 마침을 지니기라도 한 것처럼 피조물이 썩기 시작할 때, 그 부패에 앞서 반

드시 쇠약해져야 한다. 이때 지구는 지진으로 자주 흔들거리고 공기는 감염되어 전염병이 재빠르게 퍼질 것이다. 게다가 땅의 생명력이 갑자기 나빠지고 그 열매는 숨 막혀 죽을 것이다. 이러한 파괴력은 모든 나무의 재생 능력에 타격을 줄 것이다.(Origenes) 주님께서 예고하신 대로 유대교 성전의 돌 위에 돌 하나도 남지 않게 될 때 적그리스도가 올 것이다. 이런저런 이유로 성전의 돌들이 허물어지되 바깥 성벽의 돌들뿐만 아니라 그룹들이 머물렀던 성전 안의 바닥 돌들마저 그렇게 될 것이다. 바로 그때 적그리스도가 거짓 기사와 이적을 일으키며 등장한다. 초기에는 너그럽고 착한 척 하지만 서서히 하나님의 사람들을 거슬려 완고하고 잔인한 모습을 드러낼 것이다.(Cyril of Jerusalrem) 인류 역사에서 지구가 전쟁으로 재앙을 겪지 않은 적이 없다. 주님께서 승천하신 이후의 전쟁들을 보면서 교인들 가운데 인류의 종말이 가까이 왔다고 믿은 자가 얼마나 있었는가? 다가올 종말에 앞서 어떤 표징이 있을 것인지 우리는 알지 못한다. 본문이 지금 벌어지는 일에 관한 예언이 아니라면 차라리 교회 안에서 일어날 일을 두고 하신 말씀으로 이해를 해야 한다. 두 백성과 두 나라가 있으니 하나는 주님의 것이요 다른 하나는 마귀의 것이다.(Augustinus) 본문의 '거룩한 곳'은 성경의 모든 말씀, 곧 모세를 비롯한 예언자들과 복음서 저자, 사도들이 선포한 말씀으로 해석해야 한다. 이 거룩한 자리에 거짓 말씀인 적그리스도가 종종 서 있다. '옥상'은 우뚝 솟은 드높은 마음을 말한다. 그분께서는 우리에게 이 옥상에서 내려가지 말라고 하신다. 옥상으로 올라가서 집에 있는 것을 가지러 내려가지 말고 옥상이나 드높은 곳에 머물러야 한다.(Origenes) '임신한 여자들'은 세속적인 것에 희망을 둔 사람들이며, '젖먹이가 딸린 여자들'이란 바라던 것을 얻은 사람들을 말한다. … 선택된 자들을 사방에서 모으시는데, 그리스어 '아담'(ADAM)의 글자는 '온 세상'을 말한다. 동(Anstole), 서(Dysis), 북(Arktos), 남(Msembria)의 첫 글자가 모아진 이름이다.(Augus-tinus) "그날과 그 시는 아들도 모른다."는 말씀은 육신에 따라서는 주님도 인간으로서 인간 조건의 한계 속에 살고 계시기 때문에 모르신다는 뜻이다. 그러나 신성으로는 알지 못하시는 것이 없다.(Athanasius) 주님께서 마지막 날을 모르신다고 하신 말씀은 주님께서 모르신다는 뜻이 아니라 다른 사람들이 알지 못하게 하신다는 뜻이다. 주님께서 당신의 제자들에게 그 시간을 알려주셔야 할지 말아야 할지를 알지 못하셨다는 말씀이다.(Augustinus)[116]

2. 교부들의 해석에 대한 평가

오리겐은 육체가 죽기 전에 쇠약해지듯이 지구도 종말 이전에 환경 등이 쇠약해지는 현상이 나타난다고 해석했으며, 시릴은 성전의 쇠락이 종말의 징조이고, 어거스틴은 종말의 표징을 알 수 없다고 했다. 종말론은 기독교사에서 가장 큰 영향을 준 신학 중의 하나이며, 지금도 혼란을 겪고 있다. 초기교부들때부터 종말에 대한 기본적인 이해가 미흡해서 방향을 제시하지 못한 결과이다.

3. 본문 재해석

이적 중심으로 기록된 마가에는 설교가 거의 없는데, 본 장의 종말 설교와 4장의 씨 뿌림의 설교 이렇게 두 편이 실려있다. 마가는 왜 예수님의 많은 설교 중에서 두 편만을 기록했으며, 또 이 설교들은 무엇을 말하고 있는가? 이 문제에 대해서는 이미 〈물음18〉에서 다뤘는데, 두 설교는 같은 주제인 계약 파기를 다룬다. 계약과 상관없이 살아가는 세상 사람들이 보는 종말은 세상이 멸망하는 종말이다. 그러나 하나님과 계약을 맺은 계약공동체에는 세상 멸망 종말보다는, 계약을 지키지 않아서 생기는 계약 파기 종말이 더 중요하다. 세상 종말과 계약 종말은 서로 그 개념이 다르다. 그런데 그동안 이에 대하여 우리는 아무런 구분없이 사용했다.

116) ACCS, Mark, pp. 172~187.

본문에는 계약 파기 종말과 세상 종말이 같이 언급되고 있다. 이를 구분하기 위하여 본문 일부의 순서를 변경하여 계약 종말을 먼저 다뤘다.

❶ 계약 파기

> 1 예수님께서 성전에서 나가실 때에 제자 중 하나가 이르되 선생님이여 보소서 이 돌들이 어떠하며 이 건물들이 어떠하니이까 2 예수님께서 이르시되 네가 이 큰 건물들을 보느냐 돌 하나도 돌 위에 남지 않고 다 무너뜨려지리라 하시니라

본문에서 말하는 종말은 세상 종말이 아니라 계약의 파기를 말한다. 성전 파괴를 상징하는 '돌 하나도 돌 위에 남지 않고'는 계약 파기의 증거물이라고 예언자들은 선언했다.[117] 마가의 종말 설교는 성전의 규모와 돌들의 크기에 놀라고 있는 제자들의 탄성에 대하여, 하나님과 이스라엘 사이에 맺어졌던 계약이 파기되고 있음을 선언하는 것으로 시작하고 있다. 마가는 12장 후반부에서 어마어마한 규모의 성전과 제사장들의 부유와 사치, 이에 편승하고 있는 서기관들과 두 렙돈이 전 재산인 과부의 헌금을 대조시키며 계약이 파기될 수밖에 없음을 고발하고 있다.

세상 사람들에게도 종말론이 있으나 그것은 세상의 종말이다. 그러나 성경에서 말하는 첫 번째 종말은 계약의 파기이다. 세상을 구원하기 위하여 계약공동체와 체결한 계약이 지켜지지 않아 세상 구원의 길이 차단되었을 때 하나님께서는 그 책임을 계약공동체에 물으실 수밖에 없다. 구약과 신약의 핵심 주제는 계약 위반과 그에 대한 심판이다. 그런데 기독교 신학의 전통적인 종말론에는 계약 파기 종말에 대한 개념이 전혀 없다. 물론 성경에서도 세상의 종말을 말한다. 그러나 그 종말은 세상의 종말론이 말하듯이 파멸이 아니라 역사와 창조의 완성이다.[118]

---

117) 미3:12, 렘26:18, 왕상9:7~8, 대하7:20~21.

❷ 계약 파기 징조

3 예수님께서 감람산에서 성전을 마주 대하여 앉으셨을 때에 베드로와
야고보와 요한과 안드레가 조용히 묻되 4 우리에게 이르소서 어느 때에
이런 일이 있겠사오며 이 모든 일이 이루어지려 할 때에 무슨 징조가
있사오리이까

예수님께서 계약 파기를 말씀하시자 제자들이 예수님에게 계약 파기의 시기와 징조에 대하여 물었다. 구약성경에 보면 계약을 위반할 때부터 예언자들을 통해 책망하며 경고하셨으며, 또 여러 징조들을 보여주셨다. 예수님께서도 여러 징조를 말씀하셨다. 다시 말하는데 이는 계약 파기의 징조이지 세상 종말의 징조가 아니다.

5 예수님께서 이르시되 너희가 사람의 미혹을 받지 않도록 주의하라 6
많은 사람이 내 이름으로 와서 이르되 내가 그라 하여 많은 사람을 미
혹하리라

종말 시기에 대한 미혹

예수님께서는 먼저 미혹을 받지 말라고 하셨다. 종말의 문제는 초기부터 많은 혼란과 문제를 일으켰다. 그 혼란의 핵심은 종말의 시기였다. 임박한 종말론, 지연된 종말론, 실현된 종말론 등은 종말의 시기와 관련이 있다. 종말의 시기에 대해서는 예수님께서 분명하게 다음과 같이 말씀하셨다.

32 그러나 그 날과 그 때는 아무도 모르나니 하늘에 있는 천사들도, 아
들도 모르고 아버지만 아시느니라

왜 예수님도 종말의 시기를 모르실까? 교부들처럼 예수님께서는 인성으로는 모르시지만 신성으로는 아신다고 해야 하나? 종말의 시기는 결정될 수 없기 때문이다. 계약 파기에 대한 심판이 종말인데, 계약 파기의 시점을 어떻게 알 수 있는가? 미리 아신다면 모순이며 완전한 계약이 아니다. 계약 파기의 시점은 하나님께서 일방적으로 정하실 문제가 아니라, 계약의 다른 한 축인 사람들이 어떻게 하느

118) 이에 대해서는 졸저 「요한계시록」에서 상세하게 다뤘다.

냐에 따라 파기의 시기뿐만 아니라 파기 여부가 결정된다. 따라서 종말의 시기를 미리 알려고 한다면 이는 그 자체가 모순이다. 하나님만 아신다는 말씀은 이런 뜻이다.

그런데 교회는 종말의 시점에 대하여 계속 미혹을 받아왔다. 그 이유는 종말에 대한 이해 부족 때문이다. 여러 이단의 교주들이 그리스도의 행세를 하며 종말의 시기를 말하며 미혹했다. 이런 미혹에 넘어가지 말아야 한다.

계약 파기로 인한 전쟁의 소문

> 7 난리와 난리의 소문을 들을 때에 두려워하지 말라 이런 일이 있어야 하되 아직 끝은 아니니라 8 민족이 민족을, 나라가 나라를 대적하여 일어나겠고 곳곳에 지진이 있으며 기근이 있으리니 이는 재난의 시작이니라

계약 파기와 난리의 소문은 직접 관련이 있다. 계약이 파기되면 하나님께서는 주변 강대국을 통해서 징계하시기 때문이다. 북왕국 이스라엘은 앗수르에, 남왕국 유다는 바벨론에 멸망 당했다. 그런데 이제 귀환 이후 재건되었던 유다가 다시 계약 파기로 말미암아 주변 강대국에 의해 멸망 당하기 직전에 와 있었다. 난리의 소문은 이런 저런 전쟁의 소문이 아니라 계약 파기로 인한 징계의 전쟁을 말한다. 그런데 이런 전쟁의 소문 이전에 먼저 겪어야 할 일이 있다고 주님께서는 말씀하셨다.

정통주의자들의 박해

> 9 너희는 스스로 조심하라 사람들이 너희를 공회에 넘겨 주겠고 너희를 회당에서 매질하겠으며 나로 말미암아 너희가 권력자들과 임금들 앞에 서리니 이는 그들에게 증거가 되려 함이라 11 사람들이 너희를 끌어다가 넘겨 줄 때에 무슨 말을 할까 미리 염려하지 말고 무엇이든지 그 때에 너희에게 주시는 그 말을 하라 말하는 이는 너희가 아니요 성령이시니라 12 형제가 형제를, 아버지가 자식을 죽는 데에 내주며 자식들이 부모를 대적하여 죽게 하리라 13 또 너희가 내 이름으로 말미암아 모든 사람에게 미움을 받을 것이나 끝까지 견디는 자는 구원을 받으리라

옛계약공동체가 새로 생겨난 계약공동체를 심하게 박해하리라는 말씀이다. 이런 말씀들은 그대로 이루어졌다. 예수님 사후 예루살렘에 교회가 등장하자 유대인들은 집중적으로 박해하여 스데반과 야고보 등이 순교했고, 교회는 이방지역으로 흩어졌다. 그 이후에도 유대인들은 교회를 집중적으로 박해했다. 교회가 로마제국 전역으로 확산 된 이후 네로황제는 로마 시내의 화재 책임을 교회에 덮어씌워 대대적인 박해를 가했다. 예루살렘이 로마제국에 멸망 당한 이후에도 교회는 로마제국으로부터 심한 박해를 받았는데, 유대인들은 로마제국을 충동질하여 교회를 박해하는 일에 앞장섰다.

후일 교회가 로마제국의 국교가 된 다음에는 반대로 교회가 유대인들을 대대적으로 박해를 가했다. 계약공동체가 보여준 추악한 모습의 극치들이다. 계약에 대한 바른 이해가 없으면 이런 일들이 하나님의 이름으로 자행되는 모순을 범하고서도 전혀 잘못이라고 생각하지 않는다.

❸ 계약 파기 종말

> 28 무화과나무의 비유를 배우라 그 가지가 연하여지고 잎사귀를 내면 여름이 가까운 줄 아나니 29 이와 같이 너희가 이런 일이 일어나는 것을 보거든 인자가 가까이 곧 문 앞에 이른 줄 알라

이 본문은 계약 파기로 말미암은 계약공동체, 곧 당시 유대인들의 멸망이 임박했음을 말한다.

> 30 내가 진실로 너희에게 말하노니 이 세대가 지나가기 전에 이 일이 다 일어나리라 31 천지는 없어지겠으나 내 말은 없어지지 아니하리라

예수님 사후 40년 뒤인 AD 70년에 실제로 예루살렘 성은 로마제국에 멸망 당했다. 본문의 "이 세대가 지나가기 전에 이 일이 다 일어나리라."는 말씀은 계약 파기로 말미암은 유대인의 종말을 말한다. 세상의 종말을 말하는 게 아니다. 로마의 군대는 멀리 갈릴리 지역으로부터 예루살렘을 향해 진군해왔다. 이런 난리의 소문이 날

때 어떻게 해야하는가? 유대인들은 예루살렘으로, 성전으로 몰려들었다. 그곳은 하나님께서 계시므로 절대로 망하지 않으며 안전하리라는 생각 때문이었다. 마침 유월절 절기와 맞물렸는데, 250여만 명이 성안에 있다가 로마군대의 포위에 갇혀서 비참하게 죽어갔다.

> 19 이는 그 날들이 환난의 날이 되겠음이라 하나님께서 창조하신 시초부터 지금까지 이런 환난이 없었고 후에도 없으리라 20 만일 주께서 그 날들을 감하지 아니하셨더라면 모든 육체가 구원을 얻지 못할 것이거늘 자기가 택하신 자들을 위하여 그 날들을 감하셨느니라

이 전쟁은 인류 전쟁사에서 가장 비참한 전쟁에 속한다. 창조하신 시초부터 지금까지 이런 환란이 없었다는 말씀은 이를 말한다. 이런 일이 벌어질 때 새로운 계약공동체를 시작한 사람들은 어떻게 해야 하는가?

> (막 13:14) 멸망의 가증한 것이 서지 못할 곳에 선 것을 보거든 (읽는 자는 깨달을진저) 그때에 유대에 있는 자들은 산으로 도망할지어다 15 지붕 위에 있는 자는 내려가지도 말고 집에 있는 무엇을 가지러 들어가지도 말며 16 밭에 있는 자는 겉옷을 가지러 뒤로 돌이키지 말지어다

계약 위반으로 말미암은 징계이므로 피하라는 말씀이다. 실제로 예루살렘이 포위되기 직전 기독교인들은 하나님의 인도하심으로 요단 강 건너 데가볼리 지역의 펠라로 피난갔다. 계약의 종말에 대해서는 누가에서 더 명확하게 말하고 있다.

> (눅21:20)너희가 예루살렘이 군대들에게 에워싸이는 것을 보거든 그 멸망이 가까운 줄을 알라 (눅21:21)그 때에 유대에 있는 자들은 산으로 도망갈 것이며 성내에 있는 자들은 나갈 것이며 촌에 있는 자들은 그리로 들어가지 말지어다 (눅21:22)이 날들은 기록된 모든 것을 이루는 징벌의 날이니라 (눅21:23)그 날에는 아이 밴 자들과 젖먹이는 자들에게 화가 있으리니 이는 땅에 큰 환난과 이 백성에게 진노가 있겠음이로다 (눅21:24)그들이 칼날에 죽임을 당하며 모든 이방에 사로잡혀 가겠고 예루살렘은 이방인의 때가 차기까지 이방인들에게 밟히리라

그런데 마가 13장을 비롯한 복음서에서 종말을 말할 때에는 세상의 종말을 같이 말하고 있어 구분하지 않으면 자칫 혼란을 줄 수가 있다.

❹ 세상 종말

24 그 때에 그 환난 후 해가 어두워지며 달이 빛을 내지 아니하며 25
별들이 하늘에서 떨어지며 하늘에 있는 권능들이 흔들리리라 26 **그 때
에 인자가 구름을 타고** 큰 권능과 영광으로 오는 것을 사람들이 보리라

이런 구절들은 세상의 종말, 즉 역사의 완성을 말씀하시는 구절이다. 특히 "인자가 구름을 타고 오리라."라는 말씀은 주님의 재림을 말하는 대표적인 구절이다. 이와 비슷한 구절이 자칫 혼란을 줄 수 있으므로 비교해보고자 한다.

26 그 때에 **인자가 구름을 타고** 큰 권능과 영광으로 오는 것을 사람들이 보리라

이 구절의 '인자'는 재림하시는 주님이시다. 그러나 다음 본문의 '인자'는 전혀 재림하시는 인자가 아니다.

29 이와 같이 너희가 이런 일이 일어나는 것을 보거든 **인자가** 가까이
곧 문 앞에 이른 줄 알라 30 내가 진실로 너희에게 말하노니 이 세대
가 지나가기 전에 이 일이 다 일어나리라

이 구절을 자칫하면 세상 종말과 재림하시는 인자로 혼동하기 쉽다. 그러나 이 구절의 인자는 누가의 병행 본문에 의하면 '하나님의 나라'이다.

(눅21:31)이와 같이 너희가 이런 일이 일어나는 것을 보거든 **하나님의 나라가** 가까이 온 줄을 알라

여기서 말하는 하나님의 나라는 새계약공동체를 통해서 임하는 하나님 나라의 통치를 말한다. 사도행전에서 실제로 실현되었다. 앞에서 본 바와 같이 마가 9:1의 말씀은 이를 말한다.

(막 9:1) 또 그들에게 이르시되 내가 진실로 너희에게 이르노니 여기 서 있는 사람 중에는 죽기 전에 하나님의 나라가 권능으로 임하는 것을 볼 자들도 있느니라 하시니라

그동안 우리는 계약 파기의 종말과 세상의 종말을 구분하지 않아 종말론에서 많은 혼란을 빚었다. 이제 이에 대하여 구분을 해야 한다.

❺ 종말의 시기

> 27 또 그 때에 그가 천사들을 보내어 자기가 택하신 자들을 땅 끝으로부터 하늘 끝까지 사방에서 모으리라 32 그러나 그 날과 그 때는 아무도 모르나니 하늘에 있는 천사들도, 아들도 모르고 아버지만 아시느니라

앞에서도 말한 바와 같이 계약 종말과 세상 종말의 시기는 미리 알 수가 없는 게 아니라 미리 정해질 수가 없다. 미리 정해질 수 없는 것을 어떻게 미리 아는가? 종말의 시기 운운하는 것은 논리적인 모순이다. 미혹 당하지 말라는 말씀을 유념해야 한다. 마귀는 이런 헛된 속임수와 거짓 기사와 이적을 가지고 교인들을 미혹시키고 있다.

❻ 계약의 완성, 역사의 완성

> 10 또 복음이 먼저 만국에 전파되어야 할 것이니라
>
> (마24:14)이 천국 복음이 모든 민족에게 증언되기 위하여 온 세상에 전파되리니 그제야 끝이 오리라

세상 종말이 오기 전에 복음이 온 세상에 먼저 전파되어야 한다는 말씀은 무슨 뜻일까? 계약공동체에서 시작된 하나님나라 운동이 널리 확산되어 세상 모든 사람들이 하나님 나라 운동에 동참하여 이 땅 모든 곳에 하나님 나라가 실현되어야 한다는 말씀이다. 하나님 입장에서 본다면 이는 자명하고 당연한 이치이다. 하나님이 창조주라면, 역사의 주관자라면 당연히 계약공동체를 통해서 시작한 하나님 나라 운동이 전 세계 모든 민족에게 전파되어야 한다.

따라서 종말은 역사와 세상의 파멸이 아니라 완성이라는 뜻이다. 하나님께서 완전하시고 전능하시며 사랑이신 창조주라면 그분이 만든 이 세상이 실패로 끝나서 파멸한다는 것은 앞뒤가 맞지 않는다. 세상의 파멸이 아니라 세상을 지배하는 죄악과 죄의 세력인 마귀의 파멸이어야 한다.

종말론은 복잡하게 설명할 필요가 없다. 더 물을 필요도 없는 자명한 이치이다. 되지도 않는 말에 미혹되지 말아야 한다.

❼ 깨어 있으라

33 주의하라 깨어 있으라 그 때가 언제인지 알지 못함이라 34 가령 사
람이 집을 떠나 타국으로 갈 때에 그 종들에게 권한을 주어 각각 사무
를 맡기며 문지기에게 깨어 있으라 명함과 같으니 35 그러므로 깨어
있으라 집 주인이 언제 올는지 혹 저물 때일는지, 밤중일는지, 닭 울 때
일는지, 새벽일는지 너희가 알지 못함이라 36 그가 홀연히 와서 너희가
자는 것을 보지 않도록 하라 37 깨어 있으라 내가 너희에게 하는 이
말은 모든 사람에게 하는 말이니라 하시니라

"깨어 있으라!"는 말씀은 무엇을 어떻게 하라는 것일까? 계약공동체에 주시는 말씀이다. 계약의 말씀을 똑바로 깨달아 알고, 할 수 있는 일을 게을리하지 말라는 말씀이다. 그분은 할 수 없는 것을 요구하시지 않는다. 그분은 지금 이렇게 말씀하신다.

네가, 지금, 여기서 할 수 있는 그것을 해라!

그 나머지는 내가 하리라!

물음 51 향유 부은 여인, 왜 그렇게 중요할까?

본문 : 〈 14:1~9 〉

1 이틀이 지나면 유월절과 무교절이라 대제사장들과 서기관들이 예수를
흉계로 잡아 죽일 방도를 구하며 2 이르되 민란이 날까 하노니 명절에
는 하지 말자 하더라

3 예수님께서 베다니 나병환자 시몬의 집에서 식사하실 때에 한 여자가
매우 값진 향유 곧 순전한 나드 한 옥합을 가지고 와서 그 옥합을 깨
뜨려 예수의 머리에 부으니 4 어떤 사람들이 화를 내어 서로 말하되
어찌하여 이 향유를 허비하는가 5 이 향유를 삼백 데나리온 이상에 팔

아 가난한 자들에게 줄 수 있었겠도다 하며 그 여자를 책망하는지라 6
예수님께서 이르시되 가만 두라 너희가 어찌하여 그를 괴롭게 하느냐
그가 내게 좋은 일을 하였느니라 7 가난한 자들은 항상 너희와 함께
있으니 아무 때라도 원하는 대로 도울 수 있거니와 나는 너희와 항상
함께 있지 아니하리라 8 그는 힘을 다하여 내 몸에 향유를 부어 내 장
례를 미리 준비하였느니라
9 내가 진실로 너희에게 이르노니 온 천하에 어디서든지 복음이 전파되
는 곳에는 이 여자가 행한 일도 말하여 그를 기억하리라 하시니라

1. 교부들의 해석

누가에서는 어떤 향유인지 밝히지 않고 있지만 마가에서는 다른 것이 전혀 섞이지 않은 '순전한 나드 한 옥합'이라고 말한다. 그리고 순수한 믿음과 완전한 실천을 가리키기 위하여 '값비싼 향유'라고 기록했다.(Bede) 마리아가 향유를 부어드린 주님의 머리는 당신의 드높으신 신성을 나타내고, 발은 육화의 겸손을 가리킨다. 주님께서 친히 육화되신 것을 찬양할 때 우리도 그분의 발에 향유를 부어드리는 것이고, 합당한 말로 주님의 높으신 신성을 경배할 때 그분의 머리에 기름을 부어드리는 것이다.(Bede) 밀알이 땅에 떨어져 죽지 않으면 어떤 열매도 맺지 못하듯이, 옥합이 깨지지 않았다면 그 향기는 퍼져 나가지 않는다.(Hieronimus)[119]

2. 교부들의 해석에 대한 평가

교부들의 성경 해석의 기본은 영적인 해석이다. 그 결과 본문에서 말하려는 역사적이고 실제적인 의미를 놓치고 있다.

3. 본문 재해석

본문의 이야기는 마태나 마가, 누가, 요한 등 네 복음서에서 다 기록하고 있다. 이 사건은 예수님께서 성만찬 이전에 하셨던 마지막

119) ACCS, Mark, pp.187~190.

사역이다. 마태와 마가에서는 향유를 부은 여인의 이야기는 복음이 전해지는 곳에는 다 알려지리라고 말하고 있다. 도대체 이 이야기가 왜 이렇게 중요할까?

❶ 이틀이 지나면

> 1 이틀이 지나면 유월절과 무교절이라 대제사장들과 서기관들이 예수를 흉계로 잡아 죽일 방도를 구하며 2 이르되 민란이 날까 하노니 명절에는 하지 말자 하더라

니산월(1월) 15일인 유월절은 유대인들에게 가장 큰 명절이며, 안식일에 시작한다. 유대인들은 하루를 저녁 해질 때부터 다음 날 해질 때까지로 계산하므로, 14일 저녁부터 자정까지는 유월절이고, 15일부터 7일 동안 무교절로 이어진다. 유월절과 무교절은 중복되며, 유월절은 무교절의 시작이다.

유월절을 앞두고 유대인 당국자들은 예수님을 잡아 죽일 흉계(δόλος)를 꾸몄지만 그렇게 할 경우 백성들이 소요를 일으킬 것 같아 포기해야 했다. 그들이 가장 두려워하는 대상은 백성들의 소요였다. 백성들이 소요를 일으키면 로마 정부가 개입하고, 그렇게 되면 자신들의 권력 기반이 끝장나기 때문이다.

❷ 나병 환자 시몬

> 3 예수님께서 베다니 나병 환자 시몬의 집에서 식사하실 때에

나병 환자는 격리되는데, 이 사람은 집에 있는 것을 보면 예전에 나병을 앓았던 것으로 보인다. 또 바리새인인 그가 예수님을 초청한 이유는 아마도 예수님으로부터 고침을 받았고, 감사의 뜻으로 식사 초대를 한 것 같다. 마침 그의 집이 베다니여서 그곳 나사로의 집에 계시던 예수님께서 초대에 응하셨다. 그런데 이곳에서 전혀 예상치 못했던 일이 벌어졌다.

❸ 향유를 붓는 마리아

3 예수님께서 베다니 나병환자 시몬의 집에서 식사하실 때에 한 여자가 매우 값진 향유 곧 순전한 나드 한 옥합을 가지고 와서 그 옥합을 깨뜨려 예수의 머리에 부으니

식사가 한참 진행 중인데 한 여인이 향유가 든 옥합을 들고 등장하여 향유를 예수님께 부어드렸다. 이 이야기는 마태복음(26:6~13)에도 거의 동일하게 기록되어 있다. 그러나 요한복음(11:1~2, 12:1~8)에는 바리새인의 이름이 없고, 기름을 머리가 아닌 발에 부었으며, 유월절 이틀 전이 아니라 엿새 전 등 내용이 약간 다르기는 하지만 동일한 사건이라고 보는 데에는 큰 문제가 없다. 요한에 의하면 그 여인은 나사로의 누이 마리아였다. 그런데 비슷한 이야기인 누가(7:36~50)와는 많은 차이가 있어 동일인 여부에 대하여 논란이 많다. 여기서는 동일인으로 보고자 한다. 이유는 바리새인의 이름이 시몬이고, 향유를 옥합째로 붓는 일은 흔한 일이 아니며, 특히 향유를 발에 붓고 머리카락으로 닦는 일은 더더욱 드문 일이다. 이런 일이 두 번이나 있었다고 보기는 어렵다.

이런 이유로 누가의 이야기를 동일한 사건으로 보면서 이 이야기의 중요성을 살펴보고자 한다.

❹ 300데나리온

4 어떤 사람들이 화를 내어 서로 말하되 어찌하여 이 향유를 허비하는가 5 이 향유를 삼백 데나리온 이상에 팔아 가난한 자들에게 줄 수 있었겠도다 하며 그 여자를 책망하는지라

마리아가 부은 '나드'(νάρδος)는 인도에서 식물의 뿌리에서 채취한 향유인데, 대단히 귀하고 비싸 여왕이나 왕비들이 사용했다.(아 1:12, 4:13~14) 나드 향유가 너무 귀하고 비싸 대부분 다른 향유와 섞어서 사용했다. 그런데 마리아는 순전한 나드 향유를 병째 가지고 와서 예수님께 부어드렸는데, 그 가격은 무려 300데나리온이

었다. 마리아가 이토록 비싼 향유를 부어드린 이유는 죽은 오라비 나사로를 다시 살려준 것에 대한 감사의 표시였다.(요12:1~3)

그런데 이를 지켜보던 제자들은 화를 냈다. 그 이유는 그 향유를 300데나리온에 팔아 가난한 자들을 위해서 써야 한다는 것이었다. 제자들이 이런 반응을 보인 것을 보면 평소에도 이와 비슷하게 누군가가 예수님께 현금이나 물품으로 사례하면 이를 가난한 자들, 즉 경제정의를 실현하는 데에 썼다는 사실을 엿볼 수 있다. 그런데 그 귀하고 비싼 향유를 제자들과 상의도 없이 병째 깨뜨려 부어버렸으니 완전 낭비라고 생각한 것이다. 제자들이 화를 내며 책망하자 마리아는 난처해졌다.

❺ 장례 준비

> 6 예수님께서 이르시되 가만 두라 너희가 어찌하여 그를 괴롭게 하느냐 그가 내게 좋은 일을 하였느니라 7 가난한 자들은 항상 너희와 함께 있으니 아무 때라도 원하는 대로 도울 수 있거니와 나는 너희와 항상 함께 있지 아니하리라 8 그는 힘을 다하여 내 몸에 향유를 부어 내 장례를 미리 준비하였느니라

그러자 예수님께서 마리아를 두둔해 주셨다. 마리아는 예수님의 장례를 준비해드렸다는 것이다. 죽은 오라비를 살려주신 것이 감사해서 부어드린 향유가 이번에는 반대로 예수님의 장례를 위하여 미리 준비한 셈이 되었다. 예수님께서는 미리 내다보셨다. 어떤 죽음을 죽으시고 어떤 장례식이 치러질지를, 예수님을 따르는 사람들에게서는 향유 부어드릴 기회조차 없으리라는 것을, 그리고 이 사건을 장례를 위한 준비로 받아들이셨다.

향유를 부어드린 마리아도 자신이 하는 일이 예수님의 장례를 준비한다는 사실을 전혀 몰랐다. 가장 중요하고 가장 큰 일들이 우리도 모르는 사이에 진행되는 경우가 너무 많다. 많은 시간이 지나고 나서야 비로소 알게 된다. 그리고 가슴을 치며 후회한다.

나중에 가슴 칠 일을 남기지 말아야 한다.

❻ 이 여자가 행한 일도

9 내가 진실로 너희에게 이르노니 온 천하에 어디서든지 복음이 전파되는 곳에는 이 여자가 행한 일도 말하여 그를 기억하리라 하시니라

이 구절은 참으로 해석하기 어렵다. 왜 이 여인이 한 일이 복음이 전파되는 곳에 같이 전해져서 기념되어야 하나? 이 여인의 지극정성 때문일까? 순전한 나드 향유 때문일까? 그 향유가 300데나리온에 해당 될 만큼 비싸서일까? 예수님의 장례를 준비해서 일까? 그 어떤 추정도 적당하지 않다. 그런데 누가복음의 이야기에서 그 대답을 가늠할 수 있는 단서를 제공해주고 있다. 누가의 이야기를 같은 이야기로 보는 이유는 여기에 있다. 누가에는 다음과 같은 이야기가 있다.

❽ 눈물로 발을 적시고, 머리털로 닦고…

(눅7:37)그 동네에 죄를 지은 한 여자가 있어 예수님께서 바리새인의 집에 앉아 계심을 알고 향유 담은 옥합을 가지고 와서 (눅7:38)예수의 뒤로 그 발 곁에 서서 울며 눈물로 그 발을 적시고 자기 머리털로 닦고 그 발에 입맞추고 향유를 부으니 …

누가와 요한에 의하면 이 여인은 향유를 가지고 와서 예수님의 발에 붓고 머리털로 닦았다. 300데나리온이나 나가는 향유를 가지고 와서 머리에 붓지 않고 발에 부을 사람이 있을까? 여인들은 바깥출입도 자유롭지 않던 시대에 여인이 많은 사람들이 모인 잔치 자리에서 눈물로 남자의 발을 적시고 자기 머리카락으로 닦는 일이 흔한 일일까? 그런데 마리아는 왜 이런 행동을 했을까? 계획된 일일까? 계획일 수 없다. 뭐하러 이런 계획을 해야 하는가? 또 계획한다고 해도 어떻게 눈물이 쏟아져 나오게 하는가? 눈물은 마음대로 나오는 게 아니다. 이 여인의 행동은 결코 계획이 아니었다. 그러면 왜 이렇게 행동을 했는가? 영성의 경험으로 이를 설명해보고자 한다.

마리아는 온 마음과 정성을 다해 감사하는 마음으로 향유를 들고 예수님께 나아갔다. 그런데 그는 예수님께 다가가는 순간 자신도 모르게 예수님 발 앞에 엎드려 졌다. 그리고 눈물이 한없이 쏟아져 나왔다. 왜 그랬을까?

예수님을 하나님으로 만났기 때문이다. 이런 현상은 예수님을 하나님으로 만날 때 나타나는 전형적인 특징이다. 그 자리에 있는 사람들은 이 여인에게 무슨 일이 일어나고 있는지 아무도 몰랐다. 내면 깊은 곳에서 솟아오르는 흐느낌과 온몸에서 흘러나오는 눈물, 한순간에 예수님의 발은 이 여인이 쏟아낸 눈물과 콧물로 뒤범벅이 되고 말았다. 흐느끼며 통곡하던 여인은 자신도 모르게 예수님의 발 위를 덮고 있는 자신의 머리털로 예수님의 발 위에 떨어진 자신의 눈물과 콧물을 닦아냈다. 머리카락으로 눈물과 콧물이 닦이는가? 문질러졌을 뿐이다. 발에 묻어있던 먼지와 더불어 눈물과 콧물로 엉망이 되어버린 예수님의 발 위에 여인은 자신이 가지고 온 향유를 부었다. 예수님에게서 흘러나오는 어떤 힘 때문에 일어서는 것은 고사하고 감히 얼굴을 들 수가 없었기 때문이다.

❾ 네 죄 사함을 받았느니라

(눅7:48)이에 여자에게 이르시되 네 죄 사함을 받았느니라 하시니 (눅7:49)함께 앉아 있는 자들이 속으로 말하되 이가 누구이기에 죄도 사하는가 하더라

누가복음에 의하면 엎드려 얼굴을 들지 못하고 흐느끼는 여인에게 이런 말씀이 들려왔다.

(눅7:50)예수님께서 여자에게 이르시되 네 믿음이 너를 구원하였으니 평안히 가라 하시니라

구속사로는 도무지 납득이 쉽지 않은 말씀이다. 십자가와 상관없이, 무엇으로 죄사함을 받았는가? 어떻게 구원을 받았는가? 예수님을 경험하는 데에는 두 단계가 있다.

첫 번째, 예수님을 그리스도(구세주)로 경험하는 단계이다.

이를 흔히 회심, 거듭남 등의 용어로 설명한다. 예수님께서 나의 모든 죄를 대신 짊어지시고 십자가에서 죽으셨다는 확신과 지은 모든 죄가 용서받고 구원받았다고 믿어지면서 사죄의 기쁨이 경험된다. 이 경험은 대단히 강렬하며 평생 잊혀지지 않을 감격이 주어지고, 성경의 이야기들이 사실로 믿어지기 때문에 이를 경험한 사람들은 영혼을 구원하는 선교에 관심을 가진다. 대부분의 기독교인들은 이를 경험한다. 이 경험 때문에 구속사 신학이 가능했으며, 정통신학으로 자리매김했다. 그런데 이 경험이 끝이 아니다. 다음 단계가 있다.

두 번째, 예수님을 하나님으로 경험하는 단계이다.

여기서는 예수님을 창조주 하나님으로 경험하는데, 예수님을 직접 대면하는 직관의 상태가 된다. 어떤 환상이나 환청, 꿈 등이 아니라 문자 그대로 직접 뵈옵는 경험이다. 이런 경험은 영성의 과정에서 마지막 단계에 해당되기 때문에 흔하지 않아서 이에 대하여 말하는 사람들이 거의 없다. 여기에 이르기 위해서는 다양한 영성의 경험과 악마와의 치열한 다툼을 벌여야 하며, 많은 시간이 걸린다. 또 성경과 신학에 대한 기본적인 이해가 갖추어져 있어야 한다. 이 길은 워낙 험난한 길이기 때문에 혼자 가지 못하고 반드시 안내자나 서적이 있어야 한다. 인간이 영적으로 시달릴 수 있는 극단의 길을 걸어야 하며, 특히 악마로부터 온갖 혼돈과 미혹이 일어나기 때문이다. 이 길은 혼자 가는 길이 아니라 같이 가는 길이다.

예수님을 그리스도로 경험할 때와 하나님으로 경험할 때는 많은 차이가 있는데 가장 두드러지는 것은 관심 분야가 사람의 영혼구원에서 더 나아가 이 세상 만물과 역사가 된다. 이는 예수님을 창조주 하나님, 역사의 주관자로 경험하기 때문에 나타나는 현상이다. 이

단계를 경험하면 구속사 위주로 보이던 성경이 비로소 계약사 중심으로 보인다. 필자가 구속사와 계약사를 대비하며 복음서를 비롯한 성경을 해석하는 이유는 이 경험 때문이다.

사도들에게는 이런 경험이 몇 단계를 거쳐서 일어났다. 예수님의 부르심을 받는 단계에서 출발하여 예수님과 숙식을 같이하며 교육을 받는 단계, 이적의 현장과 변화산의 체험 등을 거쳐 예수님의 부활을 경험하게 되고 이어서 오순절에 성령이 임하면서 최종적인 단계에 이르러서 예수님을 하나님으로 고백하게 되었다.

이제 다시 본문으로 돌아가 보고자 한다. 마리아에게 일어난 경험은 도대체 무엇이며, 왜 그녀에게는 사죄와 구원이 선언되는가?

⑩ 온 천하에 어디든지

9 내가 진실로 너희에게 이르노니 온 천하에 어디서든지 복음이 전파되는 곳에는 이 여자가 행한 일도 말하여 그를 기억하리라 하시니라

마태와 마가에서는 왜 이 이야기를 예수님의 마지막 사역의 이야기로 다루고 있을까? 이 여인의 이야기가 왜 그렇게 중요해서 복음이 전파되는 곳에는 이 여자의 이야기가 같이 전해져야 하는가? 이 여자의 무엇이 같이 전해진다는 것일까?

마리아는 예수님을 하나님으로 만났다. 앞에서도 언급한 바와 같이 마리아가 예수님 앞에 나아와 얼굴을 들지 못하고, 발앞에 엎드려 회개의 눈물과 콧물을 쏟으며 통곡하며 머리털로 예수님의 발을 씻고, 귀한 향유를 감히 예수님의 머리에 붓지 못하고 발에 붓는 이상한 행동들은 예수님을 하나님으로 만났기 때문에 나타나는 현상들이다.

예수님께서 보시기에는 이 여인이야말로 참 신앙과 참 영성의 표본이어서 복음이 전해지는 곳에는 이 여인의 이야기가 같이 전해져야 한다고 하셨다. 이런 이유로 네 복음서가 이 여인의 이야기를 기록하고 있다.

예수님을 하나님으로 만나는 사람들에게는 '감히'라는 단어가 각인되어 평생 지워지지 않는다.

감히 어떻게 그분 앞에 얼굴을 들며,

감히 어떻게 그분 앞에 일어서며,

감히 어떻게 그분의 머리에 향유를.

감히 어떻게,

감히….

물음 52 유월절 식사, 무슨 의미일까?

본문 : 〈 14:10~26 〉

10 열둘 중의 하나인 가룟 유다가 예수를 넘겨 주려고 대제사장들에게
가매 11 그들이 듣고 기뻐하여 돈을 주기로 약속하니 유다가 예수를
어떻게 넘겨 줄까 하고 그 기회를 찾더라

12 무교절의 첫날 곧 유월절 양 잡는 날에 제자들이 예수께 여짜오되 우
리가 어디로 가서 선생님께서 유월절 음식을 잡수시게 준비하기를 원
하시나이까 하매 13 예수님께서 제자 중의 둘을 보내시며 이르시되 성
내로 들어가라 그리하면 물 한 동이를 가지고 가는 사람을 만나리니
그를 따라가서 14 어디든지 그가 들어가는 그 집 주인에게 이르되 선
생님의 말씀이 내가 내 제자들과 함께 유월절 음식을 먹을 나의 객실
이 어디 있느냐 하시더라 하라 15 그리하면 자리를 펴고 준비한 큰 다
락방을 보이리니 거기서 우리를 위하여 준비하라 하시니 16 제자들이
나가 성내로 들어가서 예수님께서 하시던 말씀대로 만나 유월절 음식
을 준비하니라

17 저물매 그 열둘을 데리시고 가서 18 다 앉아 먹을 때에 예수님께서
이르시되 내가 진실로 너희에게 이르노니 너희 중의 한 사람 곧 나와
함께 먹는 자가 나를 팔리라 하신대 19 그들이 근심하며 하나씩 하나
씩 나는 아니지요 하고 말하기 시작하니 20 그들에게 이르시되 열둘

중의 하나 곧 나와 함께 그릇에 손을 넣는 자니라 21 인자는 자기에
대하여 기록된 대로 가거니와 인자를 파는 그 사람에게는 화가 있으리
로다 그 사람은 차라리 나지 아니하였더라면 자기에게 좋을 뻔하였느
니라 하시니라
22 그들이 먹을 때에 예수님께서 떡을 가지사 축복하시고 떼어 제자들에
게 주시며 이르시되 받으라 이것은 내 몸이니라 하시고 23 또 잔을 가
지사 감사 기도 하시고 그들에게 주시니 다 이를 마시매 24 이르시되
이것은 많은 사람을 위하여 흘리는 나의 피 곧 언약의 피니라 25 진실
로 너희에게 이르노니 내가 포도나무에서 난 것을 하나님 나라에서 새
것으로 마시는 날까지 다시 마시지 아니하리라 하시니라
26 이에 그들이 찬미하고 감람 산으로 가니라

1. 교부들의 해석

주님은 은돈 30냥이라는 헐값에 팔렸으나, 값비싼 당신의 피로 세상을 속량하셨다. 도살장에 끌려가신 양이시지만 이스라엘의 목자이시며, 지금은 온 세상의 목자이시다.(Gregory of Nazianzus) 유월절은 세례를 위해 특별히 엄숙한 날이다. 왜냐하면 이 날은 주님의 수난이 완성되었으며, 그 수난 안에서 우리가 세례를 받았기 때문이다.(Terlullianus) 주님의 놀라운 인내는 제자들을 대하시는 방식에서 드러난다. 그분은 유다마저도 끝까지 인내로 참아내셨다. 당신을 배신한 사람과도 아무렇지 않게 음식을 드셨고, 원수를 폭로하지 않으셨으며, 배신자의 입맞춤마저도 거절하지 않으셨다.(Cyprianus) 만물을 바치라고 하신 이유는 만물이 필요해서가 아니라 열매 맺지 못하고 감사드릴 줄 모르는 인간이 되지 않게 하시려는 뜻이었다. 떡과 포도주를 축사하시고 당신의 몸, 당신의 피라고 하셨으며, 이 잔은 새로운 계약의 봉헌이라고 가르치셨다. 이 잔은 교회가 사도들로부터 물려받아 온 세상에서 하나님께 바치는 봉헌이다. 하나님께서는 새로운 계약을 통해 당신의 산물인 만물 양식을 우리에게 베풀어 주신다.(Irenaeus) 하나님이신 말씀께서 당신 몸이라 고백하시는 이 빵은 영혼을 키우는 말씀이다. 말씀이신

하나님께서 당신 피라고 고백하시는 이 음료는 원기를 회복시키고 기쁨을 주는 말씀이다. “이는 새로운 계약의 피다.”라고 말씀하신 것처럼 “이는 새로운 계약의 빵이다.”라고 말씀하시지 않은 까닭은 빵은 먹음으로써 영혼이 양육되는 의로움의 말씀이기 때문이다. 반면에 음료는 당신의 탄생과 수난의 신비에 따른 그리스도에 대한 지식의 말씀이다.(Origenes) 주님의 말씀이 있기 전에는 잔은 포도주와 물이 채워진 것에 지나치지 않았다. 그런 주님의 말씀이 있자 백성을 구원하는 피가 된다. 주님의 말씀은 모든 것을 변화시키는 위대한 능력이다.(Ambrosius)[120]

2. 교부들의 해석에 대한 평가

교부들은 성례전의 떡과 포도주가 구원의 방편이라는 사실에 대하여 아무런 이의가 없으며, 영적으로 해석하고 있다. 비록 새계약이라는 용어를 사용해도 본래의 의미와는 전혀 다르다. 십자가 사건에 대한 구속사적인 이해는 초기부터 형성되어 굳어졌다.

3. 본문 재해석

이 본문에는 유다가 예수님을 배반하는 이야기와 성만찬의 이야기가 혼재되어 있다. 사건의 순서에 따른 결과라고 생각되는데, 유다의 배반 이야기(10~11, 17~21)는 뒤에서 별도로 다루고, 여기서는 성만찬 이야기만 해석해보고자 한다.

❶ 여호와이레

12 무교절의 첫날 곧 유월절 양 잡는 날에 제자들이 예수께 여짜오되 우리가 어디로 가서 선생님께서 유월절 음식을 잡수시게 준비하기를 원하시나이까 하매

어린 나귀를 준비하는 이야기와 비슷하다. 유월절 식사 시간이

120) ACCS, Mark, pp.194~197.

다가오자 제자들이 식사를 어디서 해야 하는가 하고 묻는 것을 보면 행사에서 가장 중요한 유월절 식사에 대하여 아무런 준비가 없었던 것 같다. 사람들이 250여만 명이 몰려 있는 당시의 상황에서 갑자기 성내에서 식사 장소를 구한다는 것은 불가능했다. 그런데 예수님께서는 베드로와 요한을(눅22:8) 성내로 보내시며 물동이를 가지고 가는 남자를 만나 그에게 말하라고 말씀하셨다.

❷ 준비된 사람

> 13 예수님께서 제자 중의 둘을 보내시며 이르시되 성내로 들어가라 그리하면 물 한 동이를 가지고 가는 사람을 만나리니 그를 따라가서 14 어디든지 그가 들어가는 그 집 주인에게 이르되 선생님의 말씀이 내가 내 제자들과 함께 유월절 음식을 먹을 나의 객실이 어디 있느냐 하시더라 하라 15 그리하면 자리를 펴고 준비한 큰 다락방을 보이리니 거기서 우리를 위하여 준비하라 하시니 16 제자들이 나가 성내로 들어가서 예수님께서 하시던 말씀대로 만나 유월절 음식을 준비하니라

그와 미리 어떤 연락을 해 두셨을까? 아니다. 하나님은 하나님의 방식으로 일하신다. 물동이를 가지고 가던 사람은 자신이 쓰기 위하여 준비해 놓았던 식사 장소를 예수님을 위해서 기꺼이 내어드렸다. 예수님에게 내어드릴 수 있다는 자체가 너무 영광이라고 생각했기 때문이다. 예수님께서는 장례 무덤도 준비해 놓지 않으셨다. 아리마대 요셉이 자신을 위해 준비해두었던 무덤을 내어드렸다. 하나님께서는 이런 방식으로 미리 준비해 놓으신다.

유월절 식사 장소와 식사 준비는 이렇게 마련했다.

❸ 유월절 식사 - 마지막 만찬

> 22 그들이 먹을 때에 예수님께서 떡을 가지사 축복하시고 떼어 제자들에게 주시며 이르시되 받으라 이것은 내 몸이니라 하시고 23 또 잔을 가지사 감사 기도 하시고 그들에게 주시니 다 이를 마시매 24 이르시되 이것은 많은 사람을 위하여 흘리는 나의 피 곧 언약의 피니라

유월절 식사는 저녁 6시부터 자정까지 진행되었다. 그런데 예수님께서 제자들과 드신 유월절 식사는 좀 다른 부분이 있다.

떡과 포도주

통상의 유월절 식사에는 구운 양고기와 무교병, 쓴나물을 사용했다. 그런데 예수님께서 제자들과 드신 유월절 식사는 떡과 포도주였다. 양은 성전에 가서 잡아 와야 했는데, 예수님께서 소와 양과 비둘기를 다 내쫓아 버리시고 유월절 행사를 위한 기구를 가지고 다니지 못하게 하셔서 양은 잡을 수 없었다. 유월절에 이런 식사를 하신 것을 보면 성전에서 말씀을 가르치실 때 예수님께서는 유월절과 유월절 식사의 의미를 다시 해석해주셨던 것 같다. 유대인들은 유월절 한 달 전부터 회당과 학교에서 유월절의 의미를 가르치고 있었다.

계약의 피

〈물음1〉을 비롯하여 수차례 언급한 바와 같이 예수님의 죽으심과 피는 새로운 계약을 위한 피였다. 예수님의 대속으로 말미암아 새로운 계약의 길이 열렸고 이제 새로운 계약을 지킴으로 구원의 길이 열렸다. 예수님의 대신 죽으심과, 예수님의 살과 피를 나누는 성찬식을 통해서 구원이 직접 주어지는 게 아니다. 마지막 유월절 식사는 구원을 위한 무슨 성례전이 아니다. 그렇다면 떡과 포도주를 나눠주시면서 예수님의 살과 피라고 말씀하신 것은 무엇을 뜻하는가?

공동 식사

새계약공동체의 사명을 뜻한다. 유월절 식사가 평범한 일상식인 떡과 포도주인 이유는 새계약공동체가 해야 할 가장 중요한 사명은 먹는 문제를 해결해주는 것이며, 그것이 유월절 정신이기 때문이다. 이런 사실은 요한복음에서 더 명확해진다. 요한복음에 의하면 성만찬 식사의 이야기가 제자들의 발을 씻기시는 이야기와 그 의미 설명으로 대체되어 있다.(요13:1~12) 대신 예수님의 살과 피에 대한 언급은 오병이어의 이야기 속에 포함되어 있다.(요6:53~58)

왜 공관복음의 성만찬 예식사를 요한복음에서는 오병이어의 자리로 옮겨놓았을까? 신약성경에서 가장 늦은 시기인 1세기 말경에 쓰인 요한복음에서는, 성만찬 예식이 하나의 예배 의식으로 전락할 위험성을 보면서 성만찬 식사는 결코 어떤 성례전 의식을 뜻하는 것이 아니라, 먹는 문제 해결이라는 중차대한 사명을 인식시키는 자리였다는 것을 말하기 위함이었다. 이런 이유로 요한복음에는 예수님과 제자들의 유월절 식사와 성만찬 예식사가 오병이어의 자리로 옮겨져 있고, 유월절 식사 대신 예수님께서 제자들의 발을 씻기신 이야기를 넣었다.

교회사에서 오류의 극치 가운데 하나는 유월절 식사를 구원을 위한 특별한 예식으로 이해하여, 여러 성만찬 교리가 등장한 것과[121], 성례전(미사)과 구원이 직접 관련이 있다고 착각한 것이다.[122] 사도행전에 등장한 초기교회에서는 공동 식사를 예배의 일부로 생각했다. 살림이 넉넉한 사람이 식사를 준비해와 말씀을 공부한 후 식사를 준비할 수 없는 사람들과 같이 나누어 먹었다. 식량문제 해결이 그만큼 중요한 사명이라고 받아들였기 때문이다. 그런데 시간이 지나면서 공동 식사는 성례전 의식으로 전락하고 말았다.

❹ 마지막 식사, 마지막 유언

> 25 진실로 너희에게 이르노니 내가 포도나무에서 난 것을 하나님 나라
> 에서 새 것으로 마시는 날까지 다시 마시지 아니하리라 하시니라 26
> 이에 그들이 찬미하고 감람산으로 가니라

예수님께서는 마지막 식사 자리를 통하여 마지막 유언을 하셨다.

---

121) 화체설(化體說) : 성례전의 떡과 포도주의 형태는 그대로 있지만 그 본질은 예수님의 살과 피로 변화된다는 가톨릭의 주장.
공재설(共在說) : 성례전의 떡과 포도주는 떡과 포도주이면서 동시에 예수님의 살과 피라는 루터의 주장.
임재설(臨在說) : 성례전의 떡과 포도주에 예수님의 살과 피가 영적으로 임재한다는 칼빈의 주장.
상징설(象徵說) : 성례전의 떡과 포도주는 예수님의 살과 피를 상징한다는 쯔빙글리의 주장.

122) 이에 대해서는 졸저 「마태복음」의 〈물음 89〉 참조.

"매 끼니의 식사가 내 살과 내 피다!"

"끼니를 때우지 못하는 사람이 없게 해라!"

사실 우리가 먹는 음식을 보면 식물과 동물의 몸과 피, 즉 생명을 먹고 있다. 남의 생명을 먹은 우리는 무엇을 해야 하는가? 생명 값을 해야 한다. 생명보다 귀한 것은 없다. 가장 귀한 생명을 먹고 사는 사람은 가장 귀한 일, 즉 모든 사람이 정신적으로는 물론 경제적으로도 누구나 골고루 행복하게 사는 그런 세상을 만들어야 한다. 이것이 파스카(유월절) 정신이며 계약의 정신이다.

화체설, 임재설, 공재설, 상징설 등 성만찬 교리와 분위기를 한껏 띄우는 의식들은 정신 나간 착각이었다. 하늘의 하나님께서 원하시는 게 그런 교리와 그런 미사의식일까? 늦었지만 이제라도 나간 정신을 다시 불러들여 또 나가지 못하도록 정신을 바짝 차리고 문단속을 잘해야 한다.

물음 53
마지막 기도 장면, 어떤 모습이었까?

본문 : 〈 14:32~42 〉

32 그들이 겟세마네라 하는 곳에 이르매 예수님께서 제자들에게 이르시
되 내가 기도할 동안에 너희는 여기 앉아 있으라 하시고 33 베드로와
야고보와 요한을 데리고 가실새 심히 놀라시며 슬퍼하사 34 말씀하시
되 내 마음이 심히 고민하여 죽게 되었으니 너희는 여기 머물러 깨어
있으라 하시고 35 조금 나아가사 땅에 엎드리어 될 수 있는 대로 이
때가 자기에게서 지나가기를 구하여 36 이르시되 아빠 아버지여 아버
지께는 모든 것이 가능하오니 이 잔을 내게서 옮기시옵소서 그러나 나
의 원대로 마시옵고 아버지의 원대로 하옵소서 하시고 37 돌아오사 제
자들이 자는 것을 보시고 베드로에게 말씀하시되 시몬아 자느냐 네가

한 시간도 깨어 있을 수 없더냐 38 시험에 들지 않게 깨어 있어 기도하라 마음에는 원이로되 육신이 약하도다 하시고 39 다시 나아가 동일한 말씀으로 기도하시고 40 다시 오사 보신즉 그들이 자니 이는 그들의 눈이 심히 피곤함이라 그들이 예수께 무엇으로 대답할 줄을 알지 못하더라 41 세 번째 오사 그들에게 이르시되 이제는 자고 쉬라 그만 되었다 때가 왔도다 보라 인자가 죄인의 손에 팔리느니라 42 일어나라 함께 가자 보라 나를 파는 자가 가까이 왔느니라

1. 교부들의 해석

"내 마음이 심히 고민하여 죽게 되었으니"는 "죽음 때문에 괴롭다."라는 의미가 아니다. 죽음 때문에 고민할 때에는 죽음이 괴로움의 원인이다. 그러나 고민 때문에 죽을 지경일 때에는 죽음이 고민의 원인이 아니라 끝이다.(Hilary of Poitiers) 주님은 육신과 인간의 감정을 그대로 지니고 계셨다. 그래서 할 수만 있으면 그 시간이 당신을 비켜 가게 해 달라고 기도하셨다. 이때 주님은 하나님으로서가 아니라 사람으로서 말씀하신다.(Ambrosius) 주님은 순종하셨다. 그 순종은 자발적인 순종이었다. 대신 자신을 낮추시고 십자가에서 죽기까지 아버지께 순종하셨다. 그 순종은 인간으로서의 순종인가 아니면 하나님으로서의 순종인가? 그분의 순종은 만물이 순종하는 분의 순종이었다. 이 순종은 일시적인 순종이 아니다. 그분의 충성은 영원하기 때문이다. 주님의 낮추심은 시간 안에서 일어났지만 겸손의 영원한 신비를 있는 그대로 보여 준다.(Hilrary of Poitiers) 약한 사람들을 불쌍히 여기시는 착한 목자이시며 참된 구원자이신 그분은 당신을 따르는 순교자들이 절망하지 않도록 친히 모범을 보여주셨다. 하나님의 뜻을 자신의 뜻보다 앞세우기만 하면 시련을 이겨낼 수가 있다. 하나님께서는 당신의 사람들에게 무엇이 유익한지를 알고 계시기 때문이다.(Augustinus)[123]

123) ACCS, Mark, pp.198~201.

2. 교부들의 해석에 대한 평가

교부들이 예수님을 해석할 때 사용하는 주요 도식 중의 하나는 인성과 신성으로 접근하는 양성 기독론적인 해석이다. 그 결과 예수님의 인간적인 면모는 인성의 표현이 된다. 예수님의 겟세마네의 기도를 주로 이렇게 해석한다.

3. 본문 재해석

이제 예수님의 마지막 시간이 당도했다. 이런 사실을 잘 아시는 예수님께서는 마지막 식사를 하신 다음의 시간에 무엇을 하셨을까?

❶ 겟세마네 기도

> 32 그들이 겟세마네라 하는 곳에 이르매 예수님께서 제자들에게 이르시되 내가 기도할 동안에 너희는 여기 앉아 있으라 하시고 33 베드로와 야고보와 요한을 데리고 가실새 심히 놀라시며 슬퍼하사 34 말씀하시되 내 마음이 심히 고민하여 죽게 되었으니 너희는 여기 머물러 깨어 있으라 하시고

남은 시간을 제자들과 기도로 보내시면서 제자들에게 당부하셨다. "오늘은 특별한 날이니 나와 함께 깨어 졸지 말고 기도하는 시간을 가지자!"라고 부탁하셨다. 이 말씀 속에는 겟세마네 동산에 머물러 계시는 동안 저녁이면 이런 기도시간을 가졌음을 암시한다.(눅 22:39) 그런데 제자들은 예수님의 말씀을 어떻게 알아들었을까?

❷ 내 원대로 마옵시고

> 35 조금 나아가사 땅에 엎드리어 될 수 있는 대로 이 때가 자기에게서 지나가기를 구하여 36 이르시되 아빠 아버지여 아버지께는 모든 것이 가능하오니 이 잔을 내게서 옮기시옵소서 그러나 나의 원대로 마시옵고 아버지의 원대로 하옵소서 하시고

예수님께서 이렇게 기도하셨다는 것을 제자들이 어떻게 알았을까? 이런 기록은 평소에 예수님께서 제자들에게 기도에 대하여 많

은 말씀을 하셨음을 반영한다. 〈물음34〉의 '❹기복과 기도'에서 말한 바와 같이 예수님께서는 기도의 본보기를 보여주셨다. 기복은 내 뜻을 구하는 것이요, 기도는 하나님의 뜻을 구하는 것이다.

❸ 마음에는 원이로되 육신이 약하도다

37 돌아오사 제자들이 자는 것을 보시고 베드로에게 말씀하시되 시몬
아 자느냐 네가 한 시간도 깨어 있을 수 없더냐 38 시험에 들지 않게
깨어 있어 기도하라 마음에는 원이로되 육신이 약하도다 하시고 39 다
시 나아가 동일한 말씀으로 기도하시고 40 다시 오사 보신즉 그들이
자니 이는 그들의 눈이 심히 피곤함이라 그들이 예수께 무엇으로 대답
할 줄을 알지 못하더라

예수님과 달리 제자들에게 이 밤은 다른 밤과 별반 다를 바 없었다. 하루종일 숱한 군중에 시달린 피곤한 하루였다. 마음으로는 예수님처럼 기도에 전념하고 싶지만 몸이 따르지를 않았다. 이런 제자들을 바라보시는 심정은 어떠셨을까? 베드로에게 말씀하셨다.

시몬아 (너도) 자느냐 네가 한 시간도 깨어 있을 수 없더냐

❹ 보라, 이제 때가 왔다!

41 세 번째 오사 그들에게 이르시되 이제는 자고 쉬라 그만 되었다 때
가 왔도다 보라 인자가 죄인의 손에 팔리느니라 42 일어나라 함께 가
자 보라 나를 파는 자가 가까이 왔느니라

제자들과 보내신 마지막 밤은 이렇게 지나갔다. 깊은 잠에 빠져 있던 제자들은 유다가 몰고 오는 군병들의 소란스런 소리에 깨어났지만 무슨 일어 벌어지는지 도무지 영문을 몰랐다. 주변을 둘러보니 군병들이 들고 있는 횃불에 창과 칼을 번득이며 살벌하게 다가오고 있었다.(요18:3) 이에 놀란 제자들은 자신들도 모르게 도망을 치고 말았다.

물음 54

유다, 무슨 배반을 했을까?

본문 : 〈 14:10~11, 17~21, 27~31, 43~51 〉

10 열둘 중의 하나인 가룟 유다가 예수를 넘겨 주려고 대제사장들에게
가매 11 그들이 듣고 기뻐하여 돈을 주기로 약속하니 유다가 예수를
어떻게 넘겨 줄까 하고 그 기회를 찾더라

17 저물매 그 열둘을 데리시고 가서 18 다 앉아 먹을 때에 예수님께서
이르시되 내가 진실로 너희에게 이르노니 너희 중의 한 사람 곧 나와
함께 먹는 자가 나를 팔리라 하신대 19 그들이 근심하며 하나씩 하나
씩 나는 아니지요 하고 말하기 시작하니 20 그들에게 이르시되 열둘
중의 하나 곧 나와 함께 그릇에 손을 넣는 자니라 21 인자는 자기에
대하여 기록된 대로 가거니와 인자를 파는 그 사람에게는 화가 있으리
로다 그 사람은 차라리 나지 아니하였더라면 자기에게 좋을 뻔하였느
니라 하시니라

27 예수님께서 제자들에게 이르시되 너희가 다 나를 버리리라 이는 기록
된 바 내가 목자를 치리니 양들이 흩어지리라 하였음이니라 28 그러나
내가 살아난 후에 너희보다 먼저 갈릴리로 가리라 29 베드로가 여짜오
되 다 버릴지라도 나는 그리하지 않겠나이다 30 예수님께서 이르시되
내가 진실로 네게 이르노니 오늘 이 밤 닭이 두 번 울기 전에 네가 세
번 나를 부인하리라 31 베드로가 힘있게 말하되 내가 주와 함께 죽을
지언정 주를 부인하지 않겠나이다 하고 모든 제자도 이와 같이 말하니
라

43 예수님께서 말씀하실 때에 곧 열둘 중의 하나인 유다가 왔는데 대제
사장들과 서기관들과 장로들에게서 파송된 무리가 검과 몽치를 가지고
그와 함께 하였더라 44 예수를 파는 자가 이미 그들과 군호를 짜 이르
되 내가 입맞추는 자가 그이니 그를 잡아 단단히 끌어 가라 하였는지
라 45 이에 와서 곧 예수께 나아와 랍비여 하고 입을 맞추니 46 그들
이 예수께 손을 대어 잡거늘 47 곁에 서 있는 자 중의 한 사람이 칼을
빼어 대제사장의 종을 쳐 그 귀를 떨어뜨리니라 48 예수님께서 무리에
게 말씀하여 이르시되 너희가 강도를 잡는 것 같이 검과 몽치를 가지
고 나를 잡으러 나왔느냐 49 내가 날마다 너희와 함께 성전에 있으면

서 가르쳤으되 너희가 나를 잡지 아니하였도다 그러나 이는 성경을 이
루려 함이니라 하시더라 50 제자들이 다 예수를 버리고 도망하니라
51 한 청년이 벗은 몸에 베 홑이불을 두르고 예수를 따라가다가 무리
에게 잡히매 52 베 홑이불을 버리고 벗은 몸으로 도망하니라

1. 교부들의 해석

주님은 은돈 30냥이라는 헐값에 팔렸으나, 값비싼 당신의 피로 세상을 속량하셨다. 도살장에 끌려가신 양이시지만 이스라엘의 목자이시며, 지금은 온 세상의 목자이시다.(Gregory of Nazianzus) 주님의 놀라운 인내는 제자들을 대하시는 방식에서 드러난다. 그분은 유다마저도 끝까지 인내로 참아내셨다. 당신을 배신한 사람과도 아무렇지 않게 음식을 드셨고, 원수를 폭로하지 않으셨으며, 배신자의 입맞춤마저도 거절하지 않으셨다.(Cyprianus) 주님은 배신자를 꼬집어 가리키실 수도 있었지만 "내가 진실로 너희에게 이르노니 너희 중의 한 사람 곧 나와 함께 먹는 자가 나를 팔리라."라고 하셨다. 이는 놀란 제자들의 마음을 드러내심으로 각자의 인격을 시험하시려는 뜻이었다. 그리스도의 말씀을 자기 양심보다 더 신뢰하는 제자들의 신의를 드러내시고, 자신의 계략을 이미 알고 계신 분조차 믿지 않는 유다의 사악함을 밝혀내시려는 것이었다. 유다는 자기 입으로 거짓을 말함으로써 어두움을 선택했다.(Origenes) 하나님께서는 우리 자신도 모르는 우리를 더 잘 아신다. 세 번이나 당신을 모른다고 하리라는 말씀을 주님께 들었을 때 베드로는 자신의 나약함을 모르고 있었다.(Augustinus)[124]

2. 교부들의 해석에 대한 평가

교부들은 내용에 대하여 문자적이면서 단순한 해석을 하고 있다.

124) ACCS, Mark, pp. 191, 198~201.

3. 본문 재해석

마가의 본문 중에서 유다가 예수님을 배반한 내용을 따로 모아놓았다.

흔히 유다가 예수님을 배반했다고 말한다. 무엇을 어떻게 배반한 것일까? 돈에 욕심이 나서 판 것일까? 그렇다면 겨우 은 30이며, 왜 돈을 돌려주고 자살했을까? 예수님이 계신 곳을 알려 주거나 체포해서 넘겼다는 것일까? 예수님 계신 곳이 어디인지는 제사장들도 알고 있었다. 체포도 얼마든지 할 수 있었다. 단지 유월절에 모인 군중들이 전적으로 예수님 편이어서 예수님을 체포하면 반란을 일으킬 태세여서 실행할 수 없었을 뿐이다. 도대체 유다는 무슨 배반을 어떻게 한 것일까?[125)]

❶ 그들이 듣고 기뻐하여

누가에는 좀더 세밀하게 설명하고 있으므로 같이 살펴보고자 한다.

> 10 열둘 중의 하나인 가룟 유다가 예수를 넘겨 주려고 대제사장들에게 가매 11 그들이 듣고 기뻐하여 돈을 주기로 약속하니 유다가 예수를 어떻게 넘겨 줄까 하고 그 기회를 찾더라
>
> (눅22:4)이에 유다가 대제사장들과 성전 경비대장들에게 가서 예수를 넘겨 줄 방도를 의논하매 (눅22:5)그들이 기뻐하여 돈을 주기로 언약하는지라 (눅22:6)유다가 허락하고 예수를 무리가 없을 때에 넘겨 줄 기회를 찾더라

사두개인들의 고민은 예수님이 어디 있는지를 몰라서도 아니고 체포해서 죽일 수가 없어서도 아니었다. 그럴 경우 군중들이 소요를 일으키기 때문에 예수님을 체포할 수 없다는 데에 있었다. 그래서 유월절 절기가 끝나고 군중들이 흩어진 뒤에 체포하여 죽이기로 결정했었다. 그런데 유다가 가서 어떤 방책을 제시하자 그들이 기뻐했다고 했는데, 유다의 제안이 무엇이었는지는 기록해놓지 않았다. 성경은 늘 이렇게 은폐, 함축, 암시적인 방식으로 기록한다. 이를 찾아내려면

---

125) 가룟 유다의 이야기는 졸저 「마태복음」의 〈물음89〉의 내용을 재편집함.

기록된 것들을 기초로 유다의 입장에서 생각해 보아야 한다. 우선 유다가 무슨 방책을 제시했기에 대제사장들과 성전 경비대장들이 기뻐했을까? 유다는 이런 제안을 했을 것으로 추정해 볼 수 있다.

- 대제사장들과 서기관들의 실추된 위신을 회복하기 위해서는 군중들이 흩어지기 전에 예수님의 잘못을 찾아내어 공개적으로 재판해야 한다. 그런데 문제는 예수님을 체포할 명분과 방법이 없는데, 그 문제를 해결할 묘책이 있다. 그것이 무엇인가?
- 예수님의 제자들이 예수님을 고발하고 체포하여 넘겨주면 된다. 그렇게 되면 군중들이 동요할 이유가 없어진다. 그런데 문제는 제자들이 그런 일을 할 리가 없다. 이 문제를 어떻게 푸는가?
- 그 일은 내가(유다) 맡겠다. 어떻게 할 것인가? 다른 제자들을 설득해서 동참시키는 것은 불가능하고, 위협해서 도망치거나 흩어지게 하면 된다. 그 후 내가 예수님을 체포하여 넘겨주겠다. 어떻게 제자들을 위협해서 도망가게 할 것인가? 제자들은 내가 몇 년 동안 같이 있어봐서 너무 잘 안다. 이 부분은 내가 책임지겠다. 이를 위해서 병력을 지원해 달라.
- 한밤중에 군사들을 이끌고 가서 공포 분위기를 조성하면 제자들은 틀림없이 도망할 것이고, 그 후에는 두려워서, 또는 도망했다는 자책감으로 나서지 못할 것이다. 반드시 예수님만 체포하고 제자들은 도망가게 해야 한다. 제자들도 같이 체포하면 안된다. 만일 도망가지 않고 끝까지 저항하는 제자들이 있을 경우에는 스스로 포기하도록 겁박을 주어야 한다.
- 제자들이 도망가서 흩어지고 예수님이 체포되면 제자들이 예수님을 체포하여 넘겨주었다고 이른 새벽부터 거짓 소문을 내서 군중들이 동요하지 않게 해라. 그리고 유대교 법정에서 밤새 심문과 재판을 하여 이른 아침에 공개적으로 빌라도에게 재판을 받게 해라. 이때에는 군중을 동원해서 빌라도를 압박해라. 이 부분은 당신들이 맡아라.
- 내가(유다) 예수님을 배반하는 이유는 예수님에 대해 실망했기 때문이다. 예수님이 우리나라를 해방시킬 자로 알았는데 전혀 아니었다. 그러니 내게 거액을 달라. 그러면 내가 이 일을 추진하겠다.

유다는 아마도 대제사장들과 자체 성전 경비대장을 설득시킬만한 말주변과 담력, 지략이 있었던 것 같다. 유다의 이런 계책을 들은 대제사장들은 마다할 이유가 없었다. 만약 체포에 실패한다 해도 책임은 유다에게 돌아가고 예수님은 제자에게 배반당했다는 치명상을 입기 때문이다. 자신들은 손해 볼 일이 전혀 없었으므로 그들은 이를 대단히 기뻐하며 유다에게 착수금과 예수님을 체포할 병력을 지원해 주었다. 유다는 상황 판단력과 지략과 설득력이 대단히 뛰어났다고 생각된다.

❷ 공포 분위기

> 43 예수님께서 말씀하실 때에 곧 열둘 중의 하나인 유다가 왔는데 대제사장들과 서기관들과 장로들에게서 파송된 무리가 검과 몽치를 가지고 그와 함께 하였더라 44 예수를 파는 자가 이미 그들과 군호를 짜 이르되 내가 입맞추는 자가 그이니 그를 잡아 단단히 끌어 가라 하였는지라
>
> (요18:3)유다가 군대와 대제사장들과 바리새인들에게서 얻은 아랫사람들을 데리고 등과 횃불과 무기를 가지고 그리로 오는지라
>
> 50 제자들이 다 예수를 버리고 도망하니라 51 한 청년이 벗은 몸에 베 홑이불을 두르고 예수를 따라가다가 무리에게 잡히매 52 베 홑이불을 버리고 벗은 몸으로 도망하니라

유다의 이런 작전은 예수님 체포 과정에서 그대로 적용되었다. 한밤중에 군사들이 횃불을 들고 칼과 창을 번득이고 서로 부딪치면서 최대한의 공포 분위기를 조성하자 졸고 있던 제자들은 놀라서 다 도망가 버렸다. 문제는 베드로였는데, 그는 칼을 빼들고 끝까지 저항할 태세였다. 제자들과의 충돌은 어떻게 해서든 피해야 했는데, 의외로 이 문제는 예수님께서 베드로에게 칼을 내려놓으라고 함으로써 쉽게 해결되었다. 그런데 베드로는 도망가지 않고 법정까지 따라왔다. 이에 군병들은 온갖 위협을 동원하여 베드로가 결국 예수님을 모른다고 저주하면서 부인하고 울며 돌아가게 했다.

❸ 마지막 설득, 마지막 경고

> 17 저물매 그 열둘을 데리시고 가서 18 다 앉아 먹을 때에 예수님께서
> 이르시되 내가 진실로 너희에게 이르노니 너희 중의 한 사람 곧 나와
> 함께 먹는 자가 나를 팔리라 하신대 … 21 인자는 자기에 대하여 기록
> 된 대로 가거니와 인자를 파는 그 사람에게는 화가 있으리로다 그 사람
> 은 차라리 나지 아니하였더라면 자기에게 좋을 뻔하였느니라 하시니라
>
> 27 예수님께서 제자들에게 이르시되 너희가 다 나를 버리리라 이는 기
> 록된 바 내가 목자를 치리니 양들이 흩어지리라 하였음이니라
>
> 30 예수님께서 이르시되 내가 진실로 네게 이르노니 오늘 이 밤 닭이
> 두 번 울기 전에 네가 세 번 나를 부인하리라 31 베드로가 힘있게 말
> 하되 내가 주와 함께 죽을지언정 주를 부인하지 않겠나이다 하고 모든
> 제자도 이와 같이 말하니라

예수님은 유다의 이런 계획을 이미 다 알고 계셨다. 제자들이 그 밤에 예수님을 버리고 도망가리라는 말씀과 베드로를 향해 오늘 밤 닭이 울기 전에 세 번 나를 모른다고 하리라는 말씀은 제자들에게 하신 말씀이면서 동시에 유다를 향한 경고였다.

❹ 유다의 의도

그러면 유다가 예수님을 배반한 진짜 이유는 무엇일까? 유다는 유대 지방 출신이며, 학식이 높고 유능했으며, 이스라엘의 독립을 추구하는 민족주의자였다. 그는 예수님을 지켜보면서 예수님이야말로 조국을 해방시킬만한 능력이 있다고 확신하여 예수님을 따르는 제자가 되었다. 그의 판단력은 틀리지 않아 예수님 주변에는 수많은 군중들이 몰려들었으며, 유월절 절기에 참석한 250여만 명의 사람들이 예수님의 절대 지지자가 되어 새벽부터 저녁까지 예수님 말씀에 귀를 기울이고 있었다. 부패한 사두개인들과 무능한 바리새인들은 유월절 행사가 중단되는 초유의 사태를 보고도 속수무책으로 당하고 있었다. 그런데 문제는 예수님은 이들을 이용하여 왕이 될 생각이 없다는 데에 있었다. 유월절이 가까워지면서 예수님에 대한 군중들의 지지는 절정에 이르러 있었다.

이를 지켜본 유다는 이 절호의 기회를 놓치지 않기 위하여 사두개인과 서기관들을 이용하여 예수님을 벼랑 끝으로 압박하여 유대교 당국과 로마제국을 향해 저항할 수밖에 없게 하기로 했다. 그 후 예수님을 지지하는 수백만의 군중들로 하여금 예수님을 따르게 하면 충분히 승산이 있다고 생각했다. 유다는 군중을 이끄시는 예수님의 출중한 역량과 초자연적인 능력을 믿어 의심하지 않았다.

유다의 예상은 단 하나를 빼고 다 적중했다. 제자들도 도망가서 숨어버렸고, 예수님을 체포하여 유대교 법정으로 넘겼고, 끝까지 남아있던 베드로도 겁박을 이기지 못하고 돌아섰다. 이른 아침부터 제자들이 예수님을 고발했다는 거짓 소문을 들은 군중들은, 제자들이 체포당하지 않았으면서도 아무런 저항을 하지 않으니 소문을 그대로 믿을 수밖에 없었다. 유다의 지략대로 되었다. 그런데 문제는 예수님이었다.

❺ 유다의 실패

유다는 예수님께서 체포당하시고 재판 과정에서 사형을 언도받으면 분명히 저항하시리라고 생각했는데, 그런데 예수님은 죽음을 회피하지 않고 그대로 받아들이셨다. 예수님께서 저항하지 않으시고 죽음의 길을 선택하시자 유다는 자신의 실패를 인정하고 뉘우쳤지만 이미 때는 늦었다. 받은 돈을 돌려주고 죽음을 선택했다. 유다는 개인적인 욕심이나 어떤 악한 의도로 한 일은 아니었지만, 자신의 생각을 앞세웠기 때문에 이런 비극을 불러왔다.

❻ 사탄이 들어가니

(눅22:3)열둘 중의 하나인 가룟인이라 부르는 유다에게 사탄이 들어가니

유다의 지략은 놀라운 데가 있었다. 그런데 누가는 유다의 이런 지략은 마귀로부터 온 것이라고 말하고 있다. 영성의 경험 가운데 마귀와의 막바지 싸움에서 마귀의 회유가 있는데, 탄복할만한 지략

들을 제시한다. 목적을 위해서 수단을 가리지 않는 온갖 지략의 근원지는 마귀이다. 아마도 유다는 자신이 마귀의 속임수에 넘어갔다는 사실을 전혀 몰랐을 것이다. 마귀에게 이용당하지 않으려면 잔꾀를 부리지 말아야 한다. 하나님의 일을 하면서 잔머리 굴리는 사람들은 틀림없이 마귀의 표적이 되어 스스로 자기 함정에 빠져 마귀에게 이용당하게 된다. 하나님께서는 절대로 간교한 지략을 사용하지 않으신다. 하나님께서 쓰시는 방법은 정도(正道)와 정공(正攻)이며, 간교한 마귀는 자기 꾀에 빠져 자멸한다. 십자가 사건이 대표적인 예이다. 마귀는 유다의 잔꾀와 대제사장들의 적대감을 이용하여 예수님을 돌아가시게 했지만 결국 하나님의 큰 뜻을 실현시켜주는 자충수가 되고 말았다.

마귀의 방법은 묘수 같지만 결국 자기가 놓은 올무에 자기가 걸려든다. 잔머리 굴리는 자는 잔머리로 망하게 마련이다.

물음 55 가야바 법정, 얼마나 불법을 저질렀나?

본문 : 〈 14:53~72 〉

53 그들이 예수를 끌고 대제사장에게로 가니 대제사장들과 장로들과 서
기관들이 다 모이더라 54 베드로가 예수를 멀찍이 따라 대제사장의 집
뜰 안까지 들어가서 아랫사람들과 함께 앉아 불을 쬐더라 55 대제사장
들과 온 공회가 예수를 죽이려고 그를 칠 증거를 찾되 얻지 못하니 56
이는 예수를 쳐서 거짓 증언 하는 자가 많으나 그 증언이 서로 일치하
지 못함이라 57 어떤 사람들이 일어나 예수를 쳐서 거짓 증언 하여 이
르되 58 우리가 그의 말을 들으니 손으로 지은 이 성전을 내가 헐고
손으로 짓지 아니한 다른 성전을 사흘 동안에 지으리라 하더라 하되
59 그 증언도 서로 일치하지 않더라

60 대제사장이 가운데 일어서서 예수에게 물어 이르되 너는 아무 대답도
없느냐 이 사람들이 너를 치는 증거가 어떠하냐 하되 61 침묵하고 아
무 대답도 아니하시거늘 대제사장이 다시 물어 이르되 네가 찬송 받을
이의 아들 그리스도냐 62 예수님께서 이르시되 내가 그니라 인자가 권
능자의 우편에 앉은 것과 하늘 구름을 타고 오는 것을 너희가 보리라
하시니 63 대제사장이 자기 옷을 찢으며 이르되 우리가 어찌 더 증인
을 요구하리요 64 그 신성 모독 하는 말을 너희가 들었도다 너희는 어
떻게 생각하느냐 하니 그들이 다 예수를 사형에 해당한 자로 정죄하고
65 어떤 사람은 그에게 침을 뱉으며 그의 얼굴을 가리고 주먹으로 치
며 이르되 선지자 노릇을 하라 하고 하인들은 손바닥으로 치더라

66 베드로는 아랫뜰에 있더니 대제사장의 여종 하나가 와서 67 베드로가
불 쬐고 있는 것을 보고 주목하여 이르되 너도 나사렛 예수와 함께 있
었도다 하거늘 68 베드로가 부인하여 이르되 나는 네가 말하는 것이
무엇인지 알지도 못하고 깨닫지도 못하겠노라 하며 앞뜰로 나갈새 69
여종이 그를 보고 곁에 서 있는 자들에게 다시 이르되 이 사람은 그
도당이라 하되 70 또 부인하더라 조금 후에 곁에 서 있는 사람들이 다
시 베드로에게 말하되 너도 갈릴리 사람이니 참으로 그 도당이니라 71
그러나 베드로가 저주하며 맹세하되 나는 너희가 말하는 이 사람을 알
지 못하노라 하니 72 닭이 곧 두 번째 울더라 이에 베드로가 예수님께
서 자기에게 하신 말씀 곧 닭이 두 번 울기 전에 네가 세 번 나를 부
인하리라 하심이 기억되어 그 일을 생각하고 울었더라

1. 교부들의 해석

그들이 우리 주님을 고발한 까닭은 “손으로 지은 이 성전을 내가 헐고 손으로 짓지 아니한 다른 성전을 사흘 동안에 지으리라.”라는 말씀과 관련이 있다. 주님은 당신 몸인 성전에 관하여 말씀하셨는데, 그들은 그 말씀이 돌로 된 성전에 관한 것이라고 생각했다.(Origenes) 주님에 관한 예언은 사실이었다. “마치 도수장으로 끌려 가는 어린 양과 털 깎는 자 앞에서 잠잠한 양 같이 그의 입을 열지 아니하였도다.”라는 말씀처럼 심문하는 자들에게 대답하지 않으셨다. 심판을 받으실 때에는 어린 양이 그랬던 것처럼 입을 열지 않으셨다. 자기 죄에 대하여 유죄판결을 받은 파렴치한처럼 입을 다무신 것이 아니라, 다른 사람들의 죄 때문에 죽임을 당하는 온순한

양처럼 침묵하셨다.(Augustinus) 그들은 그분 안에서 이루어진 육화의 신비는 몰랐지만 이 신비가 완성되는 조건이 그분의 신성에 달려 있다는 신비는 알았다. 그들은 그리스도가 하나님 아들인지 묻지 않고 그분이 하나님의 아들 그리스도인지만 물었다. 그들은 예수님의 인격에 대해서는 잘못 이해했지만 하나님의 아들에 대해서는 잘못 이해하지 않았다. 그들은 그분이 그리스도인지는 물으면서도, 그리스도가 하나님의 아들임은 부인하지 않았다.(Hilrary of Poit-iers) 참 이상하고 놀라운 일이 벌어졌다. 자기 스승이 체포될 때 칼을 들고 맞섰던 베드로, 그런 그가 주님을 거스리는 온갖 모욕적인 말을 들으면서 더 흥분하고 더 화를 냈을텐데 그는 비겁한 배신자가 되고 말았다. 두려움에 굴복한 그는 화를 내기는커녕 하찮은 하녀의 위협에도 굴복했다. 한 번만이 아니라 짧은 시간에 세 번이나 모른다고 했다.(Chrysostom) 마가는 이런 일을 기록하고 베드로는 그를 통해 증언한다. 마가복음 전체가 베드로의 가르침에 대한 기록이기 때문이다. 제자들은 자신들에 대하여 좋은 명성을 남길 일들을 멀리하고, 수많은 지탄과 비난을 받을 일들을 기록해놓고 있다. 그들이 침묵했다면 누구도 모를 일들을 정직하게 기록해 놓았다.(Eusebius)[126)]

2. 교부들의 해석에 대한 평가

주님의 수난에 대한 교부들의 글이 많을 것 같은데 생각보다 적다. 또 해석도 지극히 평범하며 단순하다.

3. 본문 재해석

결국 예수님께서는 체포되셨고, 그 밤에 재판을 받으셨다. 당시 이스라엘은 로마의 식민지배를 받고 있어서 종교 문제 이외에는 재

126) ACCS, Mark, pp. 206~211.

판권이 없었고, 또 사형을 집행할 수 없었다. 사형 선고와 집행권은 로마총독에게 있었다. 유대인들의 재판은 로마총독에게 고발하기 위한 재판이었다. 예수님에 대한 재판은 어떻게 진행되었을까?

❶ 불법 재판

> 53 그들이 예수를 끌고 대제사장에게로 가니 대제사장들과 장로들과 서기관들이 다 모이더라
>
> (마26:57)예수를 잡은 자들이 그를 끌고 대제사장 가야바에게로 가니 거기 서기관과 장로들이 모여 있더라

유대인의 법정은 71명으로 구성되는 산헤드린 공회였다. 회장은 대제사장이며, 사두개인, 서기관, 장로들로 구성되었다. 정족수는 1/3인 23명이었다. 미쉬나(Mishnah)에는 산헤드린의 재판에 대하여 상세하게 규정하고 있었다.

법정은 반원으로 둘러앉아 서로 볼 수 있게 했고 반대편에는 랍비의 제자들이 자리 잡았다. 그들에게는 발언권은 있었으나 의결권은 없었다. 법정은 성전 뜰 가운데 있는 석조건물에서 열려야 하며 다른 장소에서 열린 것은 무효였다. 안식일이나 절기 기간에는 열 수 없었고, 야간에도 개정할 수 없었다. 증인들은 개별적인 심문을 받았으며, 산헤드린 의원들은 전원이 연소자부터 의견을 말해야 했다. 사형에 해당되는 경우는 하루 밤을 경과해야 했다. 유도 심문은 허락되지 않았고, 정죄하는 질문은 할 수가 없었다.

이와 같은 규정을 볼 때 예수님을 재판한 산헤드린 회의는 불법 그 자체였다. 예수님을 재판한 시간은 한밤중이었고, 법정은 성전이 아니라 대제사장 가야바의 집이었다. 유대인들은 예수님을 신속하게 처형하기 위하여 수단 방법을 가리지 않았다. 불법이 아닌 게 하나도 없었다. 이들은 그만큼 궁지에 몰려 있었다.

❷ 거짓 증인, 증거 부족

55 대제사장들과 온 공회가 예수를 죽이려고 그를 칠 증거를 찾되 얻
지 못하니 56 이는 예수를 쳐서 거짓 증언 하는 자가 많으나 그 증언
이 서로 일치하지 못함이라 57 어떤 사람들이 일어나 예수를 쳐서 거
짓 증언 하여 이르되 58 우리가 그의 말을 들으니 손으로 지은 이 성
전을 내가 헐고 손으로 짓지 아니한 다른 성전을 사흘 동안에 지으리라
하더라 하되 59 그 증언도 서로 일치하지 않더라

더 큰 문제는 예수님에게 사형을 언도할 만한 죄목이 없다는 것이다. 증거를 위해 거짓 증인들을 확보해놓았으나 서로 증언이 엇갈려 증거 능력이 없었다.

❸ 유도 심문

60 대제사장이 가운데 일어서서 예수에게 물어 이르되 너는 아무 대답
도 없느냐 이 사람들이 너를 치는 증거가 어떠하냐 하되 61 침묵하고
아무 대답도 아니하시거늘

사형을 언도할 만한 증거가 나오지 않자 사회자인 대제사장이 직접 유도 심문을 했다. 이는 불법이었다. 이에 대하여 예수님께서는 침묵으로 일관하셨다. 체포 자체도 말이 안 되지만 재판 자체도 불법으로 진행되고, 더구나 증언도 거짓이니 무어라 말씀하실 아무런 필요도, 이유도 없으셨다. 새벽이 되기 전에 재판을 끝내야 하는데, 시간은 지나가고, 유대인들은 다급해졌다. 이에 대제사장은 다시 예수님에게 유도 심문을 했다.

❹ 마지막 호소

61 …대제사장이 다시 물어 이르되 네가 찬송 받을 이의 아들 그리스
도냐

"당신이 찬송받을 이의 아들 그리스도냐?"라고 가야바가 유도 심문을 했다. 이 질문을 보면 그들은 예수님께서 하나님의 아들이시며 그리스도라는 것을 알고 있었을 뿐만 아니라 인정했다는 것을 알 수 있다. 그럼에도 불구하고 그들은 예수님을 죽이기 위하여 혈안이 되

어 있었다. 신앙이 정통주의와 교권주의로 빠지면 이런 비극을 불러온다. 교회 안에 정치 논리가 들어와 판을 치면 신앙 논리는 설 자리를 잃게 된다. 하나님과 신앙과 가장 먼 거리에 있는 사람들은 교회 안에서 돈을 뿌려가며 정치를 하는 사람들이다.

가야바의 질문에 예수님께서 계속 침묵하신다면 재판을 계속하기 어려운 상황에 놓일 수 있었다. 그런데 예수님께서 입을 여셨다.

> 62 예수님께서 이르시되 내가 그니라 인자가 권능자의 우편에 앉은 것과 하늘 구름을 타고 오는 것을 너희가 보리라 하시니

왜 이렇게 말씀하셨을까? 몇 가지 이유가 있다. 첫째, 진실이기 때문이다. 예수님은 하나님의 아들이시면서 그리스도이시다. 예수님은 진실에 대해서는 침묵하지 않으셨다. 둘째, 마지막 경고이자 호소였다. 그들은 예수님께서 진정한 왕이시며, 참 메시야이며, 하나님의 아들이시라는 것을 알고 있었다. 이에 예수님은 그들의 양심을 다시 한번 두드리셨다. 셋째, 십자가의 길은 자원하신 길이었다. 예수님께서 십자가를 피하려고 한다면 얼마든지 가능했다. 유다의 계략도 미리 아셨고, 잠적을 하거나 제자들과 군중들을 동원하는 등 방법은 얼마든지 있었다. 그러나 예수님은 그런 길을 선택하지 않으셨다. 십자가의 길은 가셔야만 할 길이었기 때문이다. 예수님의 대답에는 "이 길은 내가 선택하고 자원하는 길이다."라는 뜻이 담겨 있었다. 넷째, 심판을 선언하셨다. 예수님께서는 하나님의 아들 그리스도라는 사실을 인정하시는 것과 더불어 훗날 그들을 심판하러 오실 분이라고 명확히 말씀하셨다. 이 또한 권고와 경고였다.

그런데 그들의 반응은 어떠했을까?

❺ 쾌재

> 63 대제사장이 자기 옷을 찢으며 이르되 우리가 어찌 더 증인을 요구하리요 64 그 신성 모독 하는 말을 너희가 들었도다 너희는 어떻게 생각하느냐 하니 그들이 다 예수를 사형에 해당한 자로 정죄하고

예수님에게서 뜻밖의 대답을 들은 그들의 귀에는 예수님의 호소는 들려오지 않고 '신성모독'이라는 말로 들려와서 사형을 언도할만한 확실한 증거를 확보했다며 쾌재를 불렀다. 이에 대하여 아무런 이견이 없었다.

이로써 재판은 사형을 언도하는 것으로 종결되었다.

❻ 분풀이

> 65 어떤 사람은 그에게 침을 뱉으며 그의 얼굴을 가리고 주먹으로 치며 이르되 선지자 노릇을 하라 하고 하인들은 손바닥으로 치더라

이에 유대인들 중 일부는 예수님에게 폭행을 가했다. 그동안 쌓였던 분풀이를 한 셈이다. 유월절 절기 내내 그들은 속수무책으로 당하고 있었는데, 이제 사형을 언도하고 나니 그 분노가 폭발하여 예수님에게 분풀이를 했다.

❼ 마지막 장애물

> 54 베드로가 예수를 멀찍이 따라 대제사장의 집 뜰 안까지 들어가서 아랫사람들과 함께 앉아 불을 쬐더라

예수님의 재판이 불법으로 진행되는 동안 가야바의 뜰 안에는 마지막 장애물이 버티고 있었다. 겟세마네 동산에서 다른 제자들은 공포 분위기에 놀라 다 도망갔지만, 베드로는 혼자 칼을 들고 군병들과 맞섰다. 그러나 "칼을 내려 놓으라!"는 예수님의 말씀에 칼을 내려놓았다. 그리고 체포되어 가시는 예수님을 따라가서 재판정 뜰 안까지 들어와 불법 재판을 지켜보고 있었다. 유대인들에게 베드로는 자칫 큰 화근이 될 수 있었다. 그가 사실을 폭로하고 나서서 군중들을 선동하면 심각한 문제가 일어날 수 있기 때문이다. 그렇다고 베드로도 체포할 수는 없었다. 그를 체포하면 예수님을 불법으로 체포했다는 증거가 되기 때문이다. 제자들이 예수님을 체포하여 넘겼다고 소문을 내야만 했는데, 그런데 베드로가 문제였다.

예수님의 수난 이야기에 베드로의 이야기가 중요하게 다뤄지는 이유는 여기에 있다. 복음서의 기록 당시가 박해시기이기 때문에 베드로의 배반 이야기는 박해를 당하는 사람들에게 위로가 되기도 했을 것이다. 베드로가 세 번 예수님을 모른다고 한 것이 배반으로 보일 수도 있다. 그러나 베드로가 가야바 법정에 버티고 서 있으면, 당국자들의 계획에 차질을 주는 심각한 문제가 되었기 때문에 중요하게 기록되고 있다. 당국자들이 선택할 수 있는 방법은 한 가지 밖에 없었다. 어떻게 하든지 베드로를 윽박질러 스스로 포기하게 해야 했다. 이를 위해 그들은 온갖 방법을 동원했다. 심리전을 펴기 위하여 하녀까지 동원했다. 하녀가 스스로 베드로를 심문했을 리는 없다.

> 66 베드로는 아랫뜰에 있더니 대제사장의 여종 하나가 와서 67 베드로가 불 쬐고 있는 것을 보고 주목하여 이르되 너도 나사렛 예수와 함께 있었도다 하거늘 68 베드로가 부인하여 이르되 나는 네가 말하는 것이 무엇인지 알지도 못하고 깨닫지도 못하겠노라 하며 앞뜰로 나갈새 69 여종이 그를 보고 곁에 서 있는 자들에게 다시 이르되 이 사람은 그 도당이라 하되 70 또 부인하더라 조금 후에 곁에 서 있는 사람들이 다시 베드로에게 말하되 너도 갈릴리 사람이니 참으로 그 도당이니라 71 그러나 베드로가 저주하며 맹세하되 나는 너희가 말하는 이 사람을 알지 못하노라 하니

온갖 겁박과 추궁을 받은 베드로는, 예수님의 제자라는 사실을 숨긴다면 체포를 면하고 예수님 곁에 남있을 수 있다고 생각했다. 그래서 예수님의 제자가 아니라고 말하며 도망가지 않고 예수님의 재판을 지켜보고 있었다. 그런데 그때 새벽닭이 우는 소리가 들렸다.

❽ 닭 울음소리

> (눅22:61)**주께서 돌이켜 베드로를 보시니** 베드로가 주의 말씀 곧 오늘 닭 울기 전에 네가 세 번 나를 부인하리라 하심이 생각나서 (눅22:62) 밖에 나가서 심히 통곡하니라

닭이 우는 소리가 들리자 그는 예수님의 말씀이 생각나서 재판정에 서 계시는 예수님을 바라보았다. 바로 그 순간 예수님께서도 고개를 돌려 베드로를 바라 보셨다. 비록 어둠 속이지만 예수님과 베드로는 서로 눈빛이 마주쳤다. 베드로는 예수님의 눈빛을 대하자 통곡이 터져 나왔다. 왜 그랬을까?

베드로야,

너무 대견하고 장하다.

너는 약속대로 내 곁을 지켜주었다.

내 옆에는 네가 있었다.

너는 참 내 제자였다.

그런데 이제 돌아가라.

아직 끝이 아니다.

너는 이제부터 할 일이 있다.

베드로는 돌아섰다. 밖으로 나오자 대성통곡이 터져 나왔다. 칼을 내려 놓으라고 말씀하시던 예수님은 베드로를 돌려 보내셨다. 그리고 혼자 십자가의 길을 가셨다. 그 길은 혼자 가셔야 할 길이었다.

어둠 속에 울려 퍼지던 베드로의 통곡 소리

그가 실패자일까?

그가 배반자일까?

배반자, 실패자는 베드로의 자기고백이었다.

영성의 고백이었다.

그 고백은 많은 사람들을 돌이키게 했다.

베드로의 통곡.

이 통곡이 후일의 베드로를 가능하게 했다.

그리고 기독교를 가능하게 했다.

기독교는 베드로의 통곡에서 시작되었다.

오늘 이 글을 읽는 내게는 이 통곡이 있는가?

그 통곡 소리가 가슴으로 들려오는가?

어둠 속에서 마주친 그 눈빛,

그 눈빛이 있었는가?

그 눈빛이 이 통곡을 가능하게 한다.

이 통곡이 주님을 따르게 한다.

물음 56 빌라도 법정, 어떤 재판이었는가?

본문 : 〈 15:1~15 〉

1 새벽에 대제사장들이 즉시 장로들과 서기관들 곧 온 공회와 더불어 의
논하고 예수를 결박하여 끌고 가서 빌라도에게 넘겨 주니 2 빌라도가
묻되 네가 유대인의 왕이냐 예수님께서 대답하여 이르시되 네 말이 옳
도다 하시매 3 대제사장들이 여러 가지로 고발하는지라 4 빌라도가 또
물어 이르되 아무 대답도 없느냐 그들이 얼마나 많은 것으로 너를 고
발하는가 보라 하되 5 예수님께서 다시 아무 말씀으로도 대답하지 아
니하시니 빌라도가 놀랍게 여기더라

6 명절이 되면 백성들이 요구하는 대로 죄수 한 사람을 놓아 주는 전례
가 있더니 7 민란을 꾸미고 그 민란중에 살인하고 체포된 자 중에 바
라바라 하는 자가 있는지라 8 무리가 나아가서 전례대로 하여 주기를
요구한대 9 빌라도가 대답하여 이르되 너희는 내가 유대인의 왕을 너
희에게 놓아 주기를 원하느냐 하니 10 이는 그가 대제사장들이 시기로
예수를 넘겨 준 줄 앎이러라

11 그러나 대제사장들이 무리를 충동하여 도리어 바라바를 놓아 달라 하
게 하니 12 빌라도가 또 대답하여 이르되 그러면 너희가 유대인의 왕

이라 하는 이를 내가 어떻게 하랴 13 그들이 다시 소리 지르되 그를
십자가에 못 박게 하소서 14 빌라도가 이르되 어찜이냐 무슨 악한 일
을 하였느냐 하니 더욱 소리 지르되 십자가에 못 박게 하소서 하는지
라

15 빌라도가 무리에게 만족을 주고자 하여 바라바는 놓아 주고 예수는
채찍질하고 십자가에 못 박히게 넘겨 주니라

1. 교부들의 해석

주님은 어린 양처럼 잠자코 계시지만 '광야에서 외치는 자의 소리'로 선포되신 '말씀'이시다. 병들고 상처 입으셨지만 병자와 허약한 이들을 모두 고쳐주신다. '십자 나무'에 달리시어 못 박히셨지만 '생명 나무'를 통해 우리를 다시 살리신다.(Gregory of Nazianzus) 그분은 수난 때에는 침묵하셨지만 심판 날에는 침묵하지 않으실 것이다. 사람들이 알아보지 못해도 그분은 우리의 하나님이시며, 교인들과 믿는 자들에게 알려져 있다. 당신을 드러내시며 재림하실 때 그분은 침묵하지 않으실 것이다. 전에는 겸손히 숨어 계셨지만 그때에는 권능을 드러내시며 오실 것이다.(Cyprianus) 진리의 수호자이신 주님께서는 억눌린 진리를 지키시고자 빌라도 앞에서 침묵하셨다. 다른 이들은 변론함으로써 승리하지만 주님께서는 침묵으로 승리하신다. 거룩한 침묵을 통하여 이루어진 죽음에 대한 보상은 참된 가르침의 승리였기 때문이다. 가르치기 위해서는 말씀하셨지만 법정에서는 침묵하셨다.(Ephrem the Syrian) 우리는 유대인들이 주님을 십자가에 못 박은 순간을 기억해야 한다. 장교든 사병이든 군인의 직무를 수행한 로마인들에게 자신들의 죄를 덮어씌우려 한 자들은 유대인들이었다. 강도가 풀려나고 주님은 단죄되었다. 범죄자는 사면되고 회개하는 모든 이의 죄를 용서하신 분은 단죄받았다. 사실상 십자가 자체가 법정이었다. 심판관이 가운데 자리 잡으셨고, 믿은 강도 하나는 풀려 났다.(Augustinus) [127]

---

127) ACCS, Mark, pp. 213~214.

2. 교부들의 해석에 대한 평가

교부들 중에는 법을 전공하거나 법관 출신인 이들이 여러 명이었고, 또 법관 출신이 아니어도 당시 최고의 지식인들이기 때문에 법정에 대하여 너무나 잘 알고 있었다. 그런 그들은 예수님의 재판을 다루면서 예수님의 침묵에 많은 관심을 기울인다. 아마도 자신의 무죄를 입증하기 위하여 온갖 수단 방법을 다하는 일반 법정에서의 장면과 너무 대조적이어서 그렇지 않았을까 싶다.

3. 본문 재해석

천신만고 끝에 예수님을 체포하여 자체 법정에서 불법을 자행하며 일사천리로 사형을 언도했으나 아직 끝은 아니었다. 사형의 경우는 로마인들이 직접 법정에서 사형을 언도하고 또 집행했기 때문이다. 이에 유대인들은 이 수순을 밟아야 했다.

❶ 새벽 법정

1 **새벽에** 대제사장들이 즉시 장로들과 서기관들 곧 온 공회와 더불어 의논하고 예수를 결박하여 끌고 가서 빌라도에게 넘겨 주니

(요18:28)그들이 예수를 가야바에게서 관정으로 끌고 가니 **새벽이라**

유대인들에게 가장 시급한 것은 시간이었다. 아직 군중들이 잠에서 깨어나기 전에 예수님의 재판을 끝내고 사형 선고를 확보해야 했다. 서둘러 이에 대한 준비를 한 후 새벽에 빌라도에게 재판을 요청했다.

총독 빌라도를 비롯한 로마 군병들은 평소에는 지중해 해변 가이사랴에 머물렀다. 그러나 사람들이 수백만 명이나 모이는 유월절에는 자칫 소요가 일어날 수 있기에 예루살렘의 안토니아성에서 비상대기 중이었다. 평소에 로마 관리들은 해 돋을 때부터 근무했고, 법정은 해 뜰 무렵에 개정했다. 그런데 지금은 비상 근무 중이고 또

유대인의 특별 요청 때문에 새벽에 법정을 열고 예수님을 재판해야 했다.

로마제국은 지중해 연안의 많은 나라들을 식민지배했으나 로마 정부에 항거하는 나라는 없었다. 로마 정부의 지배를 받는 것이 자국에 유리했기 때문에 서로 앞 다투어 로마 정부에 충성했다. 그런데 유대인들은 아니었다. 그들은 수시로 항거하였고, 또 유대인들은 본토보다는 로마제국 전역에 흩어져 사는 사람들이 많았는데, 상권을 장악한 그들의 영향력은 만만하지 않았다. 이에 로마 정부는 유다에는 유능한 총독들을 파견했다. 어줍잖은 사람들은 감당이 되지 않았기 때문이다.

❷ 본디오 빌라도

> 2 빌라도가 묻되 네가 유대인의 왕이냐 예수님께서 대답하여 이르시되 네 말이 옳도다 하시매

본디오 빌라도, 그는 로마 정부가 파견한 5대 총독으로 26~36년까지 재임했다. 그는 상당히 포악한 사람으로 알려져 있다. 그런 그에게 예수님의 재판이 맡겨졌다. 아마도 그는 인류 역사에서 가장 불행한 재판관이었을 것이다. 하필 그때 유다의 총독으로 왔다가 예수님의 재판을 맡았다.

❸ 거짓 고발

빌라도는 먼저 예수님에게 유대인의 왕이냐고 물었다. 그 이유는 유대인들이 예수님을 고발할 때 정치적인 죄목으로 고발했기 때문이다. 로마인들은 종교 문제에는 관여하지 않았다. 유대인들은 자체 법정인 산헤드린에서는 종교적인 문제로 예수님에게 사형을 언도했다. 그런데 로마 법정에 고발할 때에는 정치적인 문제, 즉 예수님이 왕이 되기 위하여 백성들을 선동하여 로마 정부에 저항했다는 죄목으로 고발했다. 그 외에는 사형을 요구할 수 없었기 때문이다. 이런

이유로 빌라도는 "네가 유대인의 왕이냐?"라고 물으셨다. 예수님께서는 무어라고 대답을 하셨는가?

네 말이 옳도다.

예수님의 대답인 '옳도다'(λέγεις)는 긍정도 부정도 아닌 모호한 말씀이었다. 이 말씀만으로는 유죄를 줄 수 없었다. 이에 대제사장들은 온갖 죄목을 들먹이며 거짓으로 고발했다.

3 대제사장들이 여러 가지로 고발하는지라

거짓으로 예수님을 고발한 대제사장들은 여러 가지로 거짓 증거들을 늘어 놓았다. 빌라도는 유대인들의 심중을 꿰뚫어 보며 거짓이라는 것을 알았다. 그런데 유대인들이 늘어놓는 거짓 고발과 증거에 대하여 예수님은 아무런 답변을 하지 않으셨다. 빌라도가 다시 물었다. 그러나 예수님은 침묵으로 일관하셨다.

4 빌라도가 또 물어 이르되 아무 대답도 없느냐 그들이 얼마나 많은 것으로 너를 고발하는가 보라 하되 5 예수님께서 다시 아무 말씀으로도 대답하지 아니하시니 빌라도가 놀랍게 여기더라 10 이는 그가 대제사장들이 시기로 예수를 넘겨 준 줄 앎이러라

빌라도는 예수님의 침묵에 놀랐다. 그는 유대인들이 시기심으로 예수님을 죽이려고 한다는 사실을 잘 알고 있었고, 또 사형을 선고할 죄목과 증거가 없었으므로 예수님에게 사형을 선고할 수가 없었다. 그래서 그는 명절에는 백성들이 원하는 죄수를 방면하는 전례를 이용하여 예수님을 석방하려고 했다. 이를 위해 예수님을 고발한 제사장들이 아니라 백성들의 의견을 직접 묻기로 했다.

❹ 겁박 재판

6 명절이 되면 백성들이 요구하는 대로 죄수 한 사람을 놓아 주는 전례가 있더니 7 민란을 꾸미고 그 민란중에 살인하고 체포된 자 중에 바라바라 하는 자가 있는지라 8 무리가 나아가서 전례대로 하여 주기를 요구한대 9 빌라도가 대답하여 이르되 너희는 내가 유대인의 왕을 너희에게 놓아 주기를 원하느냐 하니

그러나 치밀한 작전을 세운 유대인들은, 자신들의 일당을 법정 주변에 대기 시켜놓고 있다가 예수님이 아닌 죄수 바라바의 석방을 요구하게 했다. 이로 인해 백성들의 요구를 통해 예수님을 석방하려던 빌라도의 시도는 실패하고 말았다. 빌라도가 백성들에게 예수님을 어떻게 하기 원하느냐고 다시 물으니 동원된 그들의 대답은 뻔했다.

> 11 그러나 대제사장들이 무리를 충동하여 도리어 바라바를 놓아 달라
> 하게 하니 12 빌라도가 또 대답하여 이르되 그러면 너희가 유대인의
> 왕이라 하는 이를 내가 어떻게 하랴 13 그들이 다시 소리 지르되 그를
> 십자가에 못 박게 하소서 14 빌라도가 이르되 어찜이냐 무슨 악한 일
> 을 하였느냐 하니 더욱 소리 지르되 십자가에 못 박게 하소서 하는지라

빌라도는 난처했다. 그가 포악했다고 하지만 이런 불법 재판에 관여하고 싶지 않아서 망설였다. 그러자 유대인들은 동원된 사람을 통해서 더욱 크게 소리지르게 했다. 그를 십자가에 못 박게 하소서! 그를 십자가에 못 박게 하소서!

> (요19:12)이러하므로 빌라도가 예수를 놓으려고 힘썼으나 유대인들이 소리 질러 이르되 이 사람을 놓으면 가이사의 충신이 아니니이다 무릇 자기를 왕이라 하는 자는 가이사를 반역하는 것이니이다

동원된 군중들이 아무리 소리를 질러도 그들의 음모를 알고 있는 빌라도는 마음이 움직이지 않았다. 그러자 제사장들은 빌라도의 가장 아픈 곳을 찔렀다. 사형을 언도하지 않으면 로마 황제에게 고발하겠다는 겁박이었다. 실제로 그 이전에 유대인들이 로마 총독을 황제에게 고발하여 총독이 사형을 당한 선례도 있었다.

> (마27:24)빌라도가 아무 성과도 없이 도리어 민란이 나려는 것을 보고 물을 가져다가 무리 앞에서 손을 씻으며 이르되 이 사람의 피에 대하여 나는 무죄하니 너희가 당하라

제사장들은 빌라도를 고발할 명분을 확보하기 위하여 민란을 일으킬 태세를 갖추어 놓고 윽박질렀다. 빌라도는 민란이 일어날 지경에 이르자 더 이상 유대인들과 대치하기를 포기했다. 그들의 요구대로 들어주는 수 밖에 없었다. 그는 자신을 막다른 골목으로 몰고가

는 유대인들을 비웃기 위하여 그들이 보는 앞에서 손을 씻으며 자신의 무죄를 밝혔다.

❺ 억지 사형 선고

> 15 빌라도가 무리에게 만족을 주고자 하여 바라바는 놓아 주고 예수는 채찍질하고 십자가에 못 박히게 넘겨 주니라

이로써 겁박 재판은 끝이 났으며, 예수님에게 사형이 선고된 후에 사형 집행인들에게 넘겨졌다.

유대인들은 온갖 방법을 다 동원하여 예수님을 유월절 절기 기간에 처형하는데 성공했다. 여기에는 예수님의 제자 가룟 유다의 공헌이 컸다. 예수님께서는 유다에 대하여 이렇게 탄식하셨다.

> 인자는 자기에게 대하여 기록된 대로 가거니와 인자를 파는 그 사람에게는 화가 있으리로다. 그 사람은 차라리 나지 아니하였더라면 자기에게 좋을 뻔하였느니라(막14:21)

물음 57 예수님의 수난, 어떻게 진행되었을까?

본문 : 〈 15:16~37 〉

> 16 군인들이 예수를 끌고 브라이도리온이라는 뜰 안으로 들어가서 온 군대를 모으고 17 예수에게 자색 옷을 입히고 가시관을 엮어 씌우고 18 경례하여 이르되 유대인의 왕이여 평안할지어다 하고 19 갈대로 그의 머리를 치며 침을 뱉으며 꿇어 절하더라 20 희롱을 다 한 후 자색 옷을 벗기고 도로 그의 옷을 입히고 십자가에 못 박으려고 끌고 나가니라
>
> 21 마침 알렉산더와 루포의 아버지인 구레네 사람 시몬이 시골로부터 와서 지나가는데 그들이 그를 억지로 같이 가게 하여 예수의 십자가를 지우고 22 예수를 끌고 골고다라 하는 곳(번역하면 해골의 곳)에 이르러 23 몰약을 탄 포도주를 주었으나 예수님께서 받지 아니하시니라

24 십자가에 못 박고 그 옷을 나눌새 누가 어느 것을 가질까 하여 제
비를 뽑더라 25 때가 제삼시가 되어 십자가에 못 박으니라 26 그 위
에 있는 죄패에 유대인의 왕이라 썼고 27 강도 둘을 예수와 함께 십자
가에 못 박으니 하나는 그의 우편에, 하나는 좌편에 있더라 28 (없음)

29 지나가는 자들은 자기 머리를 흔들며 예수를 모욕하여 이르되 아하
성전을 헐고 사흘에 짓는다는 자여 30 네가 너를 구원하여 십자가에서
내려오라 하고 31 그와 같이 대제사장들도 서기관들과 함께 희롱하며
서로 말하되 그가 남은 구원하였으되 자기는 구원할 수 없도다 32 이
스라엘의 왕 그리스도가 지금 십자가에서 내려와 우리가 보고 믿게 할
지어다 하며 함께 십자가에 못 박힌 자들도 예수를 욕하더라

33 제육시가 되매 온 땅에 어둠이 임하여 제구시까지 계속하더니 34 제
구시에 예수님께서 크게 소리 지르시되 엘리 엘리 라마 사박다니 하시
니 이를 번역하면 나의 하나님, 나의 하나님 어찌하여 나를 버리셨나이
까 하는 뜻이라 35 곁에 섰던 자 중 어떤 이들이 듣고 이르되 보라 엘
리야를 부른다 하고 36 한 사람이 달려가서 해면에 신 포도주를 적시
어 갈대에 꿰어 마시게 하고 이르되 가만 두라 엘리야가 와서 그를 내
려 주나 보자 하더라 37 예수님께서 큰 소리를 지르시고 숨지시니라

1. 교부들의 해석

주님을 조롱하며 자주색 옷을 입혀드렸을 때 얄궂게도 그분에 대한 예언이 이루어졌다. 그분은 임금님이셨기에 그들의 놀림마저 하나님의 계시에 간접적으로 기여했다. 그냥 놀리려고 이 모든 짓을 저질렀지만 그분께서 지니고 계신 임금의 존귀함이 상징적으로 선포되었다. 그들이 씌워드린 것은 가시관이었지만 이는 면류관이었다.(Cyrilus of Jerusalem) 십자가에 못 박히는 것보다 더 치욕스런 죽음은 없다. 이 처형보다 더 몹쓸 죽음은 상상할 수 없다. 그분은 지금도 당신을 믿지 않는 자들 사이에서 모욕을 당하고 계신다.(Eusebius) 오전 9시에 기도해야 한다. 빌라도가 우리 주님께 사형을 선고한 시각이기 때문이다. 12시에도 기도해야 한다. 그분께서 십자가에 못 박히신 시간이기 때문이다. 오후 3시에도 기도해야 한다. 이 참혹한 모습을 차마 바라볼 수 없어 해가 어두워지고 땅이 무서워 떨던 바로 그 시간이기 때문이다.(Apostolic Constitu

-tions 로마의 클레멘트가 수집한 책 이름) 지나가던 자들이 머리를 흔들며 십자가에 못 박히신 분을 모독하였다. 그리하여 성경의 말씀이 이루어졌다. "나는 또 그들의 비방거리라. 그들이 나를 보면 머리를 흔드나이다."(시109:25)(Cyrilus of Jerusalem) 그분은 당신의 목숨을 내놓으시지만 다시 생명을 얻을 권한도 지니고 계시다. 그분은 성전의 휘장을 찢으시어 하늘의 것들을 드러내시고 무덤과 바위를 가르시며 죽은 자들이 다시 살아나게 하셨다.(Gregory of Nazianzus) 예수님의 무덤은 말씀이 뼈와 살로 변해버렸다는 주장이 어리석었음을 보여준다. 그럴 경우에는 무덤은 필요없어지며, 육신 스스로 저승에 있는 영혼들에게 복음을 전하기 위해 갔을 것이다. 예수님의 육체가 세마포에 싸여 골고다에 있는 동안 그분께서 직접 복음을 전하러 가셨다. 이로써 육신이 곧 말씀이었던 것이 아니라 말씀이 육신이었다는 사실이 밝혀졌다(Athanasius)[128]

2. 교부들의 해석에 대한 평가

예수님의 죽으심에 대한 교부들의 글은 많은 편이다. 그런데 의외로 그분의 죽으심이 우리의 죄를 위함이라는 글은 거의 없다는 사실이 놀랍다. 복음서 본문에서는 그런 구절을 찾기가 어렵기 때문이었다고 생각된다. 십자가 신학은 회심의 경험에서 얻어진 사죄의 느낌과 바울서신을 근거로 형성되었음을 엿볼 수 있다.

교부들은 예수니께서 십자가에 못 박히신 시간에 대하여 관심이 많아서 예수님의 수난에 맞추어 9시, 12시, 오후 3시 등에 맞추어 기도하라고 권한다.(Apostolic Constitutions) 그런데 오전 9시는 사형 선고한 시간이 아니라 십자가에 못 박히신 시간이다. 시간이 잘못 계산되었다.

128) ACCS, Mark, pp. 215~227.

3. 본문 재해석

사형 집행은 로마인들이 직접 집행했다. 예수님에게 사형이 언도되자 대제사장들의 요청대로 즉시 집행이 시작되었다. 당시 로마인들의 사형 집행 방식은 십자가형이었다. 십자가형은 사람을 가장 고통스럽게 죽이는 방법인데 로마제국에 저항한 사람들에게 주로 적용되었다. 네 복음서는 모두 예수님의 수난에 대하여 상세하게 기록해 놓고 있다. 그만큼 중요하다는 뜻이다. 사형 집행 과정은 다음과 같다.

❶ 조롱

> 16 군인들이 예수를 끌고 브라이도리온이라는 뜰 안으로 들어가서 온 군대를 모으고

이방인이었던 로마 군인들은 예수님과 아무런 연관이 없었다. 예수님은 단지 그들에게 넘겨진 한 죄수에 불과했다. 그러나 재판 과정을 지켜보던 군인들에게 예수님은 특별하게 보였다. 꼭두새벽부터 이스라엘의 최고 지도자들이 직접 나서서 고발하며 사형을 시키기 위해 전전긍긍하고, 법정 밖에는 동원된 군중들이 에워싸서 고함을 지르며 총독을 압박하고, 총독은 압박에 못이겨 사형을 선고하고, 이런 재판은 보기 드문 특별한 재판 장면이었다.

그러나 예수님을 사형수로 넘겨 받은 다음에는 로마 군인들에게 예수님은 자신들이 지배하는 식민지의 한 죄수에 불과했다.

> 17 예수에게 자색 옷을 입히고 가시관을 엮어 씌우고 18 경례하여 이르되 유대인의 왕이여 평안할지어다 하고 19 갈대로 그의 머리를 치며 침을 뱉으며 꿇어 절하더라 20 희롱을 다 한 후 자색 옷을 벗기고 도로 그의 옷을 입히고 십자가에 못 박으려고 끌고 나가니라

예수님을 넘겨받은 그들은 반란죄로 사형당하는 예수님에게 조롱으로 왕의 예우를 갖추며, 온갖 모욕을 가하고 채찍질했다. 그리고

십자가를 지고 사형장으로 향하게 했다. 당시에 십자가형을 선고받은 사람들은 자기 십자가를 직접 지고 사형장으로 가야 했다.

❷ 구레네 시몬

21 마침 알렉산더와 루포의 아버지인 구레네 사람 시몬이 시골로부터 와서 지나가는데 그들이 그를 억지로 같이 가게 하여 예수의 십자가를 지우고 22 예수를 끌고 골고다라 하는 곳(번역하면 해골의 곳)에 이르러 23 몰약을 탄 포도주를 주었으나 예수님께서 받지 아니하시니라

공관복음에서는 예수님의 십자가를 구레네 시몬이 대신 짊어지고 갔다고 기록하고 있다. 마가에서는 '알렉산더와 루포의 아버지'라고 구체적으로 설명하고 있으며, 루포는 바울서신(롬16:13)에도 등장한다. 군병들은 예수님을 사형장 골고다로 끌고 갔다.

❸ 못 박히심

24 십자가에 못 박고 그 옷을 나눌새 누가 어느 것을 가질까 하여 제비를 뽑더라 25 때가 제삼시가 되어 십자가에 못 박으니라 26 그 위에 있는 죄패에 유대인의 왕이라 썼고 27 강도 둘을 예수와 함께 십자가에 못 박으니 하나는 그의 우편에, 하나는 좌편에 있더라 28 (없음)

예수님께서는 금요일 오전 9시에 십자가에 못 박히셨다. 이른 아침에 사형이 집행된 것을 보면 유대 당국자들이 새벽부터 얼마나 조급하게 서두르며 빌라도를 압박했는지를 알 수 있다. 예수님의 십자가 밑에서는 로마 군인들이 통으로 짠 옷을 서로 차지하기 위하여 제비뽑기를 하는 기막힌 장면을 연출하고 있었다. 이들은 자신들이 무슨 일을 하는지 알 리가 없었다. 예수님의 십자가에는 자신을 겁박한 유대인들을 조롱하기 위하여 빌라도가 '유대인의 왕'이라 쓴 패가 매달려 있었다.

❹ 마지막 시험

29 지나가는 자들은 자기 머리를 흔들며 예수를 모욕하여 이르되 아하 성전을 헐고 사흘에 짓는다는 자여 30 네가 너를 구원하여 십자가에서 내려오라 하고

빌라도로 하여금 예수님에게 사형 언도를 하도록 겁박했던 유대인들은, 중요한 고비는 넘겼지만 아직 상황이 종료된 것이 아니므로 상황을 지켜보고 있었다. 자칫 예수님을 따르던 군중들이 어떤 일을 벌일 수도 있었기 때문이다. 그들은 자기 편 군중들을 데리고 예수님 주변에 남아 계속 악소문을 내면서 예수님에 대한 적대적인 분위기를 조성하고 있었다. 본문에 의하면 이런 일을 대제사장들과 서기관들, 장로들이 현장을 지키며 직접 지휘했다. 대제사장은 한 명이지만 복수로 나오는 이유는 전임제사장들도 동원되었기 때문이다. 대제사장들과 서기관의 우두머리들은 예수님 주변을 지키면서 온갖 조롱을 퍼부었다.

31 그와 같이 대제사장들도 서기관들과 함께 희롱하며 서로 말하되 그가 남은 구원하였으되 자기는 구원할 수 없도다 32 이스라엘의 왕 그리스도가 지금 십자가에서 내려와 우리가 보고 믿게 할지어다 하며 함께 십자가에 못 박힌 자들도 예수를 욕하더라

그들은 예수님을 향하여 십자가에서 내려오는 기적을 일으키면 그리스도로 인정하겠다고 조롱을 퍼부었다. 이들은 조롱으로 한 말이지만 이는 마귀가 이들을 통해서 예수님에게 한 마지막 유혹이었다. 예수님은 이 순간에도 십자가에서 내려오는 것은 물론이고 하늘의 천사들을 동원하실 수 있었다. 그러나 주님은 새로운 계약을 위하여, 인류의 구원을 위하여, 인간을 지배하는 죄와 죽음의 권세를 깨뜨리기 위하여 이 모든 수모와 유혹을 침묵으로 일관하시며 참아내셨다.

❺ 하늘의 표적

33 제육시가 되매 온 땅에 어둠이 임하여 제구시까지 계속하더니 34
제구시에 예수님께서 크게 소리 지르시되 엘리 엘리 라마 사박다니 하시니 이를 번역하면 나의 하나님, 나의 하나님 어찌하여 나를 버리셨나
이까 하는 뜻이라 35 곁에 섰던 자 중 어떤 이들이 듣고 이르되 보라
엘리야를 부른다 하고 36 한 사람이 달려가서 해면에 신 포도주를 적
시어 갈대에 꿰어 마시게 하고 이르되 가만 두라 엘리야가 와서 그를

내려 주나 보자 하더라 37 예수님께서 큰 소리를 지르시고 숨지시니라

유대인들은 예수님을 향하여 계속 하늘의 표적을 요구하고 있었다. 예수님께서 하시는 복음사역, 즉 하나님 나라를 확장하는 일이야 말로 그가 메시야라는 진정한 표적이었으나 이들에게 이런 것은 보이지 않고 자신들이 원하는 표적만을 요구하고 있었다. 그런데 이제 누구도 부인하지 않도록 하늘이 그들에게 표적을 보여주었다. 하늘의 태양이 빛을 잃고 어둠이 깃들었다. 그것도 세 시간 동안이었다. 이 세 시간은 무엇을 말하는가? 교부들의 방식대로 하면 성삼위라고 해야 할까? 유대인들에 대한 하늘로부터의 마지막 경고이자 호소였다. 하늘의 징조는 예수님께서 큰 소리와 함께 돌아가실 때까지 계속되었다.

유대인들은 이 경고를 어떻게 받아들였을까? 이 징조를 알아보는 사람이 있었을까?

❻ 로마인 백부장

38 이에 성소 휘장이 위로부터 아래까지 찢어져 둘이 되니라 39 예수를
향하여 섰던 백부장이 그렇게 숨지심을 보고 이르되 이 사람은 진실로
하나님의 아들이었도다 하더라

예수님의 사형 집행을 진두지휘하던 로마인 백부장이 있었다. 그는 돌아가는 상황들을 예의주시하며 예수님의 죽으심을 지켜보고 있었다. 그는 전장에서 수많은 죽음을 본 사람이었다. 그런데 예수님을 지켜보던 그는 예수님의 죽으심은 사람의 죽음이 아니라는 것을 발견했다. 무어라 표현할 수 없는 경외감과 두려움을 느낀 그는 자신도 모르게 고백했다.

이 사람은 진실로 하나님의 아들이었도다

마가복음에 의하면 예수님을 하나님의 아들로 깨달은 사람은 바로 이 사람이었다. 예수님의 제자들도 아직 예수님을 하나님의 아들로 만나지 못하고 있었는데, 예수님의 사형을 집행하던 로마 군인이

예수님을 하나님의 아들로 만났다. 이런 역설을 무어라고 설명해야 하나? 대제사장들, 서기관들, 장로들은 예수님을 십자가에 못 박아 놓고 조롱하고 있으며, 예수님을 따르던 제자들은 다 도망가서 숨어 있고, 소문에 휩쓸린 군중들은 조롱을 하고, 그런데 예수님을 십자가에 못 박은 로마 백부장은 예수님을 하나님의 아들로 만났다. 이를 어찌 설명해야 할까? 그런데 이 일은 과거가 아닌 지금을 말하고 있다. 예수님을 그리스도가 아닌 하나님의 아들로 만나는 사람은 누구일까?

설교자는 예수님을 하나님의 아들로 만났을까?

신학자들은?

나는?

❼ 예수님을 따르는 조문객들

40 멀리서 바라보는 여자들도 있었는데 그 중에 막달라 마리아와 또 작은 야고보와 요세의 어머니 마리아와 또 살로메가 있었으니 41 이들은 예수님께서 갈릴리에 계실 때에 따르며 섬기던 자들이요 또 이 외에 예수와 함께 예루살렘에 올라온 여자들도 많이 있었더라

그래도 예수님 곁을 안타까운 마음으로 지켜보며 울어주는 조문객들이 있었다. 예수님에게서 병고침을 받고 궂은 일을 도맡아 하며 예수님 일행을 말없이 섬기며 따르던 여인들, 그들은 예수님의 마지막 길을 배웅하며 지켜본 산 증인들이었다. 십자가를 지고 가시던 예수님께서는 울며 따르는 여인들에게 이렇게 말씀하셨다.

예루살렘의 딸들아 나를 위하여 울지 말고 너희와 너희 자녀를 위하여 울라 (보라 날이 이르면 사람이 말하기를 잉태하지 못하는 이와 해산하지 못한 배와 먹이지 못한 젖이 복이 있다 하리라 그 때에 사람이 산들을 대하여 우리 위에 무너지라 하며 작은 산들을 대하여 우리를 덮으라 하리라 푸른 나무에도 이같이 하거든 마른 나무에는 어떻게 되리요(눅 23:28~31)

후일 AD 70년 계약이 파기될 때 예루살렘성이 당할 환란을 걱정

하시며 하신 말씀이었다. 예수님께서는 예루살렘의 멸망을 막기 위하여 할 수 있는 모든 일을 다 하셨다. 십자가를 지고 가시면서도 버림받을 유대인들이 안타까우셨다.

❽ 준비된 장례 위원

> 42 이 날은 준비일 곧 안식일 전날이므로 저물었을 때에 43 아리마대
> 사람 요셉이 와서 당돌히 빌라도에게 들어가 예수의 시체를 달라 하니
> 이 사람은 존경 받는 공회원이요 하나님의 나라를 기다리는 자라

평소에도 머리 둘 곳 없이 사셨던 예수님께서 장례를 준비해 놓으셨을 리가 없었다. 그런데 준비된 장례 위원이 있었다. 예수님께서 돌아가신 시각은 금요일 오후 3시였다. 6시부터는 안식일이 시작되기 때문에 자칫 예수님의 시체가 십자가에 그냥 매달려 있을 수 있었다. 그런데 이를 염려하며 발 빠르게 움직인 사람이 있었다.

아리마대 요셉, 공회 의원이었던 그는 드러내지는 않았지만 예수님을 따르는 제자였고(마27:57, 요19:30), 예수님을 재판할 때 반대표를 던진 사람이었다.(눅23:51) 누구도 예수님의 장례를 염려하지 않자 그는 빌라도에게 가서 매장허가를 받아내어 급히 장례를 서둘렀다.

> 44 빌라도는 예수님께서 벌써 죽었을까 하고 이상히 여겨 백부장을 불
> 러 죽은 지가 오래냐 묻고 45 백부장에게 알아 본 후에 요셉에게 시체
> 를 내주는지라 46 요셉이 세마포를 사서 예수를 내려다가 그것으로 싸
> 서 바위 속에 판 무덤에 넣어 두고 돌을 굴려 무덤 문에 놓으매 47 막
> 달라 마리아와 요세의 어머니 마리아가 예수 둔 곳을 보더라

요셉이 나서자 같은 공회의원인 니고데모도 향품을 가지고 와서 거들었다.(요19:39) 무덤은 요셉이 자신을 위해 준비해 두었던 무덤을 사용했다. 안식일이 시작되기 직전에 장례식은 이렇게 급하게 치러졌다.

아리마대 요셉과 니고데모는 초기교회에 중요한 역할을 했다고 보인다. 특히 예수님께서 예루살렘에서 활동하실 때 제사장들을 비

롯한 서기관들의 음모와 예수님을 재판한 산헤드린 공회의 움직임 등이 복음서에 소상히 기록되어 있는데. 이런 정보들은 모두 이들을 통해서 사도들에게 전해졌다고 볼 수 있다. 사두개인과 바리새인, 장로, 헤롯당 중에도 예수님을 마음으로 따르는 사람들은 상당수 있었기 때문에 그들에 관한 정보가 복음서에 기록으로 남아있을 수 있었다.

❾ 거짓 소문과 침묵

예수님의 체포와 재판, 죽으심의 과정을 지켜보면서 드는 의문이 하나 있다. 예수님께서 나귀를 타고 입성하실 때부터 예수님을 열광하던 사람들은 다 어디로 갔을까? 유대교 당국자들은 이들이 두려워서 예수님에 대하여 속수무책이었는데 왜 그들은 아무런 움직임이 없었을까? 가룟 유다의 예상대로였다.

유대 당국자들은 예수님이 체포되시던 새벽, 일당들을 동원하여 집중적으로 거짓 소문을 냈다. "예수님의 제자들이 예수님을 이단으로 고발하고 체포하여 재판에 회부했다. 그래서 예수님은 지금 재판을 받고 있다." 예수님을 체포하여 넘긴 사람이 제자 유다였으니 소문이 사실이기도 했다. 무슨 일이 벌어졌는지 실상을 모르는 군중들은 이런 소문을 들으며 혼란스러웠다. 그런데 이에 대해 반대의 목소리는 전혀 들리지 않았다. 도망간 제자들은 자책감 때문에, 또는 두려워서 숨어버렸고, 예수님 곁을 지키던 여인들에게는 군중을 이끌만한 능력이 없었다.

반면에 대제사장, 서기관, 장로들에게는 유능한 일당과 그들의 지시대로 따르는 다수의 군중들이 있었다. 이들을 동원하여 집중적으로 거짓 소문을 내며 예수님에 대한 반대의 여론을 조성했다. 군중의 여론은 한순간에 뒤집어질 수 있으며, 그들을 이끌 주도세력이 있을 때 힘을 발휘하게 되어있다.

예수님께서 체포되시던 마지막 밤, 기도 시간에 졸던 제자들은 유다가 끌고 온 군병들에게 놀라 도망가서 모두 숨어 버리고 말았고, 자책감과 두려움 때문에 나서지 못했으며, 예수님의 장례식조차 다른 사람들이 지냈다. 제자들의 이런 비겁함과 실패는 후일 그들이 죽음을 두려워하지 않고 십자가의 길을 가는 밑거름이 되었다. 제자들에게 이 일은 중요한 영성 체험의 한 방편이었다.

실패를 더 좋은 길로 이끌어주시는 하나님의 은총이며 섭리였다.

제6부 : 부활 이후 사역

물음58~60(16:1~20)

부활 이후 사역

물음 58

부활 소식, 어떻게 전해졌을까?

본문 : 〈 16:1~13 〉

1 안식일이 지나매 막달라 마리아와 야고보의 어머니 마리아와 또 살로
메가 가서 예수께 바르기 위하여 향품을 사다 두었다가 2 안식 후 첫
날 매우 일찍이 해 돋을 때에 그 무덤으로 가며 3 서로 말하되 누가
우리를 위하여 무덤 문에서 돌을 굴려 주리요 하더니 4 눈을 들어본즉
벌써 돌이 굴려져 있는데 그 돌이 심히 크더라

5 무덤에 들어가서 흰 옷을 입은 한 청년이 우편에 앉은 것을 보고 놀라
매 6 청년이 이르되 놀라지 말라 너희가 십자가에 못 박히신 나사렛
예수를 찾는구나 그가 살아나셨고 여기 계시지 아니하니라 보라 그를
두었던 곳이니라 7 가서 그의 제자들과 베드로에게 이르기를 예수님께
서 너희보다 먼저 갈릴리로 가시나니 전에 너희에게 말씀하신 대로 너
희가 거기서 뵈오리라 하라 하는지라 8 여자들이 몹시 놀라 떨며 나와
무덤에서 도망하고 무서워하여 아무에게 아무 말도 하지 못하더라

9 [예수님께서 안식 후 첫날 이른 아침에 살아나신 후 전에 일곱 귀신을
쫓아내어 주신 막달라 마리아에게 먼저 보이시니 10 마리아가 가서 예
수와 함께 하던 사람들이 슬퍼하며 울고 있는 중에 이 일을 알리매 11
그들은 예수님께서 살아나셨다는 것과 마리아에게 보이셨다는 것을 듣
고도 믿지 아니하니라 12 그 후에 그들 중 두 사람이 걸어서 시골로
갈 때에 예수님께서 다른 모양으로 그들에게 나타나시니 13 두 사람이
가서 남은 제자들에게 알리었으되 역시 믿지 아니하니라

1. 교부들의 해석

구약시대에는 안식일을 매우 중요하게 여겼다. 그러나 복음 이후 안식일은 의미가 바뀌어 지금은 주님께서 부활하신 날로 바뀌었다. 전에는 안식일이 율법의 기초와 교육에 관련있었지만 위대한 스승님께서 직접 오셔서 우리를 위하여 모든 것을 완성하시자 그분의 오

심을 미리 보여준 모든 것은 새롭게 되었다. 옛 시대의 안식은 해가 떠서 모습을 드러내기 전에 밤을 밝힌 촛불같은 것이었다.(Athan-asius) 무덤 입구에서 인가 아니면 그대 마음의 문에서 인가? 묘지에서 인가 아니면 그대의 눈에서 인가? 마음이 닫히고 눈이 감기면 열려있는 무덤의 영광을 발견할 수 없다. 그 영광을 보고자 한다면 주님의 몸이 아니라 그대의 마음에 향유를 부으라. 그리하면 지금은 부족한 믿음 때문에 어둠 속에 감추어져 있는 것을 믿음의 빛으로 보게 될 것이다.(Peter Chrysologus) 천사가 오른쪽에 앉아있다는 것은 무엇을 말하는가? 왼쪽은 현세의 삶을 상징하고 오른쪽은 영원한 삶을 상징한다. 우리 주님께서 현세 생명이 죽을 수밖에 없는 한계를 뛰어 넘으셨으니, 영원한 생명을 선포하러 온 천사가 오른쪽에 앉아있어야 한다. 천사가 하얀 옷을 입고 온 것은 우리 축제의 기쁨을 알리기 위함이다.(Gregory the Great) 그리스도께서는 갇혀있는 이들을 풀어주시고자 지옥에 내려가셨다. 우리를 죽음이 없고 영원하며, 생명과 의로움만 있는 천국으로 데려가시고자 율법 아래서 짊어졌던 묵은 빚의 기록을 순식간에 없애 버리셨다. 새롭게 빛을 입은 우리는 세례로서 이 은총을 누리고 있다. 우리가 시작한 은총의 삶은 부활의 보증이며, 우리가 받은 세례는 천국 생명의 약속이다. 우리가 물에 잠김으로 주님의 묻히심을 본받았지만 물 밖으로 나오면서 부활의 실체를 깨닫게 되었다.(Basil of Seleucia ?~459) 주님께서 무덤에서 나오셨다는 소식을 처음으로 제자들에게 전한 이는 여자들이었다. 죄가 많은 곳에 은총이 충만히 내렸기 때문이다.(Bede)[129]

2. 교부들의 해석에 대한 평가

부활에 관한 글은 비교적 많은 편인데. 위에서 본 바와 같이 부활

129) ACCS, Mark, pp. 228~235.

에 대한 영적인 해석에 관심이 많았다. 특히 예수님께서 무덤에 계시는 동안 지옥의 영들에게 복음을 전했다고 해석한다. 초대 교부들은 이렇게 생각했으며, 이 부분은 초기의 사도신경에도 들어있다.

3. 본문 재해석

마가복음은 부활에 관해서는 기록이 많지 않다. 어떤 사본들(시내 사본과 바티칸 사본 기타)은 마가복음 16장이 8절에서 끝나고 있다. 마가에서 부활을 이렇게 간략하게 다루고 있는 이유와 사본 간의 차이가 주요 연구대상 중 하나다.

❶ 부활의 첫 증인

> 1 안식일이 지나매 막달라 마리아와 야고보의 어머니 마리아와 또 살로메가 가서 예수께 바르기 위하여 향품을 사다 두었다가 2 안식 후 첫날 매우 일찍이 해 돋을 때에 그 무덤으로 가며

예수님께서는 수난을 예고하시면서 동일하게 부활을 언급하셨지만 예수님을 따르는 이들 가운데서 예수님의 죽으심은 물론이고 부활을 믿었던 사람들은 아무도 없었다. 여인들이 무덤을 찾아간 것도 부활에 대한 어떤 기대 때문이 아니라 예수님의 시체에 마지막으로 향품을 넣어드리기 위함이었다.

무덤을 찾아간 여인들은 갈릴리에서부터 자비로 예수님 일행을 섬긴 여인들이었다. 그런데 예수님께서 갑자기 돌아가시는 바람에 장례에 향품조차 넣어드리지 못한 것이 내내 아쉬워 향품을 구해두었다가 안식일이 끝난 후 향품을 넣어드리기 위해 무덤을 찾아가면서 무덤 문을 어떻게 열어야 할지 걱정하고 있었다.

> 3 서로 말하되 누가 우리를 위하여 무덤 문에서 돌을 굴려 주리요 하더니 4 눈을 들어본즉 벌써 돌이 굴려져 있는데 그 돌이 심히 크더라

그런데 무덤에 도착하자 놀랍게도 무덤 문이 이미 열려있었다.

❷ 뜻밖의 광경

5 무덤에 들어가서 흰 옷을 입은 한 청년이 우편에 앉은 것을 보고 놀
라매 6 청년이 이르되 놀라지 말라 너희가 십자가에 못 박히신 나사렛
예수를 찾는구나 그가 살아나셨고 여기 계시지 아니하니라 보라 그를
두었던 곳이니라

향품을 넣어드리려고 무덤에 들어가자 흰 옷을 입은 천사가 놀란 여인들에게 친절하게 예수님의 부활을 설명해 주었다. 그리고 제자들과 특히 베드로에게 예수님의 부활 소식을 전하라고 당부했다.

7 가서 그의 제자들과 베드로에게 이르기를 예수님께서 너희보다 먼저
갈릴리로 가시나니 전에 너희에게 말씀하신 대로 너희가 거기서 뵈오리
라 하라 하는지라

그러나 여인들은 너무 놀란 나머지 무덤에서 도망치듯이 쫓겨온 후에 당분간 무서워서 아무에게도 말을 못하고 말았다.

8 여자들이 몹시 놀라 떨며 나와 무덤에서 도망하고 무서워하여 아무
에게 아무 말도 하지 못하더라

너무 큰 것을 보면, 너무 큰 것을 경험하면 이런 현상이 나타난다. 하나님을 면전으로 처음으로 경험하면 너무 어마어마해서 감히 말을 못하게 된다. 비록 천사를 통한 경험이기는 했지만 그 놀람의 정도는 크게 다르지 않다.

❸ 연이은 소식들

9 [예수님께서 안식 후 첫날 이른 아침에 살아나신 후 전에 일곱 귀신
을 쫓아내어 주신 막달라 마리아에게 먼저 보이시니 10 마리아가 가서
예수와 함께 하던 사람들이 슬퍼하며 울고 있는 중에 이 일을 알리매
11 그들은 예수님께서 살아나셨다는 것과 마리아에게 보이셨다는 것을
듣고도 믿지 아니하니라

제자들은 예수님께서 돌아가시고 난 뒤에 너무 큰 충격을 받아 망연자실(茫然自失)한 상태에서 아직 흩어지지 않고 예루살렘에 머물러 있었다. 그런 그들에게 막달라 마리아를 통해서 연달아 소식이 전해졌다. 돌아가신 예수님께서 다시 살아나셨다고 했다. 제자들은

믿을 수가 없었다. 예수님을 따르던 여인들이 착각했다고 생각했다.

> 12 그 후에 그들 중 두 사람이 걸어서 시골로 갈 때에 예수님께서 다른
> 모양으로 그들에게 나타나시니 13 두 사람이 가서 남은 제자들에게 알
> 리었으되 역시 믿지 아니하니라

그런데 여인들만이 아니라 남자들을 통해서도 부활의 소식이 전해졌다. 그러나 역시 믿을 수 없었다.

예수님의 제자들은 예수님께서 수차례 예고해 주셨는데도 왜 이렇게 예수님의 부활을 믿지 못했을까? 도무지 의문이다. 예수님께서 돌아가실 거라는 말씀을 믿지 못했다 하더라도 다시 부활하셨다는 소식을 어찌 믿지 못했을까? 복음서마다 약간의 차이가 있기는 하지만 어쨌든 제자들이 예수님의 부활 소식을 접하고도 믿지 못한 것만은 사실인 것 같다.

이런 기록들은 예수님의 부활 이야기가 꾸며낸 이야기가 아니라 사실임을 확인시켜주는 역할을 하기도 한다. 꾸며냈다면 이렇게 기록할 수가 없다.

물음 59 복음의 대상, 무엇일까?

본문 : 〈 16:14~20 〉

> 14 그 후에 열한 제자가 음식 먹을 때에 예수님께서 그들에게 나타나사
> 그들의 믿음 없는 것과 마음이 완악한 것을 꾸짖으시니 이는 자기가
> 살아난 것을 본 자들의 말을 믿지 아니함일러라
>
> 15 또 이르시되 너희는 온 천하에 다니며 만민에게 복음을 전파하라 16
> 믿고 세례를 받는 사람은 구원을 얻을 것이요 믿지 않는 사람은 정죄
> 를 받으리라 17 믿는 자들에게는 이런 표적이 따르리니 곧 그들이 내
> 이름으로 귀신을 쫓아내며 새 방언을 말하며 18 뱀을 집어올리며 무슨

독을 마실지라도 해를 받지 아니하며 병든 사람에게 손을 얹은즉 나으
리라 하시더라
19 주 예수님께서 말씀을 마치신 후에 하늘로 올려지사 하나님 우편에
앉으시니라 20 제자들이 나가 두루 전파할새 주께서 함께 역사하사 그
따르는 표적으로 말씀을 확실히 증언하시니라]

1. 교부들의 해석

진짜 손과 진짜 옆구리를 보여주셨고, 제자들과 함께 실제로 음식을 드셨다. 실제로 사람들과 대화를 나누셨고, 실제로 식탁에 앉아 저녁을 드시고, 실제로 떡을 들고 축사하시며 떼어 주셨다.(Hieronimus) 주님은 당신을 나그네로 여겨 식사에 초대한 사람들에게 떡을 나눠주시며 당신을 드러내셨다. 우리가 가진 것을 나그네와 나눌 때 그분은 우리 가운데 현존하신다. 우리가 살아계신 떡인 당신 몸의 성례전에 단순하고 순결한 마음으로 참여할 때 그분은 떡을 떼어 주시면서 우리와 함께 머무신다.(Bede) 성부께서 교회의 교사들을 세우셨듯이 성자께서도 교사들을 세우셨다. 성부께서 치유의 은사를 베푸시듯 성자께서도 치유의 은사를 베푸신다. 성부께서 여러 언어의 선물을 주셨듯이 성자께서도 그 선물을 주셨다.(Ambrosisus) 이런 것을 육적인 의미로 알아듣는 것은 어리석은 일이므로 영적으로 무슨 뜻인지를 조심스럽게 생각해야 한다. 무덤에서 나오시고 승천하신 주님의 육신이 비록 겉으로는 인간의 모습처럼 보일지라도 그분은 아버지 오른쪽에 앉아계셔도 아버지는 그분의 왼쪽에 계시는 게 아니다. 인간의 이해를 뛰어넘은 이해속에서는 오직 오른쪽만 존재한다. 오른쪽의 이름이 복된 이름이다.(Augustinus) 승천하신 분은 하나님이시며 인간이시기에 지상에서 지니셨던 인성 안에서 성인들과 함께 지상에 머무신다. 그러나 그분은 하늘과 땅을 가득 채운 신성 안에서 세상 끝날까지 날마다 남아 계신다.(Bede)[130]

2. 교부들의 해석에 대한 평가

부활에 대한 글들도 비교적 많은 편이다. 그러나 대부분 영적인 해석을 하고 있다.

3. 본문 재해석

이제 마가복음의 마지막 부분에 이르렀다. 부활하신 주님께서는 제자들과 다시 만나셔서 다시 시작하게 하셨다. 마가에서는 그 과정을 어떻게 말하고 있는지 살펴보고자 한다.

❶ 식사할 때에

> 14 그 후에 열한 제자가 음식 먹을 때에 예수님께서 그들에게 나타나사 그들의 믿음 없는 것과 마음이 완악한 것을 꾸짖으시니 이는 자기가 살아난 것을 본 자들의 말을 믿지 아니함일러라

예수님께서는 면목없는 제자들을 찾아오시는데, 마침 식사하실 때였다. 왜 식사 시간이었을까? 제자들이 예수님의 부활을 도무지 믿지 못하고 있기 때문이다. 그런데 예수님께서 제자들과 같이 예전처럼 식사하시니 이제는 믿지 않을 방법이 없었다. 제자들이 믿지 못한 것을 책망도 하셨지만 예수님께서는 구체적이고 현실적인 방법으로 믿도록 하셨다.

지금도 마찬가지로 예수님은 찾아오셔서 현실적인 방법으로 믿게 해 주신다. 인간이 하나님을 찾아가서 만나는 것은 불가능하다. 단지 찾아오실 수 있는 준비를 할 따름이다. 그분이 찾아오시려면 먼저 그분과 마음의 일치가 일어나야 한다. 주님께서 말씀하신 '길 잃은 양'은 이런 마음의 일치가 된 사람들을 말한다. 마음의 일치로 하나님을 만난 사람들은 그다음 단계로 간다. '방법의 일치'가 그것이다. 마음과 방법의 일치가 된 다음에 비로소 하나님의 일은 시작

---

130) ACCS, Mark, pp. 236~243.

된다. 마가복음 16장 후반부의 짧은 이야기 속에는 이런 과정이 함축되어 있다.

이제 비로소 제자들에게 사역의 명령이 구체적으로 내려졌다.

❷ 복음의 대상

15 또 이르시되 너희는 온 천하에 다니며 만민에게 복음을 전파하라[131)]

마가복음에서 말하는 마지막 사명의 말씀은 다른 복음서에서는 찾아볼 수 없는 독특한 말씀이다. 마가복음의 주요 화두는 '복음'이다. 첫 구절에서 복음으로 시작하여(1:1) 마지막 절에서 복음을 전파하는 이야기로 마치고 있다.(16:20) 문자 그대로 마가복음은 '복음'의 책이다. 복음의 의미는 앞에서 누누이 강조한 바와 같이 새로운 계약의 실천 즉 이 땅에 하나님 나라의 실현이다. 그런데 여기서는 복음의 대상이 좀 특이하다.

온 천하에 다니며

'**천하**'(코스모스 κόσμος)는 '**하늘과 땅**', 즉 '우주'를 뜻한다. 따라서 복음의 대상은 모든 인류만이 아니라 전 세계를 대상으로 하고 있다. 이런 사실은 다음의 구절에서 더 명확해진다.

만민에게

'**만민**'(크티시스 κτίσις)는 '**피조물**'을 의미한다. 이 구절 역시 복음의 대상은 단순히 사람만이 아니라 피조물 모두를 포함하고 있다. 이 단어는 '만민'보다는 '만물'로 번역해야 흐름에 맞다. 마가복음의 첫 구절은 만물의 근본에 해당되는 단어인 아르케(Ἀρχὴ)였다. 복음을 만물의 근본이라고 소개한 마가복음은 이제 그 결론에서 복음의 대상은 세계(κόσμος)와 만물(κτίσις)이라고 말하고 있다. 복음의

131) καὶ εἶπεν αὐτοῖς· Πορευθέντες εἰς τὸν κόσμον ἅπαντα κηρύξατε τὸ εὐαγγέλιον πάσῃ τῇ κτίσει(16:15)

대상이 만물 즉 피조물이라는 사실은 바울서신에서도 확인이 된다.

> 피조물이 고대하는 바는 하나님의 아들들이 나타나는 것이니 피조물이 허무한 데 굴복하는 것은 자기 뜻이 아니요 오직 굴복하게 하시는 이로 말미암음이라 그 바라는 것은 피조물도 썩어짐의 종 노릇 한 데서 해방되어 하나님의 자녀들의 영광의 자유에 이르는 것이니라 피조물이 다 이제까지 함께 탄식하며 함께 고통을 겪고 있는 것을 우리가 아느니라 (롬8:19~22)

바울은 모든 피조물((κτίσις)들이 하나님의 아들들이 나타나서 피조물을 본래의 상태로 회복시켜 주기를 고대한다고 말한다. 창세기에 의하면 사람의 타락으로 말미암아 땅도 같이 저주를 받았기 때문이다.(창3:17) 자연 만물은 본래 사람을 위해 창조되었는데, 사람의 타락으로 말미암아 제 역할을 못하고 있다. 피조물은 사람으로 말미암아 저주를 받았기 때문에 이를 바로잡아 줄 수 있는 역할도 사람에게 있다. 그 사람은 하나님과 계약을 맺은 하나님의 자녀들이다. 이런 이유로 피조물도 하나님의 아들들이 나타나서 자신들을 회복시켜 주기를 바라고 있다. 따라서 세계와 만물이 복음의 대상이 된다.

마가복음은 이런 측면에서 '우주적인 복음서'라고 할 수 있다. 특히 인류의 생활 기반인 생태계가 파괴되어 생존이 심각하게 위협받고 있는 이때에 마가복음은 우리에게 자연회복의 가능성과 놀라운 통찰력을 제시해 주고 있다. 마가복음은 오늘 우리에게 그 어떤 복음서보다도 더 중요할 수 있다.

❸ 세례와 구원

> 16 믿고 세례를 받는 사람은 구원을 얻을 것이요 믿지 않는 사람은 정죄를 받으리라

쉬운 것 같으면서도 해석이 쉽지 않다. 본문에 의하면 세례를 받은 사람은 곧 구원받은 사람이라는 뜻인데, 많은 의문을 불러일으킨다. 그러나 계약사의 입장에서 보면 이해가 쉽다.

'믿고'는 새로운 계약 조건에 대한 동의이며, 세례는 그 계약공동체의 일원이 되는 절차와 의식이다. 이제 세례를 받은 사람은 새로운 계약공동체의 일원이 되었기 때문에 구원받을 수 있다. 그러나 믿지 않은 사람, 즉 새로운 계약 조건을 거부하는 사람은 심판과 멸망에 이를 수밖에 없다.

❹ 표적

> 17 믿는 자들에게는 이런 표적이 따르리니 곧 그들이 내 이름으로 귀신을 쫓아내며 새 방언을 말하며 18 뱀을 집어 올리며 무슨 독을 마실지라도 해를 받지 아니하며 병든 사람에게 손을 얹은즉 나으리라 하시더라

새로운 계약공동체가 이 땅에 하나님 나라를 실현하는 일은 사람의 힘만으로는 불가능하다. 오직 하나님께서 함께하시는 능력으로만 가능하다. 특히 복음이 천하와 만민(피조물)을 대상으로 할 때에는 더더욱 그러하다. 인간의 능력으로는 자연환경을 본래의 모습으로 되돌려 놓을 수가 없다. 창조주 하나님께서 재창조의 은총을 베풀어 주실 때에만 가능하다.

❺ 표적의 증언

> 19 주 예수님께서 말씀을 마치신 후에 하늘로 올려지사 하나님 우편에 앉으시니라 20 제자들이 나가 두루 전파할새 주께서 함께 역사하사 그 따르는 표적으로 말씀을 확실히 증언하시니라]

마가복음의 마지막 구절은 예루살렘에서 교회가 시작된 30년경부터 기록 당시인 70년경까지의 교회사를 압축하고 있다. 교회가 복음을 전하는 곳에 주님께서는 초자연적인 능력(세메이온 σημεῖον)으로 함께하셔서 새계약공동체인 교회가 하나님을 대행하고 있다는 것을 확증해주셨다는 말씀으로 요약하고 있다.

과학이 만능인 시대에, 인간의 이성이 하나님을 대신하는 시대에, 생태계가 과학의 남용으로 파괴된 시대에, 인류의 멸종이 피부

로 느껴지는 시대에, 어디에서 살 길을 찾아야 하는가? 지금 우리에게는 무엇보다도 하나님의 초자연적인 개입이 필요하다. 그런데 이적의 복음서인 마가복음에서는 우리에게 초자연적인 표적(세메이온 σημεῖον)을 약속하고 있다.

마가복음은 오늘 우리를 위한 복음서이다.

물음 60 마가복음, 오늘 우리에게 무엇을 말하는가?

본문 : 〈 1:1, 16:15, 16:20 〉

1:1 하나님의 아들 예수 그리스도의 복음의 근본(시작)

16:15 또 이르시되 너희는 온 천하에 다니며 만물(만민)에게 복음을 전파하라

16:20 제자들이 나가 두루 전파할새 주께서 함께 역사하사 그 따르는 표적으로 말씀을 확실히 증언하시니라]

현대 이후, 새로운 천 년, 동양의 시대…

오늘 우리가 살아가는 시대를 지칭하는 용어들이다. 우리는 이런 특별한 시대를 살아가고 있다. 마태복음의 그늘에 가려있다가 현대에 이르러 재발견된 마가복음은 여러 가지 측면에서 독특성을 가지고 있다. 마가복음을 마치면서 마가복음의 현대적인 의미를 간략히 짚어보고자 한다.

❶ 근본의 복음

1:1 하나님의 아들 예수 그리스도의 복음의 근본(이라)

현대의 특징 중 하나는 기존의 가치관 붕괴인데 이는 여러 측면

에서 피부로 느껴진다. 인류 문명은 근본에 대한 물음과 더불어 시작되었고, 발견된 근본 위에 가치 체계를 쌓아 올렸다. 그런데 그 가치 체계들이 다 무너져 버린 시대에 우리는 살아가고 있다. 지금 우리에게 가장 중요한 것은 새로운 시대를 이끌어갈 가치관의 정립인데, 지나간 시대에 발견된 근본 위에 다시 쌓을 수 없다는 것은 더 설명할 필요가 없다. 새로운 가치관을 쌓아 올릴 새로운 근본이 필요하다.

그런데 마가복음의 제목에 해당되는 첫 구절에서는 복음이 곧 근본(ἀρχή)이라고 선언하고 있다. 하지만 마가복음 해석에서 복음이 근본으로 발견되지 못하고 있었다. 마가복음에서 지향하는 복음은 '이 땅에 하나님 나라 실현'이다. 르네상스 이후 현대 5백 년이 추구한 목표가 인간적인 지상천국 건설이었지만 좌초하고 말았다. 비록 실패했지만 그 목표 자체가 잘못된 것은 아니다. 그 방법이 문제였을 뿐이며, 그 목표는 인류와 역사의 영원한 목표일 수 밖에 없다. 포기될 수 없는 목표, 그런데 마가복음은 바로 그것이 근본이라고 말하고 있다. 이 땅에서 누구나 골고루 행복하게 사는 세상을 만들려는 복음은 관념적인 근본이 아니라 실천적인 근본이다. 마가복음에서 제시하는 이와 같은 근본은 오늘의 요청과 맞을 수 있다.

마가복음에서 제시하는 복음과 근본은 그동안 서양의 그늘 속에 가려져 있었다. 이제 동양의 입장에서 이를 재발견하면 새 시대의 가치 체계를 세울 토대가 될 수 있다.

❷ 생태계 복음

16:15 또 이르시되 너희는 온 천하에 다니며 피조물(만민)에게 복음을 전파하라

오늘 우리가 당면한 가장 큰 위기는 생태계의 파괴이며, 자칫 인류를 멸종으로 치닫게 할 수 있다. 생태계 파괴의 원인은 인간 이성

의 오만과 과학 기술의 남용이다. 지금 당장 생태계를 되살리기 위하여 총력을 기울여도 모자랄 지경이다. 이를 가능하게 하려면 이를 뒷받침 할 수있는 강력한 정신문화가 있어야 한다.

그런데 마가복음에서는 인류뿐만 아니라 천하(코스모스 κόσμος)와 피조물(크티시스 κτίσις) 전체를 복음의 대상으로 삼고 있다. 마가복음이야말로 생태계 복음이다. 복음은 세상을 만드신 창조주 하나님의 말씀이기 때문에 그 말씀은 인간뿐만 아니라 피조물 모두에게 해당된다. 마가복음은 생태계를 복원할 수 있는 정신적인 지주 역할을 할 수 있다.

❸ 이적의 복음

16:20 제자들이 나가 두루 전파할새 주께서 함께 역사하사 그 따르는 표적으로 말씀을 확실히 증언하시니라

현대 이후 이성과 과학으로 지상천국을 시도하면서 하나님과 초자연은 설 자리를 잃어버렸다. 그 결과 지상천국은 실패로 돌아갔고 생태계는 붕괴되고 말았다. 현대가 인류에게 공헌한 부분에 대해서는 아무리 높게 평가해도 지나치지 않을 만큼 크다. 그러나 현대가 몰고 온 위기 또한 심각하여 인류의 생존을 걱정해야 할 지경에 이르렀다. 이제 인간이 아무리 총력을 기울여도 인간만의 힘으로 생태계를 다시 복원하기는 불가능하게 되었다. 이를 어찌해야 하나?

그런데 마가복음은 이적을 기초로 하고 있다. 인간이 아무리 지상에서 하나님 나라를 실현하고자 해도 하나님의 초자연적인 도움 없이는 불가능하다고 마가복음은 말하고 있다. 생태계 회복은 더 말할 필요도 없다. 이제 생태계를 만드신 그분께서 다시 만들어 주시지 않는다면 회복은 불가능하다.

마가복음의 마지막 구절은 사도들이 복음을 전할 때 주님께서 표적으로 함께하셔서 가능하게 하셨다고 말하고 있다. 마가복음은 하

나님께서 초자연적인 표적으로 함께하실 것을 약속하고 있다. 따라서 마가복음이야말로 오늘 우리 시대에 진정한 복음일 수 있다.

❺ 수난의 복음

> 누구든지 나를 따라오려거든 자기를 부인하고 자기 십자가를 지고 나를 따를 것이니라(막8:34)

마가복음은 이적과 더불어 나머지 절반은 예수님의 수난을 다루고 있다. 예수님께서는 대속의 수난을 통해서 새로운 계약의 길을 열어 놓으셨다. 복음은 그 시대가 당면한 문제를 해결하는 하나님의 능력이다. 마가복음은 내세는 물론 현세에서도 살아갈 길을 제시하고 있다. 이제 오늘 우리는 우리 시대의 문제를 해결하기 위하여 주님께서 가신 길을 따라가야 한다.

❻ 오늘의 복음

기존의 가치체계가 붕괴한 시대에, 과학이 만능인 시대에, 인간의 이성이 하나님을 대신하는 시대에, 생태계가 과학의 남용으로 파괴된 시대에, 인류의 멸종이 피부로 느껴지는 시대에, 어디에서 살 길을 찾아야 하는가? 하나님께서 계실 자리가 없던 현대가 만들어 놓은 문제들은 하나님에게 자리를 만들어 드림으로 해결할 수 있다. 창조주 하나님께서만이 훼손된 생태환경을 다시 창조하실 수 있다. 이제 인간은 인간의 자리로 내려가야 한다. 그리고 겸손하게 하나님의 도우심을 요청해야 한다. 초자연의 도우심을 약속하는 마가복음은 오늘 우리에게 이렇게 말하고 있다.

현대 이후,

마가복음에 길을 묻다!

케노시스영성원 안내

새로운 패러다임을 요구하는 2천 년대의 시대적 요청을 직시하면서 케노시스 영성원은 다음과 같은 목표를 추구합니다.

1. 영성의 경험과 이론의 겸비
2. 성경과 역사에 대한 재해석
3. 고대영성에 대한 재해석
4. 실천가능한 수련 및 적용

소재지 : 경기도 군포시 둔대로 11번길 16(둔대동 433~2)

Homepage www.kenosis.or.kr, www.kenosis.kr

Email kenosis@hanmail.net

세미나 안내

15주 세미나(년 2회) : 매주 수요일 오전 10시 ~ 오후 4시

2박3일 세미나(년 2회) : 동계(1월), 하계(8월)

도서/DVD안내

도서 : **영성의 시각으로 본 성경, 역사, 교리, 신학**

하비루의 길(구약/이스라엘 역사) 죄인의 길(신약/교회사)
비움의 길(수도원영성 재해석) 창세기(영성으로 해석)
마태복음 요한계시록, 복음서신학 用 대조서
십계명 & 주기도문(영성으로 해석) 사도신경 다시고백하기
성서로 본 우리역사 3.1운동과 한국사 재조명

DVD : **녹화/녹음**

자기비움의 길(1,2.3부), 창세기, 율법서, 사무엘상하(다윗재해석)
열왕기상하(솔로몬~엘리사), 역대기, 역사서&예언서, 소예언서,
지혜서(욥기 잠언 전도서), 시편, 복음서, 사도행전&바울서신,
요한복음, 요한계시록, 역사/헤브라이즘에 길을 묻다

구입방법

홈페이지 구입안내 : www.kenosis.or.kr

전화 : 0502-111-1937/ 010-3311-1937

계좌 : **농협 211044-51-040266 케노시스영성원**